COMPETÊNCIA CÍVEL E CRIMINAL DA JUSTIÇA FEDERAL

FERNANDO
DA FONSECA **GAJARDONI**

RENATO
BRASILEIRO DE LIMA

COMPETÊNCIA CÍVEL E CRIMINAL DA JUSTIÇA FEDERAL

3ª EDIÇÃO
Revista, atualizada
e ampliada

2024

EDITORA
JusPODIVM
www.editorajuspodivm.com.br

EDITORA *Jus*PODIVM
www.editorajuspodivm.com.br

Rua Canuto Saraiva, 131 – Mooca – CEP: 03113-010 – São Paulo – São Paulo
Tel: (11) 3582.5757
• Contato: https://www.editorajuspodivm.com.br/central-de-relacionamento

Diagramação: PC Editorial Ltda. *(pceditorial@gmail.com)*

Capa: Maitê Coelho *(maitescoelho@yahoo.com.br)*

L732c Lima, Renato Brasileiro de
Competência Cível e Criminal da Justiça Federal / Renato Brasileiro de Lima e Fernando da Fonseca Gajardoni – 3. ed. rev., atual. e ampl. – São Paulo: Editora JusPodivm, 2024.

384 p.

Inclui bibliografia
ISBN: 978-85-442-4899-7

1. Direito Processual Civil. 2. Crimes. I. Lima, Renato Brasileiro de. II. Gajardoni, Fernando da Fonseca. III. Título.

CDD 341.46

Bibliotecária responsável

Ana Carolina Ribeiro Mois – CRB7 – RJ 007348/0

Sempre para Rosana, Ian e Maitê, com todo meu amor.
(Fernando da Fonseca Gajardoni)

Sempre para Vanessa, Laura, João Pedro e Matheus, com todo meu amor.
(Renato Brasileiro de Lima)

NOTA À 3ª EDIÇÃO

O tema competência é um dos mais desafiantes do direito processual brasileiro.

Para além de sua enorme repercussão prática no foro – já que, sem o domínio das regras de competência, sequer se é possível demandar adequadamente perante o Poder Judiciário –, inúmeros outros institutos do processo são intimamente relacionados ao tema (jurisdição internacional, nulidades, ação rescisória, revisão criminal, *habeas corpus*, recursos, convenções processuais, atribuições do Ministério Público e da Polícia Federal e Civil etc.), o que torna o estudo indispensável sob todos os aspectos.

A jurisdição estatal no Brasil, como regra, é exercida pelo Poder Judiciário que, por isso, tem caráter nacional (seja ele federal ou estadual). Porém, em respeito ao princípio federativo brasileiro (que divide as esferas de Poder em União, Estados/DF e Municípios), e para permitir uma melhor organização da prestação do serviço público da Justiça, a Constituição Federal brasileira divide o Poder Judiciário em vários órgãos (nacionais, federais e estaduais), cada qual com competência para processar e julgar determinadas demandas.

A regra geral do sistema é que as causas cíveis e criminais se processem perante a Justiça Estadual de primeiro grau. Mas diante de previsão constitucional expressa, é reconhecida a possibilidade de dadas demandas terem curso perante as Justiças da União dos mais diversos graus (Justiça Eleitoral, Justiça do Trabalho, Justiça Militar e Justiça Federal).

O presente livro é fruto de trabalho conjunto dos autores – professores de direito processual (civil e penal) e profissionais com larga experiência –, na tentativa de analisar, discutir e investigar, a competência da Justiça Federal comum no ordenamento jurídico brasileiro, apresentando seus aspectos teóricos e práticos, além dos inúmeros problemas da interação dela com outros órgãos do Poder Judiciário.

A obra é dividida em duas grandes partes. Na primeira, é analisada a competência cível da Justiça Federal e todas suas intercorrências. Na segunda, são tratados os aspectos relacionados ao direito processual penal e sua problematização.

Nossa pretensão é que este trabalho possa ajudar estudantes e profissionais a compreender, de modo mais adequado, a competência civil e criminal da Justiça Federal brasileira. E, também, que sirva para fomentar a crítica e a reflexão sobre algumas posturas jurisprudenciais dos Tribunais brasileiros, que, ao ver dos autores, não se coadunam com a adequada aplicação das regras constitucionais e legais sobre competência jurisdicional.

Desde já agradecemos aos leitores pelas críticas, sugestões e elogios que porventura vierem à 3ª edição desta obra, bem como à Editora Juspodivm por confiar em mais este projeto editorial.

Dezembro de 2023.
Os Autores

SUMÁRIO

PARTE I

PARTE II

PARTE I

COMPETÊNCIA CÍVEL DA JUSTIÇA FEDERAL

Fernando da Fonseca Gajardoni

1. JURISDIÇÃO, COMPETÊNCIA E PREVISÃO LEGAL

A competência nada mais é do que a aptidão que tem o órgão jurisdicional para a aplicação da Jurisdição no caso concreto.

Diferentemente da Jurisdição, da qual, na forma do art. 16 do CPC, é investido todo aquele empossado como magistrado, seja por meio de concurso público ou de indicação de natureza política (como ocorre com os Ministros dos Tribunais Superiores), para um órgão ser competente para dado processo é indispensável que haja uma regra constitucional e/ ou infraconstitucional que lhe indique como o juízo natural da causa.

Assim, pode-se dizer que todo órgão do Poder Judiciário (e até alguns fora dele, como ocorre com o Senado nos crimes de responsabilidade do Presidente da República, com os árbitros nas arbitragens, etc.) tem Jurisdição. Mas só aquele indicado previamente pela lei como apto para a causa tem competência (art. 42 do CPC), motivo pelo qual alguns autores (em expressão criticável) aduzem ser a competência a medida da Jurisdição.

O Poder Judiciário (a Jurisdição estatal), como parcela de poder do Estado, **é uno e nacional**. Isso quer dizer que a divisão entre Judiciário Federal (Eleitoral, Trabalhista, Militar e comum) e Estadual é artificial, funcionando apenas por questões de conveniência e oportunidade administrativa, a bem da facilitação da estruturação material e organizacional dos diversos órgãos do Judiciário.

Tanto é assim que todos os juízes brasileiros, sejam eles de que natureza for: a) estão sujeitos ao mesmo regime jurídico (Lei Orgânica da Magistratura Nacional – Lei Complementar 35/79), gozam de idênticas obrigações e prerrogativas do cargo (arts. 93 e 95, CF); b) têm Jurisdição (não competência) sobre todo o território nacional, de modo que não deixam de ser juízes, tampouco suas decisões perdem validade, quando apresentadas para cumprimento em Comarcas ou Seções/subseções judiciárias diversas da de onde atuam.

ATENÇÃO. Exatamente por causa da referida unitariedade do Judiciário (caráter nacional) que a jurisprudência tem admitido, em situações de urgência, que juízo absolutamente incompetente defira tutelas provisórias cautelares e antecipatórias (art. 300 do CPC), a rigor, fora de sua alçada. Em outros termos, à luz deste fenômeno nominado por alguns autores como *translatio iudicii*, juízes estaduais podem apreciar medidas de urgência de competência da Justiça Federal, enquanto juízes federais podem, nas mesmas condições, apreciar causas da alçada da Justiça do Trabalho, etc., toda vez que não for possível o acesso imediato da Justiça competente (*v.g.*, quando na cidade onde seja necessária tutela de urgência não haja plantão da Justiça competente, sendo impossível, sem risco ao direito ou ao resultado útil do processo, acessar a unidade em que esteja ocorrendo o plantão). Por evidente, superada a situação de urgência, o pedido de tutela provisória de urgência deve ser remetido, na forma do art. 64, § 4º, do CPC, ao juízo competente, que poderá re/ratificar eventual tutela deferida pelo juízo incompetente, mas que apreciou o pleito em vista da urgência.

As regras de competência, como um todo, são previstas, ordinariamente, na CF, tratados internacionais e nas leis federais (o CPC é uma delas), uma vez que compete à União legislar privativamente sobre processo (art. 22, I, CF).

No entanto, diante do poder constituinte derivado decorrente e da capacidade que os Estados têm de organizar suas próprias Justiças à luz do princípio federativo (art. 125, CF), a Constituição Estadual e as Leis de Organização Judiciária dos Estados também têm regras a respeito de competência dos entes parciais, isto é, dos Estados e do Distrito Federal (art. 44, CPC).

2. OS LIMITES DA JURISDIÇÃO NACIONAL – JURISDIÇÃO NACIONAL BRASILEIRA E JURISDIÇÃO INTERNACIONAL (BREVE NOTÍCIA)

A definição do órgão com competência para dada demanda pressupõe, antes de tudo, que tenha ele Jurisdição sobre a causa. Sem ela, não se pode falar em competência, que é característica atribuível por lei nacional, apenas, a órgãos jurisdicionais brasileiros.

Na eleição das demandas cíveis processáveis perante os órgãos jurisdicionais pátrios, o legislador considerou, entre outras regras de direito internacional, os princípios/critérios da efetividade, do interesse e da submissão.

Com base no ***critério da efetividade***, elege causas processáveis no Brasil à luz do poder que tem, o Estado brasileiro, de tornar efetivo aquilo que por aqui se decidiu (até porque há de se respeitar a soberania de outros Estados, os quais não são obrigados a dar cumprimento às decisões proferidas pelo juiz brasileiro).

Com base no ***critério do interesse***, elege causas que, à luz dos valores e princípios do Estado Brasileiro, convém sejam processadas e julgadas aqui.

E com fulcro no ***critério da submissão***, respeita a vontade soberana das partes na escolha (ou recusa) da jurisdição brasileira sobre determinados conflitos, ainda que não haja elemento de conexão (os dois critérios anteriores) que ligue o Brasil à causa (foro de eleição/jurisdição internacional).

A partir da aplicação dos referidos critérios, o legislador brasileiro criou dois grandes modelos da definição da jurisdição nacional para as causas cíveis: a) **jurisdição nacional *exclusiva*** (art. 23, CPC); e b) **jurisdição nacional *concorrente*** (arts. 21 e 22, ambos do CPC). A definição de cada hipótese de competência dentro destes 02 (dois) grandes modelos observa os já expostos princípios/critérios da efetividade, interesse e submissão (conforme indicaremos logo a seguir).

De acordo com o art. 23 do CPC que trata da **jurisdição nacional *exclusiva***, compete à autoridade judicial brasileira, com exclusão de qualquer outra:

I) conhecer de ações relativas a imóveis situados no Brasil (princípios da efetividade e do interesse);

II) em matéria de sucessão hereditária, proceder à confirmação de testamento particular e ao inventário e à partilha de bens situados no Brasil, ainda que o autor da herança seja de nacionalidade estrangeira ou tenha domicílio fora do território nacional (princípios da efetividade e do interesse). Aqui não interessa se o bem é móvel, imóvel ou semovente, sempre sendo competente o juiz brasileiro para o inventário/partilha desses bens (princípios da efetividade e do interesse);

ATENÇÃO. O disposto no art. 5º, XXXI, da CF – que atribui à lei estrangeira, quando mais benéfica à família brasileira, a disciplina da sucessão dos bens do estrangeiro no Brasil –, não afeta a regra do art. 23, II, do CPC, vez que esta disciplina competência, enquanto a regra da CF trata da lei aplicável ao caso (extraterritorialidade). Assim, quem julgará o inventário/partilha de bens no Brasil sempre será o juiz brasileiro, ainda que venha a aplicar ao caso a lei estrangeira caso ela seja mais beneficia aos familiares brasileiros do *de cujus* (art. 5º, XXXI, CF).

III) em divórcio, separação judicial ou dissolução de união estável, proceder à partilha de bens situados no Brasil, ainda que o titular seja de nacionalidade estrangeira ou tenha domicílio fora do território nacional (princípios da efetividade e do interesse).

Proferida por juiz estrangeiro decisão em demandas contempladas no art. 23 do CPC, o pronunciamento não poderá ser efetivado em território brasileiro (embora possa fora dele), uma vez que o Brasil impôs, com base na sua soberania, este limite à jurisdição de outros Estados: nas hipóteses do dispositivo só se empresta eficácia às decisões proferidas pelo Poder Judiciário brasileiro.

De modo que submetida ao STJ a homologação de uma sentença estrangeira proferida em violação do art. 23 do CPC, a corte negará a homologação (vide art. 964 do CPC).

Já os arts. 21 e 22 do CPC tratam das hipóteses de **jurisdição nacional *concorrente***, isto é, casos que o Poder Judiciário brasileiro reconhece sua jurisdição para julgamento, sem prejuízo de serem válidas, por aqui, também decisões proferidas por tribunais estrangeiros (jurisdição internacional).

Nos termos do art. 21 do CPC, o Brasil julga, em concurso com outros países, as demandas em que:

I) o réu, qualquer que seja a sua nacionalidade, estiver domiciliado no Brasil (inclusive as empresas multinacionais, desde que tenham agência, filial ou sucursal no País) (princípio da efetividade);

II) no Brasil tiver de ser cumprida a obrigação (princípios da efetividade e do interesse); e

III) o fundamento seja fato ocorrido ou ato praticado no Brasil (princípio do interesse).

Também de forma concorrente com outros países, compete à autoridade judiciária brasileira processar e julgar as ações (art. 22 do CPC):

I) de alimentos quando o credor tiver domicílio ou residência no Brasil, ou quando o réu mantiver vínculos no Brasil, tais como posse ou propriedade de bens, recebimento de renda ou obtenção de benefícios econômicos (a norma visa a proteger a parte mais fraca da relação jurídico-processual: o credor de alimentos ou alimentando) (princípios da efetividade e do interesse);

II) decorrentes de relações de consumo, quando o consumidor tiver domicílio ou residência no Brasil (aqui também há uma tentativa de proteger a parte hipossuficiente da relação: o consumidor) (princípio do interesse); e

III) em que as partes, expressa (cláusula de eleição) ou tacitamente (não se insurgir contra a jurisdição nacional no momento adequado), se submeterem à jurisdição nacional (art. 22, CPC) (princípio da submissão).

ATENÇÃO. Há dezenas de precedentes do STJ no sentido de que não há jurisdição brasileira contra Estados estrangeiros, por condutas praticadas em território brasileiro em tempo de guerra (ainda que, a rigor, sejam incidentes os artigos. 21 e 22 do CPC). Embora a questão relativa à imunidade de jurisdição, atualmente, não seja vista de forma absoluta (sendo excepcionada, principalmente, nas hipóteses em que o objeto litigioso tenha como fundo relações de natureza meramente civil, comercial ou trabalhista), em se tratando de atos praticados numa ofensiva militar em período de guerra, incide a imunidade *acta jure imperii*, que é absoluta e não comporta exceção. De modo que "*não há infelizmente como submeter a República Federal da Alemanha à jurisdição nacional para responder a ação de indenização por danos morais e materiais por ato de império daquele País, consubstanciado em afundamento de barco pesqueiro no litoral de Cabo Frio – RJ, por um submarino nazista, em 1943, durante a Segunda Guerra Mundial" (STJ, RO 66/RJ, Rel. Ministro Fernando Gonçalves, 4ª Turma, julgado em 15/04/2008, DJe 19/05/2008).*

O art. 24 do CPC estabelece que, nas hipóteses de jurisdição nacional concorrente, a ação proposta perante tribunal estrangeiro não induz litispendência e não obsta a que a autoridade judiciária brasileira conheça da mesma causa e das que lhe são conexas, ressalvadas as disposições em contrário de tratados internacionais e acordos bilaterais em vigor no Brasil.

Assim, como regra, não há de se cogitar da extinção ou suspensão de uma das ações na pendência da outra (art. 485, V, do CPC), nada impedindo, portanto, que o juiz pátrio conheça de demanda idêntica àquela em curso em outro país.

De qualquer modo, para evitar decisões contraditórias e, especialmente, para resolver os conflitos de eficácia entre mais de uma sentença/decisão proferida sobre o mesmo evento ou relação jurídica material, prevalecerá no Brasil, sempre, a decisão do processo em que primeiramente tiver havido o trânsito em julgado, seja brasileira ou estrangeira. Enquanto a decisão brasileira transita em julgado quando não interpostos ou julgados todos os recursos contra ela cabíveis (art. 502 do CPC), a estrangeira só transita em julgado no Brasil quando é homologada pelo Superior Tribunal de Justiça, na forma dos arts. 961 do CPC c.c. 105, I, "i", da CF.

Transitada em julgado a sentença brasileira, caso haja pedido ao STJ de homologação de sentença estrangeira proferida posteriormente, ele negará a homologação (art. 963, IV, do CPC). Homologada pelo STJ, primeiramente, a sentença estrangeira (que, portanto, transitou em julgado na ocasião), o fato será comunicado ao juízo do processo pendente no Brasil, a fim de que ele pronuncie a extinção sem análise do mérito pela superveniência da coisa julgada (art. 485, V, do CPC).

Conforme trataremos adiante, sentenças/decisões estrangeiras homologados no país pelo STJ são, necessariamente, liquidadas/executadas perante a Justiça Federal, ainda que nenhuma das partes do processo seja um dos entes federais do art. 109, I, da CF (art. 109, X, da CF). Trata-se de hipótese de competência material da Justiça Federal com base no objeto da demanda (execução de sentença/decisão estrangeira).

3. COMPETÊNCIA INTERNA

3.1. Critérios de competência interna

Superada a questão da jurisdição cível brasileira sobre o caso – que deve estar presente, sob pena de não ser possível avançar-se sobre a questão da competência interna –, passa-se à investigação a respeito de qual órgão jurisdicional cível, dentro do território brasileiro, é competente para dada demanda.

Quatro são os critérios de competência regularmente apontados para esta definição e que a seguir serão referenciados:

1º) critério funcional e hierárquico (*ratione personae*);

2º) critério material (*ratione materiae*);

3º) critério valorativo (*ratione valoris*); e

4º) critério territorial (*ratione loci*).

Referidos critérios, como regra geral, são analisados exatamente na ordem como dantes apresentados.

Ordinariamente, dispensa-se a análise dos demais critérios caso se encontre presente regra fundada no critério funcional/hierárquico (tratado logo abaixo), que já é bastante para definir o juízo cível competente para a causa (não havendo necessidade de se perquirir sobre matéria, valor da causa ou local/território do ajuizamento da ação).

ATENÇÃO. A exceção desta afirmação fica por conta das raras hipóteses de impetração de MS ou propositura de ação rescisória, por ente federal (art. 109, I, da CF), contra ato praticado por juiz estadual fora da jurisdição constitucional delegada (art. 109, § 3º, da CF), casos em que o critério funcional-hierárquico do art. 108, I, "c", da CF, será mesclado com o critério material do art. 109, I, da CF, a fim de que o TRF julgue o feito (cf. item 3.2.1.3 e 3.2.1.4. infra).

Não incidindo regra de natureza funcional/hierárquica, conclui-se que a ação será proposta em 1ª instância e a distribuição será livre entre juízes com a mesma competência, restando, contudo, avançar-se, sucessiva e cumulativamente, sobre os outros 03 critérios (material, valorativo e territorial) para se alcançar o juízo cível competente.

Ao final do processo, se sobejar mais de um juízo igualmente competente para a causa, define-se a competência entre eles pela distribuição, na forma dos arts. 284 e 285 do CPC.

3.2. Critério funcional e hierárquico

O presente critério é o primeiro a ser analisado em favor da correta delimitação da competência interna em matéria cível. É critério de dupla faceta que identifica os casos de:

a) *foro por prerrogativa de função* (*foro privilegiado*) (*ratione personae*): regras que, ordinariamente, têm berço constitucional) e;

b) prevenção: situações que, de regra, são disciplinadas em normas infraconstitucionais.

3.2.1. Foro por prerrogativa de função (foro privilegiado)

O foro por prerrogativa de função (foro privilegiado) advém da qualidade da parte do processo (*ratione personae*). Em **algumas ações** (*sic:* procedimentos) reconhece-se a dadas autoridades públicas a prerrogativa de serem julgadas por juízes de mesmo *status* hierárquico e não, como ordinariamente acontece, por juízes de primeiro grau.

Tais regras objetivam proteger o cargo ocupado pela autoridade pública (e não sua pessoa). De modo que, conforme veremos adiante, findo o mandato ou não mais ocupando o agente o cargo protegido pela norma, como regra, cessa o foro por prerrogativa (privilegiado), devendo o caso ser encaminhado para prosseguimento em 1º grau (com aproveitamento dos atos praticados pelo juízo até então competente).

Há hipóteses de competência originária dos Tribunais (STF, STJ, TSE, TRTs, TRFs e TJs) previstas nas Constituições Federal e Estadual, sendo tais ações ajuizadas inicial e diretamente nos Tribunais (e não em 1º grau como é a regra). Porém, **de foro por prerrogativa de função (privilegiado) propriamente não se trata**, já que a competência não é afirmada com base nas partes do processo (*ratione personae*), mas sim em vista da própria natureza da ação/procedimento (*ratione materiae*). Isso ocorre, por exemplo:

a) na competência originária do STF para as ações de controle de constitucionalidade (art. 102, I, "a", da CF), ou para as ações que questionam a inércia da administração federal relativamente ao planejamento e organização do censo demográfico do IBGE, eis que consideradas causas/conflitos "entre a União e os Estados, a União e o Distrito Federal, ou entre uns e outros, inclusive as respectivas entidades da administração indireta" (art. 102, I, "f", CF) (STF, ACO 3508, Pleno, Rel. Min. Marco Aurélio, Rel p/acórdão Min. Gilmar Mendes, j. 17.05.2021);

b) na dos Tribunais de Justiça e Regionais Federais para julgar os conflitos de competência dos juízes a ele vinculados (arts. 102, I, "o", 105, I, "d" e 108, I, "e", todos da CF), ou mesmo para julgar as ações rescisórias dos seus julgados e dos seus juízes (arts. 102, I, "j", 105, I, "e" e 108, I, "b", todos da CF).

Como regra, e de acordo com a CF, **há foro por prerrogativa de função em matéria cível, apenas, no mandado de segurança, mandado de injunção e habeas data impetrados contras certas autoridades federais do alto escalão** (arts. 102, I, "d" e "q", 105, I, "b" e "h", 108, "c"; todos da CF) – inclusive na modalidade coletiva – **e, também, nas ações ajuizadas contra o Conselho Nacional da Justiça e Conselho Nacional do Ministério Público** (art. 102, I, "r", CF). Há também regras a respeito do tema (foro por prerrogativa) nas Constituição dos Estados que, em geral, espelham para as autoridades estaduais/municipais o padrão estabelecido na CF para as autoridades federais, observando seu respectivo Tribunal (Tribunal de Justiça do Estado).

Art. 102 da CF. Compete ao Supremo Tribunal Federal, precipuamente, a guarda da Constituição, cabendo-lhe:

I - processar e julgar, originariamente:

(...)

d) o habeas corpus, sendo paciente qualquer das pessoas referidas nas alíneas anteriores; o mandado de segurança e o habeas data contra atos do Presidente da República, das Mesas da Câmara dos Deputados e do Senado Federal, do Tribunal de Contas da União, do Procurador-Geral da República e do próprio Supremo Tribunal Federal;

(...)

q) o mandado de injunção, quando a elaboração da norma regulamentadora for atribuição do Presidente da República, do Congresso Nacional, da Câmara dos Deputados, do Senado Federal, das Mesas de uma dessas Casas Legislativas, do Tribunal de Contas da União, de um dos Tribunais Superiores, ou do próprio Supremo Tribunal Federal;

r) as ações contra o Conselho Nacional de Justiça e contra o Conselho Nacional do Ministério Público;

Art. 105 da CF. Compete ao Superior Tribunal de Justiça:

I - processar e julgar, originariamente:

(...)

b) os mandados de segurança e os habeas data contra ato de Ministro de Estado, dos Comandantes da Marinha, do Exército e da Aeronáutica ou do próprio Tribunal; (Redação dada pela Emenda Constitucional nº 23, de 1999)

(...)

h) o mandado de injunção, quando a elaboração da norma regulamentadora for atribuição de órgão, entidade ou autoridade federal, da administração direta ou indireta, excetuados os casos de competência do Supremo Tribunal Federal e dos órgãos da Justiça Militar, da Justiça Eleitoral, da Justiça do Trabalho e da Justiça Federal;

Art. 108 da CF. Compete aos Tribunais Regionais Federais:

I - processar e julgar, originariamente:

(...)

c) os mandados de segurança e os habeas data contra ato do próprio Tribunal ou de juiz federal;

Assim, mandado de segurança (inclusive coletivo) contra ato do Presidente da República ou do Tribunal de Contas da União é ajuizado, originariamente, no STF (art. 102, I, "d", CF e súmula 248 do STF); mandado de injunção contra omissão legislativa da mesa da Câmara ou do Senado, no STF (art. 102, I, "q", da CF); o *habeas data* contra ato de Ministro de Estado, no STJ (art. 105, I, "b", CF); mandado de segurança ou habeas data contra ato praticado por Governador do Estado, regra geral, no TJ (deve ser observada a Constituição Estadual, à luz da regra da simetria); mandados de segurança contra ato de juízes federais, no TRF (art. 108, I, "c", da CF) e, com base na simetria, MS contra atos de juízes estaduais no TJ a que vinculados; mandados de segurança contra atos dos secretários estaduais e prefeitos municipais onde as Constituições Estaduais determinarem; e assim por diante.

Deve ser redobrada a cautela na definição da regra de incidência do foro por prerrogativa de função, pois, diversamente do cível, no crime, inúmeras são as situações em que autoridades federais, estaduais, municipais e distritais têm foro privilegiado (o que causa alguma confusão).

Vale considerar que as regras de foro privilegiado sempre devem ser interpretadas restritivamente, já que representam exceção aos princípios estruturantes da igualdade e da República. **A regra é o julgamento de todos em 1º grau de jurisdição**.

Exemplificativamente, nos casos de omissão normativa imputada a autarquia federal (Banco Central do Brasil), não há competência do Supremo Tribunal e nem do STJ para o mandado de injunção, pois não incidente na hipótese o disposto no art. 102, I, "q" ou art. 105, I, "h", da Constituição Federal, não havendo, assim, *writ* constitucional contra autoridade que detenha prerrogativa de foro no STF/STJ (STF, MI 571 QO, rel. min. Sepúlveda Pertence, j. 8-10-1998, P, DJ de 20.11.1998).

Do mesmo modo, "o caráter de direito estrito das normas relativas à competência originária desta Corte para o processamento de ação mandamental demanda emprestar-lhes exegese restritiva", motivo pelo qual não compete ao STJ, não tendo mais o cargo de Presidente do Banco Central *status* de Ministro de Estado (art. 9º da Lei Complementar n.

179/2021), competência para julgar mandado de segurança impetrado contra ato por ele praticado (MS n. 28.245/DF, Rel. Min. Regina Helena Costa, Primeira Seção, julgado em 9/8/2023, DJe de 15/8/2023).

3.2.1.1. Ações cíveis de competência dos Tribunais Regionais Federais (TRFs)

Basicamente, na seara cível, o art. 108, I, da CF prevê que compete originariamente aos TRFs julgar os mandados de segurança e os habeas data contra ato do próprio Tribunal ou de juiz federal ("c'), as ações rescisórias dos seus julgados e dos juízes federais da região ("b") e os conflitos de competência entre juízes federais vinculados ao Tribunal ("e"). Regras essa que se aplica em sua inteireza aos juízes estaduais que atuam por delegação constitucional, na forma do art. 109, §§ 3º e 4º, da CF.

Tem-se no art. 108, I, "c", da CF, situações legítimas de ***competência cível por prerrogativa de função*** *ratione personae* (foro privilegiado), e no art. 108, I, "b" e "e", da CF, hipóteses de ***ações originais cíveis*** (*ratione materiae*), todas proponíveis, direta e inauguralmente, no TRF.

A regra do art. 108, I, "c", da CF (competência dos TRFs para julgar os mandados de segurança e os habeas data contra ato do próprio Tribunal ou de juiz federal) foi criada em virtude de a autoridade coatora do MS/HD ser juiz/desembargador federal vinculado jurisdicionalmente ao próprio TRF. Não faria sentido, do ponto de vista funcional e da preservação da imparcialidade do julgador, que o *writ* constitucional impetrado contra ato de juiz federal (incluindo os estaduais que atuam por delegação na forma do art. 109, § 3º, da CF) fosse julgado por colega com o mesmo *status* funcional; ou, pior, que o ato de um desembargador federal atacado por MS/HD fosse enfrentado por juiz de primeiro grau (algumas vezes, inclusive, a ele subordinado administrativa ou correicionalmente).

Entendemos, inclusive, que a mesma regra deva ser aplicada para os casos supra enumerados, quando o autor se valha de expedientes processuais próprios (mudança da via da postulação) a fim de submeter a autoridade com prerrogativa de foro no TRF (juiz federal ou desembargador federal), a julgamento pela Justiça Federal de 1ª instância, contornando, assim, a vedação hierárquica supra narrada.

Não se cogita, por isso, que o prejudicado pelo pronunciamento ilegal e abusivo praticado por um juiz/desembargador federal, em vez de atacar o ato pelo MS (o que atrairá a competência para o TRF), ajuíze ação pelo rito comum (anulatória, declaratória, obrigação de não fazer etc.) com o fito de atrair o julgamento da demanda para a Justiça Federal de 1º grau. É evidente que o estratagema viola a boa-fé processual do art. 5º do CPC, pois a parte buscou, pela mudança do rito, contornar a aplicação do art. 108, I, "c", da CF, a fim de não ver incidir na hipótese o critério hierárquico/funcional definido da competência do TRF para o caso.

Nestes casos, o melhor entendimento é aquele que prestigia a lógica do sistema e admite a existência de uma hipótese de competência constitucional implícita, para admitir que qualquer ação contra autoridades com prerrogativa de foro em sede de MS/HD (*writs* constitucionais), sejam submetidas a julgamento originário pelo Tribunal (TRF), se ficar evidenciado que o escopo da variação do procedimento (o uso da ação de rito comum) foi o de contornar o princípio hierárquico, sujeitando à autoridade ao julgamento de primeiro grau.

Conforme veremos no item 3.2.1.8 infra, a 1ª Turma do STF vem sinalizando no sentido aqui exposto, para reconhecer que compete ao Supremo, na forma do art. 102, I, "r", da CF, o julgamento de qualquer ação contra o CNJ/ CNMP (e não apenas *writs* constitucionais), quando o ato possa ser atacado concomitantemente por *writ* constitucional (STF, Rcl 15564 AgR/PR, rel. orig. Min. Rosa Weber, rel. p/ o ac. Min. Luiz Fux, julgamento em 10.9.2019).

Mutatis mutandis, parece-nos que o mesmo raciocínio se aplica a todos os casos em que a parte opta pelo rito comum, a fim de contornar a competência originária dos Tribunais.

Já nas hipóteses do art. 108, I, "b" e "e", da CF (competência dos TRFs para as ações rescisórias dos seus julgados e dos juízes federais da região, bem como para os conflitos de competência entre juízes federais vinculados ao Tribunal), as regras de competência originária (e que não tem relação com foro privilegiado) são moldadas em respeito à autoridade do Tribunal, já que será ele que se pronunciará sobre a rescisão dos seus julgados e dos juízes federais que lhe são vinculados (art. 966 e ss. do CPC), bem como sobre os conflitos de competência entre os seus próprios juízes/desembargadores (art. 66 do CPC).

Essa última regra (sobre a competência dos TRFs para os conflitos de competência) vale, inclusive – nos termos do enunciado n. 106 do FONAJEF e súmula 428 do STJ –, quando haja conflito de competência entre juiz federal da Justiça comum federal com juiz federal vinculado ao mesmo TRF, porém, atuante nos Juizados Especiais Federais (*v.g.*, juízo federal de Ribeirão Preto/SP, do TRF3, em conflito com juiz federal do JEF de Campo Grande/MS, também do TRF3). Vale a regra, também, quando o conflito de competência se instaure entre juiz federal e juiz de direito (estadual) com competência delegada, na forma do art. 109, §§ 3º e 4º, da CF, sujeito que está também à jurisdição recursal do TRF nas causas delegadas (STJ, CC 69.767/BA, Rel. Min. Jane Silva – Desembargadora convocada do TJMG, 3ª Seção, j. 22.08.2007).

Eclodirá a competência do STJ, apenas, se eventualmente os juízes/desembargadores federais em conflito (ou o juiz estadual com competência delegada) forem vinculados a TRFs distintos, na forma do art. 105, I, "d", da CF (v.g., juízo federal vinculado à 3ª Região x juízo federal vinculado à 6ª Região). Do contrário, quem decidirá o conflito é o próprio TRF a que vinculados jurisdicionalmente todos os juízes em conflito.

No sentido do exposto, o STF já decidiu que a competência do STJ para julgar conflitos de competência "*circunscreve-se àqueles em que estão envolvidos tribunais distintos ou juízes vinculados a tribunais diversos (art. 105, I, d, da CF). Os juízes de primeira instância, tal como aqueles que integram os juizados especiais, estão vinculados ao respectivo TRF, ao qual cabe dirimir os conflitos de competência que surjam entre eles*" (STF, RE

590.409, rel. min. Ricardo Lewandowski, j. 26-8-2009, P, DJE de 29-10-2009, Tema 128).

Não compete, portanto, ao STF ou ao STJ, julgar: a) MS e HD impetrados contra ato praticado por desembargadores federais; b) conflito de competência entre desembargadores vinculados ao mesmo TRF; c) conflito de competência entre juízes federais do juizado especial federal e da justiça comum federal vinculados ao mesmo TRF; e d) conflitos de competência entre juízes federais (inclusive do JEF) e juízes estaduais em competência delegada (art. 109, § 3º, do CPC), desde que sujeitos jurisdicionalmente ao mesmo TRF. Em todos esses casos a competência é do próprio TRF a que vinculados os juízes/desembargadores impetrados ou que estão em conflito de competência.

A Súmula 624 do STF é clara no sentido de que "*não compete ao Supremo Tribunal Federal conhecer originariamente de mandado de segurança contra atos de outros tribunais*", deixando a súmula 623, do mesmo Tribunal, ainda expresso que "*não gera por si só a competência originária do Supremo Tribunal Federal para conhecer do mandado de segurança com base no art. 102, I, n, da Constituição, dirigir-se o pedido contra deliberação administrativa do tribunal de origem, da qual haja participado a maioria ou a totalidade de seus membros*".

Em reforço ao entendimento retro há, ainda, a súmula 330 do mesmo STF, no sentido de que "*o Supremo Tribunal Federal não é competente para conhecer de mandado de segurança contra atos dos Tribunais de Justiça dos Estados*".

Na mesma toada, o STJ editou a súmula 41, afirmando sua incompetência "*para processar e julgar, originariamente, mandado de segurança contra ato de outros Tribunais ou dos respectivos órgãos*", já que, a competência, nos termos da CF, é dos próprios Tribunais.

Por fim, considere-se que apesar da ausência de regra expressa a respeito do tema no art. 108 da CF, compete aos Tribunais Regionais Federais o julgamento das reclamações (que são, a rigor, ações originárias) com o escopo de preservar a competência do Tribunal, garantir a autoridade de suas decisões ou garantir o cumprimento, por juízes federais da respectiva região, dos acórdãos proferidos em assunção de competência e incidente de resolução de demandas repetitivas julgados pelo próprio Tribunal (art. 988, I, II, IV e § 1º, do CPC). Trata-se de competência implícita dos TRFs, por derivação lógica das regra do arts. 102, I, "l" e 105, I, "f", da CF, que reconhecem a competência, respectivamente, do STF e do STJ, para restabelecer, pela via da reclamação, sua competência ou autoridade de seus julgados.

3.2.1.2. Mandado de segurança no sistema dos Juizados Especiais Federais

Não compete aos TRFs o processamento e julgamento de MS impetrados contra ato de juízes federais, que atuam no sistema dos Juizados Especiais Federais (Lei 10.259/2001). Nestes casos, como são as turmas ou colégios recursais que fazem o papel da 2ª instância nos feitos dos Juizados Federais (art. 98, I, da CF, *in fine*), a elas caberá o julgamento de eventuais MS impetrados contra ato dos respectivos juízes dos Juizados – na esteira do que ocorre com os recursos inominados em geral contra sentenças e decisões interlocutórias (arts. 4º e 5º da Lei 10.259/2001) –, conforme, aliás, é a dicção da súmula 376 do STJ ("*Compete à turma recursal processar e julgar o mandado de segurança contra ato de juizado especial*").

Excepcionalmente a jurisprudência tem admitido MS no TRF contra ato praticado por juízes federais das Turmas Recursais dos Juizados Especiais, quando o objeto da impetração seja afirmar a própria incompetência do Sistema dos Juizados para a causa (STJ, RMS 17.113-MG, DJ 13/9/2004. RMS 17.524-BA, Rel. Min. Nancy Andrighi, julgado em 2/8/2006). Em situações como essa, o controle por meio da ação mandamental não interferiria na autonomia dos Juizados, uma vez que o mérito da demanda não será decidido pelo TRF, que simplesmente reconheceria a incompetência dos Juizados para a demanda e determinaria que a demanda fosse proposta perante a Justiça Comum. Ademais, "*é necessário estabelecer um mecanismo de controle da competência dos Juizados, sob pena de lhes conferir um poder desproporcional: o de decidir, em caráter definitivo, inclusive as causas para as quais são absolutamente incompetentes, nos termos da lei civil. Dessa forma, sendo o juízo absolutamente incompetente em razão da matéria, a decisão é, nesse caso, inexistente ou nula, não havendo, tecnicamente, que falar em trânsito em julgado*" (STJ, RMS 39.041-DF, Rel. Min. Raul Araújo, julgado em 7/5/2013).

Vale destacar que os julgados supra indicados, embora tratantes dos Juizados Especiais Cíveis (Lei 9.099/95), são aplicáveis aos Juizados Especiais Federais porque, embora haja previsão legal para uniformização de jurisprudência perante os JEFs (art. 14 da Lei 10.259/2001), o instrumento pode não se prestar para dirimir a questão da competências dos próprios Juizados, principalmente quando não haja casos com decisões divergentes de outras turmas recursais ou precedentes do STJ em sentido contrário (a justificar o pedido de uniformização).

ATENÇÃO. Não se aplicam aos Juizados Especiais Federais os ditames da Resolução STJ n. 03/2016, de modo que **não há** competência dos TRFs para julgar reclamações pela não aplicação, nas turmas recursais federais, dos precedentes do STJ. Isso porque a uniformização de jurisprudência pretendida pela norma – que "delega" a competência da reclamação contra acórdãos das Turmas Recursais do JEC aos TJs – já é alcançada pelo pedido de uniformização do art. 14, § 2º, da Lei 10.259/2001. Ofensa a precedentes do STJ pelas turmas recursais no sistema dos Juizados Federais (Lei 10.259/2001) ou da Fazenda Pública (Lei 12.153/2009), se resolve por pedido de uniformização; já no sistema dos Juizados Especiais Cíveis (Lei 9.099/95), por reclamação junto aos TJs, nos termos da resolução 3/2016 do STJ.

Em nosso sentir referida Resolução do STJ é inconstitucional. Para além de criar regra de competência originária dos Tribunais de Justiça sem alteração da Constituição Federal ou Estadual, o faz por norma de natureza administrativa (sic), como se o STJ tivesse competência legislativa e para ditar regras de processo, ao arrepio do art. 22, I, da CF. Pese a crítica posta, vem sendo aplicada irrefletidamente, com louváveis exceções (TJMG, TJPB etc.), pela larga maioria dos Tribunais brasileiros.

3.2.1.3. Competência dos TRFs para julgar MS/HD e rescisórias impetradas contra ato/decisão de juiz estadual fora da competência material delegada

É firme a jurisprudência do Superior Tribunal de Justiça e do Supremo Tribunal Federal, no sentido de que sendo a impetrante do MS autoridade federal, fica atraída a competência da Justiça Federal, na forma do art. 109, I, da CF (STJ, CC 129.174/DF, Rel. Ministro Reynaldo Soares da Fonseca, Terceira Seção, DJe 16/9/2015; STJ, RMS 33.425/RJ, Rel. Ministro Raul Araújo, Quarta Turma, DJe 20/10/2014; STJ, RMS 43.001/PR, Rel. Ministro Sérgio Kukina, Primeira Turma, DJe 20/03/2014), ***mesmo que a autoridade coatora seja autoridade estadual*** (STJ, CC 68.584/SP, Rel. Min. Teori Albino Zavascki, 1ª Seção, j. 28.03.2007).

Contudo, caso figure no polo passivo da impetração do *writ* Juiz de Direito (Juiz Estadual) – ainda que fora do exercício da competência delegada do art. 109, §§ 3º e 4º da CF (pois dentro dela, a competência para julgar o *writ* é mesmo do TRF a que vinculado) –, não competirá à Justiça Federal de 1º grau o conhecimento da impetração. Nestes casos, em vista dos princípios da hierarquia e da simetria, o julgamento do *writ* contra juiz estadual (fora da competência delegada) caberá ao TRF, por analogia ao disposto no art. 108, I, "c", da CF (STF, RE 266689 AgR, Relator(a): Min. Ellen Gracie, 2ª Turma, j. 17.08.2004, DJ 03-09-2004). Afinal, "*em princípio, qualquer ação proposta pelos entes relacionados no inciso I do art. 109 da Constituição é de competência da Justiça Federal. Tratando-se, entretanto, de mandado de segurança, que, em nosso sistema jurídico-processual, se rege também pelo princípio da hierarquia, prevê o inciso VIII do mesmo dispositivo a competência dos tribunais federais, obviamente, em razão do respectivo grau hierárquico. Em relação aos juízes federais, a competência é dos tribunais regionais federais (art. 108, I, c, da Carta da República), regra que, por simetria, é de aplicar-se aos juízes de direito*" (STF, RE 176.881, rel. p/ o ac. min. Ilmar Galvão, j. 13-3-1997, P, DJE de 6-3-1998).

Exemplificativamente, caso Juiz de Direito, em ação para reconhecimento de sociedade conjugal, para além do reconhecimento, determine a imediata implantação de benefício pensão por morte pelo INSS (que não era parte na demanda), caberá ao TRF julgar o MS para atacar a manifesta ilegalidade e arbitrariedade da decisão, que impôs à autarquia federal a implantação de benefício em processo que não foi parte, com afronta ao art. 506 do CPC (STJ, RMS 35.018, Rel. Min. Gurgel de Faria, 5ª Turma, j. 04.08.2015).

Idêntico raciocínio se aplica, ao menos de acordo com a jurisprudência do STF, à ação rescisória impetrada por qualquer dos entes do art. 109, I, da CF, contra sentença de Juiz de Direito (Juiz Estadual), ainda quando não investido de jurisdição federal delegada (art. 109, §§ 3º e 4º, da CF). Nestes casos, em vista simetria e do princípio da hierarquia, aplicar-se-á por analogia o art. 108, I, "b", da CF, a fim de que o TRF com jurisdição de 2º grau sobre a área, julgue a rescisória. "*A ação rescisória proposta pela União autora deve ser aforada na Justiça Federal competente*", mas em se tratando, "*de ação interponível diretamente no Tribunal, cabe ao Tribunal Regional Federal o seu conhecimento e julgamento, ainda que o decisum tenha sido proferido no juízo estadual, absolutamente incompetente, o que, aliás, revela presente um dos fundamentos do iudicium rescidens*". Isto porque "*o artigo 108, I, "b", da CF/1988, não colide com o artigo 109, I, da mesmo diploma, mas ao revés, conciliam-se, porquanto o princípio eclipsa dentro do próprio Tribunal o julgamento das rescisórias de seus julgados, pressupondo a competência do juízo, ao passo que o artigo 109, I, da Constituição Federal, assenta-se na competência*" (STJ, CC 104.947/PA, Rel. Min. Denise Arruda, Rel. p/acórdão Min. Luiz Fux, 1ª Seção, j. 23.06.2010).

O STF, inclusive, pacificou a questão na definição do Tema 775 de Repercussão Geral: "*Compete ao Tribunal Regional Federal processar ação rescisória proposta pela União com o objetivo de desconstituir sentença transitada em julgado proferida por juiz estadual, quando afeta interesses de órgão federal*" (Rel. Min. Alexandre de Moraes, Pleno, j. 11.10.2021).

ATENÇÃO. Na definição do Tema 775/STF destacam-se os votos vencidos dos Mins. Marco Aurélio (Relator originário), Edson Fachin, Carmen Lúcia, Roberto Barroso e Gilmar Mendes, que, em nosso sentir, davam solução tecnicamente mais adequada para o tema. Explica-se. As regras de competência funcional previstas na própria CF são prevalecentes sobre as regras de competência material, ainda que também previstas na CF. A regra do art. 108, I, "b", da CF, estabelece a competência originária dos Tribunais Regionais Federais para a rescisão de seus próprios julgados, o que por questão de equivalência federativa, implica dizer que também compete aos Tribunais de Justiça dos Estados julgar a rescisória dos seus. Ainda que a CF preveja a competência da Justiça Federal para as causas intentadas pela União (art. 109, I, da CF), a incidência dessa regra só deveria ter cabimento caso não incidisse, previamente, regra de competência funcional, que é exatamente o que ocorre na situação debatida pelo STF no tema 775 (vide item 3.1. supra). Caberia, assim, à Justiça Estadual sempre julgar as Ações Rescisórias propostas contra suas decisões, ainda que o autor fosse um dos entes do art. 109, I, da CF, não fazendo sentido a conjugação da regra constitucional dos art. 108, I, "b", com a do art. 109, I, em vista da prevalência da primeira sobre a segunda. Consequentemente, julgada procedente a ação originária – cujo acórdão pode ser atacado por Recurso Especial e Extraordinário ao STJ/STF (arts. 102, III e 105, III, CF) – o pronunciamento pretérito da Justiça Estadual seria anulado por ela mesmo, determinando-se a remessa do caso (ou a repropositura da ação cuja sentença/acórdão foi rescindido) perante a Justiça Federal competente. Mesmo raciocínio deveria ser aplicado no atinente aos MSs propostos por entes do art. 109, I, da CF contra atos de juízes estaduais fora da competência delegada, caso em que a regra do art. 108, I, "c", da CF, deveria prevalecer sobre a do art. 109, I, da CF, competindo aos TJs apreciarem MSs contra atos praticados por juízes a si vinculados, com eventual Recurso Ordinário Constitucional ou Recurso Especial ao STJ (art. 105, II e III, da CF) ou Extraordinário ao STF (art. 102, III, CF). Reitere-se, entretanto, que esse não é o entendimento dos Tribunais Superiores a respeito do tema, conforme expusemos parágrafos acima.

3.2.1.4. Competência dos TRFs para julgar MS contra ato de autoridade estadual/municipal com prerrogativa de foro no TJ, mas que atua por delegação de autoridade federal

Excepcionalmente, pessoas jurídicas de direito privado e autoridades estaduais e municipais podem vir a praticar atos que, a rigor, seriam de atribuição do poder público federal, caso em que, para fins de mandado de segurança, tais pessoas são equiparadas às autoridades federais (art. 2º da Lei 12.016/2009).

Exatamente por isso que se autoridade municipal ou estadual com prerrogativa de foro no TJ, vier a ser acionada, via MS, por ato praticado no exercício de atribuição do poder público federal, o *writ* dever ser processado junto ao TRF, conjugando-se – como já se expôs no tópico anterior –, as regras dos arts. 108 e 109, I e VIII, da CF.

Exemplificativamente, o Procurador-Geral de Justiça (chefe do MP Estadual), ao determinar a retenção de tributos federais por ocasião do pagamento de parcelas remuneratórias a membros do Ministério Público estadual (conversão de licenças-prêmio em pecúnia), está no exercício de função administrativa federal, razão pela qual não se pode reconhecer a competência do Tribunal de Justiça para o julgamento de mandado de segurança impetrado contra tal ato. Por força do princípio da simetria constitucional e à luz dos arts. 102, I, "d", e 109, VIII, da Constituição Federal, deve-se reconhecer que os mandados de segurança impetrados contra atos do Procurador-Geral de Justiça, quando em atividade submetida à jurisdição administrativa de natureza federal, são da competência do Tribunal Regional Federal (STJ, REsp 1303154/DF, Rel. Ministro Gurgel de Faria, 1ª Turma, julgado em 16/06/2016, DJe 08/08/2016).

Do mesmo modo, em se tratando de mandado de segurança impetrado contra ato de Presidente de Tribunal de Justiça que denegou pedido de isenção de imposto de renda sobre auxílio, formulado por servidores do quadro, a competência para julgamento da impetração é do TRF, considerando, inclusive, o princípio da hierarquia (STJ, REsp 1377480/DF, Rel. Ministro Mauro Campbell Marques, 2ª Turma, julgado em 17/09/2013, DJe 01/10/2013). Afinal, não se pode cogitar que um juiz federal de 1º grau, por questão de hierarquia funcional, casse ato administrativo de chefe do Poder Judiciário Estadual, ainda que exercendo função tipicamente administrativa.

Entendemos, inclusive, que a mesma regra deva ser aplicada para os casos supra enumerados, quando o autor se valha de expedientes processuais próprios (mudança da via da postulação) a fim de submeter a autoridade com prerrogativa de foro no TJ (Presidente do TJ, Procurador Geral de Justiça etc.), a julgamento pela Justiça Federal de 1ª instância, contornando, assim, a vedação hierárquica supra narrada.

Não se cogita, por isso, que o prejudicado pelo ato que denegou o pedido de isenção de imposto de renda sobre dado auxílio ao Presidente do TJ ou ao Procurador Geral de Justiça, em vez de atacar o ato pelo MS (o que atrairá a competência para o TRF), ajuíze ação pelo rito comum (anulatória, declaratória, obrigação de não fazer etc.) com o fito de atrair o julgamento da demanda para a Justiça Federal de 1º grau. É evidente que o estratagema viola a boa-fé processual do art. 5º do CPC, pois a parte buscou, pela mudança do rito, contornar a aplicação conjunta das regras dos arts. 108, I, "c" e 109, I e VIII, ambos da CF, e 2º da Lei 12.016/2009, a fim de não ver incidir na hipótese o critério hierárquico/funcional definido da competência do TRF para o caso.

Nestes casos, o melhor entendimento é aquele que prestigia a lógica do sistema e admite a existência de uma hipótese de competência constitucional implícita, para admitir que qualquer ação contra autoridades com prerrogativa de foro em sede de MS, sejam submetidas a julgamento originário pelo Tribunal (TJ ou TRF), se ficar evidenciado que o escopo da variação do procedimento (o uso da ação de rito comum) foi o de contornar o princípio hierárquico, sujeitando à autoridade ao julgamento de primeiro grau.

Conforme veremos no item 3.2.1.8 infra, a 1ª Turma do STF vem sinalizando no sentido aqui exposto, para reconhecer que compete ao Supremo, na forma do art. 102, I, "r", da CF, o julgamento de qualquer ação contra o CNJ/CNMP (e não apenas *writs* constitucionais), quando o ato possa ser atacado concomitantemente por *writ* constitucional (STF, Rcl 15564 AgR/PR, rel. orig. Min. Rosa Weber, red. p/ o ac. Min. Luiz Fux, julgamento em 10.9.2019).

Mutatis mutandis, parece-nos que o mesmo raciocínio se aplica a todos os casos em que a parte opta pelo rito comum, a fim de contornar a competência originária dos Tribunais.

3.2.1.5. Foro privilegiado nas ações coletivas civis (inclusive improbidade administrativa)

Havia mais uma regra de foro por prerrogativa de função (*ratione personae*), além das duas enumeradas na Constituição Federal (*writs* constitucionais contra dadas autoridades e ações contra o CNJ e CNMP).

De acordo com o art. 84, § 2º, do Código de Processo Penal (acrescentado pela Lei nº 10.628/2002), as ações de improbidade administrativa (Lei nº 8.429/92) deveriam ser ajuizadas no mesmo foro que a autoridade teria para as ações penais, independentemente de estar ou não ela no exercício do mandato, mas desde que o ato acoimado de ímprobo tenha sido praticado na sua constância. Em outros termos, dizia-se que permanecia o foro privilegiado para as ações civis de improbidade administrativa, mesmo após o término do mandato, aplicando-se as mesmas regras do foro privilegiado do crime.

A Lei 10.628/2002 foi atacada, por meio de duas ações declaratórias de inconstitucionalidade (ADIs nº 2797 e 2860), sob o fundamento de que as regras de foro privilegiado são privativas do poder constituinte, de modo que não poderia lei ordinária –, na contramão da jurisprudência pacífica do STF (que afastava o privilégio do foro com a cessação do mandato) e da história republicana brasileira (jamais houve, salvo nos *writs* constitucionais, foro por prerrogativa de função no cível) –, criar nova regra de competência funcional/hierárquica.

Em sessão plenária de 15.9.2005, o Supremo Tribunal Federal declarou inconstitucional tal diploma normativo, de modo que não remanesce mais tal hipótese de foro privilegiado em matéria cível, muito menos se pode estender a condição de autoridade com direito a foro privilegiado para além do mandato ou do exercício do cargo.

Mas em tema de ação civil de improbidade administrativa (Lei 8.429/92), são encontrados precedentes – em especial no STJ – deixando de aplicar a decisão do STF e indicando que, contra Governador do Estado, a competência para ação segue a regra do processo penal, ou seja, é do STJ (Reclamação 2790-SC, Rel. Teori Albino, j. 2.12.2009).

Trata-se de entendimento superado, frente às diversas decisões do STF e do próprio STJ posteriores (STJ, AgRg na Rcl 12.514/MT, Rel. Min. Ari Pargendler, DJe 26/09/2013), no sentido de que inexiste foro por prerrogativa de função em sede de ações coletivas em geral (ação popular, ação civil pública, ação civil de improbidade administrativa, etc.), preservado ele, apenas, para os *writs* de conotação coletiva tal como o mandado de segurança coletivo (art. 5º, LXX, da CF e arts. 21 e 22 da Lei 12.016/2009), o mandado de injunção coletivo (art. 5º, LXXI, da CF e arts. 12 e 13 da Lei 13.300/2016) e, por que não, também no jurisprudencialmente admitido habeas corpus coletivo (STF, HC 143.641); todos a seguirem a regra geral já exposta (arts. 102, I, "d" e "q", 105, I, "b" e "h", 108, "c"; da CF).

Conforme precedente do STF, "*o foro privilegiado é destinado a abarcar apenas as ações penais. A suposta gravidade das sanções previstas no art. 37, § 4º, da CF, não reveste a ação de improbidade administrativa de natureza penal. O foro especial por prerrogativa de função submete-se a regime de direito estrito, já que representa exceção aos princípios estruturantes da igualdade e da República. Não comporta, portanto, ampliação a hipóteses não expressamente previstas no texto constitucional. Isso especialmente porque, na hipótese, não há lacuna constitucional, mas legítima opção do poder constituinte originário em não instituir foro privilegiado para o processo e o julgamento de agentes políticos pela prática de atos de improbidade na esfera civil. Ademais, a fixação de competência para julgar a ação de improbidade no primeiro grau de jurisdição, além de constituir fórmula republicana, é atenta às capacidades institucionais dos diferentes graus de jurisdição para a instrução processual*" (STF, Pet 3240 AgR/DF, rel. Min. Teori Zavascki, red. p/ o ac. Min. Roberto Barroso, julgamento em 10.5.2018).

No mesmo sentido, o fato de a parte demandada na ação coletiva ser membro do CNJ ou do CNMP não atrai a competência originária do STF, na forma do art. 102, I, "r", da CF. O dispositivo contempla, apenas, a hipótese restritiva em que o ato atacado por *writ* constitucional seja do colegiado. O próprio STF "*jamais admitiu a própria competência originária: ao contrário, a incompetência do Tribunal para processar e julgar a ação popular tem sido invariavelmente reafirmada, ainda quando se irrogue a responsabilidade pelo ato questionado a dignitário individual – a exemplo do presidente da República – ou a membro ou membros de órgão colegiado de qualquer dos Poderes do Estado cujos atos, na esfera cível – como sucede no mandado de segurança – ou na esfera penal – como ocorre na ação penal originária ou no habeas corpus – estejam sujeitos diretamente à sua jurisdição. Essa não é a hipótese dos integrantes do CNJ ou do CNMP: o que a Constituição, com a EC 45/2004, inseriu na competência originária do Supremo Tribunal foram as ações contra os respectivos colegiados, e não aquelas em que se questione a responsabilidade pessoal de um ou mais dos conselheiros, como seria de dar-se na ação popular*" (STF, Pet 3.674 QO, rel. min. Sepúlveda Pertence, j. 4-10-2006, P, DJ de 19-12-2006).

3.2.1.6. Término do mandado/cargo e foro privilegiado cível

O foro por prerrogativa de função, seja no crime, seja nas raras hipóteses em que ele existe no cível (MS, HD, HC e MI), é regra estabelecida em favor do interesse público. Tem por escopo proteger o cargo ocupado e sua liturgia, evitando que juízes de graus hierarquicamente inferiores ao da autoridade julgada possam dificultar ou comprometer o exercício do próprio cargo.

Consequentemente, não mais ocupando o agente que detém o foro privilegiado o cargo (casos de fim de mandato, *impeachment*, aposentadoria, demissão etc.), cessaria também o foro privilegiado, de modo que os MS, HD, MI e HCs, seriam extintos pela perda de objeto ou remetidos à 1ª instância para julgamento.

Todavia, na grande parte das impetrações de *writs* cíveis, o que menos importa é a autoridade coatora que figura na impetração, sendo o ato praticado e atacado o foco central da demanda proposta.

Em sendo assim, não parece fazer sentido a extinção da impetração ou o encaminhamento do caso às instâncias inferiores, quando, mesmo com o término do mandato ou desprovimento do cargo que justificava o foro privilegiado, o ato atacado ainda subsistir por conta da ratificação tácita ou expressa da autoridade que, doravante, ocupa o cargo com competência para a prática ou manutenção do ato.

Nestes casos – diversamente do crime, que não admite a extensão da responsabilidade penal –, opera-se no âmbito cível, simplesmente, a sucessão da autoridade coatora pela que, doravante, ocupe o mandato ou o cargo público que impõe o foro privilegiado (art. 110 do CPC, por analogia).

Até porque, conforme entendimento dominante, nos *writs* constitucionais a legitimidade passiva é da pessoa jurídica que suporta os efeitos do ato atacado, e não da pessoa física da autoridade coatora (que figura, apenas, como presentante da pessoa jurídica na impetração).

Fica preservada, portanto, a impetração nos casos de a cessação do exercício do cargo/mandado pela autoridade coatora (sucedida que será pelo novo agente público), para que o Tribunal competente (STF, STJ, TRF, TJ, etc.) julgue o *writ* tal como proposto.

3.2.1.7. Litisconsórcio passivo com a autoridade detentora de foro por prerrogativa de função cível

Nos casos de litisconsórcio passivo nas ações civis em que há foro privilegiado, a condição especial da autoridade, a atrair o foro por prerrogativa de função, se comunica ao litisconsorte que não o detenha? Exemplificativamente, imagine-se um mandado de segurança impetrado contra ato praticado pelo Presidente da República: o foro por prerrogativa de função no STF (art. 102, I, "d", da CF) também se aplicaria ao beneficiário do ato impugnado, litisconsorte passivo do chefe do Executivo (art. 115 do CPC e súmula 631 do STF)?

Considerando que, de ordinário, o litisconsórcio passivo nos *writs* constitucionais (inclusive naqueles impetrados contra atos do CNJ/CNMP) é necessário e unitário (arts. 114 a 116 do CPC), impossível a cisão do julgamento para que a autoridade com foro por prerrogativa seja julgada pelo Tribunal competente, enquanto o beneficiário do ato impugnado pela 1ª instância. De modo que parece incidir integrativamente a regra do art. 78, III, do CPP, no sentido de que a competência de maior graduação (a do foro por prerrogativa de função) prevalece e se estende para que todos sejam julgados pelo Tribunal.

O STJ já reconheceu que, em caso de MS impetrado contra ato de Presidente de Tribunal em litisconsórcio necessário com Delegado da Receita Federal (para fins de impugnação de ato que negou isenção no recolhimento de imposto de renda), haverá extensão do foro por prerrogativa de foro do Presidente do Tribunal para o Delegado da Receita Federal (que não o detém), sendo ambos julgados pelo TRF, observado o quanto já expusemos no item 3.2.1.4. supra (STJ, REsp 1377480/DF, Rel. Ministro Mauro Campbell Marques, 2ª Turma, julgado em 17/09/2013, DJe 01/10/2013).

Por outro lado, como a riqueza da prática é muito maior do que as das leis, se porventura surgir caso de ação cível com foro por prerrogativa em que o litisconsórcio passivo seja facultativo – isto é, possibilitando que os requeridos sejam acionados separadamente (art. 113 do CPC) –, o caso será de desmembramento do processo, a fim de que a autoridade com foro por prerrogativa de função seja julgada pelo Tribunal, enquanto aquele que não o detenha tenha o caso remetido para análise em 1º grau de jurisdição.

3.2.1.8. Ações contra o CNJ/CNMP no STF (art. 102, I, "r", da CF)

No tocante à competência do STF para julgar, originariamente, ações contra o Conselho Nacional do Ministério Público (CNMP) e Conselho Nacional de Justiça (CNJ), nos termos do art. 102, I, "r", da CF, a rigor, o texto constitucional não faz nenhuma ressalva quanto à via eleita (como faz ao tratar do MS, MI e HD contra certas autoridades federais com foro por prerrogativa de função). De modo que qualquer ação (mandado de segurança, ação declaratória, ação cobrança, ação civil pública etc.), a rigor, deveria ser ajuizada perante o STF.

O STF, contudo, inicialmente limitava o alcance da regra constitucional. Considerava que a sua competência originária para controle dos atos do CNJ e CNMP exsurgiria, apenas, nos casos em que os órgãos figurassem com legitimação própria derivada da condição de autoridade coatora, figura típicas dos *writs* constitucionais (mandado de segurança, habeas data, habeas corpus e mandado de injunção): "*a competência originária do STF, cuidando-se de impugnação a deliberações emanadas do CNJ, tem sido reconhecida apenas na hipótese de impetração, contra referido órgão do Poder Judiciário (CNJ), de mandado de segurança, de habeas data, de habeas corpus (quando for o caso) ou de mandado de injunção, pois, em tal situação, o CNJ qualificar-se-á como órgão coator impregnado de legitimação passiva ad causam para figurar na relação processual instaurada com a impetração originária, perante a Suprema Corte, daqueles writs constitucionais. Em referido contexto, o CNJ, por ser órgão não personificado, define-se como simples 'parte formal' (...), circunstância essa que plenamente legitima a sua participação em mencionadas causas mandamentais*" (STF, AO 1.706 AgR, rel. min. Celso de Mello, j. 18-12-2013, P, DJE de 18-2-2014; AO 1.692 AgR, rel. min. Luiz Fux, j. 2-6-2015, 1ª T, DJE de 17-6-2015).

Tratando-se, porém, de demanda diversa (*v.g.* ação pelo rito comum, ação indenizatória, etc.), não se configuraria "*a competência originária da Suprema Corte, considerado o entendimento prevalecente na jurisprudência do STF, manifestado, inclusive, em julgamentos colegiados, eis que, nas hipóteses não compreendidas no art. 102, I, "d" e "q", da Constituição, a legitimação passiva ad causam referir-se-á, exclusivamente, à União Federal, pelo fato de as deliberações do CNJ serem juridicamente imputáveis à própria União Federal, que é o ente de direito público em cuja estrutura institucional se acha integrado o CNJ*" (STF, AO 1.706 AgR, rel. min. Celso de Mello, j. 18-12-2013, P, DJE de 18-2-2014; AO 1.692 AgR, rel. min. Luiz Fux, j. 2-6-2015, 1ª T, DJE de 17-6-2015).

Nestes casos, portanto, a competência para julgar as causas seria da Justiça Federal de 1º grau, na forma do art. 109, I, da CF (já que a parte demandada será a União, visto ser o CNJ órgão integrante de sua estrutura).

Por isso, "O *conhecimento de matéria referente à vacância de serventias extrajudiciais fiscalizadas pelo Poder Judiciário estadual pelas instâncias ordinárias da Justiça federal não tem o potencial de esvaziar o conteúdo da norma constitucional com que se buscou assegurar a finalidade histórica de criação do CNJ e a imperatividade de suas decisões (...) Ausência de competência originária do STF para julgar ação ordinária em que se discutam deliberações do CNJ que atinjam tão somente serventia extrajudicial, porquanto não se referem à atuação-fim do Conselho, incidente, direta e especialmente, sobre membros e órgãos a ele diretamente subordinados*" (STF, Rcl 24.563 AgR, rel. min. Dias Toffoli, j. 13-12-2016, 2ª T, DJE de 21-2-2017).

No mesmo sentido: "*(...) a jurisprudência desta Casa tem conferido interpretação estrita à competência insculpida na alínea r do inciso I do art. 102 da Carta Política, vinculando-a às hipóteses em que o CNJ, órgão do Poder Judiciário, teria personalidade judiciária para figurar no polo passivo da lide – mandados de segurança, habeas corpus, habeas data. Nas ações ordinárias ajuizadas contra a União – ente dotado de personalidade jurídica –, ainda que envolvendo discussão acerca de ato emanado do CNJ, a competência é da Justiça Federal.* (STF, AO 1.718, rel. min. Rosa Weber, j. 30-3-2012, dec. monocrática, DJE de 23-5-2012).

O entendimento restritivo do STF sobre o tema acabou por gerar anomalia sistêmica. As partes prejudicadas por atos praticados pelo CNJ/CNMP, começaram a eleger a via de impugnação à luz das regras de competência firmadas nos precedentes retro citados, usando a via do MS quando acreditavam na maior possibilidade de êxito ante a Suprema Corte, ou de ações de rito comum (anulatórias) perante a Justiça Federal quando ali a probabilidade de êxito era maior. Aliás, não foram poucas as situações em que liminar de juiz federal de primeiro grau suspendia os efeitos de ato colegiado do CNJ/CNMP, submetendo, portanto, os atos dos Conselhos, especialmente do CNJ, à análise de órgãos jurisdicionais sujeitos à sua própria fiscalização.

Em vista disso, a 1ª Turma do STF passou a adotar posição intermediária na questão da competência nas ações contra CNJ/CNMP, sinalizando ser iminente a modificação do entendimento da Corte a respeito do tema (*antecipatory overruling*).

Apesar de reafirmar a jurisprudência do STF sobre a prerrogativa de foro, apenas, quando os órgãos figurarem com legitimação própria derivada da condição de autoridade coatora – figura típicas dos *writs* constitucionais (mandado de segurança, *habeas data*, *habeas corpus* e mandado de injunção) –, ponderou que ainda que se trate de procedimento comum, a competência também seria do STF nas ações "ordinárias" (sic) em que se impugnam atos do CNJ que possuam caráter normativo ou regulamentar; que desconstituam ato normativo de tribunal local e que envolvam interesse direto e exclusivo de todos os membros do Poder Judiciário, como no caso, em que se atacava a Resolução CNJ 151/2012 (que autoriza a divulgação pública da remuneração dos membros do Poder Judiciário).

Pontou-se, por outro lado, que não são de competência do STF as demandas contra atos do CNJ que atinjam tão somente servidores dos órgãos fiscalizados ou mesmo as serventias extrajudiciais; que não digam respeito a interesse exclusivo de toda magistratura ou que revejam atos administrativos gerais dos tribunais, assim considerados os que não se sujeitam a regulamentação distinta do Poder Judiciário, de que seriam exemplo os relacionados a concursos públicos ou licitações dos tribunais locais (STF, Rcl 15564 AgR/PR, rel. orig. Min. Rosa Weber, red. p/ o ac. Min. Luiz Fux, julgamento em 10.9.2019).

Na mesma toada, o Ministro Gilmar Mendes, em 26.11.2019, deferiu liminar para suspender todas as ações "ordinárias" (sic) em trâmite na Justiça Federal que questionem atos praticados pelo Conselho Nacional de Justiça (CNJ) em razão de suas competências constitucionais estabelecidas no artigo 103-B, § 4º, da Constituição Federal, segundo o qual compete ao Conselho o controle da atuação administrativa e financeira do Poder Judiciário e do cumprimento dos deveres funcionais dos juízes.

Ao acolher pedido da Advocacia-Geral da União (AGU) na Ação Direta de Inconstitucionalidade (ADI) 4412, o ministro verificou que a sinalização de mudança jurisprudencial do STF sobre o tema e a existência de decisões divergentes da Justiça Federal e da Corte demonstram a necessidade da concessão de medida, a fim de resguardar a soberania dos pronunciamentos do STF a respeito do tema.

Esse ciclo de modificação da jurisprudência do Supremo a respeito do art. 102, I, "r", da CF, foi concluído em 17.11.2020, com o julgamento, pela Corte, da referida ADI 4412, bem como das Pet 4770 AgR/DF (Rel. Min. Roberto Barroso, julgado em 18/11/2020) e Rcl 33459 AgR/PE (red. p/ o ac. Min. Gilmar Mendes, julgado em 18/11/2020). Nelas se definiu a tese de que: "*Nos termos do art. 102, I, "r", da Constituição Federal, é competência exclusiva do STF processar e julgar, originariamente, todas as ações ajuizadas contra decisões do Conselho CNJ e do CNMP proferidas no exercício de suas competências constitucionais, respectivamente, previstas nos arts. 103-B, § 4º, e 130-A, § 2º, da CF/88*".

Nos termos do novo entendimento da Corte, o STF não irá julgar toda e qualquer ação de rito comum contra atos do CNJ/CNMP. Somente apreciará tais ações se o ato praticado tiver um cunho finalístico, relacionando-se com os objetivos precípuos que justificaram a criação dos conselhos, nos termos dos arts. 103-B, § 4º, e 130-A, § 2º, da CF.

Art. 103-B da CF Conselho Nacional de Justiça compõe-se de 15 (quinze) membros com mandato de 2 (dois) anos, admitida 1 (uma) recondução, sendo:

(...)

§ 4º Compete ao Conselho o controle da atuação administrativa e financeira do Poder Judiciário e do cumprimento dos deveres funcionais dos juízes, cabendo-lhe, além de outras atribuições que lhe forem conferidas pelo Estatuto da Magistratura:

I – zelar pela autonomia do Poder Judiciário e pelo cumprimento do Estatuto da Magistratura, podendo expedir atos regulamentares, no âmbito de sua competência, ou recomendar providências;

II – zelar pela observância do art. 37 e apreciar, de ofício ou mediante provocação, a legalidade dos atos administrativos praticados por membros ou órgãos do Poder Judiciário, podendo desconstituí-los, revê-los ou fixar prazo para que se adotem as providências necessárias ao exato cumprimento da lei, sem prejuízo da competência do Tribunal de Contas da União;

III – receber e conhecer das reclamações contra membros ou órgãos do Poder Judiciário, inclusive contra seus serviços auxiliares, serventias e órgãos prestadores de serviços notariais e de registro que atuem por delegação do poder público ou oficializados, sem prejuízo da competência disciplinar e correcional dos tribunais, podendo avocar processos disciplinares em curso, determinar a remoção ou a disponibilidade e aplicar outras sanções administrativas, assegurada ampla defesa;

IV – representar ao Ministério Público, no caso de crime contra a administração pública ou de abuso de autoridade;

V – rever, de ofício ou mediante provocação, os processos disciplinares de juízes e membros de tribunais julgados há menos de um ano;

VI – elaborar semestralmente relatório estatístico sobre processos e sentenças prolatadas, por unidade da Federação, nos diferentes órgãos do Poder Judiciário;

VII – elaborar relatório anual, propondo as providências que julgar necessárias, sobre a situação do Poder Judiciário no País e as atividades do Conselho, o qual deve integrar mensagem do Presidente do Supremo Tribunal Federal a ser remetida ao Congresso Nacional, por ocasião da abertura da sessão legislativa.

Art. 130-A da CF. O Conselho Nacional do Ministério Público compõe-se de quatorze membros nomeados pelo Presidente da República, depois de aprovada a escolha pela maioria absoluta do Senado Federal, para um mandato de dois anos, admitida uma recondução, sendo:

(...)

§ 2º Compete ao Conselho Nacional do Ministério Público o controle da atuação administrativa e financeira do Ministério Público e do cumprimento dos deveres funcionais de seus membros, cabendo lhe:

I - zelar pela autonomia funcional e administrativa do Ministério Público, podendo expedir atos regulamentares, no âmbito de sua competência, ou recomendar providências;

II – zelar pela observância do art. 37 e apreciar, de ofício ou mediante provocação, a legalidade dos atos administrativos praticados por membros ou órgãos do Ministério Público da União e dos Estados, podendo desconstituí-los, revê-los ou fixar prazo para que se adotem as providências necessárias ao exato cumprimento da lei, sem prejuízo da competência dos Tribunais de Contas;

III – receber e conhecer das reclamações contra membros ou órgãos do Ministério Público da União ou dos Estados, inclusive contra seus serviços auxiliares, sem prejuízo da competência disciplinar e correicional da instituição, podendo avocar processos disciplinares em curso, determinar a remoção ou a disponibilidade e aplicar outras sanções administrativas, assegurada ampla defesa;

IV - rever, de ofício ou mediante provocação, os processos disciplinares de membros do Ministério Público da União ou dos Estados julgados há menos de um ano;

V – elaborar relatório anual, propondo as providências que julgar necessárias sobre a situação do Ministério Público no País e as atividades do Conselho, o qual deve integrar a mensagem prevista no art. 84, XI.

Exemplificativamente, qualquer ação com o fito de desconstituir sanção disciplinar aplicada pelo CNJ/CNMP, ou determinar vacância de delegação provida por quem não tenha se submetido a concurso público, será julgada pelo STF, pouco importando se mandado de segurança ou ação de rito comum. A atuação correicional do órgão é função típica, finalística, institucional dos Conselhos (art. 103-B, § 4º, I, II e III, CF), estando, portanto, o controle da legalidade do ato sujeito à reserva jurisdicional exclusiva do STF.

Por outro lado, ações que tenham por objetivo atacar atos praticados pelo órgão atinentes às licitações e concursos públicos para a contratação de produtos/serviços e pessoal, ou mesmo para impugnar determinações que impliquem revisão de vencimentos pagos a servidores ou delegados sujeitos à fiscalização pelo Judiciário, não se incluem nas funções típicas do Conselho, pelo que podem ser objeto de contestação perante outros órgãos do Poder Judiciário.

Por fim, importante lembrar que no mesmo contexto do julgamento da ADI/STF 4412, foi pronunciada a constitucionalidade do art. 106 do Regimento Interno do CNJ, no seguinte sentido: "*O CNJ determinará à autoridade recalcitrante, sob as cominações do disposto no artigo anterior, o imediato cumprimento de decisão ou ato seu, quando impugnado perante outro juízo que não o Supremo Tribunal Federal*". Consequentemente, decisões proferidas à revelia da competência constitucional do STF para julgar a legalidade dos atos do CNJ/CNMP – e, portanto, flagrantemente nulas – não devem ser cumpridas pelas administrações dos Tribunais Superiores, Federais e Estaduais, evitando-se, com isso, que através de decisões proferidas por juízes absolutamente incompetentes, se coloque em xeque a autoridade dos Conselhos.

3.2.2. Prevenção

Já a segunda faceta da competência funcional/hierárquica – *prevenção* – revela-se toda vez que a lei, por razões de ordem pública, vincular o ajuizamento de demanda ou o prosseguimento dela a dado juízo previamente estabelecido por outra causa/fase relacionada.

A óbvia razão para tal vinculação é o interesse que o sistema tem de que o juiz da causa/fase primitiva, já conhecendo os fatos dos quais também decorre a segunda ação ou a próxima fase do processo, dela conheça, podendo, assim, julgá-la com mais propriedade, evitando, inclusive, decisões contraditórias.

São exemplos de regras de competência funcional com base nessa faceta as constantes dos arts. 61 (ação acessória), 229 (tutela provisória), 914, § 1º (embargos à execução), 676 (embargos de terceiro) e 683, parágrafo único (oposição), e 516 (cumprimento de sentença), todos do CPC.

Por exemplo, compete ao juízo da ação principal o julgamento da causa acessória (art. 61 do CPC); ao que conheceu o pedido de tutela provisória requerida em caráter antecedente, o julgamento do pedido principal (art. 303 do CPC); ao da execução, o conhecimento dos embargos à execução (art. 914, § 1º, do CPC); ao da ação em que houve a constrição, ao julgamento dos embargos de terceiro (art. 676 do CPC); ao do juízo da condenação, o cumprimento de sentença (art. 516, I e II, do CPC).

Nestes casos:

a) em se tratando de nova ação, ela será distribuída por dependência ao da pretérita ação relacionada, tendo, doravante, trâmite perante o mesmo juízo (vara) dela (art. 286, I, do CPC). Caso não seja, o juízo para o qual livremente distribuída a demanda deve determinar, oficiosamente ou a requerimento do interessado, a redistribuição, sob pena de, em processando e julgando a causa, violar regra de competência absoluta, inclusive com risco de nulidade do processo e da decisão proferida (art. 64 e §§, do CPC);

b) em se tratando de fase de cumprimento de sentença, ela será requerida perante o próprio juízo da condenação, sob pena de nulidade (art. 64 do CPC), ressalvada a hipótese do art. 516, parágrafo único, do CPC, que autoriza ao exequente requerer a remessa dos autos ao juízo do atual domicílio do executado, ao local onde se encontrem os bens sujeitos à execução ou ao juízo do local onde deva ser executada a obrigação de fazer ou de não fazer. O STJ, inclusive, tem entendimento de que como "essa opção é uma prerrogativa do credor, ao juiz não será lícito indeferir o pedido se este vier acompanhado da prova de que o domicílio do executado, o lugar dos bens ou o lugar do cumprimento da obrigação é em foro diverso de onde decidida a causa originária", sendo certo que o pedido de remessa pode ser formulado após o início da fase de cumprimento de sentença perante o juízo que, originariamente, é funcionalmente competente para ele (REsp n. 1.776.382/MT, Rel. Min. Nancy Andrighi, Terceira Turma, julgado em 3/12/2019, DJe de 5/12/2019).

ATENÇÃO: Exatamente em razão da competência funcional do juízo da condenação para a execução dos seus julgados, há precedente do STJ no sentido de que compete ao juízo federal que "reconheceu a ilegitimidade passiva da autarquia federal e condenou a autora ao pagamento de honorários" a execução tal verba, não sendo possível a remessa à Justiça Estadual para que lá, diante da competência declinada, se dê seguimento ao cumprimento de sentença dos honorários (CC n. 175.883/PR, relator Ministro Marco Aurélio Bellizze, Segunda Seção, julgado em 24/8/2022, DJe de 26/8/2022).

3.2.2.1. Ação acessória ou relacionada ajuizada por ente do art. 109, I, da CF, com a ação principal em curso na Justiça Estadual

Questão sempre lembrada quando se trata da temática da competência pela prevenção é a do ajuizamento de ação acessória/dependente por pessoa que, em virtude de sua condição, é julgada por ramo distinto do Poder Judiciário. É o caso dos embargos de terceiros (art. 676 do CPC) opostos pela Caixa Econômica Federal (CEF) – empresa pública federal cuja presença em um dos polos da demanda atrai a competência para a Justiça Federal (art. 109, I, da CF) –, para atacar ato constritivo ordenado por Juiz Estadual em processo de sua competência.

Nesta hipótese, a jurisprudência superior (STJ, CC 95.138, Rel. Min. Castro Meira, j. em 22.4.2009) tem entendido que, apesar do ajuizamento da ação se dar perante o juízo onde ordenada a constrição (Justiça Estadual), competirá ao Juiz de Direito (estadual) suspender os efeitos do ato constritivo e encaminhar os embargos (não a ação principal, que restará suspensa) à Justiça Federal, a fim de que ela processe os embargos de terceiro, inclusive deliberando sobre a legitimidade da CEF, o cabimento da medida eleita e, em sendo cabível, sobre eventual tutela provisória e definitiva em favor da CEF, a gerar efeitos na ação principal (comunicando ao juízo estadual).

O entendimento jurisprudencial é correto, na medida em que a regra de competência que impõe o julgamento das ações da União, autarquias federais e empresas públicas federais pela Justiça Federal (art. 109, I, da CF) tem *status* constitucional, enquanto a regra da prevenção em debate (arts. 60 e 286, I, e 676 do CPC) tem caráter infraconstitucional, de modo que a primeira, sendo hierarquicamente superior, deve prevalecer em detrimento da segunda.

Em sendo assim, pode se estabelecer, como regra geral, que as hipóteses de incidência do critério funcional-hierárquico são prevalecentes sobre as hipóteses de competência material (item 3.1 supra), salvo se as regras de competência material tiverem berço constitucional (como é o caso dos artigos 109, 114 e 121 da CF) e as da prevenção (como é a regra do 286, I, do CPC) estiverem na legislação infraconstitucional (como o exemplo dos embargos de terceiros opostos pela CEF). Do contrário – isto é, não tendo as regras de competência material previsão na CF (como ocorre com a definição de varas privativas pelas leis de organização judiciária federal e estadual) –, prevalece o critério funcional-hierárquico advindo da prevenção.

Exemplifiquemos.

Suponha-se uma ação de indenização por danos morais, movida por particular contra empresa pública federal (novamente a CEF, por exemplo), junto aos Juizados Especiais Federais (Lei 10.259/2001). E suponha-se, ainda, que na fase executiva dessa ação, seja ordenada a penhora de dado bem supostamente pertencente à empresa pública federal, mas que, em realidade, pertence a terceiro. Esse terceiro, apesar de não ter legitimidade para, de modo autônomo, processar o autor da ação de indenização por danos morais (o exequente) nos Juizados Especiais Federais (vide o rol estrito de legitimados passivos do art. 6º da Lei 10.259/2001), necessariamente deverá ajuizar os embargos perante o juízo do JEF que ordenou a constrição. Aqui a competência funcional do art. 676 do CPC (prevenção), por ter mesmo *status* hierárquico da regra de competência material (em razão da pessoa) dos Juizados Especiais Federais (art. 6º, II, da Lei 10.259/2001), será prevalecente.

Porém, se no curso de um processo semelhante, ajuizado contra empresa pública estadual junto aos Juizados Especiais da Fazenda Pública (Lei 12.153/2009), a CEF ou os Correios (empresas públicas federais) objetivarem livrar bens seus ali indevidamente constrito, oporão os embargos perante o JEFAZ, porém a ação será remetida para julgamento para a Justiça Federal, nos termos do art. 109, I, da CF. Aqui, prevalece a regra de competência material porque ela tem *status* constitucional, o que afasta a regra funcional de prevenção do art. 676 do CPC (de nível infraconstitucional).

Considere-se, ainda, que os embargos de terceiros propostos pela União (ou outro ente do art. 109, I, da CF) em execução na Justiça do Trabalho devem por esta ser processadas: "*Tratando-se de embargos de terceiro opostos pela União para discutir a titularidade de bem objeto de penhora na execução trabalhista, deve-se manter a competência do Juízo do Trabalho, em razão da natureza acessória e secundária dessa lide em relação àquela oriunda do processo principal*" (STJ, CC 55.630, Rel. Min. Eliane Calmon, julgado em 22/03/2006). Neste caso, como a competência da Justiça do Trabalho (justiça federal especializada) é constitucionalmente preferencial à da Justiça Federal (comum) – e como ambas tem *status* constitucional (arts. 109 e 114 da CF) –, a propositura da ação por ente federal não afasta a incidência da regra do art. 676 do CPC.

3.3. Critério material (*ratione materiae*)

Não havendo competência funcional/hierárquica (quando, então, a ação/fase será iniciada diretamente no Tribunal competente ou perante o juízo da ação principal), já se sabe, então, que o feito será processado em primeiro grau de jurisdição e sem vinculação a juízo prevento (distribuição livre).

Resta saber qual dos órgãos judiciários de primeiro grau será o competente para a causa e, para isso, será necessário avançar sobre os demais critérios de definição da competência interna cível já citados (material, valorativo e territorial). A principiar pelo critério material.

No âmbito da organização do Poder Judiciário brasileiro temos, principalmente, quatro órgãos de 1º grau com competência cível, preponderantemente subdivididos por matéria (por assunto): Justiça Eleitoral e Justiça Trabalhista (que integram a Justiça Federal especializada), além da Justiça Federal e da Justiça Estadual (que integram a nominada Justiça Comum).

Justiça Federal Especializada	Justiça Eleitoral Justiça do Trabalho
Justiça Comum	Justiça Federal Justiça Estadual

A competência da Justiça Federal especializada (eleitoral e trabalhista), por imperativo constitucional, prevalece sobre a competência da Justiça Comum (federal e estadual), de modo que se houver, concomitantemente, hipótese que imponha a competência da Justiça Federal Comum, na forma do art. 109, I, da CF (que faz expressamente a ressalva), e das Justiças Eleitoral ou Trabalhista, estas serão prevalecentes (nesta ordem) e terão competência para decidir a causa.

No conflito de competência material entre as Justiças Especiais Federais, prevalece a competência da Justiça Eleitoral, afastando-se a incidência do art. 114 da CF e a competência da Justiça do Trabalho.

Dentro de cada um dos segmentos do Judiciário brasileiro (especialmente na Justiça Comum) ainda pode haver, por força de lei ou ato administrativo de organização judiciária, subdivisão da competência das unidades por matéria (cível, previdenciário, criminal, família e sucessões, empresarial etc.) ou até em razão da pessoa (foros privativos, como as Varas de Fazenda Pública). As leis de organização judiciárias da União e dos Estados/DF, as normativas internas de cada um dos Tribunais (TJs e TRFs), que disciplinam isso.

3.3.1. Justiça Eleitoral

Nos termos do art. 121, da Constituição Federal, a competência da *Justiça Eleitoral* será definida por lei complementar (norma infraconstitucional), no caso, o Código Eleitoral (Lei 4.737/65), que apesar de lei ordinária, foi recepcionado pela CF/88 como lei complementar.

Grosso modo pode se dizer que toda vez que a ação tenha como causa de pedir sufrágio (eleições, plebiscito ou referendo) ou matéria político-partidária – incluindo aqui temas como registro de candidatura, fidelidade partidária, análise das contas dos candidatos, aplicação de sanções (multas) pela violação das normais eleitorais, impugnação à diplomação etc. –, a Justiça Eleitoral, seja na eleição municipal, estadual ou federal, é a competente para julgamento (arts. 14 a 16, CF).

Portanto, *a definição da competência da Justiça Eleitoral se dá com base na causa de pedir da demanda*, entre elas, a que visa discutir a legalidade de multa eleitoral aplicada (súmula 374 do STJ).

Em primeiro grau a jurisdição eleitoral, nos termos do art. 121, § 1º, da CF e Resolução TSE 21.009/2002, é exercida exclusivamente por Juízes de Direito (estaduais) designados pelos Tribunais Regionais Eleitorais, não tendo juízes federais atribuição alguma nesta seara (TSE, PET 35919 e PA 060029348, Rel. Min. Roberto Barroso, j. 05.11.2019). Pese a Justiça Eleitoral integrar a Justiça Federal especializada (ao lado da Justiça do Trabalho), tem-se aqui atribuição própria dos Juízes de Direito (estaduais), não se tratando – como alguns imaginam –, de delegação de competência da federal para a estadual, na forma do art. 109, § 3º, da CF (inclusive à luz da redação dada pela EC 103/2019).

Como regra não há, em primeira instância, juízes com atribuição exclusivamente eleitoral, exercendo, portanto, o magistrado designado cumulativamente as funções de Juiz de Direito e Juiz Eleitoral. Logo, não há concurso de ingresso para o cargo de Juiz Eleitoral.

Apesar disso, as estruturas e a submissão funcional não se confundem: a Justiça Eleitoral tem estrutura própria separada da Justiça Estadual; e os juízes eleitorais, enquanto nessa função, são subordinados jurisdicional e administrativamente aos Tribunais Regionais Eleitorais (estes sim com composição mista, inclusive com membros oriundos da Justiça Federal Comum – vide art. 120, § 1º, da CF).

ATENÇÃO. O art. 105-A da Lei 9.504/97 estabelece que, em matéria eleitoral, não são aplicáveis os procedimentos previstos na Lei 7.347/85 (Lei de Ação Civil Pública). Com base nessa disposição, o TSE vinha entendendo que não cabe a instauração de inquérito civil e ação coletiva em matéria eleitoral.

Contudo, a partir das eleições de 2014, o TSE assentou, que é possível o aproveitamento de elementos de convicção colhidos em inquérito civil instaurado para outros fins (*v.g.*, apuração de improbidade administrativa de agente público) no âmbito de procedimentos eleitorais. Inclusive, passou-se a se colocar em xeque a constitucionalidade do próprio art. 105-A da Lei 9.504/97 (TSE, Recurso Especial Eleitoral n. 54588, Rel. Ministro João Otávio Noronha, j. 08.09.2015, DJE de 04.11.2015).

Não se vê – também em vista do supra exposto –, qualquer limitação para o uso de inquéritos civis pelo Ministério Público Eleitoral. Considera-se que a autorização para que o MP se valha do poderoso instrumento investigativo deriva do próprio texto constitucional (art. 129, II, da CF), não sendo lícito a norma infraconstitucional (art. 105-A da Lei 9.504/97) limitar-lhe o alcance.

3.3.2. Justiça do Trabalho

Com a promulgação da Emenda Constitucional (EC) nº 45/2004 – que deu nova e abrangente redação ao art. 114 da CF –, a competência da Justiça do Trabalho foi ampliada: antes julgava somente ações com causa de pedir fundada nas relações de emprego (e que pressupõe, portanto, a existência de um contrato de trabalho, ainda que não formal); agora julga todas as demandas cuja causa de pedir derive da relação de trabalho, que, por mais ampla, abrange situações como a dos empregados públicos celetistas, das ações de indenizações (por dano moral ou material) por acidente de trabalho ajuizadas contra o empregador (acidentárias atípicas), indenização por assédio sexual ou moral nas relações de trabalho, possessórias para a retomada de coisa dada em comodato por conta do fim da relação de trabalho ou ocupada por conta de greve de empregados da iniciativa privada, etc.

No sentido do exposto, é o teor das súmulas vinculantes n. 22/STF ("*a Justiça do Trabalho é competente para processar e julgar as ações de indenização por danos morais e patrimoniais decorrentes de acidente de trabalho propostas por empregado contra empregador, inclusive aquelas que ainda não possuíam sentença de mérito em primeiro grau quando da promulgação da EC 45/2004*") e 23/STF ("*a Justiça do Trabalho é competente para processar e julgar ação possessória ajuizada em decorrência do exercício de direito de greve pelos trabalhadores da iniciativa privada*"); e, também, da súmula n. 736/STF ("*compete à justiça do trabalho julgar as ações que tenham como causa de pedir o descumprimento de normas trabalhistas relativas à segurança, higiene e saúde dos trabalhadores*").

Ficam excluídas da competência da Justiça do Trabalho as ações ajuizadas por servidores públicos estatutários (não regidos pela CLT) da União, Estados e Municípios (inclusive suas autarquias/fundações), que são de competência, respectivamente, da Justiça Federal e Estadual (Justiça comum). Embora empregados públicos, regidos pela CLT, tenham foro nas questões trabalhistas perante a Justiça do Trabalho como os demais trabalhadores da iniciativa privada (art. 114 da CF) – ainda que a relação de trabalho seja firmada com o Poder Público –, tem-se entendido que no tocante ao funcionário público (ocupante de cargo público – estatutário) o vínculo com a administração é muito mais de direito administrativo do que de trabalho, de modo que a competência não pode ser da Justiça Laboral (STF, ADI 3.395 e 3.684). Inclusive o STF, ao julgar o Tema 994 de Repercussão Geral, definiu que "compete à justiça comum processar e julgar demandas em que se discute o recolhimento e o repasse de contribuição sindical de servidores públicos estatutários" (RE 1.089.282/AM, Rel. Min. Gilmar Mendes, Pleno, j. 07.12.2020), corroborando o entendimento de que demandas relativas a servidores públicos estatutários não podem ser julgadas pela Justiça Laboral.

Idêntico raciocínio também tem se aplicado para ações de servidores públicos em cargos de livre nomeação (comissionados) e contratados para serviços temporários, cujo vínculo também é preponderantemente de direito administrativo, a afastar a competência da Justiça do Trabalho (a competência será da Justiça comum federal ou estadual, a depender do tomador do serviço).

Afinal, no julgamento da ADI 3.395 MC/DF, o Supremo Tribunal suspendeu toda e qualquer interpretação do inciso I do art. 114 da CF (na redação da EC 45/2004) que inserisse, na competência da Justiça do Trabalho, a apreciação de causas instauradas entre o poder público e seus servidores, a ele vinculados por típica relação de ordem estatutária ou de caráter jurídico-administrativo. Por isso, "*as contratações temporárias para suprir os serviços públicos estão no âmbito de relação jurídico-administrativa, sendo competente para dirimir os conflitos a Justiça comum (federal ou estadual), e não a Justiça especializada*" (STF, Rcl 4.872, rel. p/ o ac. min. Menezes Direito, j. 21-8-2008, P, DJE de 7-11-2008). E, também: "*Reclamação. Contrato temporário. Regime jurídico administrativo. Descumprimento da ADI 3.395. Competência da Justiça Federal. Contrato firmado entre a Anatel [Agência Nacional de Telecomunicação] e a interessada tem natureza jurídica temporária e submete-se ao regime jurídico administrativo, nos moldes da Lei 8.745/1993; do inciso XXIII do art. 19 da Lei 9.472/1997 e do Decreto 2.424/1997. Incompetência da Justiça Trabalhista para o processamento e o julgamento das causas que envolvam o poder público e servidores que lhe sejam vinculados por relação jurídico-administrativa.* (STF, Rcl 4.762, rel. min. Cármen Lúcia, j. 2-3-2007, 1ª T, DJ de 23-3-2007.] = Rcl 5.171, rel. min. Carmen Lúcia, j. 21-8-2008, P, DJE de 3-10-2008).

Compete à Justiça comum estadual, e não à trabalhista, julgar causas que tratem da complementação de aposentadoria paga por entidade fechada de previdência privada, com origem um contrato de trabalho já extinto. Embora a instituição ex-empregadora seja garantidora da entidade fechada de previdência, o beneficiário não mais mantém com ela relação de trabalho. E, muito menos, com o fundo de previdência. "*A relação entre o associado e a entidade de previdência privada não é trabalhista. Ela está disciplinada no regulamento das instituições. (...) Desse modo, a competência não pode ser definida levando-se em consideração o contrato de trabalho já extinto com a ex-empregadora*" (STF, RE 586.453, rel. p/ o ac. min. Dias Toffoli, voto da min. Ellen Gracie, j. 20-2-2013, P, DJE de 6-6-2013, Tema 190).

Também **é da Justiça comum, e não da trabalhista**, processar e julgar causas sobre complementação de aposentadoria, instituída por lei cujo pagamento seja, originariamente ou por sucessão, de responsabilidade da Administração Pública direta ou indireta, por derivar essa responsabilidade de relação jurídico-administrativa, sem vínculo coma relação trabalhista (celetista) originária (Tema 1.092/STF - RE 1265549-SP).

Do mesmo modo, **cabe à justiça comum (estadual ou federal), e não à trabalhista**, julgar ações contra controvérsias relacionadas à fase pré-contratual da seleção e admissão de pessoal e eventual nulidade do certame em face da Administração Pública, direta e indireta, nas hipóteses em que adotado o regime celetista de contratação de pessoas (Tema 992/STF – RE 960.429/RN, Rel. Min. Gilmar Mendes, Pleno, DJe 08.01.2021). O cerne do debate em tais ações não é o vínculo trabalhista (celetista) a ser estabelecido entre os candidatos ao emprego público e a administração, mas sim questões relacionadas ao processo seletivo e contratação dos candidatos, o que refoge por completo da competência da Justiça do Trabalho.

Também ficam de fora e **não são da competência da Justiça do Trabalho** as ações acidentárias típicas (fundadas em acidente de trabalho). Estas ações, apesar de terem ordinariamente o INSS (autarquia federal) como parte demandada, **são de competência da Justiça Estadual**, nos termos do art. 109, I, da CF (que expressamente as exclui da competência da Justiça Federal Comum).

ATENÇÃO. Não se deve confundir ação acidentária típica, ajuizada pelo segurado, ordinariamente, contra o INSS, para obtenção de benefício da seguridade social em vista do acidente de trabalho (aposentadoria por invalidez acidentária, auxílio-acidente, auxílio-doença acidentário), com a ação acidentária atípica, ajuizada pelo empregado contra seu empregador, a fim de receber indenização (por danos materiais, morais, estéticos e etc.) em vista da ocorrência de um acidente de trabalho (que gera uma responsabilidade objetiva do empregador, na forma do que restou decidido pelo STF no RE 828.040, Rel. Min. Alexandre de Moraes, j. 04.09.2019). A primeira (acidentária típica) é de competência da Justiça Estadual, na forma da ressalva do art. 109, I, da CF (ainda que se trate de servidor público estatutário, inclusive da União). A segunda (acidentária atípica) da Justiça do Trabalho quando se tratar de empregado celetista, na forma do art. 114 da CF.

Do mesmo modo, **não compete à Justiça do Trabalho** – **e sim à Justiça Federal comum** –, o julgamento de ação declaratória de inexistência de relação jurídico-tributária, c/c pedido de repetição de indébito contra a Fazenda Nacional, para desobrigar parte de reclamação trabalhista ao recolhimento das custas processuais previstas no art. 789 da CLT, bem como a devolução dos valores recolhidos nos últimos 5 anos. Pois, "*a justiça trabalhista não tem atribuição para o julgamento de ação que tem por finalidade desobrigar a autora do recolhimento de custas judiciais, as quais têm natureza de taxa devida à União em decorrência da prestação de serviços forenses à população*", competindo, portanto, à Justiça Federal (art. 109, I, da CF) o julgamento (STJ, CC 156.011/AM, Rel. Ministro Gurgel de Faria, 1ª Seção, julgado em 22/08/2018, DJe 21/09/2018).

Também **não é da Justiça do Trabalho**, **e sim da Justiça Federal comum**, o julgamento de ação de obrigação de fazer proposta pelos sindicatos contra a Caixa Econômica Federal, na qual se pleiteia a modificação dos critérios de distribuição das contribuições sindicais arrecadadas por trabalhadores. Como a discussão não envolve divergência, entre sindicatos, sobre representação sindical, nem tampouco entre sindicatos e trabalhadores ou entre sindicatos e empregadores (art. 114, III, da CF); e considerando, ainda, que a CEF não é demandada na condição de empregadora (e sim como gestora das contribuições sindicais recolhidas, com o dever de repassar aos sindicatos, confederações e federações, de acordo com o que determina o art. 589 da CLT, observada as limitações da Lei 11.648/2008), incide o art. 109, I, da CF, sendo a competência da Justiça Federal, inclusive por conta da aplicação analógica da súmula 82 do STJ (*compete a justiça federal, excluídas as reclamações trabalhistas, processar e julgar os feitos relativos a movimentação do FGTS*) (STJ, CC 121.069/SP, Rel. Ministro Benedito Gonçalves, 1ª Seção, julgado em 11/04/2012, DJe 18/04/2012).

ATENÇÃO. Conforme súmula 363 do STJ, as ações de cobrança de honorários de profissionais liberais (advogados, médicos, engenheiros etc.) – por não tratarem propriamente de relação de trabalho (mas sim de prestação de serviço autônoma) –, não são de competência da Justiça do Trabalho, mas sim da Justiça Estadual.

Interessante questão é a da cobrança/execução de contribuições previdenciárias devidas ao INSS, seja com fundamento na Lei 8.212/91, seja em outras leis. Na forma do art. 109, I, da CF, sendo o credor do INSS, a competência é da Justiça Federal, já que não se discute nenhum aspecto relacionado à relação de Trabalho. Contudo, se a contribuição previdenciária for derivada da condenação constante das sentenças que proferir ou acordos homologados pela Justiça do Trabalho, é dela a competência para prosseguir na execução de tais valores, conforme art. 114, VII, da CF, e súmula vinculante n. 53 do STF ("*a competência da Justiça do Trabalho prevista no art. 114, VIII, da Constituição Federal alcança a execução de ofício das contribuições previdenciárias relativas ao objeto da condenação constante das sentenças que proferir e acordos por ela homologados*").

3.3.3. Justiça Comum (Federal e Estadual)

À Justiça Federal de 1º grau, nos termos do art. 109, I, II, III, V-A, VIII, X e XI, compete o julgamento de diversas causas cíveis.

Fora do padrão natural das regras de competência material, assentadas que são na causa de pedir da demanda para definir a competência (*ratione materiae*), a Justiça Federal tem a particularidade de, para além de identificação de sua competência material a partir da causa de pedir (*ratione materiae*), também atrair os julgamentos quando dadas ações têm como partes ou intervenientes entes federais (de direito público e privado) e alguns organismos internacionais e Estados estrangeiros (*ratione personae*).

Portanto a competência da Justiça Federal é definida *ratione materiae* e *ratione personae*, o que varia do modelo padrão adotado pela CF brasileira, em que a qualidade da parte se presta para definir, precipuamente, a competência funcional-hierárquica (foros privilegiados), e não a competência material da Justiça.

São de competência cível desse ramo do Poder Judiciário da União, nos termos do art. 109 e incisos da CF:

a) as causas em que a União, autarquias, fundações e empresas públicas federais sejam partes ou terceiros;

b) as causas que litigam Estado estrangeiro ou organismo internacional contra Município ou pessoa domiciliada ou residente no País;

c) as ações fundadas em tratado da União com Estado estrangeiro ou organismo internacional;

d) as causas (inclusive cíveis) relativas a grave violação de direitos humanos, quando a Justiça dos Estados não for capaz de propiciar um julgamento isento ou eficaz, e o STJ deferir o deslocamento da competência para a Justiça Federal (Incidente de Deslocamento de Competência - IDC);

e) os mandados de segurança e os habeas data impetrados contra ato praticado por autoridade federal (ou particular no exercício de atribuições do poder público federal);

f) a execução de carta rogatória (após o *exequatur* pelo STJ) e de sentença estrangeira (após a homologação pelo STJ);

g) as causas referentes à nacionalidade, inclusive a respectiva opção;

h) as causas relativas à naturalização; e

i) ações sobre direitos (coletivos) dos povos indígenas.

ATENÇÃO. A Justiça Federal brasileira de 1ª instância é organizada conforme os ditames da Lei 5.010/1966.

Já **a competência da Justiça Estadual é residual** e, como tal, acaba sendo a regra geral: o que não for da competência dos demais ramos do Poder Judiciário (Eleitoral, Trabalhista ou Federal comum) é de competência dela (motivo pelo qual a grande maioria das ações em trâmite no País estão no âmbito dos Judiciários dos Estados-membros).

Em vista dos objetivos da obra (competência da Justiça Federal), oportunamente trataremos, em separado, da competência material da Justiça Federal (análise do art. 109, I, II, III, V-A, VIII, X e XI da CF), inclusive das interações e conflitos de competência entre ela e as demais Justiças (especialmente a Estadual).

3.4. Critério valorativo (*ratione valoris*)

Como a própria nomenclatura sugere, o que se releva para fins de fixação de competência neste terceiro critério é o valor da causa (arts. 291 e ss. CPC).

É o critério utilizado, nacionalmente, para fixação da competência dos Juizados Especiais Cíveis (Lei nº 9.099/95), federais (Lei nº 10.259/2001) e da Fazenda Pública (Lei nº 12.153/2009), que só processam demandas que não superem, respectivamente, 40 e 60 salários-mínimos.

E é também o critério empregado pelos Estados-membros para a criação dos foros regionais, como ocorre na capital paulista (que conforme

Lei Estadual de Organização Judiciária e regramento do TJSP, julga causas nos seus respectivos territórios de até 500 salários-mínimos).

3.4.1. Competência dos Juizados Especiais Federais (Lei 10.259/2001)

Nos termos do art. 6º, II, da Lei 10.259/2001, podem ser processadas nos Juizados Especiais Federais (JEF) as causas contra a União, autarquias (fundações) federais e empresas públicas federais, desde que, nos termos do art. 3º da mesma lei, valor não exceda 60 (sessenta) salários-mínimos.

Quando a pretensão versar sobre obrigações vincendas, para fins de competência do Juizado Especial, a soma de doze parcelas não poderá exceder o valor referido de 60 salários referido no art. 3º, caput, da Lei 10.259/2001 (art. 3º, § 2º, da Lei 10.259/2001). Se houver prestações vencidas elas devem ser somadas à anuidade reclamada a título de vincendas para aferição da competência dos JEFs (enunciado 48 do FONAJEF – Fórum Nacional dos Juizados Especiais Federais).

Importante também destacar que, para fins de definição da competência dos JEF em caso de litisconsórcio ativo, o valor de alçada de 60 salários se conta por autor, e não englobadamente (enunciado 18 do FONAJEF).

Conforme art. 3º, § 1º, da Lei 10.259/2001, não se incluem na competência do Juizado Especial Cível – mesmo que o valor da causa não exceda os 60 salários – as causas: I) referidas no art. 109, incisos II, III e XI, da Constituição Federal, as ações de mandado de segurança, de desapropriação, de divisão e demarcação, populares, execuções fiscais e por improbidade administrativa e as demandas sobre direitos ou interesses difusos, coletivos ou individuais homogêneos; II) sobre bens imóveis da União, autarquias e fundações públicas federais; III) para a anulação ou cancelamento de ato administrativo federal, salvo o de natureza previdenciária e o de lançamento fiscal; IV) que tenham como objeto a impugnação da pena de demissão imposta a servidores públicos civis ou de sanções disciplinares aplicadas a militares.

Aponta o enunciado 22 do FONAJEF, "*a exclusão da competência dos Juizados Especiais Federais quanto às demandas sobre direitos ou interesses difusos, coletivos ou individuais homogêneos somente se aplica quanto a ações coletivas*".

Também não são processáveis nos Juizados Federais os procedimentos especiais previstos no CPC (monitória, consignação em pagamento etc.) ou em legislação extravagante (ações da lei de locação – Lei 8.245/91), considerando a especialidade do rito sumaríssimo da Lei 10.259/2001. Esse é o teor do Enunciado n. 9 FONAJEF: "*Além das exceções constantes do § 1º do artigo 3º da Lei n. 10.259, não se incluem na competência dos Juizados Especiais Federais, os procedimentos especiais previstos no Código de Processo Civil, salvo quando possível a adequação ao rito da Lei nº 10.259/2001*".

A rigor, não deveria ser admitida renúncia para admissão de processamento de ações perante os Juizados Especiais Federais, que tem competência absoluta, nos termos do art. 3º, § 3º, da Lei 10.259/2001, para o julgamento de causas contra a União, autarquias (fundações) federais e empresas públicas, dentro da alçada de 60 salários (Enunciados 17 e 18 do FONAJEF).

Contudo, a prática tem moldado situações em que Juízes Federais têm aceitado a renúncia para processamento das ações nos JEFs, motivo pelo qual a Primeira Seção do Superior Tribunal de Justiça (STJ) afetou o Recurso Especial n. 1.807.665 (Rel. Min. Sérgio Kukina), para definir, sob o rito dos recursos repetitivos, a "*possibilidade, ou não, à luz do artigo 3º da Lei 10.259/2001, de a parte renunciar ao valor excedente a 60 salários mínimos, aí incluídas prestações vincendas, para poder demandar no âmbito dos juizados especiais federais*" (Tema 1.030), com determinação de suspensão da tramitação, no território nacional, de todos os processos pendentes, individuais ou coletivos, que versem sobre a questão.

Na definição de tal tema, prevaleceu o entendimento de ser lícito à parte renunciar, porém de **MODO EXPRESSO**, aos valores que excederem o teto, para cabimento de ações no âmbito dos Juizados Federais: "Ao autor que deseje litigar no âmbito de Juizado Especial Federal Cível, é lícito renunciar, de modo expresso e para fins de atribuição de valor à causa, ao montante que exceda os 60 (sessenta) salários mínimos previstos no art. 3º, *caput*, da Lei 10.259/2001, aí incluídas, sendo o caso, até doze prestações vincendas, nos termos do art. 3º, § 2º, da referida lei, c/c o art. 292, §§ 1º e 2º, do CPC/2015" (Tema 1.030/STJ).

Havendo cumulação de pedidos, é ônus da parte autora a identificação expressa do valor pretendido a título de indenização por danos morais, a ser considerado no valor da causa para fins de definição da competência dos Juizados Especiais Federais (enunciado 114 do FONAJEF).

ATENÇÃO. Não é da competência dos Juizados Federais o processamento de ações ajuizadas unicamente contra Sociedades de Economia Mista, ainda que com preponderância do capital federal. Ações contra Banco do Brasil e Petrobras, dentro da alçada de 40 salários-mínimos da Lei 9.099/95, podem ser processadas na Justiça Comum Estadual ou nos Juizados Especiais Cíveis, e acima da alçada referida, apenas na Justiça Comum Estadual (Súmula 42/STJ).

<u>Não se admite</u> o processamento de ações, pelo rito da Lei 10.259/2001, na Justiça Estadual, ainda que o órgão detenha competência federal delegada para processamento de ações pecuniária contra o INSS, nos termos do art. 109, § 3º, da CF (com redação pela EC 103/2009), e art. 15 da Lei 5.010/66 (art. 20 da Lei 10.259/2001).

Por fim, importante destacar que, conforme art. 3º, *caput*, da Lei 10.259/2001, os Juizados Especiais Federais também têm competência para executar seus próprios julgados, ainda que, eventualmente, o exequente não seja uma das partes que, pela legislação, possam propor ações nos Juizados

Federais (art. 6º da Lei 10.259/2001). O STJ tem precedente admitindo que a União – apesar de não ter legitimidade para propor ações nos JEFs (só pode ser demandada) – execute nos próprios JEFs os honorários recursais arbitrados em seu favor nas causas que aí tiveram curso (STJ, CC 92057/ES, 1ª Seção, Rel. Min. Castro Meira, j. 13.02.2008). Trata-se de hipótese de competência funcional da qual já tratamos no item 3.2.2. supra.

3.5. Critério Territorial (*ratione loci*) e distribuição

Finalmente, já estabelecido qual órgão do Judiciário será competente para o julgamento da demanda (Justiça Eleitoral, do Trabalho, Federal ou Estadual), resta definir em qual território, em qual comarca ou seção/subseção judiciária, será processada a ação.

Várias são as regras estabelecidas na CF (art. 109, §§ 1º e 2º, CPC) e, especialmente, no CPC (arts. 42 e ss., CPC), para fixar o juiz territorialmente competente para o julgamento do feito.

Por exemplo:

a) a ação fundada em direito pessoal e a ação fundada em direito real sobre bens móveis serão propostas, em regra, no foro do domicílio do réu. Tendo mais de um domicílio, o réu será demandado no foro de qualquer deles. Sendo incerto ou desconhecido o domicílio do réu, ele será demandado onde for encontrado ou no foro do domicílio do autor. Já quando o réu não tiver domicílio nem residência no Brasil, a ação será proposta no foro do domicílio do autor. Se este também residir fora do Brasil, a ação será proposta em qualquer foro. Havendo dois ou mais réus, com diferentes domicílios, serão demandados no foro de qualquer deles, à escolha do autor (art. 46, CPC);

b) nas ações fundadas em direito real sobre imóveis – como já apontado outrora –, é competente o foro da situação da coisa, que tem competência absoluta para o feito (critério de competência territorial absoluto). É lícito ao autor, entretanto, optar pelo foro do domicílio ou de eleição, não recaindo o litígio sobre direito de propriedade, vizinhança, servidão, divisão e demarcação de terras e de nunciação de obra nova (art. 47, CPC);

c) o foro de domicílio do autor da herança, no Brasil, é o competente para o inventário, a partilha, a arrecadação, o cumprimento de disposições de última vontade, a impugnação ou anulação de partilha extrajudicial e para todas as ações em que o espólio for réu, ainda que o óbito tenha ocorrido no estrangeiro. Contudo, se o autor da herança não possuía domicílio certo, é competente o foro de situação dos bens imóveis; havendo bens imóveis em foros diferentes, qualquer destes; não havendo bens imóveis, o foro do local de qualquer dos bens do espólio (art. 48, CPC);

d) a ação em que o ausente for réu será proposta no foro de seu último domicílio, também competente para a arrecadação, o inventário, a partilha e o cumprimento de disposições testamentárias. (art. 49, CPC);

e) a ação em que o incapaz for réu será proposta no foro de domicílio de seu representante ou assistente (art. 50, CPC);

f) **para as causas em que a União for autora, a ação ser processará na Justiça Federal do domicílio do réu (art. 51, *caput*, CPC e art. 109, § 1º, CF), isto é, que abranger o território do local onde viva o demandado (ainda que não seja sede de unidade da Justiça Federal).** Em tema de execução fiscal, não existe mais hipótese de delegação de competência para a Justiça Estadual (art. 109, § 3º da CF), considerando a revogação do art. 15, I, da Lei 5.010/66, pela Lei 13.043/2014;

g) **para as causas em que a União for ré, a ação será ajuizada na Justiça Federal do domicílio do autor, naquela em que ocorreu o ato ou o fato que deu origem à demanda, onde esteja situada a coisa objeto da demanda, ou, ainda, no Distrito Federal (art. 51, parágrafo único, CPC e art. 109, § 2º, CF), observada, finalmente, a hipótese já referida de delegação de competência para a Justiça Estadual do domicílio do segurado para as ações contra o INSS aforadas onde não haja vara da Justiça Federal (art. 109, § 3º, CF, e art. 15, III, da Lei 5.010/66, na redação, respectivamente, da EC 103/2019 e Lei 13.876/2019)**;

h) para as causas em que o Estado ou o Distrito Federal forem autores, a ação ser processará na Justiça Estadual do domicílio do réu (art. 52, *caput*, CPC);

i) para as causas em que o Estado ou o Distrito Federal forem rés, a ação poderá ser proposta no foro de domicílio do autor, no de ocorrência do ato ou fato que originou a demanda, no de situação da coisa ou na capital do respectivo ente federado. (art. 52, parágrafo único, CPC);

j) para a ação de divórcio, separação, anulação de casamento e reconhecimento ou dissolução de união estável, o foro de domicílio do guardião de filho incapaz; do último domicílio do casal, caso não haja filho incapaz; de domicílio do réu, se nenhuma das partes residir no antigo domicílio do casal (art. 53, I, CPC);

k) de domicílio ou residência do alimentando, para a ação em que se pedem alimentos (art. 53, II, CPC);

l) do lugar onde está a sede, para a ação em que for ré a pessoa jurídica; onde se acha a agência ou sucursal, quanto às obrigações que a pessoa jurídica contraiu; onde exerce as suas atividades, para a ação em que for ré a sociedade ou associação, que carece de personalidade jurídica; onde a obrigação deve ser satisfeita, para a ação em que se lhe exigir o cumprimento; de residência da pessoa idosa, para a causa que verse sobre direito previsto no respectivo estatuto; da sede da serventia notarial ou de registro, para a ação de reparação de dano por ato praticado em razão do ofício. (art. 53, III, CPC);

m) do lugar do ato ou fato para ação de reparação de dano ou em que for réu o administrador ou gestor de negócios alheios (art. 53, IV); e

n) de domicílio do autor ou do local do fato, para a ação de reparação de dano sofrido em razão de delito ou acidente de veículos, inclusive aeronaves (art. 53, V).

Em vista dos objetivos da obra (competência da Justiça Federal), trataremos em separado da competência territorial da Justiça Federal (art. 109, §§ 1º e 2 da CF e art. 51 do CPC), inclusive dos Juizados Especiais Federais (Lei 10.259/2001).

De todo modo, vale destacar que havendo vários juízes com a mesma competência territorial sobre dado processo, a fixação da competência entre eles será estabelecida pela distribuição (arts. 284 e 285, CPC), que é uma das principais formas de concretização do princípio do juiz natural.

Com efeito, partindo-se do princípio que, como regra, é vedado à parte eleger o juiz de sua causa, como é vedado ao Estado, também, interferir nas regras gerais e abstratas para a definição do juiz natural, só um sorteio (distribuição) pode determinar o juiz competente para dada demanda quando haja, de acordo com as normas gerais e abstratas já referidas, mais de um juízo territorialmente competente para a mesma causa.

Eis por que os arts. 284 e 285 do CPC expressamente apontam que, onde houver mais de um juiz (igualmente competente), os processos serão distribuídos alternada e aleatoriamente, obedecendo entre eles rigorosa igualdade.

Com essa operação, fixa-se a competência concreta do juízo para o caso (que até então só tinha competência concorrente para ele), sem que se permita à parte a opção pelo órgão julgador de sua preferência, ou que os juízes possam eleger tal ou qual causa que lhes interesse julgar.

Por isso, nos lugares onde haja mais um juiz com a mesma competência territorial, a distribuição de feitos não é facultativa, mas sim cogente (art. 284 do CPC). O juiz sorteado para julgamento da causa é absolutamente competente para o seu conhecimento, eis que a regra que fixou sua competência foi concebida na tutela do interesse público (preservação da imparcialidade e da impessoalidade).

Qualquer violação da regra de distribuição implica violação da própria Constituição Federal, consequentemente, podendo macular as decisões proferidas no feito julgado pelo juiz que não é o natural da causa.

4. REGIME JURÍDICO DA COMPETÊNCIA

Regra geral, diz-se que os dois primeiros critérios estudados (funcional/hierárquico e material) são de competência absoluta, com regime jurídico no art. 64, § 1º do CPC, pois as regras dispostas sob essas insígnias foram forjadas a bem da proteção do interesse público da administração da Justiça.

Os outros dois critérios (valorativo e territorial) se integrariam ao conceito de competência relativa, com regência no art. 65 do CPC, visto serem normas muito mais tendentes a acobertar o interesse particular de uma das partes do que propriamente tutelar interesse que tenha relevância pública.

Tanto a incompetência absoluta quanto a relativa são arguidas em preliminar de contestação (arts. 64, *caput*, 65, *caput*, e 337, II, do CPC), inexistindo mais no sistema a dantes nominada exceção (ritual) de incompetência relativa (art. 304, do CPC/1973).

Não se opondo a parte ao processamento da ação no juízo relativamente incompetente (competência relativa), ocorre o fenômeno da prorrogação de competência, tornando-se competente o juízo que até então não era (art. 65, *caput*, CPC). É vedado ao juiz pronunciar-se de ofício quanto à sua incompetência relativa, que deverá ser alegada, na primeira oportunidade, pela parte ou pelo Ministério Público, nas causas em que atuar (Súmula 33 do STJ e arts. 64, § 1º, *contrario sensu* e 65, parágrafo único ambos do CPC).

A incompetência absoluta, por outro lado, deve ser declarada de ofício e pode ser alegada, em qualquer tempo e grau de jurisdição (art. 64, § 1º, CPC), embora o momento ideal seja a preliminar de contestação (art. 64, *caput* e art. 337, II, CPC).

Caso a alegação de incompetência, relativa ou absoluta, seja acolhida, os autos serão remetidos ao juízo competente e, salvo decisão judicial em sentido contrário, conservar-se-ão os efeitos de decisão proferida pelo juízo incompetente até que outra seja proferida, se for o caso, pelo juízo competente (art. 64, §§ 3º e 4º). Em outros termos, até que o juiz competente se pronuncie, continua valendo a decisão do juiz incompetente (*translatio iudicii*).

ATENÇÃO. Em caráter especial, o art. 51, III, da Lei 9.099/95 – aplicável aos Juizados Especiais Cíveis, aos Juizados Especiais Federais (Lei 10.259/2001) e da Fazenda Pública (Lei 12.153/2009) – admite que o juiz pronuncie **oficiosamente** a incompetência territorial relativa nos feitos dos Juizados. Mais do que isso, a norma ainda permite ao juiz, reconhecida a incompetência relativa ou absoluta, extinguir o processo, sem apreciação do seu mérito (de modo que o regime é diverso do adotado pela Justiça Comum, onde o feito é encaminhado à Justiça competente). Nesse sentido é o enunciado 24 do FONAJEF: "*Reconhecida a incompetência do Juizado Especial Federal, é cabível a extinção de processo, sem julgamento de mérito, nos termos do art. 1 da Lei n. 10.259/2001 e do art. 51, III, da Lei n. 9.099/95, não havendo nisso afronta ao art. 12, parágrafo 2º, da Lei 11.419/06*". E também o enunciado 89 do FONAJE: "*A incompetência territorial pode ser reconhecida de ofício no sistema de juizados especiais cíveis*".

A seguir, quadro demonstrativo da distinção dos regimes da competência absoluta e relativa (à luz da concepção tradicional sobre o tema):

	ABSOLUTA	**RELATIVA**
CRITÉRIOS	Funcional/hierárquico e material	Valorativo e territorial
PREVISÃO LEGAL	Art. 64, *caput* e § 1º, CPC	Arts. 64 e 65, CPC
INTERESSE PROTEGIDO	Público	Privado
CONHECIMENTO PELO JUIZ	De ofício, em qualquer momento e grau de jurisdição (até o trânsito em julgado)	Só mediante alegação da parte ou do Ministério Público, nas causas em que atuar (Súmula 33 do STJ e arts. 64, § 1º, *contrario sensu* e 65, parágrafo único ambos do CPC).
DERROGABILIDADE (renunciabilidade)	Não (art. 62, CPC)	Sim: foro de eleição (art. 63, CPC) e conexão/continência (arts. 54, CPC)
MOMENTO e MODO ADEQUADO PARA ALEGAÇÃO	Preliminar de contestação (arts. 64, *caput* e 337, II, CPC). Não ocorre preclusão acaso não alegada (sem prorrogação de competência)	Preliminar de contestação (arts. 64, *caput* e 337, II, CPC), sob pena de preclusão (prorrogação de competência)
VIOLAÇÃO	Salvo decisão judicial em sentido contrário, conservar-se-ão os efeitos de decisão proferida pelo juízo incompetente até que outra seja proferida, se for o caso, pelo juízo competente. (art. 64, § 4º, CPC). Cabe ação rescisória se a regra for violada (art. 966, II, CPC)	Salvo decisão judicial em sentido contrário, conservar-se-ão os efeitos de decisão proferida pelo juízo incompetente até que outra seja proferida, se for o caso, pelo juízo competente. (art. 64, § 4º, CPC). Não cabe rescisória caso a regra seja violada

A informação inaugural, contudo, de que os critérios funcional e material pertencem ao regime da competência absoluta, enquanto os critérios valorativo e territorial pertencem ao regime da competência relativa, deve ser recebida com alguma ressalva.

O que é determinante para que dado critério eleito pelo legislador como fixador de competência se enquadre no regime da competência absoluta ou relativa é a proteção ao interesse público, e não em qual categoria previamente se encaixe. Regras de competência criadas em favor do interesse público, pouco importando se baseadas no valor da causa ou no local dos fatos ou domicílio das partes, são regidas pelo regime jurídico da competência absoluta (art. 64, § 1º, CPC), com possibilidade de o juiz conhecer como ofício de sua incompetência a qualquer momento e grau de jurisdição; com a parte podendo alegar o vício em qualquer tempo antes da decisão (sem preclusão); com potencial invalidade da decisão caso a regra seja violada, inclusive com possibilidade de manejo de ação rescisória após o trânsito.

O art. 47, do CPC, por exemplo, embora integrante do critério territorial, é norma criada em favor do interesse público de que o juízo do foro de situação da coisa imóvel julgue a ação de direito real imobiliário, pois se entende que tem ele melhores condições de aquilatar a extensão do litígio, dando melhor solução à demanda. Logo, o regime jurídico aplicável a estes casos é o da competência absoluta, tanto quanto ocorre com o art. 2º da Lei de Ação Civil Pública - Lei nº 7.347/85 (que elege o local do dano para o ajuizamento da ação civil pública que vise preveni-lo ou repará-lo), ou o art. 209 do ECA - Lei nº 8.069/90 (que nas ações coletivas de interesse das pessoas idosas, estabelece o foro do local onde ocorreu ou deva ocorrer a ação ou omissão para processamento da ação).

Diga-se o quanto antes exposto, também, sobre o art. 3º, § 3º, da Lei nº 10.259/2001 (Juizados Especiais Federais) e o art. 2º, § 4º, da Lei 12.153/2009 (Juizados Especiais da Fazenda Pública). Apesar destas leis terem elegido o critério valorativo como sendo o preponderante para fins de fixação da competência dos JEFs e JEFP, tais diplomas apontam expressamente que o regime aplicável ao caso é o de competência absoluta, pois é de interesse público que as ações de valor até 60 (sessenta) salários-mínimos sejam necessariamente processadas e julgadas pelo informal e virtual procedimento especialíssimo aí criado (obviamente quando existente o Juizado na Comarca/Subseção judiciária territorialmente competente), ressalvada a possibilidade de renúncia expressa quanto ao excedente par fins de admissão de competência dos Juizados (Tema 1030/STJ).

ATENÇÃO. Exatamente em vista da competência territorial absoluta prevista na Lei de Ação Civil Pública, Estatuto da Pessoa Idosa e ECA, o STJ, ao julgar o Incidente de Assunção de Competência (IAC) n. 10, definiu:

Tese A) Prevalecem sobre quaisquer outras normas locais, primárias ou secundárias, legislativas ou administrativas, as seguintes competências de foro:

i) em regra, do local do dano, para ação civil pública (art. 2º da Lei n. 7.347/1985);

ii) ressalvada a competência da Justiça Federal, em ações coletivas, do local onde ocorreu ou deva ocorrer o dano de impacto restrito, ou da capital do estado, se os danos forem regionais ou nacionais, submetendo-se ainda os casos à regra geral do CPC, em havendo competência concorrente (art. 93, I e II, do CDC).

Tese B) São absolutas as competências:

i) da Vara da Infância e da Juventude do local onde ocorreu ou deva ocorrer a ação ou a omissão, para as causas individuais ou coletivas arroladas no ECA, inclusive sobre educação e saúde, ressalvadas a competência da Justiça Federal e a competência originária dos tribunais superiores (arts. 148, IV, e 209 da Lei n. 8.069/1990; e Tese n. 1.058/STJ);

ii) do local de domicílio da pessoa idosa nas causas individuais ou coletivas versando sobre serviços de saúde, assistência social ou atendimento especializado à pessoa idosa portador de deficiência, limitação incapacitante ou doença infectocontagiosa, ressalvadas a competência da Justiça Federal e a competência originária dos tribunais superiores (arts. 79 e 80 da Lei n. 10.741/2003 e 53, III, e, do CPC/2015);

iii) do Juizado Especial da Fazenda Pública, nos foros em que tenha sido instalado, para as causas da sua alçada e matéria (art. 2º, § 4º, da Lei n. 12.153/2009);

iv) nas hipóteses do item (iii), faculta-se ao autor optar livremente pelo manejo de seu pleito contra o estado no foro de seu domicílio, no do fato ou ato ensejador da demanda, no de situação da coisa litigiosa ou, ainda, na capital do estado, observada a competência absoluta do Juizado, se existente no local de opção (art. 52, parágrafo único, do CPC/2015, c/c o art. 2º, § 4º, da Lei n. 12.153/2009).

Tese C) A instalação de vara especializada não altera a competência prevista em lei ou na Constituição Federal, nos termos da Súmula n. 206/STJ ("A existência de vara privativa, instituída por lei estadual, não altera a competência territorial resultante das leis de processo."). A previsão se estende às competências definidas no presente IAC n. 10/STJ.

Tese D) A Resolução n. 9/2019/TJMT é ilegal e inaplicável quanto à criação de competência exclusiva em comarca arbitrariamente eleita em desconformidade com as regras processuais, especificamente quando determina a redistribuição desses feitos, se ajuizados em comarcas diversas da 1ª Vara Especializada da Fazenda Pública da Comarca de Várzea Grande/MT. Em consequência:

i) fica vedada a redistribuição à 1ª Vara Especializada da Fazenda Pública da Comarca de Várzea Grande/MT dos feitos propostos ou em tramitação em comarcas diversas ou em juizados especiais da referida comarca ou de outra comarca, cujo fundamento, expresso ou implícito, seja a Resolução n. 9/2019/TJMT ou normativo similar;

ii) os feitos já redistribuídos à 1ª Vara Especializada de Várzea Grande/MT com fundamento nessa norma deverão ser devolvidos aos juízos de origem, salvo se as partes, previamente intimadas, concordarem expressamente em manter o processamento do feito no referido foro;

iii) no que tange aos processos já ajuizados – ou que venham a ser ajuizados – pelas partes originalmente na 1ª Vara Especializada da Fazenda Pública da Comarca de Várzea Grande/MT, poderão prosseguir normalmente no referido juízo;

iv) não se aplicam as previsões dos itens (ii) e (iii) aos feitos de competência absoluta, ou seja: de competência dos Juizados Especiais da Fazenda, das Varas da Infância e da Juventude ou do domicílio da pessoa idosa, nos termos da Tese B deste IAC n. 10/STJ.

Enfim, **o que prepondera para o estabelecimento do regime jurídico da competência *não é o critério utilizado pelo legislador para definir a atribuição do órgão jurisdicional* (funcional, material, valorativo ou territorial), *mas sim o interesse público que se esconde por trás de tal eleição*.** Sendo público, todo o regime da competência será absoluto, na forma da tabela retro apresentada.

ATENÇÃO. Nos itens 6 e 9.1 infra, trataremos da questão da natureza jurídica (absoluta ou relativa) das regras de competência territorial do art. 109, §§ 1º e 2º, da CF, que cuida das ações ajuizadas por e propostas contra a União/autarquias (fundações) federais.

5. *PERPETUATIO JURISDICTIONIS*

Também integrando o regime infraconstitucional que dá suporte ao princípio do juiz natural, tem-se a regra do art. 43, do CPC, que cuida do princípio da *perpetuatio jurisdictionis* (que seria melhor denominado, convenha-se, de "perpetuação da competência", uma vez que não cuida propriamente de jurisdição).

De acordo com a disposição, determina-se a competência no momento do registro ou da distribuição da petição inicial, sendo irrelevantes as modificações do estado de fato ou de direito ocorridas posteriormente, salvo quando suprimirem órgão judiciário ou alterarem a competência absoluta.

Em outros termos, uma vez registrada ou distribuída a demanda para o juízo competente, qualquer alteração no estado de direito ou de fato dos litigantes não acarreta a mudança da competência, permanecendo o feito aos cuidados do juízo para quem inicialmente foi encaminhado.

Assim, ajuizada, no domicílio do segurado, ação para obtenção de benefício previdenciário contra o INSS, a mudança de domicílio dele não implica alteração da competência originariamente firmada a fim de que o feito se desloque para a Justiça Federal de seu novo domicílio; distribuída execução fiscal de tributo federal, a posterior mudança de domicílio do executado não desloca a competência já fixada (Súmula 58 do STJ); se a competência foi fixada tendo em vista situação de incapacidade civil do réu, eventual emancipação (art. 5º, CC) nem por isso altera a competência inicial; correndo ação perante Subseção Judiciária ou Comarca que foi posteriormente desmembrada, as ações dos réus domiciliados na nova Subseção Judiciária ou Comarca e ajuizadas com fundamento no art. 46 do CPC continuam a correr na antiga Subseção/Comarca; eventual alteração do teto da competência do órgão em razão do valor da causa não implica alteração da competência já firmada pela distribuição; se a coisa pretendida aumentar de valor após o ajuizamento da ação, nem por isto, também, altera-se o valor da causa, com o encaminhamento do feito a outro juízo; etc.

Note-se que a perpetuação só incide se a ação for distribuída para o juízo absolutamente competente. Logo:

a) se ajuizada demanda perante juízo absolutamente incompetente (*v.g.*, uma causa da competência material da Justiça Federal na Justiça Estadual), não há espaço para perpetuação ofensiva dos ditames da ordem pública, de modo que a ação dever ser, tão logo constatado o vício, encaminhada para o juízo absolutamente competente; e

b) ajuizada demanda perante juiz relativamente incompetente, a perpetuação só se operará se a parte demandada, em preliminar de contestação (art. 64, CPC), não alegar a incompetência, ou se o juiz, na hipótese do art. 63, § 3º, do CPC, não declarar de ofício a ineficácia da cláusula de eleição de foro abusiva.

A regra do art. 43 do CPC, além de servir ao conjunto de normas a dispor sobre a estabilização da demanda (art. 329, CPC), também objetiva proteger a parte autora e o próprio desenvolver da relação jurídica processual. O primeiro, uma vez que tem esclarecido e definido o juízo da causa logo no início do feito. O segundo, pois se se alterasse a competência sistematicamente e conforme alterações de fato ou de direito posteriores ao ajuizamento, não haveria ordem e nem rendimento do processo (que cada hora estaria aos cuidados de nova unidade judiciária).

A violação da regra da *perpetuatio*, tanto quanto da regra da distribuição, implica nulidade do processo, eis que afrontado o próprio princípio constitucional do juiz natural, observando-se a regra do art. 64, § 4º, do CPC (*translatio iudicii*).

5.1. Causas modificativas de competência

Entretanto, é natural que o próprio sistema preveja situações em que o interesse público recomende certa maleabilização das regras de perpetuação da competência, plenamente justificáveis à luz de um mais escorreito e eficaz desenvolvimento da atividade jurisdicional.

Desse modo, 5 (cinco) situações de fato e de direito legalmente previstas vão autorizar que o processo, apesar de originariamente distribuído para dado juízo, seja encaminhado para outro juízo, em contrariedade, assim, ao ideário da *perpetuatio*. Todas constituem verdadeiras *causas modificativas de competência*, exceções válidas à luz do princípio do juiz natural (que como todo princípio, também não é absoluto).

A primeira das situações é a da supressão do órgão judicial (art. 43, CPC). Com efeito, não haveria como ser preservada a regra de perpetuação da jurisdição quando há a própria extinção do órgão judicial dantes competente para o conhecimento da causa. Nesses casos, a única saída lógica é abrir uma exceção à regra e determinar, caso o órgão naturalmente competente seja suprimido, que o seu acervo de processos seja redistribuído para um ou mais juízos (definidos na própria norma que suprimiu o órgão, preferencialmente), que, a partir de então, também se perpetuarão na competência para o conhecimento destes processos.

A segunda exceção é a alteração da competência absoluta do órgão judicial, conforme previsto no art. 43, parte final do CPC. Não custa relembrar que a competência em razão da matéria ou da hierarquia é absoluta (regra), mas também há situações (excepcionais) de competência absoluta em razão do valor da causa (art. 3º, § 3º, da Lei nº 10.259/2001) ou com base no critério territorial (art. 2º, da Lei nº 7.347/85, art. 209 do ECA, art. 95 do CPC, etc.).

A toda evidência, o móvel da medida de exceção é o de tutelar o interesse público que há por detrás das regras de competência dessa natureza (especialização de juízos), a seu ver prevalecente sobre o interesse público que originou a regra da *perpetuatio* (estabilização da demanda).

Assim, pese a distribuição e a perpetuação da competência em dado juízo, se houve alteração da competência absoluta do órgão de rigor que os processos dantes distribuídos ao juízo, agora absolutamente incompetente, sejam redistribuídos ao juízo agora competente. Por exemplo, sendo instalada Vara federal com competência exclusiva para processar feitos relativos ao Sistema Financeiro da Habitação (SFH), o acervo de feitos dessa natureza que tinham curso nas Varas Cíveis (cumulativas) será deslocado para a nova unidade; instalada Vara Previdenciária em dada Subseção judiciária, todos os feitos dessa natureza nas Varas federais cíveis serão redistribuídos; desmembrada a Comarca ou Subseção judiciária, todos os feitos fundados no art. 47 do CPC ou art. 2º da Lei nº 7.347/85 serão deslocados para a nova unidade com competência territorial absoluta para a causa.

ATENÇÃO. Dentro do ideário de se permitir a melhor organização do Poder Judiciário, tem se admitido que as normas relativas à criação de novas unidades judiciárias possam limitar o encaminhamento dos feitos já ajuizados, preservando-se a novel unidade, assim, apenas para feitos novos. Exemplificativamente, criada vara para processamento exclusivo de falências e recuperações judiciais, pode se obstar o encaminhamento de ações desta natureza em curso nas varas cíveis cumulativas já existentes, a fim de que na nova unidade apenas se processem os feitos falimentares/recuperacionais propostos após sua instalação; instalada vara previdenciária em dada subseção judiciária, nos termos do exemplo supra, o ato criador da unidade poderia vedar o encaminhamento dos feitos em curso nas demais unidades cíveis cumulativas, reservando-se a nova unidade apenas para causas previdenciárias novas. **Temos fundadas dúvidas sobre a legalidade de tais determinações, especialmente quando advindas de provimentos normativos dos próprios Tribunais, considerando que violam explicitamente o princípio da legalidade. Afinal, o art. 43 do CPC impõem a redistribuição das ações diante da alteração da competência absoluta das unidades, sem fazer qualquer tipo de exceção. A iniciativa de limitação das redistribuições só seria tolerável, em nosso sentir, se o ato criador da unidade fosse uma lei federal em sentido estrito, que pudesse, na forma do art. 22, I, da CF, excepcionar a regra geral do art. 43 do CPC, 2ª parte.**

Uma terceira exceção à *perpetuatio* advém da ocorrência de conexão propriamente dita (art. 55 e parágrafos do CPC – identidade de pedidos ou causas de pedir entre ações, ou mesmo utilidade da reunião para julgamento conjunto) e continência (art. 56 do CPC – identidade de partes e causa de pedir entre ações, com o pedido de uma sendo maior do que o da outra) entre demandas.

É recomendável, à luz da economia processual e da identidade de soluções, que demandas com identidade parcial de elementos sejam julgadas pelo mesmo juízo. É o que dispõe o art. 57, parte final do CPC, ao prescrever que, como regra, verificada a conexão ou a continência as ações serão necessariamente reunidas a fim de que sejam decididas simultaneamente.

Com a unificação das demandas por conveniência material ou pela identidade parcial de elementos, certamente parte dos processos deverá ser deslocada ao juízo prevento (art. 58, CPC) – assim entendido aquele para o qual foi registrada ou distribuída a primeira ação (art. 59, CPC) – consequentemente abandonando o juízo para onde elas foram originariamente distribuídas.

Vale destacar que essa unificação de demandas, nos termos do art. 55, e §§ do, CPC:

a) também é recomendável quando, mesmo não havendo conexão em sentido estrito (art. 55, *caput*, do CPC), as ações sejam fundadas na mesma relação jurídica material (*v.g.* a anulatória do título executivo com a execução do mesmo título, ou execuções distintas fundadas no mesmo título), ou mesmo quando o processamento/julgamento em separado possa gerar risco de prolação de decisões conflitantes ou contraditórias (*v.g.* ação de reintegração de posse e ação de usucapião do mesmo imóvel); e

b) não é cabível quando um dos feitos conexos já tiver sido julgado (súmula 235 do STJ), o que não possibilitaria, por isso, a unificação para processamento e julgamento conjunto.

De todo modo, não sendo possível a reunião dos processos para julgamento conjunto, seja por conta de estarem em graus de jurisdição distintos, seja porque os feitos correm em ramos diferentes do Poder Judiciário, é conveniente que se ordene a suspensão de um dos feitos, nos termos do art. 313, V, do CPC, a fim de que se aguarde o julgamento do outro e, com isso, evitem-se decisões contraditórias.

MELHOR EXPLICANDO. A modificação de competência por conta da conexão e da continência (art. 54, CPC) só se opera, como regra, nos critérios de competência relativa (territorial e valorativa). Tratando-se de critério de competência absoluta (funcional/hierárquico e material), ainda que haja conexão/continência, os processos não podem ser unificados, sob pena de nulidade (já que com a unificação um dos processos será julgado por juiz absolutamente incompetente). Assim, não haverá unificação de um processo em curso na Justiça Federal com outro conexo (*v.g.* mesma causa de pedir) em curso na Justiça Estadual. Nestes casos, admite-se, no máximo, a suspensão de um dos processos para aguardar o julgamento do outro. **A excepcionar essa regra tem-se, apenas, o caso de ações coletivas continentes e concomitantes em curso perante as Justiças Estadual e**

Federal (duas ações civis públicas), que conforme súmula 489 do STJ, devem ser reunidas para julgamento conjunto perante a Justiça Federal, no casos em que não seja possível cindir-lhes o julgamento.

Uma quarta exceção é contemplada no art. 516, parágrafo único, do CPC. Com efeito, a disposição autoriza o exequente a optar pelo deslocamento do cumprimento de sentença do juízo da condenação – funcionalmente competente para a execução – para o juízo do atual domicílio do executado, pelo juízo do local onde se encontrem os bens sujeitos à execução ou pelo juízo do local onde deva ser executada a obrigação de fazer ou de não fazer, casos em que a remessa dos autos do processo será solicitada ao juízo de origem.

A regra, que cria uma exceção voluntária ao art. 43 do CPC, tem por nítido mote o de evitar o transitar desnecessário de precatórias entre o juízo funcionalmente competente para a execução e o do domicílio do executado ou do local dos bens. Requerida a incidência do dispositivo, os próprios autos da ação serão remetidos ao novo juízo, que, então, passa a ter competência integral para todos os atos executivos e incidentes (inclusive para extinção e arquivamento do feito, caso haja cumprimento da obrigação).

A quinta e última exceção de nossa contagem se encontra no art. 109, § 5º, da Constituição Federal; ela admite que, nas hipóteses de grave violação de direitos humanos, o Procurador Geral da República, com a finalidade de assegurar o cumprimento de obrigações decorrentes de tratados internacionais de direitos humanos dos quais o Brasil seja parte, poderá suscitar, perante o Superior Tribunal de Justiça, em qualquer fase do inquérito ou processo, incidente de deslocamento de competência para a Justiça Federal. Caso ao STJ pareça que a Justiça Federal tem mais isenção e possibilidade material, no caso em concreto, para o julgamento de feitos de natureza cível ou criminal que envolva direitos humanos (o que se aferirá caso a caso), cessa a competência advinda da *perpetuatio* do juízo estadual para o qual originariamente foi distribuída a causa (voltaremos a esse assunto mais adiante).

6. FORO DE ELEIÇÃO

A competência em razão da matéria e da hierarquia – sendo, como regra, de natureza absoluta (art. 62, CPC) – é inderrogável por convenção das partes, de modo que elas não podem eleger qual o juízo competente para julgamento da causa (*v.g.*, não se pode celebrar convenção para decidir-se entre 1º e 2º graus, entre Justiça Federal ou Estadual; ou entre Vara de Família ou Cível comum).

ATENÇÃO. Mesmo com o advento do art. 190 do CPC – que admite convenções processuais atípicas no âmbito do direito processual civil –, entende-se que negócios sobre competência absoluta são vedados pelo sistema, seja pela própria redação excludente dos arts. 62/63 do CPC (que só autorizam convenção sobre competência relativa), seja em vista da vedação de as partes deliberarem sobre o conteúdo mínimo do processo constitucional, no qual estão inseridas a maior parte das regras de competência funcional/hierárquica e material. Inclusive este é o teor do enunciado n. 37 da ENFAM – Escola Nacional de Formação de Magistrados: "São nulas, por ilicitude do objeto, as convenções processuais que violem as garantias constitucionais do processo, tais como as que: a) autorizem o uso de prova ilícita; b) limitem a publicidade do processo para além das hipóteses expressamente previstas em lei; **c) modifiquem o regime de competência absoluta**; e d) dispensem o dever de motivação".

Entretanto, tratando-se de competência em razão do valor e do território (competência relativa – arts. 63 e 65, CPC), as partes podem, como regra, eleger foro onde serão propostas as ações oriundas de direitos e obrigações, caso em que a cláusula só produzirá efeito se constar de contrato escrito e aludir expressamente a determinado negócio jurídico (art. 63, § 1º, CPC).

Exemplificativamente, em contrato para aquisição de imóvel pelo Sistema Financeiro da Habitação, a Caixa Econômica Federal (CEF) pode celebrar com o mutuário foro de eleição para definir que qualquer ação derivada do contrato celebrado, tenha curso na subseção judiciária de Ribeirão Preto (SP).

Apesar da matiz territorial, a maior parte da doutrina entende que as regras do art. 109, §§ 1º e 2º da CF, que tratam da competência territorial da justiça federal em 1º grau nos processos envolvendo a União e autarquias (fundações) federais, têm natureza absoluta (fundadas no interesse público de melhor organizar a Justiça Federal) e, como tal, não podem ser objeto de foro de eleição.

O raciocínio é desenvolvido a partir da premissa de que, estando no texto constitucional, tais regras não podem ser mitigada por regra da legislação infraconstitucional (art. 63 do CPC). Foro de eleição com entes que atraem a competência da Justiça Federal (art. 109, I, da CF) só seria possível com empresas públicas federais – regidas pelo direito privado –, como no exemplo parágrafos acima apresentado envolvendo a CEF.

Tem-se fundadas reservas quanto ao entendimento supra, que é predominante.

Em um processo civil em que partes capazes, em temas onde seja possível a autocomposição, têm ampla possibilidade de negociação das regras processuais (art. 190 do CPC), não nos parece crível negar à União e autarquias/fundações federais a possibilidade de avençarem foro de eleição, sob o fundamento *simplório* de que o artigo 109, §§ 1º e 2º, da CF, encerra regra de competência absoluta.

Se hoje se reconhece à União e autarquias/fundações federais a possibilidade de transacionarem nos termos da lei (vide art. 10, parágrafo único, da Lei 10.259/2001); e até mesmo de renunciarem à jurisdição estatal, avençando arbitragem em causas relacionados a direitos patrimoniais disponíveis (art. 1º, § 1º, da lei 9.307/96, com redação pela Lei 13.129, de 2015); não faz o mínimo sentido que não possam fazer o menos, isto é, convencionarem foro de eleição nos contratos que celebram com particulares, a fim de definir o foro territorialmente competente para julgar seus conflitos (*v.g.* avençando a seção judiciária do DF para conhecimento de eventual demanda, com exclusão dos demais foros previstos no art. 109, §§ 1º e 2º da CF).

O simples fato de as regras de competência das ações pela e contra União/autarquias federais ter berço constitucional não parece suficiente para afirmar que haja interesse público na observância de tais regras, que teriam sido forjadas sob à luz do interesse público, *i.e.*, a melhor organização da Justiça Federal em 1º grau.

Isso é falso!

As regras do art. 109, §§ 1º e 2º da CF, foram imaginadas à luz da proteção do interesse particular do jurisdicionado, que nas ações ajuizadas pela União/autarquias tem o direito de ser demandado em seu domicílio (§ 1º); enquanto nas ações que ajuíza contra referidas pessoas pode escolher entre os foros concorrentes previstos na CF (§ 2º); tudo a fim de que não seja obrigado a deslocamentos necessários, com prejuízo de tempo e recursos.

Em sendo assim, se o próprio jurisdicionado – destinatário das regras do art. 109, §§ 1º e 2º da CF –, voluntariamente aceita o curso da ação em foro diverso do ali previsto, não parece minimamente lícito ao Judiciário se imiscuir nesta questão de ordem privada, recusando a incidência do princípio da autonomia da vontade. Mormente diante do novo modelo de processo civil inaugurado pelo CPC/2015, em que se reconhece a vontade das partes como fonte da norma processual (art. 190 do CPC).

Portanto, a natureza jurídica das regras de competência territorial do art. 109, §§ 1º e 2º da CF, é relativa, de modo que se admite a celebração de foro de eleição pela União/autarquias, a fim de afastar a incidência de referidas regras (art. 63 do CPC).

Conforme art. 63, § 2º, do CPC, o foro contratual obriga os herdeiros e sucessores das partes (mas não o cônjuge que não participou da contratação). Pode, entretanto, ser renunciado pelos celebrantes ou legalmente obrigados por meio do ajuizamento da ação no foro do domicílio do réu (que, sendo beneficiado pela conduta, não tem, a princípio, por que se opor a isto).

Isso mesmo: como regra a parte pode ignorar o foro de eleição se – e exclusivamente se –, ajuizar a ação no foro do domicílio do réu que, de ordinário, não terá motivos para reclamar da não observância do foro de eleição, já que o ajuizamento no seu domicílio lhe é mais vantajoso.

Antes da citação, a cláusula de eleição de foro, se abusiva, pode ser reputada ineficaz de ofício pelo juiz, que determinará a remessa dos autos ao juízo do foro de domicílio do réu (art. 63, § 3º, CPC). É o que ocorre quando o magistrado, já de antemão, percebe que a eleição de foro tem por escopo dificultar o acesso à justiça do adverso, *v.g.*, como nos casos de contratos bancários celebrados no Nordeste do país, em que a instituição financeira estabelece que qualquer ação derivada do contrato será ajuizada na sede do banco, no sul do país (ou vice-versa). Acaso o banco, cumprindo o foro de eleição, ajuíze a ação para exigir o cumprimento do contrato (uma cobrança, por exemplo) no Sul do país, pode o juiz da causa, observado o art. 10 do CPC (prévio debate com a parte proponente), reconhecer o vício da pactuação oficiosamente, remetendo os autos ao domicílio do réu no Nordeste (onde ele então, sem necessidade de longo deslocamento, poderá se defender).

Essa disposição tem ampla aplicação nos contratos de adesão regidos pelo Código de Defesa do Consumidor. Nesses contratos, têm suas cláusulas aprovadas pela autoridade competente ou estabelecidas unilateralmente pelo fornecedor de produtos ou serviços, sem que o consumidor possa discutir ou modificar substancialmente seu conteúdo (art. 54, CDC), é possível que o juiz reconheça, de ofício, a nulidade da cláusula de eleição de foro, toda vez que a pactuação dificultar, sobremaneira, a defesa do demandado (art. 51, IV, c.c. art. 6º, VIII, do CDC). "*A cláusula de eleição de foro inserta em contrato de adesão é, em princípio, válida e eficaz, salvo se verificada a hipossuficiência do aderente, situação em que deve prevalecer o local do domicílio do devedor para facilitar a defesa do consumidor*" (STJ, AgRg no AREsp 331.972/MG, Relator Ministro João Otávio de Noronha, Terceira Turma, julgado em 25.11.2014, DJe 12.12.2014).

Vale destacar, porém, que "*a mera desigualdade de porte econômico entre as partes não caracteriza hipossuficiência econômica ensejadora do afastamento do dispositivo contratual de eleição de foro*" (STJ, AgRg no AREsp 201.904/MS, Relator Ministra Maria Isabel Gallotti, Quarta Turma, julgado em 20.05.2014, DJe 30.05.2014), de modo que o reconhecimento do vício na pactuação do foro não pode ser automático (até porque a regra é a prevalência da vontade das partes livremente pactuada).

Caso o magistrado não reconheça oficiosamente a nulidade do foro de eleição tão logo despachada a inicial, competirá ao réu prejudicado pela avença arguir o vício na contestação (art. 63, § 4º, e 337, II, do CPC). Não havendo a arguição pelo suposto prejudicado (que não comparece ao processo para se defender ou, apresentando defesa, não faça a arguição do vício), a questão resta preclusa e perpetua-se a competência do juízo eleito para a causa (não sendo mais lícito ao juízo perpetuado deliberar a respeito do vício).

7. COMPETÊNCIA CÍVEL DA JUSTIÇA FEDERAL

Inicialmente convém destacar que a competência da Justiça Federal (tanto quanto da trabalhista) é definida na Constituição (arts. 118 e 109 da CF). Por isso, não cabe à lei ordinária e, menos ainda, à medida provisória, sobre ela dispor, seja para ampliá-la ou excluí-la (STF, ADI 2.473 MC, Rel. Min. Néri da Silveira, j. 13-9-2001, P, DJ de 7-11-2003; STJ, EDcl no AgRg no CC 89.783/RS, Rel. Min. Mauro Campbell Marques, 1ª Seção, julgado em 09/06/2010). Está prejudicado, por isso, o art. 10, IV, da Lei 5.010/1966 (organização judiciária da Justiça Federal), que elenca entre as causas de competência da Justiça Federal de 1ª instância, as ações que versem sobre direito marítimo e navegação, inclusive aérea (que só serão de competência da federal se, também, se inserirem em um dos incisos do art. 109 da CF).

Trata-se, portanto de competência constitucional e taxativa, admitindo-se, no máximo, interpretação extensiva das regras de competência da Justiça Federal para admitir hipóteses de atuação derivadas da própria Constituição Federal (competência constitucional implícita).

Convém relembrar, também, que em se tratando de um ramo da Justiça Comum (ao lado da Justiça Estadual), a competência da Justiça Federal é subsidiária às Justiças Federais especializadas (Eleitoral e Trabalhista), ainda que haja na ação cível um dos entes federais que atraem a sua competência (art. 109, I, da CF). No máximo, em sendo possível, admitir-se-á o desmembramento para que cada uma das Justiças cuide da parte que lhe cabe do processo com pedidos cumulados (art. 327 do CPC).

Corretamente, por isso, o STJ já entendeu que ação de indenização por danos materiais e morais proposta por trabalhador contra a UNICEF (organismo internacional), é da competência da Justiça do Trabalho, na forma do art. 114, I e VI da CF, não se aplicando o art. 109, II, da CF. "*Definido que as ações de indenização por danos morais e patrimoniais decorrentes de acidente do trabalho propostas por empregado contra empregador são oriundas da relação de trabalho e, por isso, são da competência da Justiça especializada laboral, a presença, num dos polos da ação, de um organismo internacional (ente de direito público externo), de acordo com o inciso I do artigo 114 da Constituição Federal (...), robustece a compreensão de competir à Justiça do Trabalho o conhecimento do presente litígio*", pois, afinal "*ante a especialidade do litígio, proveniente da relação de trabalho, não se pode negar a prevalência do inciso I do artigo 114 sobre o inciso II do artigo 109, ambos da Constituição Federal, notadamente porque a competência da Justiça Comum é residual em relação à competência das Justiças Especializadas, igualmente definidas na Constituição Federal*" (STJ, RO 89/BA, Rel. Ministro Massami Uyeda, 3ª Turma, julgado em 16/08/2011, DJe 26/08/2011).

Já a relação da Justiça Federal com a Estadual é mais complexa. Ambas são consideradas ramos da Justiça Comum, se comparadas às Justiças

Federais especializadas (Eleitoral e Trabalhista). Todavia, desconsiderando a existência das Justiças Especializadas, vê-se que a Justiça Federal é especial em relação à Justiça Estadual, que só terá competência caso ausentes uma das hipóteses do art. 109, da CF (competência residual da Justiça Estadual).

Por isso, conforme veremos mais adiante, em não sendo possível a separação de demandas com pedidos cumulados de competência da Justiça Federal e Estadual, ou mesmo nos casos de litisconsórcio necessário e unitário entre entes ordinariamente não julgados pela Justiça Federal com outros que tem prerrogativa de foro nela (art. 109, I e II, da CF), prevalece a competência da Justiça Federal.

Considere-se, por fim, que da atenta observação da regra de competência cível da Justiça Federal no art. 109 da CF, bem se verá que a Constituição Federal trabalha com elementos distintos da ação para definir referida competência. Ora elege a parte como fator de determinação de competência (*ratione personae*), como no caso dos incisos I e II do art. 109 da CF (quando a análise do pedido ou da causa de pedir da demanda é despicienda). Ora o critério determinante é a causa de pedir, o assunto tratado no processo (*ratione materiae*), como ocorre nas hipóteses dos incisos III, X e XI do mesmo dispositivo (caso em que não há necessidade de a parte ser um dos entes que atraem a competência da federal e que estão enumerados nos artigos 109, I e II, da CF).

ATENÇÃO. Embora não haja previsão legal explícita, a Justiça Federal tem competência para decidir, incidentalmente, questões que, requeridas a título principal, não seriam de sua alçada, mas que precisam ser previamente decididas a fim de permitir o julgamento de ações de sua competência (questões prejudiciais). Assim, pode a Justiça Federal pronunciar-se incidentalmente sobre a existência de relação de trabalho para fins de reconhecimento de vínculo previdenciário, ou sobre a existência de união estável para definição se é devido o benefício pensão por morte (STJ, CC 126.489-RN, Primeira Seção, Rel. Min. Humberto Martins, j. em 10/4/2013). Evidentemente, tais questões não serão acobertadas pelos efeitos negativos (imutabilidade) e positivos (indiscutibilidade) da coisa julgada material (arts. 502 e 503, § 1º, III, do CPC), podendo ser decididas de modo diverso, oportuna ou concomitantemente, pela Justiça materialmente competente.

7.1. O art. 109, I, da Constituição Federal

Prevê o art. 109, I, da Constituição Federal, que compete à Justiça Federal julgar as causas em que a União, entidade autárquica ou empresa pública federal forem interessadas na condição de autoras, rés, assistentes ou oponentes, exceto as de falência, as de acidentes de trabalho e as sujeitas à Justiça Eleitoral e à Justiça do Trabalho.

Trata-se de competência definida à luz da natureza da parte do processo (assistentes e opoentes também são partes do processo), de modo que é desimportante a matéria tratada ou a via eleita (ação coletiva, individual, execução fiscal, mandado de segurança, etc.): desde que esteja em um dos polos a União, autarquias federais (INSS, IBAMA, INCRA, ANAC, ANATEL, ANEEL, INPI, Universidades Federais etc.), fundações de direito público federais (que a rigor são espécies de autarquias federais) ou empresas públicas federais (Caixa Econômica Federal – CEF, Correios – ECT, etc.), a competência será da Justiça Federal.

A jurisprudência do STJ orienta-se no sentido de que a competência da Justiça Federal, prevista no art. 109, I, da Constituição Federal, é fixada, em regra, em razão da pessoa (competência *ratione personae*), levando-se em conta não a natureza da lide, mas, sim, a identidade das partes na relação processual (STJ, CC 105.196/RJ, Rel. Ministro Benedito Gonçalves, 1ª Seção, DJe de 22/02/2010; CC 35.972/SP, Rel. p/ acórdão Ministro Teori Albino Zavascki, 1ª Seção, DJU de 07/06/2004).

Conforme súmula 511 do STF, *"compete à Justiça Federal, em ambas as instâncias, processar e julgar as causas entre autarquias federais e entidades públicas locais, inclusive mandados de segurança, ressalvada a ação fiscal, nos termos da CF de 1967, art. 119, § 3º"*.

No mesmo sentido, a súmula 324 do STJ, ao afirmar que "*compete à Justiça Federal processar e julgar ações de que participa Fundação Habitacional do Exército, equiparada à entidade autárquica federal, supervisionada pelo Ministério do Exército*".

Corretamente, o STF firmou sua jurisprudência no sentido de que, quando o INSS figurar como parte ou tiver interesse na matéria, a competência é da Justiça Federal (STF, RE 545.199 AgR, rel. min. Ellen Gracie, j. 24-11-2009, 2ª T, DJE de 18-12-2009). Por isso, tratando-se de matéria de interesse do INSS, qual seja, a possibilidade ou não de acumulação de proventos da aposentadoria com o auxílio suplementar, incide a competência da Justiça Federal, na forma do art. 109, I, da CF (STF, RE 461.005, Rel. Min. Ricardo Lewandowski, j. 8-4-2008, 1ª T, DJE de 9-5-2008).

Do mesmo modo, a ação de reparação de danos proposta por mutuário contra a Caixa Econômica Federal (empresa pública federal), é da Justiça Federal, nos termos do art. 109, I, da CF (STF, RE 555.395 AgR, rel. min. Eros Grau, j. 10-2-2009, 2ª T, DJE de 13-3-2009). Tanto quanto as ações contra a CEF para discutir contrato de mútuo habitacional, nas hipóteses em que o instrumento estiver vinculado ao Fundo de Compensação de Variações Salariais – FCVS (apólices públicas, ramo 66) (STJ, REsp n. 1.133.769 - SP, 1ª Seção, Rel. Min. Luiz Fux). O STF, inclusive, pacificou tal entendimento quando do julgamento do Tema 1.011 de Repercussão Geral: "*1) Considerando que, a partir da MP 513/2010 (que originou a Lei 12.409/2011 e suas alterações posteriores, MP 633/2013 e Lei 13.000/2014), a CEF passou a ser administradora do FCVS, é aplicável o art. 1º da MP 513/2010 aos processos em trâmite na data de sua entrada em vigor (26.11.2010): 1.1.) sem sentença de mérito (na fase de conhecimento), devendo os autos ser remetidos à Justiça Federal para análise do preenchimento dos requisitos legais acerca do interesse da CEF ou da União, caso haja provocação nesse sentido de quaisquer das partes ou intervenientes e respeitado o § 4º do art. 1º-A da Lei 12.409/2011; e 1.2) com sentença de mérito (na fase de conhecimento), podendo a União e/ou a CEF intervir na causa na defesa do FCVS, de forma espontânea ou provocada, no estágio em que se encontre, em qualquer tempo e grau de jurisdição, nos termos do parágrafo único do art. 5º da Lei 9.469/1997, devendo o feito continuar tramitando na Justiça Comum Estadual até o exaurimento do cumprimento de sentença; e 2) Após 26.11.2010, é da Justiça Federal a competência para o processamento e julgamento das causas em que se discute contrato de seguro vinculado à apólice pública, na qual a CEF atue em defesa do FCVS, devendo haver o deslocamento do feito para aquele ramo judiciário a partir do momento em que a referida empresa pública federal ou a União, de forma espontânea ou provocada, indique o interesse em intervir na causa, observado o § 4º do art. 64 do CPC e/ou o § 4º do art. 1º-A da Lei 12.409/2011*" (RE 827.996, Rel. Min. Gilmar Mendes, Pleno, j. 29.06.2020).

Compete ao INCRA – Instituto Nacional de Colonização e Reforma Agrária, os processos de demarcação e titulação das terras ocupadas por comunidade remanescente de quilombo. Em sendo assim, qualquer ação que envolva a propriedade ou a posse dessas áreas repercute no processo demarcatório de responsabilidade da autarquia federal agrária. Logo, é inarredável o interesse federal em tais demandas, sendo imperiosa a participação do INCRA, o que atrai a competência da Justiça Federal para o julgamento delas, na forma do art. 109, I, da Constituição Federal (STJ, CC 129.229/SP, Rel. Ministro Benedito Gonçalves, 1ª Seção, julgado em 08/10/2014, DJe 21/05/2015).

A discussão sobre a validade de um registro de desenho industrial, nos termos da Lei 9.279/1996 (art. 94 e ss.), deve ser travada administrativamente ou, caso a parte opte por recorrer ao Poder Judiciário, deve ser empreendida em ação proposta com a participação do INPI, autarquia federal que atrai a competência da demanda para a Justiça Federal, ainda que o tema em debate seja intimamente de direito privado (STJ, REsp 1251646/RJ, Rel. Ministra Nancy Andrighi, 3ª Turma, julgado em 11/12/2012, DJe 04/02/2013). Por outro lado, na ação em que se discute apenas o pagamento do valor da remuneração pelo uso da patente, relação de interesse estritamente privado, não é necessária a intervenção do INPI, razão pela qual é competente para o julgamento do feito a Justiça Estadual, pois ausente participação de qualquer ente previsto no art. 109, I, da CF (STJ, REsp 1046324/RJ, Rel. Ministro Sidnei Beneti, 3ª Turma, julgado em 14/09/2010, DJe 24/09/2010).

No tocante à temática de marcas e patentes, o STJ decidiu, em sede recursos especiais repetitivos, que as questões acerca do *trade dress* (conjunto-imagem) dos produtos, concorrência desleal e outras demandas afins, por não envolver registro no INPI (Instituto Nacional da Propriedade Industrial) e cuidando de ação judicial entre particulares, é inequivocamente de competência da Justiça Estadual, já que não afeta interesse institucional da autarquia federal. No entanto, compete à Justiça Federal, em ação de nulidade de registro de marca, com a participação do INPI, impor ao titular a abstenção do uso, inclusive no tocante à tutela provisória (STJ, REsp 1527232/SP, Relator Min. Luis Felipe Salomão, 2ª Seção, j. 13.12.2017).

Ainda, a "*Fundação Nacional do Índio (FUNAI) constitui pessoa jurídica de direito público interno. (...) Tratando-se de entidade autárquica instituída pela União Federal, torna-se evidente que, nas causas contra ela instauradas, incide, de maneira plena, a regra constitucional de competência da Justiça Federal inscrita no art. 109, I, da Carta Política*" (STF, RE 183.188, rel. min. Celso de Mello, j. 10-12-1996, 1ª T, DJ de 14-2-1997).

E mesmo em sede de mandado de segurança é firme a jurisprudência do Superior Tribunal de Justiça e do Supremo Tribunal Federal, no sentido de que sendo a impetrante autoridade federal, fica atraída a competência da Justiça Federal, na forma do art. 109, I, da CF (STJ, CC 129.174/DF, Rel. Ministro Reynaldo Soares da Fonseca, Terceira Seção, DJe 16/9/2015; STJ, RMS 33.425/RJ, Rel. Ministro Raul Araújo, Quarta Turma, DJe 20/10/2014; STJ, RMS 43.001/PR, Rel. Ministro Sérgio Kukina, Primeira Turma, DJe 20/03/2014), pois "*a competência para julgamento de mandado de segurança impetrado por autarquia federal é da Justiça Federal (art. 109, I, da CF), mesmo que a autoridade coatora seja autoridade estadual*", na forma da súmula 511 do STF (STJ, CC 68.584/SP, Rel. Min. Teori Albino Zavascki, 1ª Seção, j. 28.03.2007).

Por evidente, caso a autoridade estadual que figure no polo passivo da impetração do MS seja Juiz de Direito (Juiz Estadual) – ainda que fora do exercício da competência delegada do art. 109, § 3º da CF -, não competirá à Justiça Federal de 1º grau o conhecimento da impetração. Nestes casos, em vista dos princípios da hierarquia e da simetria, o julgamento do caso caberá ao TRF, por analogia ao disposto no art. 108, I, "c", da CF (STF, RE 266689 AgR, Relator(a): Min. Ellen Gracie, 2ª Turma, j. 17.08.2004, DJ 03-09-2004; STF, RE 176881, Relator(a): Min. Carlos Velloso, Rel. p/acórdão Min. Ilmar Galvão, j. 13.03.1997), conforme já tivermos oportunidade de tratar no item 3.2.1.3

Ou seja, o que revela, nas hipóteses do art. 109, I, da CF, a competência da Justiça Federal não é, propriamente, o tema debatido, mas sim quem é parte ativa, passiva ou interveniente na demanda.

Vale rememorar que os conselhos de fiscalização profissional como CRM (Conselho Regional de Medicina), CREA (Conselho Regional de Engenharia e Arquitetura), CREFITO (Conselho Regional de Fisioterapia) etc., são ordinariamente constituídos como autarquias federais, de modo que a eles se aplica a regra do art. 109, I, da CF: os feitos em que figuram como parte (ativa ou passiva) ou interveniente, inclusive execuções fiscais e ações civis públicas, são julgados pela Justiça Federal.

Inclusive, **é da Justiça Federal, e não da Justiça do Trabalho**, a competência para ação de impugnação da atividade fiscalizatória e das normativas expedidas pelos conselhos profissionais. Não incide no caso o art. 114 da Constituição Federal, uma vez que não há relação de trabalho entre o Conselho de Fiscalização Profissional e os profissionais perante ele registrados, havendo, em verdade, relação de natureza estatutária entre eles (isto é, regrada por atos normativos, e não por contrato), pertencente ao domínio do Direito Administrativo (STJ, CC 82.775/SP, Rel. Min. Teori Albino Zavascki, DJ de 10.5.2007). Assim, como os conselhos profissionais serão partes no processo, incide o art. 109, I, da CF, sendo competente a Justiça Federal.

O art. 58, §8º, da Lei 9.649/1998, estabelecia que só seria da competência da Justiça Federal as ações, envolvendo os conselhos de fiscalização profissionais, se atinentes à atividade fiscalizatória a eles delegada. O STF, contudo, no julgamento da ADI 1717, considerou inconstitucional tal limitação à luz do art. 109, I, da CF (que não faz essa ressalva), motivo pelo qual qualquer causa envolvendo referidos conselhos será da competência da Justiça Federal, sendo irrelevante o assunto tratado (matéria), conforme, aliás, é o teor da súmula 66 do STJ ("*Compete à Justiça Federal processar e julgar execução fiscal promovida por Conselho de fiscalização profissional*").

Quanto à OAB (Ordem dos Advogados do Brasil) trataremos separadamente em vista de sua natureza absolutamente especial.

7.1.1. Hipóteses de exclusão da competência da Justiça Federal – causas da Justiça Eleitoral e Trabalhista

Exclui-se da competência da Justiça federal, por disposição legal própria (art. 109, I, CF), as causas afetas às duas Justiças especializadas já referidas (eleitoral e trabalhista), bem como as ações de falência e acidentárias típicas (ainda que o INSS seja réu).

Assim, mesmo estando em um dos polos da ação órgãos da administração federal, não será competente a Justiça Federal se a causa versar sobre matéria eleitoral, contrato de trabalho regido pela CLT ou o feito for de natureza acidentária ou falimentar. A exclusão se dá com base no assunto da demanda (causa de pedir), sendo desimportante que figure em um dos polos da ação um dos entes referidos no art. 109, I, da CF.

Exemplificativamente, uma ação para reclamar verbas trabalhistas atrasadas ajuizada por empregado público celetista, contra a Caixa Econômica Federal (empresa pública federal), será julgada pela Justiça do Trabalho (e não pela Justiça Federal), prevalecendo a regra do art. 114, I, sobre o art. 109, I, ambos da CF.

Do mesmo modo, ação ajuizada pela CEF para contestar multa eleitoral que lhe fora aplicada, segue na Justiça Eleitoral em virtude do tema debatido (art. 121 da CF), afastada, ante à expressa exclusão do art. 109, I, da CF, a competência da Justiça Federal comum.

7.1.2. Hipóteses de exclusão da competência da Justiça Federal – ações acidentárias típicas

Tratando-se de ação acidentária típica, *i.e.*, ação para obtenção de benefício em virtude de acidente de trabalho (aposentadoria por invalidez, auxílio-doença e auxílio-acidente) – inclusive revisionais de benefícios já deferidos (STJ, AgRg no CC 135.327/ES, Rel. Ministro Mauro Campbell Marques, julgado em 24/09/2014, DJe 02/10/2014) e ações para restabelecimento de benefícios acidentários indevidamente cessados pelo INSS –, a competência é da Justiça Estadual, ainda que o INSS (autarquia federal) seja a parte passiva da demanda e o fundamento seja a obtenção dos benefícios na forma dos artigos 19 e 20 da Lei 8.213/91.

O STF possui jurisprudência firmada no sentido de que compete à Justiça comum estadual julgar as ações acidentárias que, propostas pelo segurado contra o INSS, visem à prestação de benefícios relativos a acidentes de trabalho (STF, RE 638.483 RG, voto do rel. Min. Cezar Peluso, j. 9-6-2011, P, DJE de 31-8-2011, Tema 414).

Afinal, "*é competente para a ação de acidente do trabalho a Justiça Cível comum, inclusive em segunda instância, ainda que seja parte autarquia seguradora*" (súmula 235 do STF). Ou, em outros termos, compete à Justiça comum estadual o processo e o julgamento, em ambas as instâncias, das causas de acidente do trabalho, ainda que promovidas contra a União, suas autarquias, empresas públicas ou sociedades de economia mista (súmula 501 do STF).

Irrelevante, por isso, que os demandantes sejam funcionários públicos celetistas ou estatutários municipais, distritais, estaduais ou federais; ou mesmo que esteja no polo passivo ente enumerado no art. 109, I, da CF (União, autarquias e empresas públicas federais). "*A competência para apreciar e julgar as causas em que se pleiteia indenização por acidente de trabalho, mesmo naquelas que envolverem servidor estatutário e ente público federal, será da Justiça Comum Estadual, pois as ações de acidente de trabalho, lato sensu, foram, nos termos do art. 109, I, da Constituição Federal, excluídas da competência da Justiça Federal*" (STJ, AgRg no CC 115.766/CE, Rel. Ministra Marga Tessler – Juíza Federal convocada do TRF 4 – 1ª

Seção, julgado em 08/10/2014, DJe 14/10/2014; CC nº 101.787, RO, relator o Ministro Benedito Gonçalves, DJe de 23.03.2009).

Insista-se: mesmo que a demanda seja proposta por funcionário público federal contra a União ou afim (e não contra o INSS), a competência para ação cujo fundamento do pedido seja a ocorrência de acidente de trabalho (acidentária típica) não é da Justiça Federal (e sim da Justiça Estadual), considerando a exclusão sem ressalvas do art. 109, I, da CF.

Extrema cautela, contudo, deve ser tomada na análise da causa de pedir e do pedido destas ações tidas por acidentárias típicas. Pois se a ação tangenciar a temática do acidente de trabalho, mas dele propriamente não tratar, afasta-se a competência da Justiça Estadual, sendo a Justiça Federal a competente para o processamento da ação quando a parte for o INSS ou entidade federal outra.

Assim, compete à Justiça Federal (e não à Estadual), o processamento e julgamento de ações contra o INSS:

a) que tratem da **possibilidade/impossibilidade de acumulação de benefícios previdenciários e acidentários** (*v.g.* auxílio-acidente acidentário com aposentadoria por idade) ou para a definição **se benefício acidentário integra a base de cálculo da pensão por morte** (STJ, CC 120.799/SP, Rel. Ministro Benedito Gonçalves, 1ª Seção, julgado em 26/06/2013, DJe 02/08/2013), pois, nestes casos, a discussão não é propriamente sobre a ocorrência do acidente de trabalho em si e seus efeitos, mas sobre a possibilidade de cumulação de benefícios;

b) que demandem benefício derivado de acidente de trabalho, porém sofrido por segurado classificado pela lei previdenciária **como contribuinte individual** (art. 12, V, da Lei 8.231/91 e art. 9º, V, do Decreto 3.048/99), pois, por expressa determinação legal (art. 19 da Lei 8.213/1991), somente os segurados empregados (incluídos os temporários), os segurados trabalhadores avulsos, os segurados especiais e os segurados empregados domésticos (Lei Complementar 150/2015) fazem jus aos benefícios por acidente do trabalho, de modo que só é possível ao segurado contribuinte individual reclamar benefício previdenciário contra o INSS, cuja demanda é de competência da Justiça Federal conforme art. 109, I, da CF (STJ, CC 140.943/SP, Rel. Ministro Mauro Campbell Marques, 1ª Seção, julgado em 08/02/2017, DJe 16/02/2017); e

c) relativas à **revisão do benefício de pensão por morte, ainda que decorrente de acidente de trabalho**, pois por se tratar de benefício eminentemente previdenciário, não incide a exceção do art. 109, I, da CF (STJ, CC 62.531/RJ, Rel. Min. Maria Thereza de Assis Moura, DJU 26.03.2007; AgRg no CC 107.734/SP, Rel. Ministro Napoleão Nunes Maia, 3ª Seção, julgado em 28/04/2010, DJe 14/05/2010).

ATENÇÃO. Entendemos que não deveria competir à Justiça Estadual o julgamento de ações revisionais de benefícios acidentários contra o INSS, inclusive considerando os exemplos, colhidos da própria jurisprudência superior. A competência constitucional para que a Justiça Estadual julgue tais ações, por exclusão do art. 109, I, da CF, ocorre exclusivamente para as ações cuja causa de pedir seja o acidente de trabalho, na forma dos artigos 19 e 20 da Lei 8.213/91. As ações revisionais não se fundam no acidente de trabalho em si ou consequências dele, mas sim em discussões sobre termo inicial, forma de atualização do benefício etc., pelo que, sendo ajuizadas contra o INSS, deveriam ser julgadas e processadas na Justiça Federal. **A posição aqui defendida, contudo, é isolada**, pois que o STJ tem jurisprudência uniforme (e em nosso sentir equivocada) no sentido da competência da Justiça Estadual para as ações revisionais de benefícios acidentários (STJ, AgRg no CC 135.327/ES, Rel. Ministro Mauro Campbell Marques, julgado em 24/09/2014, DJe 02/10/2014), ignorando que a exceção constitucional deve ser interpretada como tal, e que as ações revisionais não são, propriamente, fundadas no acidente de trabalho.

Também se considere que **só é de competência da Justiça Estadual (e não da federal)** as ações contra o INSS se o pedido de benefício tiver como fundamento a ocorrência de acidente de trabalho, na forma dos artigos 19 e 20 da Lei 8.213/91. As ações em que se pretende obter benefício previdenciário decorrente de acidentes aí não enquadrados, isto é, de outras naturezas (*v.g.*, acidente doméstico), seguem regularmente a regra do art. 109, I, da CF, sendo de competência da Justiça Federal quando propostas contra o INSS (STJ, CC 93.303/SP, Rel. Min. Arnaldo Esteves Lima, 3ª Seção, julgado em 8/10/2008, DJe 28/10/2008; AgRg no CC 118.348/SP, Rel. Ministro Og Ernande, 3ª Seção, julgado em 29/02/2012, DJe 22/03/2012).

7.1.3. Hipóteses de exclusão da competência da Justiça Federal – falência, recuperação judicial, insolvência civil, repactuação de dívidas e afins

Sobre falências, incialmente vale destacar que a exceção do art. 109, I, da CF deve alcançar, também, a recuperação judicial, posto que o dispositivo só não faz referência a ela porque, quando da CF/88, essa figura ainda não era prevista no Brasil, já que inserida no ordenamento brasileiro em 2005, pela Lei 11.101 (STJ, CC 147.617/SP, Rel. Ministro Marco Aurélio Bellizze, 2ª Seção, julgado em 13/02/2019, DJe 19/02/2019 – questão tratada incidentalmente no acórdão).

De ordinário, os maiores credores das recuperandas e falidas são a União e o INSS, vez que são os tributos e as contribuições sociais os primeiros valores que as empresas deixam de pagar quando se encontram em situação de penúria financeira. Mesmo assim, o fato delas habilitarem seus créditos na recuperação ou falência não atrairá a competência para processamento e julgamento delas para a Justiça Federal, que permanecerá na Justiça Estadual considerando a exceção legal existente no art. 109, I, da CF.

Contudo, ressalve-se que o juízo universal da falência não atrai para a Justiça Estadual o julgamento de todas as causas em que a falida/recuperanda seja parte, mantida, portanto, a competência da Justiça Federal para julgar as ações de sua alçada (art. 109 da CF), observada a disciplina própria da Lei 11.101/2005 a respeito da necessidade de suspensão de alguma delas, e cooperação judiciária entre juízos estadual, federal e trabalhista em outras.

A competência universal do Juízo estadual da recuperação judicial é necessária para tornar exequível o respectivo plano e zelar pela continuidade da atividade e preservação da empresa (habilitação dos créditos, classificação de credores, aprovação de plano), o que não lhe confere poderes para julgar causas de competência de outras Justiças. Do mesmo modo que não é dado a juízos diversos do da recuperação judicial (e falência) determinar constrição patrimonial, penhora e alienação de bens da empresa em recuperação/falência (algo que só cabe ao juízo falimentar/recuperacional), também não se pode admitir que o juízo estadual, sob o fundamento da universalidade do juízo recuperacional/falimentar, avoque, direta ou indiretamente, causas de competência da Justiça Federal (art. 109 da CF) para julgamento (STJ, CC 156.064/DF, Rel. Ministro Napoleão Nunes Maia Filho, Rel. p/ Acórdão Ministro Herman Benajamin, 1ª Seção, julgado em 14/11/2018, DJe 29/05/2019).

Já se entendeu, por isso, que apesar de as execuções individuais propostas por empresas públicas (que atuam em regime de livre concorrência com demais empresas privadas) não serem regidas pela Lei n. 6.830/1980 (Lei de Execução Fiscal) – e, portanto, não se afastam da incidência dos efeitos da decisão que defere o processamento da recuperação judicial (art. 6º da Lei 11.101/2005) - a excepcionalidade da competência da recuperação judicial não é suficiente para afastar a incidência do art. 109 da CF para causas outras diversas da falência/recuperação, pelo que competirá à Justiça Federal julgar os embargos à execução propostos pela recuperanda/falida na execução da empresa pública federal em curso na Justiça Federal, observada, contudo, a regra de suspensão do curso da execução na forma do art. 6º da Lei n. 11.101/2005, mesmo já na redação da Lei n. 14.112/2020 (STJ, CC 147.617/SP, Rel. Ministro Marco Aurélio Bellizze, 2ª Seção, julgado em 13/02/2019, DJe 19/02/2019).

Embora haja omissão constitucional, a insolvência civil – que ainda é regida pelas disposições do CPC/1973 (art. 1.052 do CPC/15) – segue, pela similitude, a regra constitucional da falência/recuperação, sendo de competência da Justiça Estadual, mesmo que haja habilitação de crédito de um dos entes do art. 109, I, da CF. Ontologicamente as situações guardam semelhança (insolvência comercial x insolvência da pessoa física), sendo possível invocar-se a teoria da competência constitucional implícita para afirmar que o caso não será da alçada da Justiça Federal, e sim da Justiça Estadual.

Tal entendimento ganha ainda mais força quando se vê que, para além de pronunciamentos pretéritos do STJ no mesmo sentido (CC 144.238/RJ, Rel. Ministro Ricardo Villas Bôas Cuveva, 2ª Seção, julgado em 24/08/2016, DJe 31/08/2016; CC 117.210/AL, Rel. Ministro Mauro Campbell Marques, 1ª Seção, julgado em 09/11/2011, DJe 18/11/2011), o art. 45 do CPC expressamente exclui da Justiça Federal a competência para conhecer e processar as insolvências civis, ainda que sejam partes interessadas os entes do art. 109, I, da CF.

Certamente por isso o STF, em data recente, pacificou a questão quando do julgamento do Tema 859 de Repercussão geral, entendendo que a "insolvência civil está entre as exceções da parte final do artigo 109, I, da Constituição da República, para fins de definição da competência da Justiça Federal", ainda que haja interesse da União ou outro ente federal (RE 678162, Rel. Min. Marco Aurélio, Rel. p/acórdão Min. Edson Fachin, j. 29.03.2021). A competência para julgá-la, portanto, é da Justiça Estadual.

Idêntico raciocínio deve ser aplicado para as ações de repactuação de dívida, no contexto o superendividamento. O art. 104-A do CDC, inserido pela Lei n. 14.181/2021, estabelece que o juiz, a requerimento do devedor, poderá instaurar processo de repactuação de dívidas com vistas à realização de audiência conciliatória, presidida por ele ou por conciliador credenciado, com a presença de todos os credores de dívidas, oportunidade em que o consumidor apresentará proposta de plano de pagamento com prazo máximo de 5 (cinco) anos, preservados o mínimo existencial, as garantias e as formas de pagamento originalmente pactuadas. Mesmo que entre os credores haja algum dos entes federais indicados no art. 109, I, da CF (União, autarquias/fundações federais ou empresas públicas federais), a competência para o processo será da Justiça Estadual, eis que presente a natureza concursal do procedimento que atrai as mesmas conclusões que justificam afirmar a competência da Justiça Estadual para as ações de insolvência civil (STJ, CC 193.066-DF, Relator Ministro Marco Buzzi, Segunda Seção, julgado em 22/3/2023).

No mais, inexiste previsão no art. 109 da CF que atribua a competência à Justiça Federal, para processar e julgar demanda envolvendo instituição financeira sob a intervenção do Banco Central (liquidação extrajudicial), na forma da Lei 6.024/74. "*Ao revés, o referido dispositivo constitucional é explícito ao excluir da competência da Justiça Federal as causas relativas à falência – cujo raciocínio é extensível aos procedimentos concursais administrativos, como soem ser a intervenção e a liquidação extrajudicial –, o que aponta inequivocamente para a competência da Justiça Estadual*" (STJ, REsp 1.093.819/TO, Rel. Ministro Luis Felipe Salomão, 4ª Turma, julgado em 19/03/2013, DJe 09/04/2013).

7.1.4. Sociedades de economia mista federais, serviços sociais autônomos e organizações sociais

Mesmo diante de financiamento federal de sua constituição – se não houver participação de qualquer dos entes do art. 109, I, da CF –, a competência para o julgamento das causas em que são partes sociedades de economia mista (Banco do Brasil, Petrobras etc.) é da Justiça Estadual, e não da Federal (Súmula 42, do STJ).

"*É competente a Justiça comum para julgar as causas em que é parte sociedade de economia mista*" (Súmula 556 do STF), competindo "*à Justiça estadual, em ambas as instâncias, processar e julgar as causas em que for parte o Banco do Brasil S.A*" (Súmula 508 do STF), sendo que "*as sociedades de economia mista só têm foro na Justiça Federal, quando a União intervém como assistente ou opoente*" (Súmula 517 do STF).

O entendimento retro também tem sido aplicado às ações ajuizadas contra os Serviços Sociais autônomos (SESI, SENAI, SENAC, SEBRAE etc.), nos termos da súmula 516 do STF, e organizações sociais constituídas na forma da Lei 9.637/98.

Ainda que essas pessoas jurídicas porventura recebam subvenções públicas federais para seu custeio, são elas entidade privadas e regidas pelo direito privado, não fazendo sentido que sejam julgadas pela Justiça Federal, ao menos à luz da regra do art. 109, I, da CF (STF, RE 414.375, rel. min. Gilmar Mendes, j. 31-10-2006, 2ª T, DJ de 1º-12-2006.; RE 366.168, rel. min. Sepúlveda Pertence, j. 3-2-2004, 1ª T, DJ de 14-5-2004).

Por isso, não interessa se, no processo, haja discussão sobre contribuição ou tributo federal. O SESI é pessoa jurídica de direito privado não integrante da Administração Pública federal direta ou indireta, não incidindo, na espécie, o art. 109, I, da Constituição Federal, sendo competente para o processo e o julgamento do feito a Justiça Estadual (STJ, AgInt no CC 152.104/PR, Rel. Ministra Assusete Magalhães, 1ª Seção, julgado em 27/09/2017, DJe 06/10/2017).

Da mesma forma, "*a mera qualificação de pessoa jurídica de direito privado, sem fins lucrativos, como organização social, na forma do art. 1.º da Lei 9.637/1998, não ocasiona a transformação da personalidade jurídica nem a caracteriza como ente público de mesma índole daqueles com os quais celebra o contrato de gestão*", motivo pelo qual compete, em regra, à justiça comum estadual processar e julgar a ação proposto por e contra ela (no caso, o Centro Brasileiro de Pesquisa em Avaliação e Seleção e de Promoção de Eventos - Cebraspe, que tem natureza de associação civil de direito privado, em razão da condição de organizadoras e de executoras de concurso público para o provimento de cargos públicos estaduais) (STJ, CC 149.985/SC, Rel. Ministro Mauro Campbell Marques, julgado em 14/12/2016, DJe 19/12/2016).

7.1.5. Ministério Público Federal e Defensoria Pública da União

Tem-se entendido que o Ministério Público Federal e a Defensoria Pública da União são considerados órgãos da União para fins de determinação de competência (art. 109, I, CF), razão pela qual todas suas ações devem ser ajuizadas na Justiça Federal.

Apesar do silêncio eloquente do legislador no art. 109, I, da CF (que não fala do MPF ou da DPU); e apesar de os órgãos não poderem sequer ser comparados às autarquias federais ou afins (integrando, em realidade, o conjunto das funções essenciais à Justiça, na forma da CF/88); tem-se o MPF e a DPU como órgãos da própria União e, como tal, a atrair necessariamente a competência da Justiça Federal.

Assim, o STJ – na esteira de precedente do STF (RE 822.816, AgR, Relator Ministro Teori Zavascki, Segunda Turma, DJe 15/6/2016; RE 228.955, Relator Ministro Ilmar Galvão, Tribunal Pleno, DJ 24/3/2001) – tem reiteradamente pronunciado que "*a presença do Ministério Público Federal no polo ativo da demanda, por si só, determina a competência da Justiça Federal, nos termos do art. 109, I, da Constituição Federal, tendo em vista se tratar de instituição federal*", motivo pelo qual sendo a ação civil pública movida pelo Ministério Público Federal (e eu acrescentaria pela DPU) na Justiça Federal, não pode referido juízo declinar da competência por considerar que não bastava a presença do *parquet* federal como autor, pois não havia interesse jurídico da União (STJ, AgInt no CC 163.268/SC, Rel. Ministro Gurgel de Faria, julgado em 20/08/2019, DJe 29/08/2019).

Em realidade, competirá ao juízo federal aferir a legitimidade do MPF e da DPU para a causa sob a ótica do interesse protegido e de suas atribuições institucionais (arts. 127 e 134 da CF, LC 75/1993 e LC 80/94). Entendo-a ausente, deverá excluir o órgão do polo ativo da demanda, remetendo os autos para a Justiça Estadual competente a fim de que, eventualmente, o MP e a Defensoria Pública estaduais assumam a titularidade da ação proposta (STJ, CC nº 40.534/RJ, Rel. Min. Teori Albino Zavascki, DJ 17.5.2004) (súmula 150 do STJ).

Até porque o MPF e a DPU não podem livremente escolher as causas em que intervirão. O Ministério Público e a Defensoria Pública estão divididos em diversos ramos, cada um deles com suas próprias atribuições e que encontram paralelo na estrutura do próprio Judiciário (vide LCs 75/1993 e 80/94). O Ministério Público Federal e a Defensoria Pública Federal têm atribuição somente para atuar quando existir uma parte ou interesse federal envolvido, considerando-se como tais as hipóteses abarcadas pelo art. 109 da CF, que estabelece a competência da Justiça Federal.

No sentido do exposto, "*via de regra, o simples fato de a ação ter sido ajuizada pelo Ministério Público Federal implica, por si só, a competência da Justiça Federal, por aplicação do art. 109, I, da Constituição, já que o MPF é parte da União.* ***Contudo, a questão de uma ação ter sido ajuizada pelo MPF não garante que ela terá sentença de mérito na Justiça Federal, pois é possível que se conclua pela ilegitimidade ativa do Parquet Federal, diante de eventual falta de atribuição para atuar no feito***" (STJ, REsp 1804943/PB, Rel. Ministro Herman Benjamin, 2ª Turma, julgado em 25/06/2019, DJe 01/07/2019).

Afinal "*não se confunde competência com legitimidade das partes. A questão competência é logicamente antecedente e, eventualmente, prejudicial à da legitimidade. Fixada a competência, cumpre ao juiz apreciar a legitimação ativa do Ministério Público Federal para promover a demanda, consideradas as suas características, as suas finalidades e os bens jurídicos envolvidos*" (STJ, REsp 440.002/SE, Rel. Ministro Teori Albino Zavascki, 1ª Turma, julgado em 18/11/2004, DJ 06/12/2004, p. 195).

7.1.6. Concessionárias de serviço público federal

Compete à Justiça estadual julgar causas entre consumidor e concessionária de serviço público, quando a agência reguladora respectiva não seja litisconsorte passiva necessária, assistente e nem opoente (Súmula Vinculante 27 do STF).

Apenas se a agência reguladora do segmento (ANATEL, ANEEL, ANAC etc.) for parte ou interveniente no processo é que haverá competência da Justiça Federal para o caso, algo a ocorrer em vista da natureza de autarquia federal dela.

Do contrário – *i.e.*, hipóteses em que apenas a concessionária de serviço público federal é demandada ou demandante –, trata-se de ação ajuizada por ou contra pessoa jurídica de direito privado, ainda que em exercício de atividade delegada do Poder Público Federal. O que, de todo modo, não atrai a competência da Justiça Federal, à luz do art. 109, I, da CF.

"*Por não figurar na relação jurídica de consumo, a Agência Nacional de Telecomunicações (ANATEL) carece de legitimidade para compor o polo passivo de ação movida pelo particular, usuário do serviço de telefonia móvel, contra a concessionária. Ausente participação da autarquia federal, sob qualquer das hipóteses previstas no art. 109, I, da Constituição, a competência é da Justiça estadual*" (STF, RE 571.572, rel. min. Gilmar Mendes, j. 8-10-2008, P, DJE de 13-2-2009, Tema 17).

E ainda, "*sobre a competência, está pacificado o entendimento de que não havendo interesse jurídico da União Federal no feito, como no presente caso, em se tratando de empresa concessionária de serviço público e particular, a competência é da Justiça estadual, v.g., AI 388.982 AgR, 1º-10-2002, Segunda Turma, Velloso; e RE 210.148, 5-5-1998, Primeira Turma, Gallotti. [AI 607.035 AgR, voto do rel. min. Sepúlveda Pertence, j. 12-12-2006, 1ª T, DJ de 9-2-2007.] AI 775.333 AgR, rel. min. Ricardo Lewandowski, j. 8-2-2011, 1ª T, DJE de 10-3-2011*".

ATENÇÃO. O entendimento retro exposto não se aplica aos casos de mandado de segurança contra ato praticado por delegado ou concessionado de serviço público federal (conforme veremos adiante). Conforme art. 109, VIII, da CF e art. 2º da Lei 12.016/2009, para esse procedimento especial o que determina a competência é o *status* da concessão/delegação, de modo que a natureza federal do serviço implica competência da Justiça Federal para conhecer e julgar, quando cabível, o *writ* (art. 1º, § 2º, da Lei 12.016/2009).

7.1.7. Intervenção de ente federal no processo em curso perante a Justiça Estadual

Tramitando o processo perante a Justiça Estadual, os autos serão remetidos ao juízo federal competente se nele intervier a União, suas empresas públicas, entidades autárquicas e fundações, ou conselho de fiscalização de atividade profissional, na qualidade de parte ou de terceiro interveniente, exceto as ações: a) de recuperação judicial, falência, insolvência civil e acidente de trabalho; b) sujeitas à justiça eleitoral e à justiça do trabalho.

Natural que seja assim, já que não compete ao juízo estadual deliberar sobre a existência de interesse jurídico que justifique a intervenção do ente federal, conforme art. 109, I, da CF e súmula 150 do STJ (*"compete à Justiça Federal decidir sobre a existência de interesse jurídico que justifique a presença, no processo, da União, suas autarquias ou empresas públicas"*).

A definição da competência para a causa se estabelece levando em consideração os termos da demanda (e não a sua procedência ou improcedência, ou a legitimidade ou não das partes, ou qualquer outro juízo a respeito da própria demanda). O juízo sobre competência é lógica e necessariamente, anterior a qualquer outro juízo sobre a causa. Sobre ela quem vai decidir é o juiz considerado competente. Não fosse assim, haveria uma indevida inversão na ordem natural das coisas: primeiro se julgaria (ou pré-julgaria) a causa e depois, dependendo desse julgamento, definir-se-ia o juiz competente (STJ, CC 121.013/SP, Rel. Ministro Teori Albino Zavascki, 1ª Seção, DJe de 03/04/2012).

Por isso, não compete ao juízo estadual – salvo em situações esdrúxulas, extremas, em que a intervenção do ente federal seja manifestamente incabível e explicite ânimo de retardar curso do feito, em franca violação do art. 5º do CPC (boa-fé) –, fazer um pré-juízo sobre a decisão que virá a ser tomada pelo juízo competente (o juízo federal), antevendo a inexistência de interesse jurídico do ente federal interveniente na causa sob seus cuidados. De ordinário deve, diante da intervenção, remeter os autos ao juízo federal supostamente competente, para que ele delibere sobre a legitimidade/interesse do órgão interveniente.

Pois se a intervenção do ente do art. 109, I, da CF, não gera, automaticamente, a competência da Justiça Federal (que ainda será deliberada pelo juízo federal competente), por outro, não autoriza que não se observe, como regra, a súmula 150 do STJ.

Embora o art. 109, I, da CF, não faça referência à denunciação da lide (art. 125 CPC) e ao chamamento ao processo (art. 130 CPC), a jurisprudência do STJ se firmou no sentido de que, havendo provocação para incluir na demanda a União, suas autarquias ou empresas públicas, à Justiça Federal cumpre examinar se há interesse jurídico que justifique o seu ingresso, também aplicando-se ao caso a súmula 150 do STJ (STJ, REsp 1187097/PR, Rel. Min. Marco Buzzi, 4ª Turma, DJe de 25/04/2013; CC 103.153/SC, Rel. Min. Teori Albino Zavascki, 1ª Seção, DJe de 03/08/2009).

Por exemplo, correndo perante a Justiça Estadual uma ação de um consumidor contra dada empresa de telecomunicação, se porventura a ANATEL (Agência Nacional de Telecomunicações), autarquia federal, ingressar no feito alegando interesse jurídico e requisitando sua admissão como assistente (art. 119 do CPC), ou sendo ela denunciada à lide ou chamada ao processo pela concessionária (artigos 125 e 130 do CPC), o juízo estadual remeterá os autos à Justiça Federal para que ela, na forma do art. 109, I, da CF e súmula 150 do STJ, delibere sobre a existência de interesse jurídico da agência reguladora que justifique sua participação como assistente; ou mesmo se é cabível o chamamento ao processo ou a denunciação à lide do ente federal, à luz dos artigos 125 e 130 do CPC.

Outro exemplo: a Ferrovia Paulista S.A. (FEPASA), empresa privada, foi incorporada pela Rede Ferroviária Federal S.A. (RFFSA), a qual, posteriormente, foi extinta, nos termos da Lei 11.483/2007, tendo sido sucedida pela União. Intervindo a União no feito em curso perante a Justiça Estadual na qual a FEPASA era parte, o feito deve ser deslocado para apreciação da Justiça Federal (a teor do art. 109, I, da CF), que deliberará a respeito do caso (STF, Rcl 4.803 ED, rel. min. Dias Toffoli, j. 24-2-2011, P, DJE de 25-5-2011). Entendimento, aliás, hoje cristalizado na súmula 365 do STJ: "*A intervenção da União como sucessora da Rede*

Ferroviária Federal S/A (RFFSA) desloca a competência para a Justiça Federal ainda que a sentença tenha sido proferida por Juízo estadual".

O juízo federal, recebendo os autos da Justiça Estadual em vista da intervenção ou do pedido de chamamento/denunciação de um dos entes do art. 109, I, da CF, poderá entender presente hipótese de intervenção, caso em que o processo terá seguimento perante a própria Justiça Federal para onde encaminhados os autos.

Por outro lado, o juízo federal restituirá os autos ao juízo estadual, sem suscitar conflito de competência, se o ente federal cuja presença ensejou a remessa não for admitido como interveniente, ou sendo parte, for excluído do processo, *v.g.*, como nos casos em que não se considera existente interesse jurídico a ensejar a assistência, ou se entenda não cabível a denunciação à lide ou o chamamento ao processo do ente federal (art. 45, § 3º, CPC).

Conforme súmula 224 do STJ, "*excluído do feito o ente federal cuja competência levara o Juiz Estadual a declinar a competência, deve o Juiz Federal restituir os autos e não suscitar conflito*", pois, afinal de contas, compete a ele, e não ao juízo estadual, definir se há ou não interesse que justifique a intervenção do ente federal na ação que corria perante a Justiça Estadual (não havendo, portanto, de ser falar na existência de conflito de competência propriamente dito).

Caso o pedido de ingresso do ente federal se dê após a prolação da sentença pelo juízo estadual, pacificou-se no STJ o entendimento, em sede de recurso repetitivo, no sentido que o caso será remetido ao TRF para análise do interesse jurídico dos entes do art. 109, I, da CF.

No caso, tratava-se de demanda envolvendo questões referentes ao empréstimo compulsório sobre energia elétrica ajuizado unicamente contra a Eletrobrás (sociedade de economia mista), corretamente proposta perante a justiça estadual. Após a prolação da sentença, a União requereu seu ingresso no feito na condição de assistente. O STJ entendeu que "*a intervenção da União realizado após a prolação da sentença enseja tão somente o deslocamento do processo para o Tribunal Regional Federal, para que examine o requerimento de ingresso na lide e prossiga (se for o caso) seu julgamento, sem a automática anulação da sentença proferida pelo juízo estadual*" (STJ, REsp 1.111.159/RJ, 1ª Seção, Rel. Min. Benedito Gonçalves, j. 11.11.2009).

Evidentemente, no caso anterior, entendendo o TRF que não exista interesse da União que justifique seu ingresso no feito, remeterá os atos ao TJ para prosseguimento da análise do recurso de apelação eventualmente interposto pelas partes da primitiva da ação que correu na Justiça Estadual.

ATENÇÃO. Só será encaminhado para análise do TRF o recurso de apelação se, após a prolação da sentença do juízo estadual, algum ente do art. 109, I, da CF, solicitar seu ingresso no feito. Se porventura as partes do feito aventaram, alegando nulidade, que o processo deveria ter sido julgado pela Justiça Federal diante da incidência de algumas das hipóteses do art. 109 da CF, caberá ao próprio TJ (com ascendência funcional sobre o juízo estadual sentenciante) apreciar a apelação e, eventualmente, pronunciar a nulidade, determinando o retorno dos autos à Justiça Federal de primeira instância para processamento e julgamento da ação (STJ, CC 131.477/DF, Rel. Ministro Olindo Menezes – Desembargador convocado TRF1 – 1ª Seção, julgado em 25/11/2015, DJe 01/12/2015).

De modo semelhante, entendeu-se que tendo a ação, originariamente, curso perante a Justiça Estadual, em havendo pedido de ingresso de ente federal no feito quando ele tramitava, para fins de julgamento de Recurso Especial ou afim, no âmbito do Superior Tribunal de Justiça, competirá ao Tribunal Regional Federal (e não ao Tribunal de Justiça) rejulgar os Embargos de Declaração opostos contra o acórdão do TJ, caso o STJ entenda por reconhecer a existência de interesse jurídico do ente federal interveniente e a violação, pela Corte Estadual de 2º grau, dos arts. 489, § 1º e 1.022, do CPC (STJ, EREsp 1.265.625-SP, Rel. Min. Francisco Falcão, Corte Especial, por maioria, julgado em 30/03/2022).

7.1.8. Intervenção/assistência anódina da União (Lei 9.469/97) e amicus curiae *(art. 138 do CPC) de entes federais nas causas perante a Justiça Estadual*

Conforme art. 5º e parágrafo único, da Lei 9.469/97, a União poderá intervir nas causas em que figurarem, como autoras ou rés, autarquias, fundações públicas, sociedades de economia mista e empresas públicas federais.

De acordo com o dispositivo citado – que pela simetria, também parecer ser aplicável a Estados, DF e Municípios em relação às suas autarquias, fundações, empresas públicas e sociedades de economia mista –, a União poderá, nas causas da administração indireta federal cuja decisão possa ter reflexos, ainda que indiretos, de natureza econômica, intervir, **independentemente da demonstração de interesse jurídico**, para esclarecer questões de fato e de direito, podendo juntar documentos e memoriais reputados úteis ao exame da matéria e, se for o caso, recorrer, hipótese em que, para fins de deslocamento de competência, serão consideradas partes.

Tem-se, nesta disposição, a autorização legal para a nominada **assistência anódina** (assistência paliativa), de modo a permitir que a União possa intervir, mesmo sem interesse jurídico (art. 119 do CPC), nas causas em que sejam partes suas autarquias, empresas públicas e sociedade de economia mista.

Todavia um destaque é importante: como não há interesse jurídico, a única maneira de compatibilizar tal disposição com o princípio constitucional do juiz natural (art. 5º, XXXVII e LIII, CF) – obstando o alargamento da competência da Justiça Federal (art. 109 da CF) por norma infraconstitucional – é não permitir o deslocamento de competência para a Justiça Federal, mantendo o processo perante o juízo estadual para o qual originariamente distribuído. Do contrário, a União poderia usar o expediente para afastar da Justiça Estadual, toda vez que lhe conviesse, causas em que figuram como parte as sociedades de economia mista federais que, de ordinário, não são julgadas pela Justiça Federal, na forma do art. 109, I, da CF.

Insista-se: a nominada assistência anódina pela União não enseja a incidência do art. 109, I, da CF ou súmula 150 do STJ (que depende da afirmação de interesse jurídico, na forma do art. 119 do CPC), sendo que o ente federal até atuará no processo, na forma do art. 5º da Lei 9.469/97, porém, perante a Justiça Estadual.

O STJ já pacificou a compreensão de que conquanto seja tolerável a intervenção anódina da União plasmada no art. 5º. da Lei 9.469/97, tal circunstância não tem o condão de deslocar a competência para a Justiça Federal, o que só ocorre no caso de demonstração de legítimo interesse jurídico na causa, nos termos do art. 119 do CPC (STJ, REsp. 1.097.759/BA, Rel. Min. Luis Felipe Salomão, DJe 1.6.2009; STJ, AgRg no REsp nº 1.118.367/SC, Rel. Ministro Napoleão Nunes Maia Filho, Primeira Turma, DJe 22/5/2013): "*A Primeira Seção desta Corte possui o entendimento de que, embora permitida essa peculiar modalidade de intervenção da União e de outras pessoas jurídicas de direito público, quando constatada a potencialidade de eventual lesão econômica, a admissão do ente público não traz comando suficiente a modificar a competência originária para julgamento da demanda. E isto porque a lei ordinária não tem a força de ampliar a enumeração taxativa da competência da Justiça Federal estabelecida no art. 109, I, da Constituição Federal, razão pela qual o deslocamento da competência para a Justiça especializada somente se verificaria se configurado o efetivo interesse jurídico da União ou de outro ente federal*" (STJ, Edcl no AgRg no CC nº 89.783/RS, Rel. Ministro Mauro Campbell Marques, Primeira Seção, DJe 18/6/2010).

Tudo o quanto aqui posto também se aplica à figura do *amicus curiae* (art. 138 do CPC), que pode ser considerada outra forma de intervenção anódina no processo.

Estando em curso na Justiça Estadual dada causa, mesmo que haja ingresso, como *amicus curiae*, de ente federal previsto no art. 109, I, da CF (autarquias, agências reguladoras etc.), a competência permanecerá na Justiça Estadual, não havendo deslocamento da causa para a Justiça Federal, conforme, aliás, é a dicção do próprio art. 138, § 1º, do CPC: "*a intervenção de que trata o caput* ***não implica alteração de competência***".

Entendimento contrário criaria situação esdrúxula, violadora do juiz natural. A critério dos entes federais do art. 109, I, da CF, ou do próprio Poder Judiciário Estadual, a causa seria deslocada para a Justiça Federal, pela simples admissão do *amicus curiae*, que atua no processo não por conta de interesse jurídico presente (como exige o art. 109, I, da CF, para fins de deslocamento de competência), mas sim como órgão colaborativo, ministrador de elementos técnicos/científicos capazes de melhorar a qualidade do julgamento.

7.1.9. Participação de órgãos federais responsáveis pelas políticas agrárias e urbanas, nas ações possessórias em curso na Justiça Estadual, relativas a conflitos coletivos pela posse de imóvel (art. 565, § 4º, do CPC)

O art. 565, *caput*, do CPC, prevê que no litígio coletivo pela posse de imóvel, quando o esbulho ou a turbação afirmado na petição inicial houver ocorrido há mais de ano e dia, o juiz, antes de apreciar o pedido de concessão da medida liminar, deverá designar audiência de mediação, a realizar-se em até 30 (trinta) dias. Idêntica providência que será ordenada, nos termos § 1º, do mesmo dispositivo, nos casos em que concedida a liminar, ela não for executada no prazo de 1 (um) ano, a contar da data de distribuição da possessória.

Ainda de acordo com o art. 565, § 4º, do CPC, "*os órgãos responsáveis pela política agrária e pela política urbana da **União**, de Estado ou do Distrito Federal e de Município onde se situe a área objeto do litígio poderão ser intimados para a audiência, a fim de se manifestarem sobre seu interesse no processo e sobre a existência de possibilidade de solução para o conflito possessório*".

A partir da participação no processos, tais órgão podem, eventualmente, reconhecer o interesse público ou social na área esbulhada/turbada para fins de desapropriação, assentamento rural ou construção de moradias urbanas, equilibrando o direito de propriedade/posse da área (compensação financeira) com o direito social à moradia e à dignidade humana; ou mesmo para dar suporte aos esbulhadores/turbadores que, uma vez desalojados, precisarão de amparo social na busca de uma nova ocupação ou lugar para ficarem.

A participação dos órgãos estatais de reforma política agrária ou urbana – a depender se o litígio coletivo é pela posse de imóvel urbano ou rural –, não é cogente. É o juiz, no caso concreto e mediante debate com as partes, que definirá se é recomendável a intimação destes entes para participar do processo.

Caso os órgãos federais responsáveis pelas políticas urbanas e rurais sejam convidados a participar da audiência e resolvam intervir no processo, não haverá automático deslocamento de competência para a Justiça Federal, na forma do art. 109, I, da CF. Tanto quanto a hipótese de intervenção anódina do art. 5º da Lei 9.469/97, ou a atuação do *amicus curiae* (art. 138, § 1º, CPC/2015) – item 7.1.8 supra – o processo continuará a ter curso na Justiça Estadual, até para evitar que o expediente sirva para violação do princípio do juiz natural.

Afinal, ao se admitir que a simples participação do órgão federal em audiência possa deslocar a competência para a Justiça Federal, estará aberta uma brecha para que pessoa que sequer é parte no processo escolha o juízo; pior, em vista do viés ideológico do julgador, ou do propósito de retardar o curso do processo ou o cumprimento da liminar eventualmente deferida pelo juízo estadual.

Já há precedente do STJ não admitindo tal expediente no famoso caso do "Pinheirinho" (São José dos Campos – SP), inclusive expressamente negando a possibilidade de decisão da Justiça Federal suspender o cumprimento de decisão da Justiça Estadual, sob o pálio da alegação de que haveria interesse de órgão de política urbana da União no processo (CC 120788/SP, Rel. Min. Antonio Carlos Ferreira, 2ª Seção, j. 22.05.2013).

Apenas quando afirmado, pela própria União ou afim, seu real interesse jurídico no processo, é que o feito será remetido à Justiça Federal para análise (súmula 150 do STJ), não bastando para tanto essas formas de participação anômalas previstas na legislação.

7.1.10. Habilitação de crédito de ente federal em inventário

O art. 642 do CPC estabelece que antes da partilha, os credores do espólio poderão requerer ao juízo do inventário o pagamento das dívidas vencidas e exigíveis, em pedido, distribuído em apenso aos autos, que deve ser acompanhado da prova literal da dívida.

Os parágrafos do dispositivo supracitado estabelecem, ainda, que em havendo concordância de todos os interessados (inventariante, arrolante, herdeiros, MP etc.), o crédito será admitido. Do contrário, o credor deverá ajuizar demanda autônoma a bem do recebimento.

Embora não conste das exceções do art. 109, I, da CF, o entendimento largamente dominante – e correto –, é no sentido de que mesmo sendo o credor/habilitante do crédito a União, autarquias federais ou empresas públicas federais, não haverá deslocamento da competência para o inventário/arrolamento para a Justiça Federal.

O ente federal habilitante é considerado interveniente no inventário. Mas isso não é suficiente para deslocar a competência na forma do art. 109, I, da CF, já que se trata de intervenção completamente atípica. Ademais, nada contra o ente federal pode ser decidido já que, rejeitada a habilitação, o crédito poderá ser buscado contra o espólio/herdeiros perante a Justiça Federal competente.

Por isso, já se decidiu que "*a simples qualidade de credora do de cujus, embora autorize a União a habilitar seu crédito contra o espólio, não tem o condão de transferir a competência para o processamento do inventário para a Justiça Federal, não se aplicando, ao caso, o art. 109, I, da Constituição Federal*" (STJ, CC 62.082/MS, Rel. Ministro Sidnei Beneti, 2ª Seção, julgado em 23/06/2010, DJe 02/08/2010).

E ainda: "*compete à justiça estadual processar inventário, ainda que figure como requerente, na qualidade de credor do autor da herança, a Caixa Econômica Federal*" (STJ, CC 34.641/RS, Relatora Ministra Nancy Andrighi, DJ 16.09.2002).

7.1.11. Procedimentos de jurisdição voluntária para levantamento de valores relativos a PIS, PASEP, FGTS e resíduos previdenciários deixados por falecidos

O art. 1º da Lei 6.858/1980, estabelece que "*os valores devidos pelos empregadores aos empregados e os montantes das contas individuais do Fundo de Garantia do Tempo de Serviço e do Fundo de Participação PIS-PASEP, não recebidos em vida pelos respectivos titulares, serão pagos, em quotas iguais, aos dependentes habilitados perante a Previdência Social ou na forma da legislação específica dos servidores civis e militares, e, na sua falta, aos sucessores previstos na lei civil, indicados em alvará judicial, independentemente de inventário ou arrolamento*".

Trata-se do pedido de alvará, feito de jurisdição voluntária que corre sob o procedimento dos arts. 719 a 725 do CPC; hipótese anômala de atuação do Poder Judiciário – que age como órgão interventor eleito para emprestar validade a convenções de iniciativa privada – em demanda que não tem propriamente uma lide (conflito).

Embora se possa afirmar a existência de interesse de órgãos federais, principalmente da Caixa Econômica Federal (empresa pública federal), na fiscalização da movimentação de tais verbas, o entendimento pacífico é no sentido de que é da competência da Justiça Estadual o julgamento dos pedidos de alvará com base na Lei 6.858/1980, considerando que se trata de questão muito mais afeta à sucessão dos bens do falecido do que, propriamente, conflito estabelecido entre os sucessores e a CEF.

Nesse sentido é a súmula 161 do STJ: "*É da competência da Justiça Estadual autorizar o levantamento dos valores relativos ao PIS/PASEP e FGTS, em decorrência do falecimento do titular da conta*".

Destaque-se, contudo, que se a movimentação dos fundos referidos (PIS, PASEP e FGTS) for pretendida a outro título que não seja o da Lei 6.858/1990, eventual conflito entre o titular do crédito (ou seus sucessores) e a CEF deve ser dirimido pela Justiça Federal, na forma do art. 109, I, da CF e súmula 82 do STJ ("*Compete à Justiça Federal, excluídas as reclamações trabalhistas, processar e julgar os feitos relativos a movimentação do FGTS*").

7.1.12. Protesto pela preferência no recebimento do crédito por entes do art. 109, I, da CF

Na execução ou cumprimento de sentença relativos às obrigações de pagar quantia, expropriados os bens do devedor inicia-se a fase do pagamento.

Nos termos do art. 908 do CPC, credores outros do executado (para além do exequente) podem, nessa fase, apresentar seus títulos a bem do recebimento preferencial do produto da expropriação (concurso de preferências).

Caso a execução ou o cumprimento de sentença esteja em curso na Justiça Estadual; e caso o postulante do recebimento preferencial seja um dos entes do art. 109, I, da CF (*v.g.*, a União protestando pela preferência no recebimento do crédito tributário), não haverá deslocamento para a Justiça Federal.

Trata-se de pretensão meramente econômica, atinente à preferência no recebimento do crédito, que não pode ser considerado interesse jurídico para fins de deslocamento de competência.

Esse é o teor da súmula 270 do STJ: "*O protesto pela preferência de crédito, apresentado por ente federal em execução que tramita na Justiça Estadual, não desloca a competência para a Justiça Federal*".

7.1.13. Litisconsórcio passivo facultativo entre entes do art. 109, I, da CF e outros

Se for proposta demanda na Justiça Estadual, contra partes que, de ordinário, não são processáveis perante a Justiça Federal, com outras que atraem a competência da Justiça Federal (art. 109, I, da CF), o juízo estadual não deverá admitir o litisconsórcio facultativo em razão da incompetência absoluta para apreciação dos pedidos cumulados (art. 327, II, do CPC), caso em que não remeterá os autos para a Justiça Federal, mas sim extinguirá o processo quanto à parte contra a qual não tem competência, processando-se o feito contra as demais (art. 45, CPC).

Exemplificativamente, supondo que haja na Justiça Estadual ação proposta por associação contra variados bancos privados e, também, contra a Caixa Econômica Federal (CEF), com o objetivo impor-lhes determinada conduta à luz do CDC. O juiz estadual, verificando sua incompetência para apreciar o pedido contra a CEF (art. 109, I, da CF), extinguirá o processo, sem análise do mérito, contra ela, eis que vedada a cumulação subjetiva de demandas, na forma do art. 327, II, do CPC (aplicado aqui integrativamente). Eventualmente encaminhará cópias ao MPF ou DPU para análise do cabimento, de ação semelhante contra a CEF, no juízo federal competente. O feito prosseguirá na Justiça Estadual, exclusivamente, para análise dos pedidos contra os demais bancos que não têm natureza de empresa pública federal e, portanto, podem ser julgados pela Justiça Estadual.

O inverso também pode ocorrer, pese o silêncio do art. 45 do CPC. Ajuizada perante a Justiça Federal, pela Defensoria Pública Federal ou Ministério Público Federal, ação coletiva contra um dos entes listados no art. 109, I, da CF (que atraem a competência da Justiça Federal), em litisconsórcio facultativo com entes que, de ordinário, são julgados pela Justiça Estadual (*v.g.*, uma ação contra os Correios e outros prestadores de serviço), o juiz federal extinguirá o processo sem análise do mérito contra os entes sobre os quais não tem, como regra, competência jurisdicional (art. 109, I, da CF e 327, II, do CPC, integrativamente), prosseguindo o feito contra o ente que figura no art. 109, I, da CF (eventualmente encaminhando cópias do caso ao MPE ou DPE para, em sendo o caso, moverem ações semelhantes na Justiça Estadual).

Perceba-se que o raciocínio retro exposto impede o alargamento da competência da Justiça Federal por conta de estratagema dos autores das ações para usurpar a competência da Justiça Estadual, vez que não se permitirá a formação de litisconsórcio passivo facultativo entre entes federais (art.

109, I, da CF) com outros que, como regra, não são processados na Justiça Federal (especialmente se, contra eles, for cumulado pedido diverso).

Por exemplo, não se admite a seguinte cumulação de ações: a primeira a envolver a nulidade do registro marcário, obtido pela empresa junto ao INPI (autarquia federal), e a segunda buscando a reparação dos danos alegadamente causados pelo uso indevido da marca por dada empresa. Nesse caso, o juiz federal que receber a ação com pedidos cumulados contra o INPI e a empresa que usa a marca imitada (art. 124, XIX, da Lei 9.279/96), deve extinguir, sem análise do mérito, o pleito contra a empresa, prosseguindo na análise, apenas, do pedido que lhe é afeto (nulidade do registro junto ao INPI). A parte prejudicada que oportunamente proponha nova demanda, perante a Justiça Estadual, para reclamar pelos danos sofridos.

Na mesma toada, há importante precedente do STJ no sentido da tese ora posta, inclusive a partir de julgados anteriores do mesmo Tribunal (REsp 1120169/RJ, Rel. Ministro Luis Felipe Salomao, 4ª Turma, julgado em 20/08/2013, DJe 15/10/2013; CC 119.090/MG, Rel. Ministro Paulo de Tarso Sanseverino, Segunda Seção, DJe 17/09/2012; CC 112.984/SE, Rel. Ministro Marco Aurélio Bellizze, Terceira Seção, DJe 07/12/2011).

Tratava-se de ação popular, proposta perante a 7ª Vara da Seção Judiciária do Distrito Federal, em face do Distrito Federal e da União, objetivando a abstenção dos réus de realização de procedimento de conciliação ou mediação em matéria ambiental que interfira no Lago Paranoá, sem o indispensável controle judicial (bem assim a anulação de eventuais acordos celebrados); e, principalmente, que fosse o primeiro réu (Distrito Federal) impedido de realizar qualquer intervenção ou desocupação da área sem atendimento ao novo Código Florestal, obrigando-o, ainda, a recuperar a área degradada em decorrência das ações de sua agência de fiscalização (AGEFIS).

O autor da ação popular, além de questionar a atuação da AGEFIS na desocupação da APP do Lago Paranoá, defendia a competência da Justiça Federal em razão da existência de imóveis da União na orla – Residências Oficiais do Senado Federal, da Câmara dos Deputados,

dos titulares das pastas do Ministério da Fazenda, do Comandante da Marinha do Brasil –, além das Residências Oficiais do Embaixador da República Popular da China, do Reino dos Países Baixos e da República Federativa da Alemanha.

Suscitado conflito de competência perante o STJ, assentou-se que "*que não se mostra razoável (e nem proporcional) paralisar a desocupação da inteireza da APP do Paranoá enquanto a Justiça Federal processa e julga a ação popular por causa da presença da União, se apenas uma pequena parte dessa APP teria relação com os imóveis que deram causa à indicação desse ente federativo como parte demandada*"; e, também que não se mostrava apropriado remeter a toda ação popular para o juízo estadual, "*uma vez que esse não detém competência para proferir decisão em demanda na qual – certo ou errado – figura a União como parte, conforme a inteligência do art. 109 da Constituição Federal*".

A solução encontrada pelo STJ – diante da possibilidade de descumulação de pedidos e facultatividade do litisconsórcio (entre a União e o DF) – foi a de separar as ações em duas demandas distintas, para apreciação pelo ramo competente do Poder Judiciário. Assim, declarou-se a competência do juízo federal para processar e julgar a ação popular tão somente no que importa aos referidos imóveis da União e aqueles utilizados como residências de embaixadores; e o juízo distrital/estadual competente para as demais questões da ação popular, que não envolviam os aludidos imóveis (STJ, CC 146.213/DF, Rel. Ministro Napoleão Nunes Maia Filho, Rel. p/ Acórdão Ministro Mauro Campbell Marques, julgado em 13/06/2018, DJe 28/08/2018).

Evidentemente, o desmembramento ou a extinção das ações contra os entes ordinariamente não julgáveis pela Justiça Federal só ocorrerá quando for possível a descumulação subjetiva das demandas, isto é, o desmembramento do litisconsórcio (o que, em geral, ocorre no litisconsórcio passivo facultativo).

Há casos, entretanto, em que não é possível a descumulação, pois que a manutenção do litisconsórcio passivo tal qual formado é imposto pela lei ou pela natureza da relação jurídica material (art. 115 do CPC), o que determina a necessariedade do litisconsórcio.

É o que ocorre, exemplificativamente, nas ações civis públicas ambientais propostas pelo MPF contra IBAMA, Estados e Municípios a bem da implantação de dada política ambiental conjunta; ou em ação civil de improbidade administrativa proposta pela União em desfavor do administrador público municipal e do Município, pelo fato de terem sido desviadas verbas repassadas pelo governo federal. Pese a pessoa física do Prefeito, o Município e o Estado, não estarem, de ordinário, sujeitos à competência da Justiça Federal (ao menos na forma do art. 109, I, da CF), nos exemplos dados é impossível o processamento e julgamento das referidas ações sem a manutenção do litisconsórcio passivo necessário, pois que é condição de validade e eficácia das decisões proferidas que todos participem do mesmo feito.

Exatamente por isso que, ocorrendo a hipótese tratada no parágrafo anterior, o litisconsórcio passivo será mantido e o feito será processado perante a Justiça Federal, cuja competência é prevalecente sobre a da Justiça Estadual (pese a existência de pessoas que não constam do art. 109, I, da CF, em um dos polos da demanda).

Em tema de Ação Popular, aliás, há até dispositivo expresso na Lei de regência. Conforme art. 5º, § 2º, da Lei 4.717/1965: "*Quando o pleito interessar simultaneamente à União e a qualquer outra pessoa ou entidade, será competente o juiz das causas da União, se houver; quando interessar simultaneamente ao Estado e ao Município, será competente o juiz das causas do Estado, se houver*".

7.1.14. Ordem dos Advogados do Brasil (OAB)

O Plenário do Supremo Tribunal Federal tem entendimento sedimentado que é da Justiça Federal a competência para processar e julgar ações em que a Ordem dos Advogados do Brasil (OAB) figure como parte, salvo quanto às exceções legais previstas na parte final do próprio art. 109, I, da CF (*v.g.*, ações trabalhistas contra a entidade).

De acordo com o STF, a OAB, sob o ângulo do Conselho Federal ou das seccionais, não é pessoa jurídica de direito privado, mas sim órgão de classe com disciplina legal própria (Lei 8.906/1994), o que lhe permite impor contribuição anual e exercer atividade fiscalizadora. Consequentemente, tratando-se de autarquia federal corporativista (de âmbito nacional), incide o art. 109, inciso I, da CF.

O Plenário definiu a tese, em sede de repercussão geral, que "*ante a natureza jurídica de autarquia corporativista, cumpre à Justiça Federal, a teor do disposto no art. 109, I, da Carta da República, processar e julgar ações em que figure na relação processual quer o Conselho Federal da OAB, quer secciona*l" (RE 595.332, rel. min. Marco Aurélio, j. 31-8-2016, P, DJE de 23-6-2017, Tema 258). Tese que constantemente é reafirmada pela Corte Suprema: "A competência para julgar as ações em que seja parte a Ordem dos Advogados do Brasil ou qualquer de suas seccionais é da Justiça Federal, nos termos do artigo 109, I, da CF, por se tratar de uma autarquia corporativista, conforme jurisprudência pacífica desta Corte, reafirmada no julgamento do RE 595.332-RG, Tema 258, sob a sistemática da repercussão geral, seja qual for a natureza da causa em que a OAB integre a relação processual. (ARE 1244246 ED-AgR-segundo-ED, rel. min. Edson Fachin, 2ª T, DJe de 07/11/2022).

Na mesma toada segue o STJ, acrescentando, ainda, que – para além de incidir no, caso, a competência da Justiça Federal (art. 109, I, da CF) – "*em razão de sua finalidade constitucional específica, da relevância dos bens jurídicos tutelados e do manifesto viés protetivo de interesse social, a legitimidade ativa da OAB não está sujeita à exigência da pertinência temática no tocante à jurisdição coletiva, devendo lhe ser reconhecida aptidão genérica para atuar em prol desses interesses supraindividuais*", ressalvando-se, contudo, que "*os conselhos seccionais da Ordem dos Advogados do Brasil podem ajuizar as ações previstas – inclusive as ações civis públicas – no art. 54, XIV, em relação aos temas que afetem a sua esfera local, restringidos territorialmente pelo art. 45, § 2º, da Lei n.8.906/84*" (STJ, REsp 1423825/CE, Rel. Ministro Luis Felipe Salomão, 4ª Turma, julgado em 07/11/2017, DJe 18/12/2017).

O grande problema da participação da OAB no processo é que sua natureza é um dos grandes enigmas do Direito brasileiro, a ponto de o próprio STF não se entender a respeito do tema (veja a diversidade dos pronunciamentos no RE 595.332 e na ADI 3026).

A OAB:

1) É conselho profissional tanto quanto os demais conselhos coorporativos (CREA, CRM, etc.), com o poder de império, fiscalização e regulação da profissão.

2) É, por outro lado, entidade essencial à própria administração da Justiça (função institucional), com inúmeras atribuições legais que as demais entidades de classe não têm, exatamente para que posse promover a defesa do Estado Democrático de Direito, entre elas a de propor ADI e ADC, na forma do art. 103, VII, da CF.

3) É, também, entidade privada – de cunho associativo – e que não pode sofrer interferência estatal (pois não é órgão do Estado sujeito ao seu controle), seja através da fiscalização do Tribunal de Contas da União (algo a que outros órgãos profissionais federais estão sujeitos), seja porque pode contratar pessoal sem realização de concurso público (STF, ADI 3026, j. 08.06.2016).

O art. 44 da Lei 8.960/94 (Estatuto da OAB) corrobora o quanto posto, ao afirmar que a Ordem dos Advogados do Brasil (OAB), serviço público, dotada de personalidade jurídica e forma federativa, tem por finalidade: I - defender a Constituição, a ordem jurídica do Estado democrático de direito, os direitos humanos, a justiça social, e pugnar pela boa aplicação das leis, pela rápida administração da justiça e pelo aperfeiçoamento da cultura e das instituições jurídicas; II - promover, com exclusividade, a representação, a defesa, a seleção e a disciplina dos advogados em toda a República Federativa do Brasil.

Bem se vê, assim, que a legitimidade da OAB para atuar em juízo é amplíssima, a ponto, inclusive, de alguns apontarem que se trata de um dos poucos legitimados universais do sistema jurídico brasileiro, tendo legitimidade e adequada representação para a tutela individual e coletiva de praticamente todos os direitos e interesses que podem ser levados a juízo.

Por essa razão, sempre respeitado o entendimento contrário – **que é majoritário e não faz a distinção que ora apresentamos** –, parece-nos que o que deveria ser determinante para definição da competência para julgar processos em que a OAB for parte é a natureza jurídica de sua atuação no caso concreto.

Causas em que ela atue tipicamente como os demais conselhos profissionais federais (art. 44, II, do EOAB) – executando contribuições inadimplidas, sendo demandada por sanções de disciplinares aplicadas, respondendo à negativa de inscrição de advogados –, devem mesmo ser processadas na Justiça Federal. Como todas as demais corporações de ofício, prepondera a característica de órgão de natureza federal, fazendo incidir o art. 109, I, da CF.

Contudo, quando a OAB atua em outros quadrantes, na forma do art. 44, I, do EAOB (*v.g.*, ajuizando ação civil pública para garantir o funcionamento de serviços estaduais ou municipais), o faz na condição de **associação de defesa da sociedade civil**, ***não fazendo o mínimo sentido a competência da Justiça Federal***, salvo se presente algumas das hipóteses do art. 109 da CF. Nessa atuação prepondera o papel da OAB como ente associativo, de natureza privada, sem controle estatal, que funciona como garante do Estado Democrático do Direito, não parecendo minimamente razoável incidir a hipótese do art. 109, I, da CF.

Seja como for, reitere-se que as cortes superiores não fazem a distinção apontada nos parágrafos anteriores, pelo que segue o entendimento de que sempre a Justiça Federal apreciará as causas em que a OAB, por seus conselhos nacional ou estadual, forem partes ou intervenientes (seja atuando como corporação de ofício federal, seja como entidade associativa de defesa da sociedade civil).

7.1.15. Questões relacionadas ao ensino superior

A rigor, o assunto tratado na demanda é irrelevante para definir a competência da Justiça Federal, ao menos na hipótese do art. 109, I, da CF. Por isso, demandas relacionadas à prestação de serviços de ensino superior por universidade privada, ainda que autorizadas e fiscalizadas que são pelo Ministério da Educação (art. 16 da Lei 9.394/1996), não são da competência da Justiça Federal em vista de não haver, no polo ativo, passivo ou como parte interveniente, a União, autarquias ou empresas públicas federais.

Assim, ação de indenização por danos morais contra universidade privada em vista de lesões corporais sofridas por discente durante a execução do contrato de prestação de serviços; ação de cobrança de mensalidade de aluno inadimplente; ação revisional de contrato de prestação de serviços educacionais; todas essas são de competência da Justiça Estadual, pois que nenhum dos entes do art. 109, I, da CF, é parte do processo.

Em vista disso, até recentemente o STJ entendia que, em hipótese na qual "*ex-alunos de instituição privada de ensino superior pretendem a condenação dos réus ao pagamento de danos morais em razão de não ser possível a expedição dos diplomas de conclusão de curso*", a competência era da Justiça Estadual, visto inexistir "*pedido referente ao registro dos diplomas no MEC, o que afasta o interesse jurídico da União em compor um dos polos da demanda*" (STJ, AgInt no CC 149.102/PR, Rel. Ministro Benedito Gonçalves, 1ª Seção, julgado em 23/08/2017, DJe 30/08/2017).

Por outro lado, objetivando a ação a obtenção do registro de diploma de ensino superior ou mesmo credenciamento da entidade de ensino perante o Ministério da Educação (MEC), exsurgiria cristalino o interesse da União na demanda, pelo que deverá ela ser intimada e, a partir de sua participação certa, a competência será da Justiça Federal (art. 109, I, da CF), na forma da súmula 570 do STJ (*Compete à Justiça Federal o processo e julgamento de demanda em que se discute a ausência de ou o obstáculo ao credenciamento de instituição particular de ensino superior no Ministério da Educação como condição de expedição de diploma de ensino a distância aos estudantes*).

Recentemente o STF em sede de repercussão geral (Tema 1154) fixou a seguinte tese: "*Compete à Justiça Federal processar e julgar feitos em que se discuta controvérsia relativa à expedição de diploma de conclusão de curso superior realizado em instituição privada de ensino que integre o Sistema Federal de Ensino, mesmo que a pretensão se limite ao pagamento de indenização*" (RE 1304964, Rel. Min. Luiz Fux, Pleno, DJe 20/08/2021).

A impressão que se tem da leitura do acórdão é que o STF teria superado o entendimento do STJ até então vigente, para reconhecer que qualquer ação ajuizada contra instituição privadas de ensino superior, desde que tenha entre seus fundamentos (causa de pedir) controvérsia relativa à expedição de diploma de conclusão do curso, será de competência da Justiça Federal, ainda que o pedido seja, exclusivamente, o pagamento de indenização em favor do discente prejudicado.

Houve, portanto, superação da jurisprudência anterior do Superior Tribunal de Justiça, conforme ele mesmo tem reconhecido em precedentes mais recentes (EDcl no AgInt no CC n. 169.833/SP, Rel. Min. Og Fernandes, Primeira Seção, julgado em 10/8/2022, DJe de 17/8/2022; EDcl no AgInt no CC n. 171.803/SP, Rel. Min. Francisco Falcão, Primeira Seção, julgado em 23/3/2022, DJe de 7/4/2022; AgInt no CC n. 173.886/SP, Rel. Min. Herman Benjamin, Primeira Seção, julgado em 15/2/2022, DJe de 15/3/2022).

Embora oportunamente se tornará ao tema na análise do art. 109, VIII, da CF, vale destacar que em se tratando de mandado de segurança contra ato praticado por dirigente de universidade/faculdade particular, o quadro é distinto. Mesmo que o debate não seja, necessariamente, sobre expedição de diploma de conclusão de curso de ensino superior (Tema 1.154/STF), a natureza federal da autorização/delegação (art. 16 da Lei 9.394/1996) alcança o reitor/diretor da universidade privada, de modo que **se couber mandado de segurança contra o ato por ele praticado** (que não pode ser de gestão comercial – art. 1º, §§ 1º e 2º, da Lei 12.016/2009) –, a competência para julga-lo é da Justiça Federal, na forma dos artigos art. 109, VIII, da CF e art. 2º da Lei 12.016/2009.

7.1.16. Ações relacionadas à entrega de medicamentos e realização de procedimentos médicos pelo SUS

É pacífico o entendimento no Supremo Tribunal Federal segundo o qual, o funcionamento do Sistema Único de Saúde é de responsabilidade solidária da União, Estados, Distrito Federal e Municípios, sendo qualquer deles, em conjunto ou isoladamente, parte legítima para figurar no polo passivo de demanda que objetive a garantia de acesso a medicamentos ou tratamentos adequados para tratamento de saúde (Tema 793/STF).

Em sendo assim, não se tratando de hipótese de litisconsórcio passivo necessário (art. 115 do CPC), pode a parte intentar a demanda contra qualquer um dos entes federativos (União, Estado/DF e/ou Município) para responder pela totalidade da obrigação, sendo isso decorrência legítima da solidariedade e competência comum entre eles.

Incabível o chamamento ao processo do art. 130 do CPC (típico de obrigações solidárias de pagar quantia), por se tratar de excepcional formação de litisconsórcio facultativo para entrega de coisa certa (fornecimento de medicamentos), cuja satisfação não comporta divisão.

Eventuais responsabilidades avençadas entre os entes federados por acordo/convênio administrativo deve ser objeto de acerto oportuno entre eles ou mediante determinação do próprio juízo da condenação (não se permitindo discussão sobre isso na própria ação na qual são demandados, com o fito de negar a tutela à saúde por dado ente federado).

A afirmação constante da parte final da enunciação da tese definida no Tema 793/STF, no sentido de que "diante dos critérios constitucionais de descentralização e hierarquização, compete à autoridade judicial direcionar o cumprimento conforme as regras de repartição de competências e determinar o ressarcimento a quem suportou o ônus financeiro", é regra de cumprimento da decisão, e não de litisconsórcio. Significa dizer, reitere-se, que eventualmente ajuizada a ação contra mais de um ente, aquele que cumprir a obrigação imposta tem o direito de ser compensado pelo que, internamente, seria o responsável pelo custeio do medicamento/tratamento dispensado.

Consequência de todo o exposto é que havendo demanda para obtenção de medicamento ou tratamento contra a União, sozinha ou litisconsorciada com outros entes (Estados/DF e/ou Município), a competência para processamento e julgamento da ação é da Justiça Federal, na forma do art. 109, I, da CF. As ações que demandem fornecimento de medicamentos sem registro na ANVISA (embora tenham sua importação autorizada pela agência), deverão, **necessariamente**, ser propostas contra a União, pois presentes interesse público do citado ente federal na medida em que o acolhimento do pedido interfere nas suas atribuições (Temas 793 e 1.161/STF).

ATENÇÃO. Pende de julgamento no STF o Tema 1.234 de Repercussão Geral, no qual se discute à luz dos artigos 23, II, 109, I, 196, 197 e 198, I, da Constituição Federal, a obrigatoriedade de a União constar do polo passivo de demanda que verse sobre a obtenção de medicamento ou tratamento não incorporado nas políticas públicas do SUS (RENAME/SUS), embora registrado pela ANVISA.

A jurisprudência atual do STJ é no sentido de que não há obrigatoriedade de a União integrar o polo passivo da demanda, cabendo a parte optar por demanda contra ela na Justiça Federal (art. 109, I, da CF), ou apenas contra os demais entes federados, caso em que a competência será da Justiça Estadual (CC n. 172.817/SC, Rel. Min. Assusete Magalhães, Primeira Seção, DJe 15/9/2020; AgInt nos EDcl no CC n. 182.811/SC, Rel. Min. Francisco Falcão, Primeira Seção, DJe de 19/8/2022). No mesmo sentido no STF: Rcl 53.632, Rel. Min. André Mendonça, DJe de 30/5/2022.

Há, porém, alguns julgados do STF em sentido oposto, afirmando que a "União necessariamente comporá o polo passivo da ação que visa ao fornecimento de medicamento não disponibilizado pelo Poder Público, considerando que o Ministério da Saúde detém competência para a incorporação, exclusão ou alteração de novos medicamentos, produtos, procedimentos, bem como constituição ou a alteração de protocolo clínico ou de diretriz terapêutica" (RE 1.360.507-AgR, Rel. Min. Alexandre de Moraes, Primeira Turma, DJe de 8/3/2022). Cf, também: Rcl 48.760-AgR, Rel. Min. Gilmar Mendes, Segunda Turma, DJe de 11/10/2021).

Por outro lado, sendo a ação proposta apenas contra o Estado/DF ou Município (casos de medicamentos/tratamentos com registro na ANVISA), deve ser processada perante o Juízo Estadual/Distrital, uma vez que ausente as hipóteses do art. 109, I, da Constituição da República diante da ausência da inclusão da União no polo passivo da demanda (STJ, AgInt no REsp 1617502/PI, Rel. Ministra Regina Helena Costa, 1ª Turma, julgado em 27/06/2017, DJe 02/08/2017).

Em resumo: pouco importa que o direito à saúde pública tenha berço constitucional (art. 226 da CF) ou seja tratada por normas federais (Lei 8.080/90). O que define a competência da Justiça Federal, na hipótese do art. 109, I, da CF, é o fato de a União (ou a ANVISA) figurar no polo passivo do processo.

ATENÇÃO. Ressalvado o caso de medicamento sem registro na ANVISA, é vedado ao magistrado estadual aplicar o art. 115, parágrafo único, do CPC, subvertendo a noção de solidariedade e obrigando a parte a demandar contra a União, por entender que é dela a responsabilidade por suportar o pedido, com deslocamento do caso para a Justiça Federal (STJ, AgInt no CC 178.461/PR, Rel. Mini. Herman Benjamin, DJe 10/12/2021). Do mesmo modo é vedado ao magistrado federal excluir a União do polo passivo a demanda, a fim de impor ao Estado e Município a obrigação reclamada do ente federal, fazendo com isso cessar a competência da Justiça Federal (art. 109, I, da CF), com encaminhamento do caso à Justiça Estadual. A solidariedade dantes afirmada impõe caber a parte escolher contra quem demandar, em conjunto ou isoladamente.

A presente compreensão foi recentemente reafirmada pelo STJ no julgamento do IAC n. 14, onde restaram fixadas as seguintes teses:

a) Nas hipóteses de ações relativas à saúde intentadas com o objetivo de compelir o Poder Público ao cumprimento de obrigação de fazer consistente na dispensação de medicamentos não inseridos na lista do SUS, mas registrados na ANVISA, deverá prevalecer a competência do juízo de acordo com os entes contra os quais a parte autora elegeu demandar;

b) as regras de repartição de competência administrativas do SUS não devem ser invocadas pelos magistrados para fins de alteração ou ampliação do polo passivo delineado pela parte no momento da propositura da ação, mas tão somente para fins de redirecionar o cumprimento da sentença ou determinar o ressarcimento da entidade federada que suportou o ônus financeiro no lugar do ente público competente, não sendo o conflito de competência a via adequada para discutir a legitimidade *ad causam*, à luz da Lei n. 8.080/1990, ou a nulidade das decisões proferidas pelo Juízo estadual ou federal, questões que devem ser analisada no bojo da ação principal.

c) a competência da Justiça Federal, nos termos do art. 109, I, da CF/88, é determinada por critério objetivo, em regra, em razão das pessoas que figuram no polo passivo da demanda (competência *ratione personae*), competindo ao Juízo federal decidir sobre o interesse da União no processo (Súmula 150 do STJ), não cabendo ao Juízo estadual, ao receber os autos que lhe foram restituídos em vista da exclusão do ente federal do feito, suscitar conflito de competência (Súmula 254 do STJ).

(CC n. 188.002/SC, relator Ministro Gurgel de Faria, Primeira Seção, julgado em 12/4/2023, DJe de 18/4/2023).

7.1.17. *Mero interesse da União ou entidade afim, sem participação como parte ou terceiro*

A rigor, nos termos do art. 109, I, da CF, o que atrai a competência da Justiça Federal é a participação da União, autarquias federais ou empresas públicas federais – como parte ou terceiro interveniente –, na relação jurídica processual.

Pouco importa que haja, no caso, algum interesse não revelado da União ou das entidades do art. 109, I, da CF. Enquanto não for admitida como parte ou terceiro interveniente, não haverá competência da Justiça Federal e, portanto, o caso deve correr na Justiça Estadual ou Distrital.

Por isso, "*sob o ângulo da incompetência da Justiça comum, não há a alegada ofensa ao inciso I do art. 109 da CF. Define-se a competência pelas balizas da ação proposta. A inicial revela que, em momento algum, foi acionada a Universidade Federal Rural de Pernambuco. O cidadão (...), o recorrido, propôs ação indenizatória por danos morais contra o cidadão (...). Na espécie, pouco importa que o ato praticado por este último o tenha sido considerada certa qualificação profissional, a integração a órgão público federal*" (STF, RE 344.133, voto do rel. min. Marco Aurélio, j. 9-9-2008, 1ª T, DJE de 14-11-2008).

Isto porque sendo *ratione personae* a competência prevista no art. 109, I, da Constituição, e não integrando a União a ação de produção antecipada de provas na qualidade de autora, ré, assistente ou opoente, "*inexiste ofensa ao citado dispositivo constitucional, porquanto a simples alegação da existência de interesse da União feita pela ora recorrente não desloca, só por isso, a competência para a Justiça Federal*" (STF, RE 172.708, rel. min. Moreira Alves, j. 28-9-1999, 1ª T, DJ de 12-11-1999; AI 814.728 AgR, rel. min. Ricardo Lewandowski, j. 8-2-2011, 1ª T, DJE de 10-3-2011); (ARE 1389087 AgR, rel. min. Edson Fachin, 2ª T, DJE 05-09-2023).

Ainda: "*a cláusula constitucional reveladora da responsabilidade de manter a polícia do Distrito Federal não implica a obrigatoriedade da União relativamente aos servidores do Distrito Federal. Manter é alocar recursos e não atrai a legitimidade da União para, ante pretensão dos servidores, vir a responder por ações propostas, como disposto no art. 21, XIV, da Carta de 1988*" (STF, RE 874.538 AgR, rel. min. Marco Aurélio, j. 29-3-2016, 1ª T, DJE de 29-4-2016).

7.1.18. Ações coletivas (ação civil pública e ação popular) em matéria ambiental

O que vai definir a competência material para ação civil pública ou popular ambiental é a natureza da pessoa jurídica de direito público ou paraestatal (autarquias, fundações e empresas públicas) integrante de um dos polos da demanda, seja na qualidade de autora, ré, opoente ou interveniente. Se qualquer destes entes for integrante da União ou ela própria, autarquia, fundação ou empresa pública federal – incluindo o MPF e a DPU –, será competente a Justiça Federal, nos termos do art. 109, I, da CF/88.

De acordo com o art. 20, III a XI, da CF/88, são bens da União (e cuja proteção, portanto, é de seu interesse: a) os lagos, rios e quaisquer correntes de água em terrenos de seu domínio, ou que banhem mais de um Estado, sirvam de limites com outros países, ou se estendam a território estrangeiro ou dele provenham, bem como os terrenos marginais e as praias fluviais; b) as ilhas fluviais e lacustres nas zonas limítrofes com outros países; as praias marítimas; as ilhas oceânicas e as costeiras, excluídas, destas, as que contenham a sede de Municípios, exceto aquelas áreas afetadas ao serviço público e a unidade ambiental federal, e as referidas no art. 26, II (redação dada pela EC 46, de 2005); c) os recursos naturais da plataforma continental e da zona econômica exclusiva; d) o mar territorial; e) os terrenos de marinha e seus acrescidos; f) os potenciais de energia hidráulica; g) os recursos minerais, inclusive os do subsolo; h) as cavidades naturais subterrâneas e os sítios arqueológicos e pré-históricos; i) as terras tradicionalmente ocupadas pelos índios.

A rigor, havendo interesse da União na conservação dos citados bens, por si ou por um de seus órgãos ambientais, eclode automaticamente a competência da Justiça Federal para a causa, pois evidente o interesse dos entes federais na solução da controvérsia, que nela atuarão como parte ou interveniente. No âmbito da proteção do meio ambiente, a titularidade da União, a natureza e as finalidades dos bens envolvidos fortemente indicam competência da Justiça Federal, ainda que haja, na Lei Complementar 140/2011, modelo administrativo de repartição de atribuições de licenciamento ambiental, lastreado em motivos de conveniência de gestão, eficiência prática, economia processual, comodidade de execução e federalismo cooperativo (STJ, CC n. 163.504/RJ, Rel. Min. Herman Benjamin, Primeira Seção, DJe de 23/8/2021).

O Superior Tribunal de Justiça, neste sentido, já apontou que compete à Justiça Federal processar e julgar ação civil pública com finalidade de reparar os danos ao meio ambiente ocasionados pelo vazamento de óleo no mar territorial, bem de propriedade da União cuja proteção, como tal, é de seu interesse (STJ, CC 16.863-SP, 1ª Seção, Min. Demócrito Reinaldo, j. 26.06.1996).

Também entendeu que dano ambiental ocorrido em ilha costeira (Ilha dos Remédios, situada no litoral Catarinense), por ser bem da União (art. 20, IV, da CF/88), enseja a competência da Justiça Federal para a ação coletiva, já que ela será parte da demanda (STJ, REsp 530.813-SC, rel. Min. Francisco Peçanha Martins, 2ª T., j. 02.02.2006).

Será, ainda, de competência da Justiça Federal, qualquer causa ambiental que se relacionar com direito indígena (art. 109, XI, da CF), como a que envolve a proteção às reservas desta natureza (STJ, CC 10.588-PE, rel. Min. Waldemar Zveiter, j. 14.12.1994). Manifesto o interesse dos órgãos ambientais e indígenas (FUNAI) nestas demandas, o que implica não só na incidência do art. 109, I, da CF (autarquia federal como parte), mas também do art. 109, XI, da CF (disputa por direitos indígenas).

São também de competência da Justiça Federal as causas cujo dano ambiental seja internacional, ou seja, alcance mais de um país (como nos vazamentos de óleo de grande extensão ocorridos no oceano brasileiro), como também a proteção ao meio ambiente rogada com fundamento na aplicação de tratados internacionais dos quais o Brasil seja parte (art. 109, III, da CF/88). O Superior Tribunal de Justiça já assentou que a ação cautelar, preparatória de ação civil pública, fundada em tratado internacional para proteção do meio ambiente, deve ser processada e julgada pela Justiça Federal (CC 16.953-SP, 1ª Seção, rel. Min. Ari Pargendler, j. 26.06.1996), competência essa fixada não só em razão da parte ativa ou passiva, mas sim em função da causa de pedir, cujo conhecimento e aplicabilidade só é afeto à análise pela Justiça organizada pela União (conforme veremos adiante na análise do art. 109, III, da CF).

Interessante notar que em grande parte das ações coletivas em matéria ambiental há interesse do IBAMA – Instituto Brasileiro do Meio Ambiente e dos Recursos Renováveis – que é uma autarquia federal criada pela Lei 7.735/89, responsável por formular, coordenar, executar e fazer executar a Política Nacional do Meio Ambiente e da preservação, conservação e uso racional, fiscalização, controle e fomento dos recursos naturais renováveis. Pode haver, também, interesse do ICMBio – Instituto Chico Mendes de Conservação da Biodiversidade –, uma autarquia federal, em regime especial criada pela Lei 11.516/2017, a quem compete executar as ações do Sistema Nacional de Unidades de Conservação, inclusive exercendo o poder de polícia ambiental para a proteção das Unidades de Conservação federais.

Em qualquer demanda coletiva para a proteção do meio ambiente a simples intervenção do IBAMA ou do ICMBio, com sua qualidade de autarquia federal, ou da própria União Federal, impõe competência da Justiça Federal (sendo recomendável, portanto, que sejam eles previamente intimados do curso de tais ações quando originariamente não tenham curso na Justiça Federal). Já se entendeu, por isso, a prevalência da competência da Justiça Federal para discutir questão atinente à legalidade de aterro sanitário, cujo licenciamento é deferido pelo IBAMA em certos casos (STJ, AgRg no CC 58.229/RJ, Min. João Otávio de Noronha, 1ª Seção, j. 26.04.2006), bem como para apuração de danos ambientais decorrentes de obras pretensamente lesivas realizadas por município à margem de rio federal, quando a União e o IBAMA manifestarem interesse na causa (STJ, CC 33.061-RJ, rel. Min. Laurita Vaz, 1ª Seção, j 27.07.2002).

Surgindo interesse da União, do IBAMA ou ICMBio nas ações coletivas contra pessoas físicas, entidades privadas ou sociedades de economia mista – entre elas a PETROBRAS, que pela sua atividade naturalmente está sujeita a causar danos ambientais – automaticamente a competência para o processamento da ação é deslocada para a Justiça Federal, mesmo que haja concomitante interesse do Estado, Distrito Federal ou Município na preservação ambiental (art. 5.º, § 2.º, da Lei de Ação Popular).

De acordo com Luiz Fux, então Ministro do Superior Tribunal de Justiça, "*a competência da Justiça Federal cuja fonte é a Constituição, é absoluta e abarca a competência da Justiça Estadual, como assentado em diversos feitos relativos à conexão de ações civis públicas e populares, quer contra atos de privatização, quer contra atos das agências reguladoras*" (CC 41.444-AM, 1ª Seção, j. 11.02.2004, DJU 16.02.2004). Por isso, o princípio federativo impede que a União ou suas autarquias fiquem sujeitas à jurisdição comum, pelo que a reunião de ações ambientais ajuizadas para proteção do mesmo bem ambiental, pelo MPF e MPE, devem ser reunidas e processadas na Justiça Federal (STJ, CC 78.058/RJ, Rel. Ministro Herman Benjamin, julgado em 24/11/2010, DJe 01/02/2011).

Se, entretanto, o ato atentatório ao meio ambiente for praticado por agente de pessoa jurídica de direito público, autarquia ou empresa pública municipal, distrital ou estadual, por pessoa jurídica de direito privado ou pessoa física, não havendo, por força deste ato, reflexo nos bens da União (art. 20 da CF/88), com manifestação de interesse dos entes enumerados no art. 109, I, da CF/88, na causa, a competência será da Justiça Estadual. Assim, "*não havendo intervenção da União ou de órgãos da administração federal, nem notícia da repercussão de possível dano ambiental no território ou em outro Estado da Federação, somando-se ao fato de que a ação civil pública partiu do Ministério Público Estadual, verifica-se a falta de interesse da União, surgindo a competência da Justiça Estadual*" (STJ, CComp 26.367-PR, rel. Min. Francisco Falcão, 1ª Seção, j. 22.08.2001). E ainda o enunciado, também do STJ, no sentido de que se o IBAMA, devidamente intimado, não manifestar interesse na causa, a demanda coletiva há de ter curso mesmo na Justiça Estadual (REsp 206.757-RS, 2ª T., rel. Min. Francisco Peçanha Martins, j. 03.05.2001).

Por exemplo, não se vê, *prima facie*, interesse dos órgãos federais de proteção ao meio ambiente na poluição de um rio que não seja de domínio da União (aqueles que nascem e morrem no mesmo Estado); nas ações para evitar danos ambientais locais e regionais sem repercussão em outros Estados da federação, como ocorre com a supressão de área de reserva legal em imóvel rural; não há interesse da União, do IBAMA ou do ICMBio justificador da competência federal apenas pelo fato do dano ambiental envolver manguezais e Mata Atlântica (TRF 5ª Região, AgIn 19.010/SE rel. Juiz Ridalvo Costa, j. 19.11.1998); e ainda "*o fato de o imóvel estar situado em terreno de marinha não é suficiente para deslocar a competência para a Justiça Federal, posto que o ponto nevrálgico da discussão incide sobre a adequação do imóvel em face das normas de organização do Município, editadas no âmbito de sua competência suplementar (art. 30, II da CF/88), não existindo, por isso, qualquer interesse da União, de entidade autárquica ou empresa pública federal no feito*" (TJSC, AgIn 00.002296-9, 5ª Câm. Cív., j. 07.12.2000, rel. Des. João Martins).

O fato de a área ser fiscalizada pelo INCRA, por si só, não atrai a competência da Justiça Federal, uma vez que é necessário haver interesse direto e específico (STF, RE 513.446/SP, Rel. Min. Cezar Peluso, Segunda Turma, julgado em 16/12/2008, DJe 27/02/2009), principalmente quando previamente a Justiça Federal tenha declarado a inexistência de interesse do órgão (da União) na ação ambiental proposta (STJ, AgInt no CC 146.271/PI, Rel. Ministro Francisco Falcão, 1ª Seção, julgado em 13/02/2019, DJe 22/02/2019).

Mesmo quando o dano ambiental se dê em rio que não seja de domínio da União, ou em área de reserva florestal municipal ou estadual – cujas ações coletivas para proteção são preliminarmente de competência da Justiça Estadual – de se relevar que os reflexos do dano para o ecossistema podem implicar competência da Justiça Federal. Afinal, a poluição de um rio local que deságua numa bacia maior que corta mais de um Estado, ou no mar territorial, atinge bem a ser tutelado pela União Federal, podendo, pois, despertar seu interesse para a causa.

Neste sentido o STJ, em interessante caso em que se aferia a competência da Justiça Estadual para ação sobre os danos ambientais causados por obras de drenagem do pequeno rio Itajaí-Açu, no Paraná, entendeu que havendo possíveis reflexos na zona costeira brasileira, de rigor a manutenção do IBAMA e da competência da Justiça Federal no feito (REsp 818.666-PR, rel. Min. Francisco Falcão).

A dificuldade de definição do órgão jurisdicional materialmente competente – estadual ou federal – se prende ao fato da proteção ao meio ambiente ser dever de todos (art. 225 da CF/88), sendo que sua conservação não se prende a situações geográficas ou referências legais ou históricas, extrapolando os limites impostos pelos homens. Os bens ambientais desconhecem fronteiras políticas. São transnacionais, transestaduais, transmunicipais.

Em resumo: ainda que, de ordinário, haja interesse federal quando o bem objeto da proteção ambiental seja da União (art. 20, III e XI, da CF), **o que é determinante para definição da competência da Justiça Federal é a existência da União, MPF, DPU, das autarquias federais (especialmente IBAMA, ICMBio e INCRA) e empresas públicas federais como partes ou interveniente da ação coletiva ambiental. Mesmo que o bem seja da União, caso não haja demonstração de interesse ou participação na causa dos entes do art. 109, I, da CF, a competência não será da Justiça Federal, e sim da Justiça Estadual**.

7.1.19. Ações coletivas para fins de reparação de prejuízos ao erário (ação civil pública, ação popular e ação civil de improbidade administrativa)

A ação civil pública (Lei 7.347/85), a ação popular (Lei 4.717/65) e ação civil de improbidade administrativa (Lei 8.429/92, na redação da Lei 14.230/2021) têm, entre outros objetos, a reparação dos danos ao patrimônio público.

De modo que a definição da competência para processar referida ação, de maneira bastante genérica, depende da vítima do prejuízo (inclusive imaterial); sendo a União ou qualquer dos demais entes do art. 109, I, da CF, a competência é da Justiça Federal; do contrário, o feito segue na Justiça Estadual.

A complexidade da questão reside no fato de que é bastante comum repasses de verbas federais e entes parciais (Estados/DF e Municípios) e entidades privadas, com o fito de que se desincumbam de suas finalidades. E, nestes casos, sempre é trazida à tona a discussão se, havendo malversação dos recursos cedidos pela União, a competência seria da Justiça Federal (por ter a União sofrido o prejuízo) ou da Justiça Estadual (já que o prejuízo seria dos entes parciais ou das entidades subvencionadas por recursos federais).

O STJ, ao menos no âmbito criminal, entende que se caracteriza o interesse da União (e competência da Justiça Federal) quando a verba objeto do litígio é oriunda do erário federal e sujeita à prestação de contas e fiscalização por órgão federal (*v.g.* TCU), nos termos da Súmula 208/STJ ("*compete à Justiça Federal processar e julgar Prefeito municipal por desvio de verba sujeita a prestação de contas perante órgão federal*"); por outro lado, é a da Justiça Estadual a competência se a verba federal desviada não mais estiver sujeita a prestação de contas perante órgão federal, estando, portanto, incorporada ao patrimônio do ente parcial, conforme súmula 209/STJ ("*compete à Justiça Estadual processar e julgar prefeito por desvio de verba transferida e incorporada ao patrimônio municipal*").

Ocorre, entretanto, que as duas súmulas supra referidas são oriundas da Seção que cuida de Direito Penal do STJ (3ª Seção) – isto é, são válidas para definição de competência em processos penais (art. 109, IV, da CF). A simples importação não parece ser tecnicamente correta, sem verificar se compatíveis com a disciplina normativa que trata da competência cível da Justiça Federal, sendo necessário, portanto, operar-se a distinção (*distinguishing*) (STJ, AgRg no CC 133.522/PA, Rel. Ministro Napoleão Nunes Maia Filho, 1ª Seção, julgado em 14/09/2016, DJe 21/09/2016; AgInt no CC 157.073/SP, Rel. Ministro Falcão, 1ª Seção, julgado em 13/03/2019, DJe 22/03/2019).

Por isso, também na temática das ações coletivas para de reparação do erário (entre outros fins), o que interessa para definir a competência da Justiça Federal é a parte ou interveniente do processo. Figurando a União ou os demais entes do art. 109, I, da CF, como a pessoa jurídica lesada, pouco importa se no polo ativo ou passivo da ação, a competência será da Justiça Federal, cabendo ao juízo federal competente analisar a legitimidade e o interesse deles na causa (inclusive se o prejuízo suposto atinge os cofres federais), excluindo-os da demanda caso ausente interesse/legitimidade (encaminhando o caso para a Justiça Estadual caso o prejuízo seja ao erário estadual/distrital ou municipal).

Assim, a despeito das Súmulas 208 e 209 do STJ, a competência absoluta enunciada no art. 109, I, da CF faz alusão, de forma clara e objetiva, às partes envolvidas no processo, tornando despicienda, dessa maneira, a análise da matéria discutida em juízo ou mesmo se a verba repassada pela União aos entes parciais ou entidades privadas está ou não sujeita à prestação de contas perante órgão federal (embora isso seja um bom parâmetro para a própria União definir seu interesse em participar do caso).

Consequentemente, ação civil de improbidade administrativa fundada em uso irregular, com dano ao erário, de recursos advindos de convênio celebrado pelo Estado com o Ministério da Saúde (FNS), não autoriza, por si só, o deslocamento do feito para a Justiça Federal, enquanto, ao menos, não houver intervenção da União ou outro dos entes do art. 109, I, da CF (STJ, REsp. 1.325.491/BA, Rel. Min. Og Fernandes, DJe 25/6/2014).

Do mesmo modo, em ação civil pública ajuizada pelo Município contra o ex-Prefeito Municipal, ao argumento de que o gestor público não comprovou o correto destino dos recursos advenientes de convênio firmado entre a urbe e o Ministério da Integração Nacional, não tendo a União manifestado interesse no acompanhamento da ação (sob o fundamento de que se houve prejuízo, ele é do Município, ainda que tenha havido repasse de verba federal), a competência é da Justiça Estadual para o processamento e julgamento da ação (STJ, AgInt no CC 164.010/PI, Rel. Ministro Napoleão Nunes Maia Filho, j. 28.08.2019 DJe 06/09/2019).

Por outro lado, tratando-se de ação civil de improbidade administrativa proposta pelo MPF, relativa ao emprego irregular de verbas repassadas pelo Ministério do Turismo ao Município (STJ, AgInt no CC 157.073/SP, Rel. Ministro Francisco Falcão, 1ª Seção, julgado em 13/03/2019, DJe 22/03/2019), presente hipótese de competência da Justiça Federal e de legitimidade ativa do MPF. Inclusive porque, tratando-se da fiscalização de recursos que inclui aqueles provenientes da União – sujeitos, inclusive, à fiscalização de entes federais –, indubitável a atribuição do Ministério Público Federal para atuar no feito e, consequentemente, enquadrando-se o MPF na relação de agentes trazidas no art. 109, I, da Constituição, a competência é da Justiça Federal (STJ, REsp 1804943/PB, Rel. Ministro Herman Benjamin, 2ª turma, julgado em 25/06/2019, DJe 01/07/2019; REsp 1.513.925/BA, Segunda Turma, Rel. Ministro Herman Benjamin, DJe 13/9/2017; AgRg no AREsp 30.160/RS, Segunda Turma, Rel. Ministra Eliana Calmon, DJ 20/11/2013; REsp 1.283.737/DF, Rel. Luis Felipe Salomão, Quarta Turma, DJe 25/3/2014).

Veja-se, portanto, que o relevante é estar no processo o MPF/DPU ou qualquer dos entes previstos no art. 109, I, da CF, pouco importando a temática debatida na causa ou o tipo de verba repassada pela União ao ente parcial ou entidade privada. A necessidade de prestação de contas das verbas recebidas perante órgão federal (súmulas 208/209 STJ) é um forte indicativo de interesse da União e afins no caso. Mas enquanto esse interesse não for manifestado e reconhecido, a competência para a ação coletiva é da Justiça Estadual.

Já se entendeu ser da Justiça Federal a competência para julgar ação coletiva proposta pelo MPF, relativa à malversação de verbas federais, repassadas pela União ao Município, para aporte financeiro ao Programa Nacional de Alimentação Escolar – PNAE/FNDE, cujo objetivo é atender as necessidades nutricionais de alunos matriculados em escolas públicas (STJ, AgRg no AREsp 30.160,RS, Rel. Ministra Eliana Calmon, Segunda Turma, DJe 2011/2); como também ser da Justiça Estadual a competência para a ação civil de improbidade administrativa relativa ao uso inadequado da mesma verba federal do FNDE (Fundo Nacional de

Educação) repassada ao Município por convênio, porque não foi manifestado interesse da União ou afim na causa (STJ, AgRg no CC 133.619/PA, Rel. Ministro Sérgio Kukina, 1ª Seção, julgado em 09/05/2018, DJe 16/05/2018).

Sumarizando: o fato dos valores envolvidos transferidos pela União para os demais entes federativos estarem eventualmente sujeitos à fiscalização do Tribunal de Contas da União (prestação de contas) não é capaz de alterar, por si só, a competência da Justiça Estadual para o feito, pois a competência cível da Justiça Federal exige o efetivo cumprimento da regra prevista no art. 109, I, da Constituição Federal (STF, RE 589.840, Relatora Min. Carmen Lúcia, 1ª Turma, julgado em 10/05/2011); igualmente, a mera transferência e incorporação ao patrimônio municipal de verba desviada, no âmbito civil, não pode impor, de maneira absoluta, a competência da Justiça Estadual, pois se houver manifestação de interesse jurídico por ente federal que justifique a presença no processo (*v.g.* União ou Ministério Público Federal), regularmente reconhecido pelo juízo federal nos termos da Súmula 150/STJ, a competência para processar e julgar a ação civil de improbidade administrativa será da Justiça Federal (STJ, AgRg no CC 124.862/SP, Rel. Ministra Assussete Magalhães, DJe 15/03/2016; CC 142.354/BA, Rel. Ministro Mauro Campbell Marques, 1ª Seção, j. 23.09.2015).

Nos casos de ação de improbidade administrativa (Lei 8.429/1992) não é incomum que o MPF, entendendo que o ato praticado tem reflexos no patrimônio público federal (especialmente nos casos de verbas repassadas pela União aos Estados/Municípios e entes privados subvencionados), proponha a demanda na Justiça Federal. Uma vez, contudo, reconhecida a falta de atribuição do órgão para atuar, debate-se se a solução a ser emprestada ao caso seria a extinção da ação sem análise do mérito ou a remessa dos autos à Justiça Estadual competente.

Isso porque o STF, ao julgar a ADPF 482 compreendeu que, "por força do princípio da unidade do Ministério Público (art. 127, § 1º, da CF), os membros do Ministério Público integram um só órgão sob a direção única de um só Procurador-Geral. Só existe unidade dentro de cada

Ministério Público, não havendo unidade entre o Ministério Público de um Estado e o de outro, nem entre esses e os diversos ramos do Ministério Público da União", de modo que "a remoção, por permuta nacional, entre membros do Ministério Público dos Estados e entre esses e membros do Ministério Público do Distrito Federal e Territórios, admitida na decisão impugnada, equivale à transferência, ou seja, forma de ingresso em carreira diversa daquela para a qual o servidor público ingressou por concurso, vedada pelo art. 37, II, da Constituição Federal e pela Súmula Vinculante 43, segundo a qual 'é inconstitucional toda modalidade de provimento que propicie ao servidor investir-se, sem prévia aprovação em concurso público destinado ao seu provimento, em cargo que não integra a carreira na qual anteriormente investido'".

Referido precedente, contudo, tratava especificamente do princípio da unidade do MP sob o aspecto estrutural/administrativo, não tendo impacto no seu aspecto institucional. Sob esse último aspecto, o Ministério Público brasileiro, "tratado em todos os dispositivos constitucionais que a ele se referem no singular", por seus diversos ramos e dentro das suas respectivas atribuições, "segue como um todo único, permanente e 'essencial à função jurisdicional do Estado', com a incumbência da 'defesa da ordem jurídica, do regime democrático e dos interesses sociais e individuais indisponíveis' (arts. 127, caput, e 129, incisos, da CF). Seus membros, ainda que funcionalmente vinculados ao MPU ou ao MP dos diferentes Estados, estão sujeitos ao mesmo regime constitucional e legal no que concerne aos seus direitos, garantias, vedações e, especialmente, deveres (art. 128, § 5º, I e II, da CF, e Lei 8.625/1993)".

Por isso, "reconhecida a legitimidade do Ministério Público para a ação, porém a impossibilidade de atuação de um de seus órgãos executivos (o MPF), a unidade institucional não impõe a extinção do processo sem análise do mérito (art. 485, VI, do CPC). Impõe a remessa dos autos ao órgão jurisdicional competente para que o órgão executivo com atribuição para o caso (o MPE) possa dar prosseguimento à mesma Ação de Improbidade Administrativa já ajuizada, dispensando-se a propositura de uma nova" (STJ, AgInt no REsp n. 1.820.565/PB, Rel. Min. Og

Fernandes, Segunda Turma, julgado em 7/6/2022, DJe de 8/9/2022) (excertos extraídos do Voto vencedor do Min. Herman Benjamin).

7.1.20. Ação de interesse de criança/adolescente em situação de risco

Compete à Vara da Infância e da Juventude (Justiça Estadual) o processamento e julgamento de ações de interesse de crianças e adolescentes em situação de risco.

Atribuição, contudo, que não afasta a competência material da Justiça Federal para as causas do art. 109, I, da CF, até porque o art. 209 do ECA (Lei 8.069/90) faz expressamente essa ressalva.

Ademais, mesmo que o Estatuto da Criança e do Adolescente não fizesse a ressalva, ainda assim prevaleceria a competência da Justiça Federal, considerando que as regras que definem a competência da Justiça Federal têm *status* constitucional, enquanto as que definem a competências das Varas da Infância e Juventude (Justiça Estadual) são infraconstitucionais.

São de competência, portanto, da Justiça Federal (e não da Vara da Infância e Juventude), as ações ajuizadas por criança em situação de risco (sem guardiões ou tutores definitivos, vitimizados, etc.) contra a União, a bem de recebimento de tratamento médico pelo SUS; ou para garantir a adolescente matrícula em instituição federal de ensino; tudo na forma do art. 109, I, da CF.

Corretamente já se entendeu que "*em se tratando de ação de natureza previdenciária, ainda que figure em um dos polos da relação processual menor, a competência para processar e julgar será sempre da Justiça Federal, nos termos do art. 209 do Estatuto da Criança e do Adolescente*" (STJ, CC 161.373/MG, Rel. Ministro Francisco Falcão, 1ª Seção, julgado em 14/08/2019, DJe 19/08/2019).

7.1.21. Intervenção do MPF como assistente simples nas causas ajuizadas contra seus membros, por conduta praticada no exercício da profissão

Há um julgado do STJ estabelecendo que na ação de indenização por danos morais e materiais proposta por Juiz Federal contra Procurador da República, há interesse jurídico do MPF em atuar como assistente simples na defesa das prerrogativas institucionais do MPF, desde que – por evidente –, o fundamento da pretensão seja fundado em ato praticado pelo membro do MPF no regular exercício de suas funções institucionais (STJ, REsps 1.760.108/ES e 1760103/ES, Rel. Ministro Herman Benjamin, 2ª Turma, DJe 13/09/2019).

No caso, o Procurador da República havia dado uma entrevista jornalística em que teria tecido críticas ao proceder do magistrado, o que motivara o ajuizamento da ação indenizatória e a intervenção do MPF, como assistente simples, para resguardar a independência funcional do órgão ministerial.

Entendeu-se que havia interesse jurídico do Ministério Público Federal, hábil a autorizar sua inclusão como assistente simples do Procurador, porquanto "*possui nítido contorno de defesa da prerrogativa institucional do integrante da instituição para emitir opiniões quanto a fatos relacionados ao exercício profissional, de modo que transcende os interesses particulares das pessoas físicas envolvidas no litígio*".

Ademais, pontou-se, para reforçar a tese de competência da Justiça Federal, o fato "*de a Procuradoria da União ter representado o Procurador da República na defesa judicial da ação indenizatória, o que evidencia que a entrevista e a atuação judicial do membro decorreram do seu exercício funcional*".

Estabelecido, por conseguinte, que o fato foi praticado em regular exercício profissional, competirá à Justiça Federal, por conta a intervenção do MPF e da União (via atuação da procuradoria federal), reconhecer a evidente ilegitimidade passiva do Procurador da República para a causa, já que quem responde pelos atos por ele praticados é a União, que poderá agir, autônoma e regressivamente caso se constate dolo ou fraude de sua parte.

Pois seguindo a tendência jurisprudencial formada a partir da interpretação dantes existente do art. 185, do CPC/1973, o art. 181, do CPC/2015, explicita que a responsabilização civil do membro do MP se dá, apenas, de modo regressivo.

Trata-se de interpretação que objetiva, à luz das garantias constitucionais do MP (arts. 127, § 1º, e 128, § 5º, da CF), proteger os membros da instituição contra investidas temerárias por conta de sua atuação. Exigindo-se que, primeiramente, a ação civil de responsabilização seja dirigida contra a União (MPU) ou Estados (MPE), na forma do art. 37, § 6º, da CF/88, tem-se um filtro que possibilita aos promotores e procuradores atuarem com independência, cientes de que só serão responsabilizados civilmente acaso o Poder Público tenha condições de afirmar que a atuação foi dolosa ou fraudulenta.

7.1.22. Propriedade industrial e nulidade de patente e registro de desenho industrial e marca

No contexto da Propriedade Industrial, os arts. 56/57, 118 e 173/175, todos da Lei 9.279/1996, preveem a possibilidade de o INPI (Instituto Nacional de Propriedade Industrial), ou de qualquer pessoa com interesse na anulação, propor a ação de nulidade da patente ou do registro do desenho industrial/marca, sendo lícito ao juiz, preventiva ou incidentalmente, determinar a suspensão dos seus efeitos (arts. 300 ou 311 do CPC).

Estabelece a legislação, ainda, que não sendo o INPI o autor da ação, deverá necessariamente intervir no feito (na condição de litisconsorte), eis que sofre diretamente os efeitos da decisão do processo sobre a patente concedida ou do desenho/marca que registrou.

Sendo o INPI autarquia federal criada pela Lei 5.468/1970, a consequência é que a referida ação de nulidade terá curso, necessariamente, na Justiça Federal, nos termos do art. 109, I, da CF.

Não compete à Justiça Federal, por outro lado, o julgamento da ação de cominatória (obrigação de não fazer) e/ou indenizatória proposta pelo titular da patente/desenho ou marca contra os seus violadores. Para tais demandas a competência é da Justiça Estadual, eis que não há necessidade de intervenção do Instituto.

Ocorre que diuturnamente, nestas ações ajuizadas perante a Justiça Estadual, a parte acusada de violação da propriedade industrial alheia alega, como matéria de defesa, a nulidade da patente ou do registro do desenho/marca que está a explorar, o que, inclusive, é autorizado pelo art. 56, § 1º, da Lei 9.279/1996. Poderia o juízo estadual pronunciar-se a respeito e, acolhendo a tese de nulidade, questão prejudicial ao próprio pedido cominatório/indenizatório?

O ideal seria que, diante da arguição de nulidade como matéria de defesa, o interessado se dirigisse, concomitantemente, ao juízo federal competente para, em ação de nulidade com a participação do INPI, reclamar a anulação da patente ou do registro do desenho/marca concedidos, inclusive para que o pronunciamento tenha eficácia *erga omnes*. Nestes casos competiria ao juízo estadual da ação cominatória/indenizatória, diante da questão de prejudicialidade externa presente, suspender o curso da ação na Justiça Estadual, aguardando o pronunciamento da Justiça Federal na ação de nulidade, cumprindo-se, assim, o disposto no art. 313, V, "a", do CPC.

Não sendo possível, contudo, tal suspensão (*v.g.*, casos em que a ação de nulidade ainda não foi ajuizada), há entendimento no sentido de que poderia o juízo estadual pronunciar-se, incidentalmente, sobre a nulidade da patente ou do registro do desenho industrial arguido pelo réu da ação cominatória/indenizatória, decisão que, obviamente, só valeria para o caso concreto, não tendo efeito *erga omnes* e nem eficácia quanto ao INPI para fins de anulação da patente/registro que concedeu (STJ, REsp 1.843.507-SP, Rel. Min. Paulo de Tarso Sanseverino, Terceira Turma, DJe 29/10/2020).

No atinente às marcas, contudo, o STJ nega que o juízo estadual possa se pronunciar a respeito da nulidade do registro, considerando que os arts. 173/175 da Lei n. 9.279/1996 – diversamente do que se tem para as patentes e desenhos (arts. 56/57 e 118) –, não admitem pronunciamento incidental do juízo estadual. Para esses casos, somente a Justiça Federal poderia pronunciar-se, sendo, portanto, irregular qualquer uso da marca alheia até que a Justiça Federal anule o seu registro (STJ, REsp 1.843.507-SP, Rel. Min. Paulo de Tarso Sanseverino, Terceira Turma, DJe 29/10/2020).

7.2. O art. 109, II, da Constituição Federal

Estabelece o art. 109, II, da CF, que compete à Justiça Federal processar e julgar as causas entre Estado estrangeiro ou organismo internacional e Município ou pessoa domiciliada ou residente no País.

Tem-se, aqui, mais uma hipótese de competência da Justiça Federal em que o elemento fundamental para definição é a parte no processo (a despeito de não envolver, propriamente, um ente federal, como no já estudado art. 109, I, da CF). Basta que figure, de um lado, Estado estrangeiro (Inglaterra, Argentina, EUA e/ou suas respectivas embaixadas/consulados) ou organismo internacional – visto esse como entidades criadas e compostas por Estados, por meio de convenção internacional, para a realização de propósitos comuns (ONU, OEA, Cruz Vermelha, MERCOSUL, OEA, OIT, OMS, etc.) – e, de outro, Município (pessoa jurídica de direito público) ou pessoa domiciliada ou residente em qualquer local do Brasil (ainda que não seja sede de Justiça Federal), para que se imponha a competência da Justiça Federal de 1º grau.

Não há na CF brasileira, portanto, regra alguma que imponha ao STF o julgamento de processos em que figure como parte Estado estrangeiro ou organismo internacional. "*eis que as causas instauradas entre Estado estrangeiro, de um lado, e Municípios brasileiros, de outro, não se incluem na esfera de competência originária desta Suprema Corte, subsumindo-se, antes, ao âmbito das atribuições jurisdicionais dos magistrados federais de primeiro grau, consoante prescreve, em regra explícita de competência, a própria Constituição da República*", na forma do art. 109, II, da CF (STF, Rcl 10.920 MC, Rel. Min. Celso de Mello, j. 1º-9-2011, DJE de 8-9-2011).

Por isso, já se decidiu que compete à Justiça Federal, ainda que a ação principal esteja em curso na Justiça Estadual, julgar embargos de terceiros opostos por organismo estrangeiro – no caso a *Intl. Finance Corp. – IFC* (entidade reconhecida como organismo internacional no Brasil) – regra esse de competência absoluta e que não comporta modificação (STJ, AgInt no REsp 1598073/PA, Rel. Ministra Nancy Andrighi, 3ª Turm, julgado em 22/05/2018, DJe 28/05/2018).

Também se entendeu ser da competência da Justiça Federal, nos termos do artigo 109, II e III, da CF – com recursos (ordinário e agravo de instrumento) cabíveis diretamente no STJ, conforme art. 1.027, II, "b", do CPC (e art. 105, II, da CF) – a ação proposta por intercambistas médicos cubanos, na forma das Leis 12.872/2003 e 13.333/2006 (programa *Mais Médicos*), contra a União, a Organização Pan-Americana de Saúde (OPAS) e o Governo de Cuba, com vistas à declaração de inexistência de relação jurídica que os submeta ao acordo firmado entre elas, assegurando-lhes a permanência no Programa Mais Médicos para o Brasil, porém, nas mesmas condições de trabalho dos demais médicos nacionais e estrangeiros, isto é, com o recebimento integral da remuneração (STJ, Ag 1433756/DF, Rel. Ministro Og Fernandes, julgado em 03/04/2018, DJe 09/04/2018).

7.3. O art. 109, III, da Constituição Federal

O art. 109, III, da Constituição Federal, estabelece competir à Justiça Federal de 1º grau o julgamento das causas fundadas em tratado ou contrato da União com Estado estrangeiro ou organismo internacional.

Tem-se neste inciso do art. 109, da CF, a primeira hipótese de competência da Justiça Federal que não considera a parte da demanda como elemento identificador da competência (como nos incisos I e II). O elemento determinante aqui é a causa de pedir, isto é, que a ação seja fundada na existência de contrato ou tratado celebrado pela União com Estado estrangeiro ou organismo internacional, em que o Brasil assuma determinado comportamento no plano internacional.

7.3.1. Ações fundadas na Convenção de Haia sobre sequestro internacional de crianças

Nos termos do art. 109, III CF, compete à Justiça Federal o julgamento das ações com fundamento na Convenção de Haia sobre os Aspectos Civis do Sequestro Internacional de Crianças (1980), internalizada no ordenamento jurídico brasileiro por meio do Decreto n. 3.413/2000 (STJ, CC 123.094/MG, Rel. Ministro Ricardo Villas Bôas Cueva, 2ª Seção, julgado em 11/12/2013, DJe 14/02/2014).

O objetivo da Convenção de Haia sobre os Aspectos Civis do Sequestro Internacional de Crianças "*é repor à criança seu status quo, preservando o foro do país de sua residência habitual como o competente para julgar pedido de guarda, por configurar o juízo natural onde se pressupõe sejam melhor (sic) discutidas as questões a ela referentes e mais fácil a colheita de provas (art. 1º). Essa presunção, aliás, reforça a ideia de que a decisão sobre a guarda e regulamentação do direito de visitas não é objeto da ação de busca e apreensão de criança retida ilicitamente no território nacional. Aliás, os arts. 16, 17 e 19 da referida convenção corroboram esse entendimento e evidenciam que a competência para a decisão sobre a guarda da criança não é do juízo que vai decidir a medida de busca e apreensão da criança. Nesse passo, se for determinada a restituição da criança ao país de origem, lá é que se decidirá a respeito do fundo do direito de guarda e regulamentação de visitas. Por sua vez, caso seja indeferido o pleito de restituição, a decisão sobre essas questões caberá ao Juízo de Família competente. Desse modo, na ação de busca e apreensão que tramita na Justiça Federal não será definido o fundo de direito de guarda e regulamentação de visitas, por se tratar de questão para a qual existe foro próprio e adequado, seja no país de origem da criança, seja no Brasil*" (STJ, CC 132.100-BA, Rel. Min. João Otávio de Noronha, julgado em 25/2/2015, DJe 14/4/2015).

Em outros termos, é da competência da Justiça Federal brasileira, apenas, a ação de busca e apreensão de menor que esteja em território nacional, fundada na Convenção de Haia (art. 109, III, da CF). Deferida a restituição pelo juízo federal, não mais compete à Justiça Brasileira deliberar sobre outras questões atinentes ao menor (guarda, visitas, alimentos etc.), mas sim ao país que recebeu o menor (artigos 16, 17 e 19 da Convenção).

Por outro lado, negada a restituição do menor ao estrangeiro, todas as demais questões relativas à guarda, visitas etc., já não são mais fundadas na convenção internacional na qual o Brasil se obrigou a devolver, ao país de origem, o menor subtraído. Devem ser, portanto, decididas na Justiça Estadual, pois ausente qualquer das hipóteses do art. 109 da CF (STJ, CC 153.274/AC, Rel. Ministro Marco Buzzi, 2ª Seção, julgado em 11/10/2017, DJe 27/10/2017).

Recomendável, por isso, que se houver ações na Justiça Estadual tratantes de aspectos da vida do menor, sejam elas suspensas – diante da prejudicialidade externa (art. 313, V, "a", do CPC) – para aguardar o julgamento da Justiça Federal a respeito da busca e apreensão do menor com base na Convenção de Haia (art. 109, III, da CF), pois acaso a criança seja enviada ao seu país de origem, todas elas perdem o seu objeto (o assunto não é mais da Jurisdição brasileira); do contrário, caso a criança seja mantida no Brasil, as demandas de interesse do menor retomam seu curso na Justiça Estadual (STJ, CC 132.100-BA, Rel. Min. João Otávio de Noronha, julgado em 25/2/2015, DJe 14/4/2015).

Diante da lacuna legislativa a respeito dos procedimentos das ações fundadas na Convenção, o Conselho Nacional de Justiça, no ano de 2022, editou a Resolução n. 449, que veio a substituir a anterior Resolução CNJ n. 257/2018. Ambas como objetivo de disciplinar questões processuais a respeito do tema, compatibilizando a competência da Justiça Federal para busca e apreensão da criança sequestrada com as ações derivadas do direito de família, de competência da Justiça Estadual. Embora possa se reconhecer que a normativa vai para muito além das atribuições do CNJ – que, no caso, se autoconcedeu poder para editar normas de processo e procedimento em matéria processual, em franca violação do art. 22, I e 24, XI, da CF –, não se pode negar a oportunidade do regramento, a dissipar inúmeros dúvidas que pairavam a respeito do tema (prazos, competência, ritos, tutelas provisórias, execução da ordem de retorno, custas e despesas, visitas, juízes de enlace etc.).

7.3.2. Outras ações fundadas no art. 109, III, da CF

É da competência da Justiça Federal – conforme, inclusive, consta expressamente do art. 26 da Lei 5.478/68 (Lei de Alimentos) –, as ações relativas a alimentos decorrentes da aplicação da Convenção de Nova York sobre a Prestação de Alimentos no Estrangeiro (1956) – internalizada no Brasil pelo Decreto Legislativo nº. 10/1958 e Decreto nº. 56.826/65; e mais recentemente as ações de mesma natureza fundadas na Convenção sobre a Cobrança Internacional de Alimentos para Crianças e Outros Membros da Família, firmada pelo Brasil em Haia, no ano de 2007, e promulgada no país pelo Decreto n. 9.176/2017.

A principal mudança advinda da nova normativa – que se aproveita do que de mais interessantes e prático há na anterior –, se refere à definição de quem é a autoridade central responsável por facilitar o exercício da pretensão alimentar ativa (credor no Brasil) ou passiva (devedor no

Brasil) em território nacional, que no regimento anterior era o Ministério Público Federal (Procuradoria Geral da República) e, agora, o Departamento de Recuperação de Ativos e Cooperação Internacional (DRCI), órgão integrante da Secretaria Nacional de Justiça do Ministério da Justiça. Sendo necessário o ajuizamento de ação de alimentos no Brasil, a competência para tanto será da Justiça Federal, pois o fundamento da demanda é a aplicação de convenção internacional.

As duas convenções citadas continuarão convivendo e tendo eficácia em território nacional, porque a Convenção de Haia só tornará prejudicada a Convenção de Nova York em relação às partes contratantes da primeira. Para países que não aderiram a ela, permanece válida essa última e, portanto, o MPF continuará sendo a autoridade central.

ATENÇÃO. Nem toda demanda que verse sobre alimentos e que tenha um devedor morando no Brasil será de competência da Justiça Federal. Por ela somente serão julgadas as demandas derivadas de requerimentos que aportaram perante a autoridades centrais estrangeiras e que foram encaminhadas à autoridade central brasileira nos termos das citadas Convenções. Não há impedimento para que o credor de alimentos, diretamente, demande alimentos na Justiça Brasileira (sem intervenção da autoridade central e utilização dos instrumentos de cooperação judiciária previstos nas convenções), caso em que não incide o art. 109, III, da CF, e a demanda será proposta e julgada pela Justiça Estadual (STJ AgInt no CC 175.007/PE, Rel. Min. Paulo de Tarso Sanseverino, Segunda Seção, DJe de 24/8/2021; CC 123.094/MG, Min. Rel. Ricardo Villas Bôas Cueva, Segunda Seção, DJe de 14/02/2014; CC 103.390/SP, Rel. Min. Fernando Gonçalves, Segunda Seção, DJe de 30/9/2009).

Também é da competência da Justiça Federal, nos termos do art. 109, III, da CF, a ação proposta por intercambistas médicos cubanos, na forma das Leis 12.872/2003 e 13.333/2006 (programa *Mais Médicos*), com vistas à declaração de inexistência de relação jurídica que os submeta ao contrato firmado entre a União, a Organização Pan-Americana de Saúde (OPAS) e o Governo de Cuba, assegurando-lhes a permanência no Programa Mais Médicos para o Brasil, porém, nas mesmas condições de trabalho dos demais médicos nacionais e estrangeiros, isto é, com o recebimento integral da remuneração (STJ, Ag 1433756/DF, Rel. Ministro Og Fernandes, julgado em 03/04/2018, DJe 09/04/2018). Note-se que o fundamento da ação – para além de ser ajuizada contra a União, OPAS e Governo de Cuba (o que já seria suficiente para atrair a competência para a Justiça Federal, na forma do art. 109, II, da CF) –, é o de contestar os efeitos de contrato celebrado pela União com Estado estrangeiro (Cuba) e organismo internacional (OPAS).

E ainda são da competência da Justiça Federal, as demandas nas quais se discute a proteção do nome comercial, fundamentadas que são na Convenção de Paris de 1967 (Decreto 75.572/975); e as ações de ressarcimento de danos causados por vazamento ocorrido em navio de petróleo, com base na Convenção Internacional sobre Preparo, Resposta e Cooperação em Caso de Poluição por Óleo, assinada em Londres, em 30 de novembro de 1990 (Decreto 2870/1998).

7.3.3. Hipóteses de não incidência do art. 109, III, da CF

A simples invocação de normas previstas em Convenção Internacional ou Contratos Internacionais não é suficiente para atrair a competência da Justiça Federal, na forma do art. 109, III, da CF. O fundamento central da postulação deve ser a aplicação da convenção ou o contrato que reconheça direitos ou imponha deveres/obrigações à União, não sendo mera referências às regras da convenção/contrato suficiente para atrair a competência da Justiça Federal em causas particulares.

Aliás, se fosse adotado o entendimento contrário, a Justiça Federal estaria repleta de causas relativas a letras de câmbio, notas promissórias, cheques etc., cambiais cuja existência e validade derivam de convenções internacionais ratificadas pelo Brasil e inseridas no ordenamento interno através dos Decretos 57.663/66 e 57.595/66. Como a aplicação destas convenções não reconhece direito ou impõe dever/obrigação à União, não se vê espaço para incidência do art. 109, III, da CF, competindo o julgamento de causas relativas a cambiais, ordinariamente, à Justiça Estadual.

Já se entendeu, por isso, que não compete à Justiça Federal, com fundamento no art. 109, III, da CF, processar ação de indenização ajuizada por pescadores artesanais contra empresa que explorava transporte marítimo, por conta de explosão de um de seus navios, com derramamento de substâncias poluentes (óleo e etanol) sobre o mar. Ainda que tenha sido invocada a incidência de convenções internacionais sobre a preservação do meio ambiente e segurança no transporte marítimo de produtos potencialmente poluentes, isso não foi feito para impor à União ou afim o cumprimento de alguma obrigação ou dever, ou mesmo para reconhecer algum direito de proteção aos bens dela (o mar). A ação objetivava obter o ressarcimento dos prejuízos suportados, em tese, por particulares (pescadores), em face da impossibilidade de desenvolverem a pesca na região atingida pelo desastre ambiental, tema, em princípio, não afeto à Justiça Federal, salvo se houvesse interesse/intervenção do IBAMA, declarado, nos termos da súmula 150 do STJ e art. 109, I, da CF, pela Justiça Federal (STJ, REsp 1181954/PR, Rel. Ministra Nancy Andrighi, 3ª Turma, j. 27/08/2013, DJe 04/09/2013).

Também se entendeu incompetente a Justiça Federal para impugnação de habilitação de casamento entre cidadã brasileira e cidadão cubano, participante do programa *Mais Médicos*, do governo federal brasileiro (Leis 12.872/2003 e 13.333/2006).

Embora a contratação de médicos cubanos, no âmbito do referido programa federal, não tenha sido feita de forma direta pelo Governo brasileiro – mas sim através da intermediação da Organização Pan-Americana da Saúde (OPAS/OMS/ONU), bem como nos respectivos acordos internacionais que os governos do Brasil e de Cuba mantinham, de forma autônoma e simultânea, com o indigitado organismo internacional –, o fato é que o profissional cubano participante do programa contratou, diretamente com sociedade empresária cubana, avença de direito privado, regida pelas leis de Cuba, na qual consta a proibição de contrair casamento com pessoa estrangeira.

De acordo com o STJ, "*essa proibição de contrair matrimônio imposta ao profissional médico cubano não decorre de tratado internacional celebrado pela União, o que afasta a competência da Justiça Federal (CF, art. 109, III) para o julgamento do feito*" (CC 138.559/PR, Rel. Ministro Raul Araújo, 2ª seção, julgado em 27/05/2015, DJe 12/06/2015).

A proibição de se casar derivava do contrato particular celebrado entre o médico e a OPAS, de modo que, inexistindo disciplina a esse respeito nos contratos e acordos celebrados entre Brasil, Cuba e OPAS, não incidente o art. 109, III, da CF, pois não há impugnação a nada que tenha relação com o contrato/acordo celebrado pela União com Estado estrangeiro ou organismo internacional.

Do mesmo modo, não incide o art. 109, III, da CF, na ação para obtenção de registro civil de criança refugiada nascida no Brasil, ainda que a temática tangencie a Convenção relativa ao Estatuto dos Refugiados de 1951 (Decreto 50.215/1961) e a Convenção sobre os Direitos da Criança (Decreto 99.710/1990). Entendeu-se que "*não havendo nos autos relatos de crimes de ingresso ou permanência irregular de estrangeiros ou de questões referentes à naturalização ou opção por nacionalidade, mas, ao revés, tratando a ação originária de aplicação de medidas protetivas, consistente, principalmente, no pedido de registro civil de criança estrangeira refugiada, não há falar em competência da Justiça Federal, ditada pelo art. 109, III ou X da CF/1988*" (STJ, REsp 1475580/RJ, Rel. Ministro Luis Felipe Salomão, 4ª Turma, julgado em 04/05/2017, DJe 19/05/2017).

7.4. O art. 109, V-A, da Constituição Federal

O art. 109, V-A, da Constituição Federal, estabelece que são de competência da Justiça Federal as causas relativas a direitos humanos referidas no § 5º do artigo.

E o § 5º estabelece que "*nas hipóteses de grave violação de direitos humanos, o Procurador-Geral da República, com a finalidade de assegurar o cumprimento de obrigações decorrentes de tratados internacionais de direitos humanos dos quais o Brasil seja parte, poderá suscitar, perante o Superior*

Tribunal de Justiça, em qualquer fase do inquérito ou processo, incidente de deslocamento de competência para a Justiça Federal".

Tem-se aqui a previsão do IDC – Incidente de Deslocamento de Competência, expediente de competência originária do STJ, cuja legitimação é exclusiva do Procurador Geral de República, e que pode, eventualmente, deslocar a competência de causas relacionadas a violação de direitos humanos da Justiça dos Estados para a Justiça Federal.

A ideia por detrás deste instrumento é a de transferir para o Poder Judiciário da União – que é quem celebra tratados internacionais relacionados à defesa dos direitos humanos e responde perante organismos internacionais nos casos de violação deles –, o julgamento de causas dessa natureza, toda vez que se perceber que não há no âmbito dos Estados-membros isenção, interesse, vontade política, estrutura material/técnica suficiente etc., para dar uma resposta adequada à grave questão.

Atente-se: o IDC, como toda e qualquer causa modificativa de competência, é medida excepcional. E, nesse quadrante, de excepcionalidade maior ainda, pois altera a estrutura basilar de distribuição de competência material estabelecida na Constituição Federal (que tem a Justiça Estadual como juízo natural da causa). Por isso, só deve ser acolhido pelo STJ em hipóteses extremas e onde haja prova cabal da inércia, incapacidade ou parcialidade dos órgãos do Estado-Membro (Polícia Civil, Ministério Público e Poder Judiciário) para condução do caso.

De acordo com o STJ, os requisitos do incidente de deslocamento de competência são três: a) grave violação de direitos humanos; b) necessidade de assegurar o cumprimento, pelo Brasil, de obrigações decorrentes de tratados internacionais; c) incapacidade – oriunda de inércia, omissão, ineficácia, negligência, falta de vontade política, de condições pessoais e/ou materiais etc. – de o Estado-membro, por suas instituições e autoridades, levar a cabo, em toda a sua extensão, a persecução penal (IDC n. 1/PA, Relator Ministro Arnaldo Esteves Lima, julgado em 8.6.2005, DJ 10.10.2005).

Ainda de acordo com o STJ, *"a violação de direitos humanos que enseja o deslocamento de competência, além de grave, deve ser relacionada a obrigações decorrentes de tratados internacionais dos quais o Brasil seja parte"*, devendo, ainda, *"haver demonstração inequívoca de que, no caso concreto, existe ameaça efetiva e real ao cumprimento de obrigações assumidas por meio de tratados internacionais de direitos humanos firmados pelo Brasil, resultante de inércia, negligência, falta de vontade política ou de condições reais de o Estado-membro, por suas instituições e autoridades, proceder à devida persecução penal"* (IDC 5/PE, Rel. Ministro Rogerio Schietti Cruz, 3ª Seção, julgado em 13/08/2014, DJe 01/09/2014).

Do mesmo modo já decidiu o STF: "*A violação generalizada é a consequência da omissão estrutural do cumprimento de deveres constitucionais por parte de todos os poderes e corresponde, no âmbito constitucional, à expressão 'grave violação de direitos humanos', constante do art. 109, § 5º, da CRFB. A utilização da expressão grave violação no âmbito da jurisdição constitucional permite identificar o liame não apenas entre a magnitude da violação, mas também entre suas características, ao se exigir do Tribunal que examine o tema à luz da jurisprudência das organizações internacionais de direitos humanos. A omissão estrutural é a causa de uma violação generalizada, cuja solução demanda uma resposta complexa do Estado, por isso, é necessário demonstrar não apenas a omissão, mas também o nexo. A necessidade de solução complexa pode ser depreendida de decisões proferidas pela Corte Interamericana de Direitos Humanos, especialmente se dela for parte o Estado brasileiro*" (ADPF 635 MC, Rel. Min. Edson Fachin, j. 18-8-2022, P, DJE de 5-7-2022).

Praticamente todos os IDCs já instaurados no Brasil (desde que o instrumento foi criado pela EC 45/2004) tratam de questões afetas ao direito penal, especialmente relacionadas à violação do direito à vida, amparado que é não só pela CF brasileira, mas também pela Convenção Interamericana de Direitos Humanos (Pacto de San Jose da Costa Rica). Aliás, o Brasil – como é sabido –, está sujeito à jurisdição da Corte Interamericana de Direitos Humanos, que tem reiteradamente, asseverado que a obrigação estatal de investigar e punir as violações de direitos humanos deve ser empreendida pelos Estados de maneira séria e efetiva, dentro de um prazo razoável.

Não há no texto constitucional, contudo, absolutamente nada que vincule o IDC a feitos de natureza criminal. O art. 109, V-A, da CF, fala em "*causas relativas a direitos humanos*" em geral. E o § 5º do art. 109 fala que o incidente poderá ser suscitado para garantia o "*cumprimento de obrigações decorrentes de tratados internacionais de direitos humanos dos quais o Brasil seja parte*", em qualquer "*fase do inquérito ou processo*", sem se referir a inquérito policial ou processo penal.

O que se pretende defender aqui, portanto, é que o IDC também é cabível no âmbito cível – seja na fase de inquérito civil, seja no curso de ação judicial cível (especialmente as de natureza coletivas) –, toda vez que se encontrarem presentes os mesmos requisitos que se tem reconhecidos como necessários para o deslocamento de competência no crime: a) grave violação de direitos humanos; b) necessidade de assegurar o cumprimento, pelo Brasil, de obrigações decorrentes de tratados internacionais; c) incapacidade – oriunda de inércia, omissão, ineficácia, negligência, falta de vontade política, de condições pessoais e/ou materiais etc. – de o Estado-membro, por suas instituições e autoridades, levar a cabo, em toda a sua extensão, a persecução civil da conduta.

Exemplificativamente, imagine-se um inquérito civil instaurado pelo MP Estadual, ou uma ação ajuizada pela Defensoria Pública estadual, com o fito de garantir aos presos de determinada unidade penitenciária estadual (específica) tratamento digno. Mais precisamente, imagine-se que a investigação ou a ação ajuizada contra o Estado federado, objetiva, com arrimo nos artigos 5.1 (direito à integridade física, moral e psíquica), 5.2 (direito do preso a ser tratado com dignidade) e 11.1 (direito à preservação da honra e dignidade de qualquer pessoa) da Convenção Interamericana de Direitos Humanos (Pacto de San Jose da Costa Rica), garantir espaço mínimo suficiente nas celas da unidade para que os presos possam, ao menos, manter-se deitados nos períodos de descanso. Afastada a hipótese de competência originária da Justiça Federal por não haver, especificamente, obrigação que possa ser imposta à União com base na convenção internacional (art. 109, III, da CF), tampouco ente federal demandado (art. 109, I, da CF), nada impede que – diante da inércia completa das autoridades estaduais em dar andamento adequado ao inquérito civil ou à ação ajuizada –, possa o PGR suscitar IDC perante o STJ a fim de levar a causa para a Justiça Federal. Mormente porque, acaso acionada a Corte Interamericana de Direitos Humanos, quem responderá pela grave violação de direitos humanos dos presos perante o organismo internacional será a União (o Brasil), e não o Estado federado inerte.

O trato completo da temática do IDC será feito na parte sobre a competência criminal da Justiça Federal desta obra (parte 2). Mas fica o destaque que o quanto lá tratado – com as respectivas adaptações –, pode ser aplicado ao cível, já que o art. 109, V-A e § 5º, da CF – embora com maior raridade –, também se aplica às causas dessa natureza.

7.5. O art. 109, VIII, da Constituição Federal

Conforme estabelece o art. 109, VIII, da Constituição da República, são da competência dos juízes federais os mandados de segurança e os habeas data contra ato de autoridade federal.

A expressão autoridade federal abrange tanto as autoridades públicas que integrem os quadros da Administração Pública direta, autárquica e fundacional (Delegado da Receita Federal, Superintendente do INSS etc.), como os agentes de pessoas jurídicas de direito privado (sociedades de economia mista, empresas públicas ou empresas privadas), quando estiverem no exercício de atribuições do poder público federal (exercício de função delegada ou concedida/autorizada).

Por evidente, são excetuados aqueles casos, já tratados quando da análise do critério funcional/hierárquico (item 3.2.1. supra), em que compete ao STF, STJ ou TRF tratar originariamente da questão (foro privilegiado). É o caso dos mandados de segurança contra atos praticados por juízes da justiça comum federal, todos de competência do TRF (art. 108, I, "c", da CF).

Por outro lado, não compete ao Supremo, mas à Justiça Federal de 1º grau, conhecer de mandado de segurança impetrado contra ato (omissivo ou comissivo) praticado não pela Mesa da Câmara dos Deputados, mas sim pelo seu presidente. Nesses casos, incide regularmente a regra do art. 109, VIII da CF (MS contra autoridade federal), e não a do art. 102, I, "d", da CF (que trata só MS contra atos da mesa diretora da casa legislativa) (STF, MS 23.977, Rel. Min. Cezar Peluso, j. 12-5-2010, P, DJE de 27-8-2010).

Não há propriamente grandes dificuldades na intepretação do art. 109, VIII, da CF, no tocante às autoridades integrantes dos quadros da União ou autarquias/fundações federais, pois que, como autoridades públicas que são, seus atos e omissões, de ordinário, estão sujeitos ao controle pelas vias do MS ou HD. Por conseguinte, na esteira do que consta do art. 2º da Lei 12.016/2009 (LMS), como quem suportará as consequências de seus atos é a União ou afim (autarquias/fundações), são consideradas autoridades federais.

Assim, MS contra ato de expulsão de aluno praticado por ato reitor de universidade federal (fundação ou autarquia federal); MS contra ato de Delegado ou Auditor da Receita Federal que impõe penalidade fiscal; HD contra ato de superintendente do INSS ou de dirigente de agências reguladoras (ANAC, ANATEL, ANEEL etc.) que negam acesso à informação ou se recusam a corrigi-la ou esclarece-la (art. 7º da Lei 9.507/97); todos eles são de competência da Justiça Federal, na forma do art. 109, VIII, da CF.

ATENÇÃO. Não importa considerar que eventual ato praticado por dirigente do INSS tenha relação com acidente de trabalho, cujas causas, na forma do art. 109, I, da CF, são de competência da Justiça Estadual. Tratando-se de autoridade federal, a competência para julgamento do mandado de segurança é da Justiça Federal, ainda que a matéria possa, de algum modo, tangenciar o tema relativo à concessão do benefício de acidente de trabalho. Não se aplica, assim, a ressalva do art. 109, I, da CF, mas sim a regra especial do MS contra autoridade federal do art. 109, VIII, da CF, sendo desimportante o conteúdo da postulação (STJ, CC 111.123/ES, Rel. Ministro Castro Meira, 1ª Seção, julgado em 10/11/2010, DJe 22/11/2010).

7.5.1. MS e HD contra ato de dirigente de empresas públicas federais

Já no tocante às empresas públicas federais, como elas são regidas, de ordinário, pelo direito privado (embora com influxos do direito público), insta salientar que, primeiramente, deve se aferir se é cabível mandado de segurança ou o habeas data, para só então se revelar a competência da Justiça Federal com base no art. 109, VIII, da CF e art. 20, I, "d", da Lei 9.507/97.

Com efeito, não é todo ato praticado por empresa pública federal que é, automaticamente, atacado pelo MS. Somente atos de gestão pública e praticados sob os influxos do direito público que autorizam, na forma do art. 1º, § 2º, da Lei 12.016/2009, a impetração de MS. Se o ato for de gestão comercial, não é possível a impetração do MS, como, por exemplo, as definições de estratégia empresarial, como onde serão abertas novas unidades ou agência da Caixa Econômica Federal ou dos Correios; a definição de quais produtos serão colocados no mercado bancário; etc.

Do mesmo modo, não cabe HD se a informação em poder da empresa pública federal não for de caráter público, na forma do art. 1º, parágrafo único, da Lei .9.507/97, como, por exemplo, os dados colhidos em processo seletivo para admissão de estagiários (que, de ordinário, não são disponibilizados a terceiros), ou da folha funcional dos empregados da entidade.

Por outro lado, atos de gestão pública da empresa privada (vistos estes como aqueles praticados em vista da natureza paraestatal da entidade, sob os influxos do direito público); ou atos relacionados ao banco de dados de natureza pública da empresa; são atacáveis por MS/HD, cabendo, portanto, a impetração em temas relacionados a concursos públicos e licitações organizadas por empresas públicas federais (o que é imperativo para a contratação, à luz da natureza paraestatal da entidade), na forma da súmula 333 do STJ (*Cabe mandado de segurança contra ato praticado em licitação promovida por sociedade de economia mista ou empresa pública*); ou HD para acesso/correção de informações do cadastro positivo de consumidores gerenciados pela CEF (pois, como regra, é acessível ao público).

Em todos esses casos do parágrafo anterior, o MS ou HD serão da competência da Justiça Federal, na forma do art. 109, VIII, da CF, inclusive porque, como as empresas públicas atuam sob os auspícios de sua proprietária (a União), seus dirigentes são considerados autoridades federais para fins de MS e HD (art. 2º da Lei 12.016/2009).

Vale rememorar, por fim, que outras ações (diversas do MS e HD) em que figure como parte ou interveniente empresa pública federal, também serão julgadas pela Justiça Federal, porém, com base no art. 109, I, da CF (e não no inciso VIII, ora estudado).

7.5.2. MS contra ato de dirigente de sociedade de economia mista federal

O regime jurídico do mandado de segurança contra ato de dirigente de sociedade de economia mista federal segue, praticamente, o mesmo regime das empresas públicas federais. Como elas também são regidas, de ordinário, pelo direito privado (embora com influxos do direito público), primeiramente deve se aferir se é cabível mandado de segurança para, só então, se revelar a competência da Justiça Federal com base no art. 109, VIII, da CF.

Não é todo ato praticado por sociedade de economia mista com preponderância de capital federal que é, automaticamente, atacado pelo MS. Somente atos de gestão pública e praticados sob os influxos do direito público que autorizam, na forma do art. 1º, § 2º, da Lei 12.016/2009, a impetração de MS. Se o ato for de gestão comercial, não é possível a impetração do MS, como, por exemplo, as definições de estratégia empresarial da Petrobras, como onde serão abertas novas unidades ou agência do Banco do Brasil; a definição de quais produtos serão colocados no mercado bancário; etc.

Por outro lado, atos de gestão pública da sociedade de economia mista federal (vistos estes como aqueles praticados em vista da natureza paraestatal da entidade); são atacáveis por MS, cabendo, portanto, o *writ* em temas relacionados a concursos públicos e licitações organizadas por sociedades de economia mista federais (o que é imperativo para a contratação, à luz da natureza paraestatal da entidade), na forma da súmula 333 do STJ (*Cabe mandado de segurança contra ato praticado em licitação promovida por sociedade de economia mista ou empresa pública*).

Em todos esses casos do parágrafo anterior, o MS será da competência da Justiça Federal, na forma do art. 109, VIII, da CF, até porque o STF, sob o regime de Repercussão Geral (art. 543-A, § 1º, do CPC/73), já assentou que "*tratando-se de mandado de segurança, o que se leva em consideração é a autoridade detentora do plexo de competência para a prática do ato, ou responsável pela omissão que se visa a coibir. Nesse sentido, a própria lei disciplinadora do mandado de segurança, Lei 12.016/2009, considera como autoridade federal os dirigentes de pessoas jurídicas ou as pessoas naturais no exercício de atribuições do poder público, somente no que disser respeito a essas atribuições (art. 1º, § 1º, c/c art. 2º). Daí concluir que, sendo a sociedade de economia mista pessoa jurídica de direito privado, ela, na execução de atos de delegação por parte da União, se apresenta, inegavelmente, para efeitos de mandado de segurança, como autoridade federal. Sistematicamente, não há como se olvidar não ser competente, em tais casos, a Justiça Federal*". (STF, RE 726.035 RG, voto do rel. min. Luiz Fux, j. 24-4-2014, P, DJE de 5-5-2014, Tema 722).

Por fim, vale rememorar que – diversamente do que ocorre com as empresas públicas federais (art. 109, I, da CF) – outras ações diversas do MS em que figure como parte ou interveniente sociedade de economia mista federal (ação de indenização, de cobrança, de obrigação de não fazer etc.) **não** atraem a competência para Justiça Federal, sendo de competência da Justiça Estadual (súmulas 42 do STJ e 556 do STF).

7.5.3. MS contra ato de dirigente de subsidiárias de empresas públicas federais e sociedades de economia mista federais

Tem se aplicado às subsidiárias das empresas públicas federais e sociedades de economia mista federal o mesmo entendimento alinhavado nos itens anteriores (STJ, CC 150.945/SP, Rel. Ministro Og Fernandes, 1ª Seção julgado em 13/09/2017, DJe 20/09/2017).

Sendo cabível mandado de segurança contra ato de seus dirigentes (atos praticados sob os influxos do direito público, na forma do art. 1º, § 2º, da LMS), a competência será da Justiça Federal (art. 109, VIII, da CF). Como os dirigentes das subsidiárias das empresas públicas federais e sociedades de economia mista federais atuam sob as instruções da controladora – que, por sua vez, é gerida ou de propriedade da União –, a elas se estende a condição de autoridade federal para fins de MS e HD, na forma do art. 2º da Lei 12.016/2009.

7.5.4. MS contra ato de dirigentes de pessoas jurídicas ou as pessoas naturais no exercício de atribuições do poder público federal

Já está bem-posto que a competência para o julgamento do mandado de segurança é definida em razão da função ou da categoria funcional da autoridade indicada como coatora (*ratione auctoritatis*). Em se tratando de autoridade federal, nos termos do art. 2º da Lei 12.016/2009, a competência será da Justiça Federal; do contrário, da Justiça Estadual.

Por isso, impetrado MS contra ato praticado por dirigentes de pessoas jurídicas privadas ou pessoas naturais, porém **no exercício de atribuições do poder público federal**, a competência será da Justiça Federal, na forma do art. 108, VIII, da CF.

Por evidente, apenas caberá mandado de segurança no que disser respeito às atribuições do poder público federal (atos de gestão pública), pois, do contrário, nem cabe MS, na forma do art. 1º, § 1º, da Lei 12.016/2009. Eventual discussão por outras vias processuais possíveis, considerando a natureza de pessoa jurídica de direito privado ou pessoa natural da parte autora, se dará na Justiça Estadual, salvo se houve intervenção de alguns dos entes do art. 109, I, da CF.

Essa é a razão pela qual, de ordinário, os MS impetrados contra atos de dirigentes de companhias de energia elétrica ou de telefonia delegatárias de serviço público federal, relativos ao não funcionamento dos serviços; ou para atacar atos praticados por superintendente de concessionárias da União que exploram rodovia federal (*v.g.*, aumento indevido de tarifa, fora das hipóteses da concessão); são de competência da Justiça Federal (arts. 1º, § 1º e 2º, ambos da Lei 12.016/2009), pois os dirigentes são considerados autoridades federais para fins de MS (STF, RE 726.035, Rel. Min. Luiz Fux, repercussão geral).

O STJ, reiteradas vezes, tem pronunciado que "*a competência para apreciar e julgar as ações gerais contra atos de dirigentes de pessoa jurídica de direito privado, de mera gestão administrativa, é da justiça estadual. Todavia, a autoridade de instituição privada, no exercício de função federal delegada, sujeita-se ao crivo da Justiça Federal, desde que o ato não seja de simples gestão, mas de delegação, competindo à Justiça Federal decidir a impetração do writ*" (CC 46.740-CE, Relator Min. Luiz Fux, 1ª Seção, j. 17.04.2006; CC 54.854-SP, Relator Min. José Delgado, 1ª Seção, DJ de 13 de março de 2.006).

Ou seja, nos casos das concessionárias, delegatárias ou pessoas (físicas ou jurídicas) que, de qualquer modo, exerçam atribuições do poder público federal (art. 21 da CF), **é a via eleita que define a competência para a processamento da ação, o que de certo modo** – e não sem alguma crítica –, **permite que a parte escolha a Justiça competente para o caso** (com um certo grau de ofensa à garantia do juiz natural).

Se for cabível e ajuizável mandado de segurança (atos relativos às atribuições do poder público federal exploradas pelo particular) – como, por exemplo, para evitar a interrupção do fornecimento dos serviços delegados de energia elétrica e telefonia (que são de exploração da União, na forma do art. 22, XI e XII, "b", da CF), a competência será da Justiça Federal, na forma do art. 109, VIII, da CF, pois o dirigente da concessionária, delegatária ou afim, é considerado autoridade federal, na forma do art. 2º da Lei 12.016/2009.

Do contrário, ajuizado qualquer outro tipo de procedimento processual (*v.g.* ação de obrigação de fazer ou não fazer), mesmo que seja para obter o mesmo fim tutelável pelo mandado de segurança (o impedimento da cessação do fornecimento da energia elétrica ou serviço de telefonia), a competência será da Justiça Estadual, pois a concessionária, delegatária ou afim é pessoa jurídica de direito privado, como tal não enquadrável no art. 109, I, da CF (ainda que explorando atividade federal).

7.5.5. MS contra ato de dirigente de entidade (pública federal e privada) de ensino superior

As instituições privadas de ensino superior integram o Sistema Federal de Ensino, nos termos do que determina a Lei de Diretrizes e Bases da Educação (arts. 9º, IX e 16, ambos da Lei 9.394/1996), pois atuam mediante autorização, credenciamento e fiscalização do MEC (Ministério da Educação). Afinal, o art. 16 da Lei 9.394/1996 estabelece que o sistema federal de ensino compreende: a) as instituições de ensino mantidas pela União; b) as instituições de educação superior mantidas pela iniciativa privada.

Em sendo assim, admitindo que seja cabível mandado de segurança na temática (art. 1º, § 2º, da Lei 12.016/2009), por serem os dirigentes de entidade de ensino superior **públicas federais ou privadas** considerados autoridades federais (integrantes do sistema federal de ensino), a competência será da Justiça Federal, na forma do art. 2º da Lei 12.016/2009 e art. 109, VIII, da CF (STF, RE 698.440 AgR, rel. min. Luiz Fux, j. 18-9-2012, 1ª T, DJE de 2-10-2012; ARE 754.849 AgR, rel. min. Dias Toffoli, j. 14-4-2015, 2ª T, DJE de 27-5-2015).

Nesse sentido, a súmula 570 do STJ dispõe que compete à Justiça Federal o processo e julgamento de demanda em que se discute a ausência de ou o obstáculo ao credenciamento de instituição particular de ensino superior no Ministério da Educação como condição de expedição de diploma de ensino a distância aos estudantes. Como nesses casos o ato atacado é típico de império (do poder público), admite-se também o manejo do mandado de segurança, que, considerando o status da autoridade por equiparação (federal) e o interesse envolvido em jogo (do sistema federal da educação – MEC/União), será julgado pela Justiça Federal (art. 109, I e VIII, da CF).

Atente-se que a Lei de Diretrizes e Bases da Educação (Lei 9.394/96) também permite que Estados prestem atividades de ensino superior, pois podem autorizar, reconhecer, credenciar, supervisionar e avaliar, respectivamente, os cursos das instituições de educação superior e os estabelecimentos do seu sistema de ensino (art. 10, IV). Conforme artigo. 17 da citada lei, os sistemas de ensino dos Estados e do Distrito Federal compreendem: a) as instituições de ensino mantidas, respectivamente, pelo Poder Público estadual e pelo Distrito Federal; b) as instituições de educação superior mantidas pelo Poder Público municipal; c) as instituições de ensino fundamental e médio criadas e mantidas pela iniciativa privada; e d) os órgãos de educação estaduais e do Distrito Federal, respectivamente.

O Município, por sua vez, não tem autorização constitucional para prestar autonomamente ensino superior, pois que as suas instituições de ensino superior (faculdades, centros universitários e universidades municipais) integram o sistema estadual de ensino, devendo, portanto, ser autorizadas, credenciadas e fiscalizadas pelos Estados, por seus Conselhos de Educação (art. 17, II, da LDBE). Conforme art. 11 da LDBE, os Municípios têm importante papel na prestação de serviços educação infantil em creches e pré-escolas, permitida a atuação em outros níveis de ensino somente quando estiverem atendidas plenamente as necessidades de sua área de competência e com recursos acima dos percentuais mínimos vinculados pela Constituição Federal à manutenção e desenvolvimento do ensino.

Então, em se tratando da competência para processar e julgar MSs que envolvam questões atinentes ao ensino superior, é possível extrair as seguintes orientações a partir das regras que tratam do tema (Lei 9.394/96) e da existência, no país, de universidade/faculdades federais, estaduais, municipais e particulares:

a) caso a demanda verse sobre questões privadas relacionadas ao contrato de prestação de serviços firmado entre a instituição de ensino superior privada e o aluno (inadimplemento de mensalidade cobrança de taxas etc.), desde que não se trate de mandado de segurança ou *habeas data*, a competência, via de regra, é da Justiça Estadual, pois não se encontra nos polos da ação nenhum dos entes do art. 109, I, da CF;

b) por outro lado, em sendo a via eleita o mandado de segurança (se cabível) – ou referindo-se ao registro de diploma perante o órgão público competente, ou mesmo credenciamento da entidade perante o Ministério da Educação, ainda que para fins de indenização por danos (nesta duas hipóteses pouco importa a via) – há existência de interesse da União Federal no feito (considerando que a faculdade/universidade privada integra do sistema federal de ensino) – ainda que se trata de ensino superior à distância –, razão pela qual, nos termos do art., 109, I e VIII, da Constituição Federal, a competência para processamento do feito será da Justiça Federal (STJ, REsp 1.344.771/PR, Relator Ministro Mauro Cambpell Marques, 1ª Seção, j. 24.04.2013, DJe 02/08/2013) (Tema 1154/STF);

c) tratando-se de faculdade/universidade estadual/distrital, como não integram o sistema federal de ensino, qualquer ação contra ato de seus dirigentes (inclusive MS, se cabível) é de competência da Justiça Estadual, pois ausente quaisquer das hipóteses do art. 109, I e VIII, da CF;

d) do mesmo modo, tratando-se a parte faculdade/universidade municipal, como não integram o sistema federal de ensino (e sim o sistema estadual/distrital), as ações contra ato de seus dirigentes (inclusive MS, se cabível) são de competência da Justiça Estadual, pois ausente quaisquer das hipóteses do art. 109, I e VIII, da CF.

Observe-se que o ensino fundamental e médio (incluindo pré-escolas e creches) não são explorados, como regra (há exceções), pelo poder público federal, mas sim por instituições públicas estaduais/municipais e instituições privadas, que não atuam sob autorização, credenciamento e fiscalização da União (MEC). Por isso, se cabível MS contra atos de seus dirigentes (diretores e afins), as respectivas ações terão curso na Justiça Estadual, pois para além de inexistir interesse da União (art. 109, I, da CF), não há autoridade federal equiparada envolvida (art. 2º da Lei 12.016/2009 e art. 109, VIII, da CF).

7.5.6. MS contra ato de presidente de Junta Comercial

As juntas comerciais são órgãos administrativamente subordinados ao Estado, mas tecnicamente à autoridade federal, como elementos do sistema nacional dos Serviços de Registro do Comércio (art. 3º, da Lei 8.934/1994).

Consequentemente, a competência é da Justiça Federal para o julgamento de mandado de segurança contra ato do presidente da junta (compreendido em sua atividade-fim), na forma do art. 109, VIII, da CF, pois considerado autoridade federal, na forma do art. 2º da Lei 12.016/2009 (STF, RE 199.793, Rel. Min. Octavio Gallotti, j. 4-4-2000, 1ª T, DJ de 18-8-2000).

7.5.7. MS contra ato de particular ou autoridade municipal/estadual (sem prerrogativa de foro) que atua na condição de retentor de tributos federais

Na esteira do que estabelecem o art. 2º, da Lei 12.016/2009, e vasta jurisprudência superior, mesmo em se tratando de particulares (v.g. tabeliões) ou autoridades municipais/estaduais que, todavia, atuem por delegação do poder público federal, a competência para processar e julgar o mandado de segurança será da Justiça Federal, na forma do art. 109, VIII, da CF.

Considerando que o art. 6º, § 3º, da Lei 12.016/2009, estabelece que se considera autoridade coatora, para fins de MS, aquele que tenha praticado o ato impugnado, se a autoridade estadual/municipal, sem foro por prerrogativa, na condição de retentor de tributo federal sobre a folha de salários, figurar como impetrado em MS proposto por servidor insatisfeito com a retenção, o ato deverá ser impugnado perante a Justiça Federal.

O STJ tem precedente indicando que MS impetrado contra ato de Prefeito Municipal que, com base no art. 31 da Lei 8.212/91, retém 11% incidente sobre o valor bruto das notas fiscais ou faturas de prestação de serviços, para pagamento de serviços prestados no âmbito do SUS, é de competência da Justiça Federal, pois "*o Prefeito Municipal apenas cumpre determinação estabelecida pelas Leis ns. 8.212/91, 9.711/98 e IN INSS n. 100/2003, que impõem a retenção do percentual devido a título de contribuição previdenciária no caso de cessão-de-mão de obra, logo, a competência para julgar a demanda é da Justiça Federal*" (STJ, RMS 25.604/RJ, Rel. Ministro José Delgado, 1ª turma, julgado em 22/04/2008, DJe 21/05/2008).

7.5.8. Mandado de injunção contra autoridades federais

Conforme art. 102, I, "q", da CF, será de competência do STF o julgamento do mandado de injunção (art. 5º, LXXI, da CF), quando a elaboração da norma regulamentadora for atribuição do Presidente da República, do Congresso Nacional, da Câmara dos Deputados, do Senado Federal, das Mesas de uma dessas Casas Legislativas, do Tribunal de Contas da União, de um dos Tribunais Superiores, ou do próprio Supremo Tribunal Federal (competência originária do STF).

E conforme o art. 105, I, "h", da CF, competirá ao STJ processar e julgar o mandado de injunção quando a elaboração da norma regulamentadora for atribuição de órgão, entidade ou autoridade federal, da administração direta ou indireta, excetuados os casos de competência do

Supremo Tribunal Federal e dos órgãos da Justiça Militar, da Justiça Eleitoral, da Justiça do Trabalho e da Justiça Federal.

Desta última disposição extrai-se que a *competência do STJ para julgar mandado de injunção é* ***residual***. O Superior Tribunal de Justiça tem competência para o *writ* quando a elaboração da norma regulamentadora omissa for atribuição de órgão, entidade ou autoridade federal da administração direta (União) ou indireta (autarquia e fundação), excetuados os casos de competência de todos os demais órgãos do Judiciário federal: STF, Justiça Militar, Justiça Eleitoral, Justiça do Trabalho e, especialmente, Justiça Federal.

Ao buscar-se, entretanto, referência à competência da Justiça Federal de 1º grau para o julgamento do mandado de injunção – a fim de se aferir quando a competência é dela, e não do STJ –, não se encontra no art. 109, da CF, nenhuma disposição equivalente ao inciso VIII, que só faz referência à competência da Justiça Federal para o julgamento do mandado de segurança e do habeas data contra ato de autoridade federal.

Seria, então, o STJ competente para o julgamento de todos os mandados de injunção contra autoridades federais, ante à ausência de previsão constitucional de competência de juízes federais para o julgamento de tais ações?

O STJ, em diversos mandados de injunção que lhe foram originariamente submetidos, tem feito uma intepretação restritiva do art. 105, I, "h", da CF, para aplicar integrativamente os arts. 105, I, "b", e 109, VIII, da CF, e estabelecer que compete ao Tribunal o julgamento do *writ*, apenas, quando a ausência de norma regulamentadora provier de ato que deveria ter sido praticado por Ministro de Estado, Comandantes da Marinha, do Exército e da Aeronáutica (STJ, MI 121-DF, Rel. Min. Nilson Naves, CE, j. 04.03.1998) ou pelo Tribunal; sendo o mandado de injunção contra toda*s* as demais omissões normativas provenientes de outras autoridades federais de competência da Justiça Federal.

Assim, compete à Justiça Federal de primeiro grau julgar mandado de injunção impetrados contra autarquias federais (STJ, MI 247-DF, Rel. Min. Og Fernandes, DJ 08.02.2018) e agências reguladoras, tais como o BACEN (STF, MI 571, Rel. Min. Sepúlveda Pertence, Pleno, j. 08.10.1998, DJ 10.11.1998), CADE (STJ, AgRg no MI 185-DF, Rel. Min. Franciulli Neto, CE, j. 10.10.2004, DJ 21.03.2005), IBAMA (STJ, MI 197, Rel. Min. Ari Pargendler, DJe 06.08.2010), CONTRAN (STJ, MI 193-DF, Rel. Min. Carlos Alberto Menezes Direito, CE, j. 22.05.2006) e ANATEL (STJ, MI 174-DF, Rel. Min. Salvio de Figueiredo Teixeira).

7.6. O art. 109, X, da Constituição Federal

O inciso X do art. 109, da CF, dispõe que a Justiça Federal de 1º grau é competente para 03 (três) tipos diferentes de procedimentos: a) execução de carta rogatória, após o "*exequatur*" do STJ (art. 105, I, "i", da CF); b) cumprimento de sentença estrangeira, após a homologação pelo STJ (art. 105, I, "i", da CF); e c) as causas referentes à nacionalidade, inclusive a respectiva opção, e à naturalização.

Todas os procedimentos/causas referidos no art. 109, X, da CF são fundados na sua natureza ou na causa de pedir, de modo que pouco importa se as partes do processo são entes federais (art. 109, I, da CF), pois a internacionalidade de todas as hipóteses do dispositivo – por pura questão de política-constitucional –, atrai a competência da Justiça Federal.

O dispositivo deve ser interpretado, ainda, no sentido de reconhecer a competência da Justiça Federal para qualquer das modalidades de cooperação judiciária internacional dependente de prestação de atividade jurisdicional (art. 27 do CP), como é o caso do auxílio-direto passivo. Aliás, nos termos do art. 34 do CPC, compete ao juízo federal do lugar em que deva ser executada a medida apreciar pedido de auxílio direto passivo que demande prestação de atividade jurisdicional.

7.6.1. Execução de carta rogatória e homologação de sentença estrangeira

Os pronunciamentos jurisdicionais são executáveis, apenas, no território dos países em que proferidos. Em regra, a eficácia de tais pronunciamento não deve extrapolar os limites territoriais do país, em respeito à soberania dos demais Estados.

Para que uma decisão nacional possa ser coativamente imposta no exterior é preciso contar com a colaboração do Estado recepto para a prática, o que se dá – ao menos sobe a insígnia adotada pelo direito brasileiro –, através de instrumentos de cooperação internacional (arts. 26 a 41 do CPC).

São 03 (três) os instrumentos de cooperação jurídica internacional cíveis: o auxílio direto (arts. 28 a 34, CPC), a carta rogatória (art. 36 CPC) e a homologação de decisão estrangeira (arts. 960 a 965 CPC).

O auxílio direto, nos termos do art. 28 do CPC, cabe quando a medida não decorrer diretamente de decisão de autoridade jurisdicional estrangeira sujeita a juízo de delibação/homologação do STJ (art. 105, I, "i", da CF/1988). Se o atendimento ao pedido de cooperação jurídica da autoridade estrangeira não exigir, de acordo com a lei brasileira, a intervenção jurisdicional local (arts. 32 e 961, § 1º, CPC), caberá o auxílio direto, como ocorre nas providências de caráter administrativo (mesmo quando solicitadas pela autoridade judicial estrangeira), como requisição de informações sobre o funcionamento do ordenamento jurídico brasileiro, ou acerca do andamento de processos judiciais ou administrativos no país (art. 30, I).

Também será o caso de auxílio direto se a providência veicular pedido de decisão integral pela jurisdição nacional. Nessa situação, a autoridade não decide para que se cumpra seu provimento no Brasil, mas sim o Estado estrangeiro lança mão da jurisdição concorrente e solicita que seja postulada junto ao Judiciário nacional a providência objeto de cooperação (arts. 33 e 34 do CPC).

O auxílio direto – exatamente por não envolver cumprimento de pedido/decisão de cunho jurisdicional – **dispensa homologação do STJ**, ocorrendo diretamente estre as autoridades (administrativa e/ou judiciais) dos países envolvidos (art. 32 do CPC).

Se o pedido de cooperação, por outro lado, decorrer de decisão estrangeira de natureza jurisdicional (ainda que não proferida por órgão do Poder Judiciário estrangeiro), a regra é a necessidade homologação do STJ, na forma do art. 105, I, "i", da CF, sem o que o pronunciamento não poderá ser aqui cumprido.

> **ATENÇÃO.** Só há espaço para homologação de decisões estrangeiras no Brasil se for reconhecida, previamente, a competência concorrente do Estado prolator, na forma dos arts. 22 e 23 do CPC (jurisdição internacional concorrente). Em se tratando de jurisdição nacional exclusiva (art. 21 do CPC), não será homologada nenhum pronunciamento estrangeiro no Brasil, até porque a ordem pública brasileira impede que aqui ele tenha eficácia (art. 964 do CPC).

A diferença entre a homologação de decisão estrangeira e a carta rogatória – inclusive provinda de arbitragem internacional (Convenção de Nova York – Decreto 4.311/2002) – é relativamente simples: a) a homologação se dará quando o pronunciamento jurisdicional estrangeiro (que se pretende fazer cumprir no Brasil) for definitivo, seja a sentença que apreciar todos os pedidos formulados, seja a decisão interlocutória que veicule julgamento parcial do mérito (art. 960 e ss. do CPC); e b) a carta rogatória, por sua vez, se presta a fazer cumprir no Brasil decisão provisória proferida no exterior, similarmente às tutelas cautelar, antecipada e de evidência do CPC brasileiro (arts. 960, § 1º, e 962, § 1º, do CPC).

ATENÇÃO. A regra é que qualquer decisão jurisdicional estrangeira, definitiva ou provisória (art. 961 e § 1°, CPC), necessita de homologação ou *exequatur* pelo STJ para produzir efeitos no Brasil, (art. 105, I, "i", da CF). "*No entanto, referido dispositivo constitucional limita-se a estabelecer a competência do STJ, sem, contudo, definir todos os casos em que será exigido o prévio juízo de delibação daquele tribunal superior, o que cabe ao legislador infraconstitucional. O CPC/2015 aproveitou-se da abertura deixada pelo texto constitucional e, de maneira a renovar a disciplina da matéria, estabeleceu duas exceções, ou seja, casos em que a decisão estrangeira produzirá efeitos no Brasil independentemente de prévia homologação: (i) quando existir previsão nesse sentido em tratado internacional (art. 960, caput); e (ii) no caso de sentença estrangeira de divórcio consensual (art. 961, § 5°). 6.1. São exemplos de dispensa do juízo de delibação pelo STJ em tratados internacionais: (i) o art. 19 do Protocolo de Medidas Cautelares de Ouro Preto, promulgado pelo Decreto 2.626/1998 e aplicável no âmbito do Mercosul, o qual prevê que "[o]s Juízes ou Tribunais das zonas fronteiriças dos Estados Partes poderão transmitir-se, de forma direta, os 'exhortos' ou cartas rogatórias previstos neste Protocolo, sem necessidade de legalização" – ou seja, permite-se a execução de medidas cautelares estrangeiras sem a formalidade do exequatur ou da homologação nas zonas fronteiriças; e (ii) o art. 7° da Convenção Interamericana sobre Cartas Rogatórias, promulgada pelo Decreto 1.899/1996, o qual, de forma semelhante, estabelece que '[a]s autoridades judiciárias das zonas fronteiriças dos Estados Partes poderão dar cumprimento, de forma direta, sem necessidade de legalização, às cartas rogatórias previstas nesta Convenção'"* (GAJARDONI, Fernando da Fonseca; DELLORE, Luiz; ROQUE, Andre Vasconcellos; OLIVEIRA JR., Zulmar Duarte. Comentários ao CPC/2015 – Execução e Recursos. 2ª ed. São Paulo: Método, 2018, p. 707/708). *Conforme art. 961, § 5°, do CPC, nestes casos em que dispensada homologação/exequatur da decisão estrangeira para ter efeitos no Brasil, competirá a qualquer juiz examinar a validade da decisão, em caráter principal ou incidental, quando essa questão for suscitada em processo de sua competência, tendo base, no que for compatível, os requisitos dos artigos 963 e 964 do CPC.*

Seja como for, nos casos em que necessário o cumprimento coativo (execução) da decisão jurisdicional estrangeira no Brasil – o que não ocorrerá acaso o pronunciamento estrangeiro tiver natureza meramente declaratória ou constitutiva/desconstitutiva (já que tais pronunciamentos têm carga eficacial completa, bastando) –, logo após o *exequatur* (cumpra-se) ou homologação de decisão condenatória estrangeira pelo STJ (art. 105, I, "i", da CF), o cumprimento da decisão deverá ser processado perante a Justiça Federal (ainda que ausentes partes referidas no art. 109, I, da CF).

Afinal, o juízo federal tem competência material para a execução, em território brasileiro, de pedidos de cooperação jurídica internacional, como é o caso das decisões estrangeiras homologadas e cartas rogatórias após o juízo de delibação pelo STJ (art. 109, X, da CF/1988).

7.6.1.1. Procedimento do cumprimento de sentença perante a Justiça Federal

Homologada a decisão estrangeira pelo Presidente do STJ ou pela Corte Especial, esta poderá ser executada no juízo federal competente de 1º grau (art. 216-N do RISTJ), a requerimento da parte interessada (art. 965 do CPC/2015), observando-se, no mais, as regras relativas ao cumprimento de sentença/decisão jurisdicional nacional.

Para determinar o juízo competente, aplicam-se o art. 516, III e seu parágrafo único, do CPC/2015, devendo o cumprimento tramitar no juízo federal do atual domicílio do executado, do local em que se encontrem os bens sujeitos à execução (se for uma obrigação de pagar quantia certa ou de dar coisa) ou do lugar em que deva ser executada a obrigação de fazer ou não fazer.

O cumprimento de sentença dependerá, invariavelmente, de requerimento da parte ao juízo federal competente, mediante petição inicial, formando processo autônomo, na forma do art. 515, § 1º, do CPC, para qual será o executado citado.

O art. 484 do CPC/1973 e o art. 216-N do Regimento Interno do STJ referiam-se à extração de carta de sentença pelo STJ para fins de execução da decisão estrangeira homologada perante o juízo federal competente. O CPC/2015, em boa hora, desburocratizou o procedimento, dispensando a extração de carta precatória e exigindo apenas que seja o pedido de execução instruído com cópia autenticada da decisão homologatória (art. 965, parágrafo único, do CPC/2015).

No mais, o procedimento segue o rito definido pelo CPC conforme a natureza da obrigação: sendo a obrigação imposta pela sentença (estatal ou arbitral) estrangeira de pagar quantia, observa-se o art. 523 e ss. do CPC; sendo a obrigação de fazer não fazer, os artigos 536 e 537 do CPC; por fim, se obrigação for de entrega de coisa, observa-se o art. 538 do CPC.

7.6.1.2. Procedimento da execução da carta rogatória

Recebida a carta rogatória pelo STJ, e após a concessão do *exequatur* (cumpra-se), ela será enviada, independentemente de requerimento, para ser executada pelo juízo federal competente de 1º grau (art. 216-V, *caput*, do RISTJ), que será o do local do cumprimento da medida (*v.g.*, o local onde está o bem cuja apreensão foi ordenada liminarmente pela Justiça estrangeira).

Contra as decisões proferidas pelo juiz federal no âmbito da execução da carta rogatória, qualquer interessado ou o Ministério Público poderá apresentar embargos, julgando-os o Presidente do STJ (art. 216-V, § 1º, do RISTJ). A razão dessa regra é que o juiz federal atua por delegação do STJ no âmbito da carta rogatória, razão pela qual os embargos não passam pela apreciação do Tribunal Regional Federal.

Aliás, referidos embargos serão restritos a questionar os atos para cumprimento da carta rogatória, não se podendo rediscutir a concessão do *exequatur* e muito menos o mérito da decisão provisória estrangeira executada.

Cumprida a carta rogatória, esta será devolvida ao Presidente do STJ, que a encaminhará ao Ministério da Justiça ou ao Ministério das Relações Exteriores para que tramite de volta ao Estado solicitante da medida (art. 216-X do RISTJ).

7.6.2. Causas referentes à nacionalidade (inclusive a respectiva opção) e à naturalização

As causas relativas à nacionalidade (inclusive a respectiva opção por dada nacionalidade) e à naturalização – temas hoje disciplinados pelos artigos 63 e ss. da Lei 13.445/2017 (lei da Migração) e pelo Decreto 9.199/2017 –, de ordinário, terão como interessadas a União (Ministério da Justiça e da Segurança Pública), que é a responsável por tratar dos referidos temas (controlar, acolher, indeferir, fazer exigências etc.). Isso já basta para atrair a competência da Justiça Federal, na forma do art. 109, I, da CF.

Tanto que o art. 213 do Decreto n. 9.199/2017 estabelece que nos casos de opção pela nacionalidade brasileira (do brasileiro nascido no exterior e que não tenha sido registrado em repartição consular), instaurar-se-á procedimento judicial específico, de jurisdição voluntária, que correrá perante a Justiça Federal, conforme, aliás, prevê expressamente o art. 32, § 4º, da Lei de Registros Públicos – Lei 6.015/1973 ("*Dentro do prazo de quatro anos, depois de atingida a maioridade pelo interessado referido no § 2º deverá ele manifestar a sua opção pela nacionalidade brasileira perante o juízo federal*"). Deferido o pedido, proceder-se-á ao registro no livro "E" do Cartório do 1º Ofício do domicílio do optante. A regra é expressa no sentido de que a União sempre será ouvida, por meio de citação dirigida à Advocacia-Geral da União (art. 721 do CPC), em tais procedimentos.

De qualquer modo, eventualmente surgindo demanda judicial que enfrente a temática da naturalização e nacionalidade, a competência será da Justiça Federal, também pelo que consta do art. 109, X, da CF.

É o que ocorre, exemplificativamente, no tocante aos casos de opção pela nacionalidade brasileira, perda da nacionalidade (art. 12, § 4º, inciso I, da CF) e todos os conflitos derivados destes processos e, também, dos relativos à reaquisição de nacionalidade perdida (art. 12, § 4º, II, da CF), naturalização de estrangeiro etc.

Também deve se estender a competência da Justiça Federal, na forma do artigo 109, I e X, da CF, para medidas judiciais em que se discuta não só a naturalização ou nacionalidade, mas a própria situação jurídica do estrangeiro no país como um todo (regularidade, refúgio, asilo, etc.), vez que a já referida Lei 13.445/2017 (lei da Migração) e o Decreto 9.199/2017, estabelecem competir aos órgãos federais fiscalizar a entrada e permanência de estrangeiros no Brasil, atraindo, portanto, a competência da Justiça Federal (STJ, CC 108.840/MG, Rel. Ministro Sidnei Beneti, 2ª Seção, julgado em 14/04/2010, DJe 30/04/2010).

Cautela, contudo, deve ser tomada.

Ainda que possa haver algum reflexo na nacionalidade, não compete à Justiça Federal processar e julgar causas de adoção por estrangeiro, pois o eventual "*deferimento da adoção de estrangeiro por brasileiros natos ou naturalizados, não importa, de pronto, na plena aquisição da nacionalidade originária, que depende, além da fixação de residência no Brasil, da expressa declaração de vontade confirmativa, exclusivamente pelo adotando, homologada por sentença judicial, em processo de jurisdição voluntária*". De modo que ausente hipótese de incidência do art. 109 I e X, da CF, é da Justiça Estadual a competência para tanto (STJ, CC 150.164/SP, Rel. Ministra Regina Helena Costa, 1ª Seção, julgado em 12/12/2018, DJe 14/12/2018).

7.7. O art. 109, XI, da Constituição Federal

Ações sobre direitos dos povos indígenas, de acordo com o art. 109, XI, da CF, são de competência da Justiça Federal.

Ordinariamente, nestas ações, intervém a FUNAI (Fundação Nacional do Índio), fundação de direito público federal criada pela Lei n. 5.371, de 5 de dezembro de 1967, e que tem por objetivo coordenar e executor a política indigenista do Governo Federal. Isso já basta para que haja atração da competência do caso para a Justiça Federal, na forma do art. 109, I, da CF (STJ, REsp 1454642/CE, Rel. Ministro Herman Benjamin, 2ª Turma, julgado em 26/05/2015, DJe 18/11/2015).

Contudo, mesmo que eventualmente a FUNAI não seja parte no processo, o art. 109, XI, da CF estabelece que se a causa de pedir versar sobre direito dos povos indígenas a competência será da Justiça Federal.

Não se deve confundir direitos dos povos indígenas com direito individual do índio. Esse, a rigor, não tem foro na Justiça Federal, tendo seus direitos, deveres e obrigações ordinariamente julgados pela Justiça Estadual, ainda que, eventualmente, os fatos tenham sido praticados contra outro silvícola, ou dentro de reserva indígena. Tanto que o STJ editou súmula de n. 140, para esclarecer que "*compete à justiça estadual comum processar e julgar crime em que indígena figure como autor ou vítima*".

A rigor, ao se referir a direitos dos povos indígenas, o art. 109, XI, da CF está a tratar dos direitos difusos e coletivos dos povos indígenas e, no máximo, aos direitos individuais homogêneos que derivem, necessariamente, da condição de indígenas dos titulares do direito ou interesse (direitos individuais de dado grupo indígena).

O STF tem precedentes variados no sentido de que somente os processos que versarem sobre questões diretamente ligadas à cultura indígena, aos direitos sobre suas terras, ou, ainda, a interesses constitucionalmente atribuíveis à União Federal, são de competência da Justiça Federal (STF, HC 91.121, Rel. Min. Gilmar Mendes, j. 6-11-2007, 2ª T, DJE de 28-3-2008).

Por outro lado, "*a competência da Justiça Federal em relação aos direitos indígenas não se restringe às hipóteses de disputa de terras, eis que os direitos contemplados no art. 231 da CF são muito mais extensos*", inclusive sendo competente para julgar ações cujo fundamento seja a prática das condutas que afrontem diretamente a cultura da comunidade indígena (STF, HC 91.313, Rel. Min. Ellen Gracie, j. 2-9-2008, 2ª T, DJE de 26-9-2008).

8. COMPETÊNCIA MATERIAL FEDERAL DELEGADA

Tendo-se em vista que a Justiça Estadual, por ser a mais antiga de todas, tem a estrutura muito maior do que as das Justiças Federal e Trabalhista, a CF de 1998 criou duas hipóteses em que, para facilitação do acesso à Justiça do jurisdicionado, permitiu que se processassem na Justiça Estadual causas que, materialmente, seriam de competência da Justiça Federal (comum e especial).

O art. 112 da CF estabelece que a lei criará varas da Justiça do Trabalho, podendo, nas Comarcas não abrangidas por sua jurisdição, atribuir **qualquer demanda que seria de competência da Justiça do Trabalho** à Justiça Estadual, com recurso para o respectivo Tribunal Regional do Trabalho (TRT). Trata-se de disposição que não é autoaplicável, dependendo, portanto, de lei para operacionalização da delegação aqui prevista.

Já o art. 109, § 3º, da CF, estabelecia – <u>em sua redação originária</u> – que nos locais onde não houvesse vara federal, seriam processadas e julgadas na Justiça Estadual, no foro de domicílio dos segurados ou beneficiários, **as causas em que fosse parte instituição de previdência social** (INSS), com recurso para o respectivo Tribunal Regional Federal. Previa também que, observada essa condição (ausência de órgão da Justiça Federal na Comarca), a lei poderia permitir que outras causas de competência material da Justiça Federal fossem processadas na Justiça Estadual (também com recurso para o TRF).

A regra originária do art. 109, § 3º, da CF, tinha como razão de existir a necessidade de se facilitar acesso à justiça, permitindo que grupos mais vulneráveis (como pessoas idosas, órfãos e hipossuficientes em geral) pudessem, sem deslocar-se do foro de seu domicílio, demandar perante a Justiça que lhes é mais próxima e acessível, isto é, a Justiça Estadual.

No raiar da CF/1998, a disposição era também justificada porque a Justiça Federal ainda não era suficientemente interiorizada, de modo que – durante muitos anos -, só havia seções judiciárias federais nas capitais dos Estados (com competência territorial sobre todo o Estado – art. 110 da CF) e, no máximo, nas cidades do interior com altos índices populacionais (subseções judiciárias). O que acarretaria a necessidade de o jurisdicionado – acaso não existisse a delegação para a Justiça Estadual de algumas ações, especialmente as previdenciárias –, deslocar-se muitas vezes dezenas ou centenas de quilômetros de seu domicílio, para demandar na Justiça Federal dos grandes centros.

Contudo, mais de 30 (trinta) anos depois da CF/1998, esse quadro é distinto.

A Justiça Federal já tem unidades em várias cidades do país, embora ainda não tenha alcançado o grau de interiorização equivalente ao da Justiça Estadual (o que não é nem desejável ou viável do ponto de vista econômico/financeiro).

E, para além disso, não só os meios de transporte e locomoção evoluíram, facilitando os deslocamentos (veículos mais rápidos, aumento da malha aérea e rodoviária, melhoria das estradas de rodagem etc.). A tecnologia do processo eletrônico permitiu que tanto a propositura das ações, como também as audiências, possam ser feitas virtualmente, em plataformas digitais que dispensam o deslocamento e a presença física das partes até as unidades da Justiça Federal.

Diante desse novo quadro, a regra do art. 109, § 3º, da CF, sofreu importante alteração com a EC n. 103, promulgada em 12.11.2019 (Reforma da Previdência). De acordo com a nova redação do dispositivo, "**Lei poderá autorizar que as causas de competência da Justiça Federal em que forem parte instituição de previdência social e segurado possam ser processadas e julgadas na justiça estadual quando a comarca do domicílio do segurado não for sede de vara federal**".

Extirpou-se do texto constitucional, a um só tempo: a) qualquer outra hipótese de delegação de competência da Justiça Federal para a Justiça Estadual, que não seja a relativa às ações em forem parte instituição de previdência social e segurado (ou seja, ações previdenciárias/assistenciais contra o INSS); e b) a regra de eficácia plena que estabelecia a competência da Justiça Estadual do foro do domicílio do segurado ou beneficiário, nos locais onde não houvesse unidade da Justiça Federal, para as ações previdenciárias e assistenciais contra o INSS.

Doravante, a competência material federal delegada continua a existir, porém, EXCLUSIVAMENTE para ações em que forem partes instituição da previdência social e segurado (ações previdenciárias/assistenciais) e, INTEGRALMENTE, nos termos dos contornos que lhe emprestar lei federal (art. 22, I, da CF).

De modo que toda a disciplina normativa a respeito da delegação da competência federal para a Justiça Estadual, a partir da EC n. 103/2019, é objeto exclusivamente de normas infraconstitucionais. **Competirá ao legislador federal sopesar valores como acesso à justiça, organização judiciária e racionalidade e eficiência do serviço público judicial, para definir em que situações é razoável admitir a delegação, insista-se, UNICAMENTE para ações que sejam partes segurado e INSS.**

Consequentemente, **TODAS AS NORMAS INFRACONSTITUCIONAIS** que, com base na originária redação do art. 109, § 3º, da CF (antes da EC 103/2019), previam a competência federal delegada para ações diversas das previdenciárias/assistenciais (art. 15, IV da Lei 5.010/66, art. 4º da Lei 6.968/1981, art. 381, § 4º, do CPC, etc.), **SE TORNARAM INCONSTITUCIONAIS** e, como tal, **PREJUDICADAS SUAS DISPOSIÇÕES.**

ATENÇÃO. Não é absoluta a competência do art. 109, § 3º, da CF. O que significa dizer que o jurisdicionado tem a opção de não se valer da delegação de competência da Justiça Federal (comum ou trabalhista) para a Justiça Estadual, e ajuizar a sua ação na Vara Federal ou Trabalhista (inclusive JEF) que abranja o território de seu domicílio. A regra da delegação foi estabelecida a bem (particular) do jurisdicionado (e não da organização da Justiça), e, por isso, é **FACULDADE** da parte decidir – quando haja disposição legal que delegue a competência material –, em ajuizar a ação na Justiça Federal (comum ou especial) com competência territorial sobre o local de seu domicílio, ou na Justiça Estadual do seu domicílio. Consequentemente, não pode o juízo federal ou trabalhista que aportar ação de jurisdicionado não domiciliado na sede da unidade, remeter os autos à Justiça Estadual do domicílio do jurisdicionado, sob o fundamento de que está presente hipótese de delegação legal de competência material.

8.1. Ações previdenciárias (art. 15, III, da Lei 5.010/66, com a redação pela Lei 13.876/2019)

Os contornos da competência material federal delegada já foram dados pelo legislador, que se antecipando à EC 103/2019, alterou a redação do art. 15 da Lei 5.010/66, que organiza a Justiça Federal de 1ª instância.

De acordo com a nova redação do art. 15, III, da Lei 5.010/66, com a redação dada pela Lei n. 13.876/2019 – **cuja entrada em vigor**, ao menos para o dispositivo retro citado (art. 15 da Lei 5.010/66), **ocorreu em 1º de janeiro de 2020** (art. 5º, I) – quando a Comarca não for sede de Vara Federal, poderão ser processadas e julgadas na Justiça Estadual as causas em que forem parte instituição de previdência social e segurado e que se referirem a benefícios de natureza pecuniária, quando a Comarca de domicílio do segurado estiver localizada a mais de 70 km (setenta quilômetros) de Município sede de Vara Federal.

Foi inserido no art. 15 da Lei 5.010/66, ainda, um § 1º, a estabelecer que "*sem prejuízo do disposto no art. 42 desta Lei e no parágrafo único do art. 237 da Lei nº 13.105, de 16 de março de 2015 (Código de Processo Civil), poderão os Juízes e os auxiliares da Justiça Federal praticar atos e diligências processuais no território de qualquer Município abrangido pela seção, subseção ou circunscrição da respectiva Vara Federal*".

Portanto, logo após o advento da EC 103/2019 – que alterou, como vimos, a redação do art. 109, § 3º, da CF (acabando com a delegação automática de competência material federal nas ações previdenciárias/assistenciais contra o INSS) –, já entrou em vigor a nova redação do art. 15, III, da Lei 5.010/66, alterada pela Lei 13.876/2019, que apesar de anterior à própria emenda constitucional referida, teve vigência posterior.

E, em vista disso, restou mantida a existência da competência material delegada, da Justiça Federal para a Estadual, em ações para obtenção de benefício de natureza pecuniária contra o INSS (autarquia federal), **PORÉM**, apenas se a Comarca da Justiça Estadual do domicílio do segurado estiver localizada a mais de 70 (setenta) quilômetros de Município sede de Vara Federal.

Para estes casos em que haja Vara Federal em distância de até 70 km do domicílio do segurado, não existe mais a possibilidade de ajuizamento de ações contra o INSS na Justiça Estadual, devendo o segurado demandar perante a Justiça Federal em um dos foros concorrentes do art. 109, § 2º, da CF, entre os quais está o de seu domicílio.

A alteração é razoável e constitucional. Racionaliza o serviço da Justiça, desonerando a já assoberbado Poder Judiciário dos Estados (cuja competência é residual) que, aliás, não recebe compensação financeira alguma da União para carregar o pesado fardo de processar feitos que, a rigor, seriam da Justiça dela. Segundo, devolve ao juiz natural das respectivas causas – a Justiça Federal – as ações previdenciárias/assistenciais contra o INSS, inclusive em vista da maior expertise de seus juízes sobre o tema (vide a exitosa experiência dos Juizados Especiais Federais). E terceiro, preserva adequadamente o acesso à Justiça dos segurados do INSS, pois que mesmo considerando os avanços tecnológicos e de transporte já referidos, mantém a delegação para os casos em que a Justiça Federal fica a mais de 70 km do domicílio do segurado (de acesso mais dificultoso).

No mais, apesar da Lei n. 13.876/2019 ter sido aprovada antes da mudança do art. 109, § 3º, da CF pela EC 103/2019, não parece que haja vício de inconstitucionalidade da norma. A vigência do art. 15 da Lei 5.010/66 (01.01.2020) só ocorreu após a aprovação e vigência da EC 103/2019 (novembro/2019), não havendo, portanto, conflito hierárquico e nem de leis no tempo. Na verdade, é elogiável pronta intervenção legislativa, que antevendo a mudança do art. 109, § 3º, da CF, não permitiu que houvesse um limbo jurídico no tocante à delegação de competência em matéria previdenciária/assistencial.

Três observações importantes sobre a novel regra.

Primeiro, a definição de quais Comarcas da Justiça Estadual se enquadram no critério de distância retro referido caberá ao respectivo TRF, através de normativa própria. A normativa é para indicar quais as Comarcas da Justiça Estadual ainda suportam a competência material delegada, e não as que não mais a têm. Portanto, o fim da delegação nas Comarcas que distam até 70 km de unidades da Justiça Federal não fica dependente da normativa dos TRFs, sendo automática.

Segundo – diante da lacuna legislativa –, entende-se que os 70 (setenta) quilômetros referidos no texto são contados em quilometragem rodoviária da sede da Comarca onde é domiciliado o jurisdicionado (pouco importando a cidade onde vive) até a sede da Justiça Federal que receberá doravante os feitos, considerando as vias (pavimentadas ou não) de acesso (e não em linha reta).

O raciocínio parece muito mais crível do ponto de vista da facilitação do acesso à Justiça (embora aumente o número de comarcas da Justiça Estadual que manterão a competência delegada), pois não faz sentido que a consideração tome por critério a linha reta, visto que o jurisdicionado não tem como transitar por propriedades privadas e áreas inacessíveis por veículos para buscar a Justiça Federal; além do que 70 km em linha reta pode representar, por estradas transitáveis, centenas de quilômetros, o que não parece ter sido o intento do legislador ao preservar, com mitigação, a competência delegada em matéria previdenciária.

Terceiro, embora o novel art. 15, III, da Lei 5.010/66 não faça a distinção, por questão de organização judiciária, a delegação deve considerar as áreas territoriais dos respectivos TRFs, inclusive em vista de § 2º do dispositivo citado confiar aos próprios Tribunais a organização da dela.

Consequentemente, à luz do art. 109, § 2º, da CF, o jurisdicionado não pode ajuizar ação na Justiça Federal de outro Estado não abrangido pela competência territorial do TRF com competência sobre seu domicílio. Ainda que haja vara federal em até 70km dali (porém na área de outro TRF)!

Exemplificativamente, considere que segurado more em pequena cidade do interior do Estado de Minas Gerais (Ibiraci-MG), na divisa com o Estado de São Paulo. Sobre o Estado de MG tem competência territorial juízes federais vinculado ao TRF1, enquanto sobre o Estado de SP juízes federais vinculados ao TRF3. Caso não haja dentro do TRF1 unidade da Justiça Federal em distância de até 70km do domicílio do segurado, ele poderá ajuizar ação previdenciária/assistencial na Justiça Federal que alcança o território de seu domicílio (São Sebastião do Paraíso-MG), bem como na Justiça Estadual do seu domicílio, na forma do art. 109, § 3º, da CF e art. 15, III, da Lei 5.010/66 (Justiça Estadual de Ibiraci – TJMG). Contudo, em vista da organização judiciária da Justiça Federal (art. 110 da CF) e do art. 15, § 2º, da Lei 5.010/66 (que dá aos TRFs a prerrogativa de organizar da delegação de competência), não lhe será lícito cruzar a fronteira estadual para demandar perante unidade da Justiça Federal que fica no Estado de SP, sob os auspícios do TRF3, mesmo se houver vara federal a menos de 70km de seu domicílio (como é o caso das Varas Federais de Franca-SP).

ATENÇÃO. A violação pelo jurisdicionado da regra supra não pode, contudo, ser conhecida oficiosamente pelo magistrado. O art. 109, § 2º, da CF – que trata da competência territorial da Justiça Federal –, é regra de competência relativa, incidindo, portanto, os artigos 65 do CPC e súmula 33 do STJ. De modo que ajuizada por pessoa domiciliada em MG ação na Justiça Federal de SP, caso não haja arguição do vício de incompetência relativa pelo INSS, o juízo federal de SP deverá processar a ação previdenciária.

8.1.1. Transição do modelo anterior da delegação para o atual, inaugurado a partir da EC 103/2019 e Lei 13.876/2019 (art. 15, III, da Lei 5.010/66)

Em 1º de janeiro de 2020, na entrada em vigor do art. 15, III, da Lei 5.010/66 (com redação pela Lei n. 13.876/2019), todas as **ações de conhecimento** em curso em varas da Justiça Estadual em distância até 70 km de vara federal, com pleitos pecuniários previdenciárias/assistenciais contra o INSS, deveria ser remetidas à Justiça Federal ou JEFs mais próximos (observando-se o valor das respectivas causas).

Incidiria, na hipótese, o art. 43 do CPC, 2ª parte, pois que com a alteração da competência absoluta da Justiça Estadual (que não mais conta com autorização legal para julgar feitos da Justiça Federal), excepcionada estaria a *perpetuatio jurisdictionis* (que impede a alteração da competência em vista das modificações do estado de fato ou de direito ocorridas posteriormente ao registro/distribuição da ação). Consequentemente, os feitos em curso na Justiça Estadual deveriam ser encaminhados para a unidade judiciária federal doravante competente.

No processo n. 0006509-22.2019.4.90.8000, que teve curso no Conselho da Justiça Federal, foi deferido pedido da AJUFE para que o órgão editasse Resolução n. 603/2019, impedindo que juízes estaduais remetessem os feitos em andamento para a Justiça Federal, estabelecendo-se que apenas os feitos novos, a partir de 01.01.2020, fossem processados na Justiça Federal, na forma do art. 15, III, da Lei 5.010/66.

A resolução é inconstitucional, ilegal e ineficaz.

Inconstitucional porque vai muito além do poder regulamentar do CJF (art. 105, parágrafo único, I, invadindo questão tipicamente jurisdicional e que será decidida por cada um dos juízes estaduais declinantes e juízes federais declinados que atuam na temática.

Ilegal porque parte de uma intepretação, *maxima venia*, equivocada do novo regramento, prestigiando a 1ª parte do art. 43 do CPC, mas ignorando sua 2ª parte.

A regra do art. 15, III, da Lei 5.010/66 e art. 109, § 3º, do CPC, embora toque na questão territorial (domicílio do segurado), é de matiz material, pois que envolve a competência para as causas cuja parte é o INSS, na forma do art. 109, I, da CF. Em sendo assim, não é possível que juízes que não mais detém, a partir de 01.01.2020, competência material para causas previdenciárias/assistenciais, continuem a processa-las e julga-las (como se houvesse uma ultratividade do art. 109, § 3º, da CF, na redação originária), algo que poderá implicar, inclusive, nulidade dos atos praticados, na forma do art. 64 do CPC.

Considere-se, ademais, que quando o legislador revogou o art. 15, I, da Lei 5.010/66 através da Lei 13.043/2004 – dando fim à competência delegada da Justiça Estadual para execuções fiscais federais –, consignou expressamente que a alteração só teria impacto nas execuções fiscais que seriam ajuizadas a partir da vigência da norma (art. 75 da Lei 13.043/2004), exatamente para contornar a 2ª parte do art. 43 do CPC e impedir a remessa das execuções fiscais federais já propostas na Justiça Estadual. Na Lei 13.876/2019 não há dispositivo equivalente, silêncio eloquente do legislador que demonstra o equívoco da intepretação do CJF e a necessidade de se cumprir a 2ª parte do art. 43 do CPC, com remessa dos feitos em curso nos órgãos da Justiça Estadual (que não mais atuarão por delegação) para a Justiça Federal.

Por fim, a resolução é ineficaz, pois que o Conselho da Justiça Federal (que editou a orientação normativa) não tem ascendência hierárquica alguma sobre os juízes estaduais, que não mais atuando sob o pálio da competência delegada, não devem obediência funcional ao órgão (que organiza a Justiça Federal).

Deveria ser aplicado, por outro lado, a *ratio decidendi* da súmula vinculante n. 22 do STF, quando da alteração da competência material da Justiça Estadual para julgar ações de indenização por acidentes de trabalho contra empregadores (que desde a EC 45/2004 é de competência da Justiça do Trabalho - art. 114, VI, da CF), **preservando-se a competência da Justiça Estadual que, até então, atuava por delegação constitucional, para os cumprimento de sentença e incidentes das ações que já foram por ela julgadas.**

Na ocasião, o STF entendeu que as ações que tramitavam perante a Justiça comum dos Estados, com sentença de mérito anterior à promulgação da EC 45/2004, deveriam lá continuar até o trânsito em julgado e correspondente cumprimento de sentença. Quanto àquelas cujo mérito ainda não havia sido apreciado, foram remetidas à Justiça do Trabalho, no estado em que se encontravam, com total aproveitamento dos atos praticados até então. A medida se impunha em razão das características que distinguem a Justiça comum estadual e a Justiça do Trabalho, cujos sistemas recursais, órgãos e instâncias não guardam exata correlação (STF, CC 7.204, Rel. Min. Ayres Britto, Plenário, j. 29-6-2005, DJ de 9-12-2005; RE 600.091, Rel. Min. Dias Toffoli, Plenário, j. 25-5-2011, DJE 155 de 15-8-2011, Tema 242).

Do mesmo modo deveria se proceder, em respeito ao sistema de precedentes qualificados do art. 927 do CPC, no tocante à alteração do art. 109, § 3º, da CF e art. 15, III, da Lei 5.010/66. As ações que tramitam perante a Justiça comum dos Estados, com sentença de mérito anterior à 1º de janeiro de 2020, devem lá continuar até o trânsito em julgado e correspondente cumprimento de sentença (que, portanto, continuará a correr na Justiça Estadual atuante por delegação). Quanto àquelas ações previdenciárias/assistenciais contra o INSS, cujo mérito ainda não tenha sido apreciado, deveriam ser remetidas aos JEFs ou Varas Federais (a até 70 km de distância) no estado em que se encontram, com total aproveitamento dos atos praticados até então, cumprindo-se, por conseguinte, a regra geral do sistema de que o juízo do cumprimento de sentença é, ordinariamente, o juízo da condenação (art. 516 do CPC).

Pesem todas essas críticas e fundamentos, o Superior Tribunal de Justiça, ao enfrentar a questão, decidiu que os "*efeitos da Lei nº 13.876/2019 na modificação de competência para o processamento e julgamento dos processos que tramitam na Justiça Estadual no exercício da competência federal delegada insculpido no art, 109, § 3º, da Constituição Federal, após as alterações promovidas pela Emenda Constitucional 103, de 12 de novembro de 2019, aplicar-se-ão aos feitos ajuizados após 1º de janeiro de 2020*", sendo que as "***ações, em fase de conhecimento ou de execução, ajuizadas anteriormente a essa data, continuarão a ser processadas e julgadas no juízo estadual, nos termos em que previsto pelo § 3º do art. 109 da Constituição Federal, pelo inciso III do art. 15 da Lei n. 5.010, de 30 de maio de 1965, em sua redação original***" (IAC no CC n. 170.051/RS, relator Ministro Mauro Campbell Marques, Primeira Seção, julgado em 21/10/2021, DJe de 4/11/2021).

Deu-se ao caso, na nossa visão, uma solução muito mais utilitarista do que processualmente técnica, evitando que uma avalanche de processos previdenciários em curso na Justiça Estadual fosse encaminhada à Justiça Federal para processamento. A preservação do funcionamento da Justiça Federal, ainda não preparada para suportar toda essa nova carga, acabou falando mais alto.

Portanto, **as ações previdenciárias cujo processamento foi iniciado antes da vigência da Lei 13.876/2019 permanecerão na Justiça Estadual, somente sendo lícito ao juiz estadual declinar de sua competência material delegada, acaso inexistente (art. 109, § 3º, CF), nas ações iniciadas a partir de 1º de janeiro de 2020.**

8.1.2. Limites da delegação de competência do art. 15, III, da Lei 5.010/66 (ações de segurado contra o INSS)

A delegação de competência do art. 15, III, da Lei 5.010/66 – para além da questão da distância já posta –, é exclusivamente para causas onde segurado objetive discutir benefício de prestação pecuniária contra o INSS, isto é, ações para formulação de pedidos de benefícios previdenciários ou assistenciais (art. 203, V, da CF) e respectivas revisionais de benefícios contra a autarquia federal, e não para qualquer outro tipo de ação contra o INSS.

Implica dizer que a delegação do art. 15, III, da Lei 5.010/66, não autoriza que o juízo estadual do domicílio do segurado processe e julgue mandados de segurança conta ato do superintendente autárquico (art. 109, VIII, da CF), ações de repetições de indébito contra o INSS por conta de recolhimento a maior de contribuições previdenciárias, ações declaratórias de inexistência de crédito tributário contra a autarquia previdenciária, entre outras.

Do mesmo modo, a ação judicial proposta pelo Município contra o INSS não pode correr na Justiça Estadual, pois a autora é pessoa jurídica de direito público que não enquadra no conceito legal de segurado ou beneficiário da previdência social, na forma do art. 15, III, da Lei 5.010/66 (STJ, CC 122.624/GO, Rel. Ministro Sérgio Kukina, 1ª Seção julgado em 26/02/2014, DJe 11/03/2014).

Muito menos se pode afirmar, com base em uma suposta interpretação ampliativa da delegação do art. 15, III, da Lei 5.010/66, que outros entes federais do art. 109, I, da CF (União, autarquias distintas do INSS ou empresas públicas federais) podem ser acionadas na Justiça Estadual. Nem na hipótese do art. 381, §§ 4º e 5º do CPC (que veremos logo a seguir), e que restou prejudicado pelo advento da EC 103/2019 (inconstitucionalidade superveniente).

Corretamente já se entendeu que "*em razão da inexistência, no ordenamento jurídico pátrio, de previsão legal que permita à Justiça Estadual, no exercício da competência delegada prevista no § 3º, do art. 109, da*

CF/1988, processar e julgar ação indenizatória em que figure como ré empresa pública federal, prevalece a regra do art. 109, inc. I, da CF/1988", motivo pelo qual é nula a sentença proferida pela Justiça Estadual (STJ, CC 122.253/AL, Rel. Ministra Nancy Andrighi, 2ª Seção, julgado em 25/09/2013, DJe 01/10/2013).

As hipóteses de delegação são excepcionais e, por isso, para todos as ações que não se enquadrem nos estritos limites do art. 15, III, da Lei 5.010/66, deverá o jurisdicionado que desejar demandar ainda que seja contra o INSS, se deslocar à Justiça Federal competente, na forma do art. 109, § 2º, da CF.

8.2. Ação de produção antecipada de provas e justificações contra os entes do art. 109, I, da CF

O CPC/2015 estabelece no art. 381, §§ 4º e 5º, que a produção antecipada de provas (art. 381 do CPC) e as justificações requeridas em face da União, de entidade autárquica ou de empresa pública federal, poderão ser processadas na Justiça Estadual se, na localidade, não houver vara federal.

Essa também é a regra do art. 15, II, da Lei 5.010/66, no sentido de que nas Comarcas do interior onde não funcionar Vara da Justiça Federal os Juízes Estaduais são competentes para processar e julgar as vistorias e justificações destinadas a fazer prova perante a administração federal, centralizada ou autárquica, quando o requerente for domiciliado na Comarca.

Tinha-se, aqui, hipótese de delegação da competência material da Justiça Federal para a Justiça Estadual, pois devidamente desenhada pelo legislador infraconstitucional a bem da facilitação do acesso à Justiça daqueles que vivem em locais em que não haja vara federal.

Assim, observada a condição supra (inexistência de vara federal) – e até o advento da EC 103/2019 – podia o correntista da CEF ajuizar contra ela, na Justiça Estadual do seu domicílio, ação de exibição de documento com arrimo no art. 381, II e III do CPC, a fim de preparar eventual ação revisional de contrato bancário.

Do mesmo modo, era possível a pessoa domiciliada onde não fosse sede de vara federal, ajuizar ação de justificação contra a União, para sem caráter contencioso, "documentalizar" prova para fins de instrução em procedimento administrativo perante a administração pública federal.

ATENÇÃO. A delegação de competência do art. 15, II, da Lei 5.010/66 e art. 381, §§ 4º e 5º do CPC, era **EXCLUSIVAMENTE** para as medidas tidas por preparatórias da atuação judicial e administrativa do porvir. Se com base na prova antecipadamente colhida (art. 381 do CPC) ou no fato justificado perante a Justiça Estadual, a parte demandasse na forma do art. 109 da CF (*v.g.*, ajuizando ação revisional de contrato bancário obtido contra a CEF perante a Justiça Estadual), deveria fazê-lo perante a Justiça Federal que abrangesse a área do seu domicílio ou nos foros concorrentes do art. 109, § 2º, da CF, não havendo delegação de competência federal para Justiça Estadual.

CONTUDO, com a nova redação do art. 109, § 3º, da CF, pela EC n. 103/2019, **essa hipótese de delegação restou prejudicada**.

Afinal, o novel art. 109, § 3º, da CF, estabelece que a lei poderá autorizar que possam ser processadas e julgadas na justiça estadual, quando a comarca do domicílio da parte não for sede de vara federal, **apenas as causas de competência da Justiça Federal em que forem parte instituição de previdência social e segurado**, extirpando a possiblidade – que havia na redação originária do dispositivo –, de delegação da competência material para outros tipos de ação.

Consequentemente, o art. 381, §§ 4º e 5º, do CPC, bem como o art. 15, II, da Lei 5.010/66, tornaram-se incompatíveis com a nova ordem constitucional vigente. Além de não ser mais possível o processamento de ações de produção antecipada de provas, justificações e afins contra os entes federais (União, autarquias federais e empresas públicas federais) na Justiça Estadual, todas as que porventura estiverem em andamento devem ser remetidas à Justiça Federal com competência territorial sobre o foro do domicílio do autor, na forma do art. 43 do CPC e art. 109, § 2º, da CF.

8.3. Usucapião especial rural

O art. 4º e § 1º da Lei 6.969/81 – que trata da aquisição de imóveis rurais por usucapião especial –, dispõe que a ação de usucapião especial será processada e julgada na comarca da situação do imóvel, sendo, ainda, que no caso de terras devolutas federais, a ação será promovida na comarca da situação do imóvel, perante a Justiça do Estado, com recurso para o Tribunal Federal de Recursos (atualmente TRF), cabendo ao Ministério Público local, na primeira instância, a representação judicial da União.

Tal disposição não mais subsiste na ordem legal e constitucional vigentes.

Primeiro, ante aos temos do art. 109, § 3º, da CF, com a redação da EC 103/2016, não cabe mais à Justiça Estadual, por delegação, julgar ação de usucapião especial rural, pois que não se trata de ação relacionada a benefício previdenciário ou assistencial. A ação deve correr perante o foro da Justiça Federal que alcança territorialmente o local do imóvel, ainda que não seja sede da Justiça Federal (competência absoluta, na forma do art. 47 do CPC).

E segundo, não compete ao Ministério Público (estadual ou federal), em hipótese alguma, representar os interesses da União na ação de usucapião, prática autorizada no regime anterior à CF/1988, mas que, na vigente ordem constitucional, é inconcebível frente aos princípios da autonomia e independência do MP (art. 127 e § 1º, da CF).

A representação judicial da União, em qualquer processo, será feita pela Advocacia Geral da União e seus órgãos, na forma do art. 131 e §§ da CF.

8.4. Audiência de entrega de certificado de nacionalização

O art. 119 e §§ da Lei 6.815/1980, previa que conferida a naturalização do estrangeiro, seria emitido certificado em seu favor, o qual deveria ser solenemente entregue, na forma fixada em Regulamento, pelo juiz federal (da 1ª Vara) da cidade onde tivesse domicílio o interessado, sendo que quando não houvesse juiz federal na cidade em que tivessem domicílio os interessados, a entrega seria feita através do juiz ordinário da comarca (juiz estadual) e, na sua falta, pelo da comarca mais próxima.

Tal disposição não mais subsiste na ordem legal e constitucional vigentes.

A Lei 6.815/1980, foi revogada pela Lei 13.445/2017 (art. 124, II), que institui a Lei de Imigração. Não há mais, conforme art. 71 e ss. da referida Lei, audiência, perante o Poder Judiciário, para entrega do certificado de naturalização, tendo o processo relativo ao ato início e conclusão na seara administrativa, conforme regulamento do Executivo.

De todo modo, ainda que houvesse referida audiência de entrega do certificado, ela não poderia ter curso na Justiça Estadual (mesmo reconhecida a natureza administrativa ou de jurisdição voluntária do ato), considerando a limitação do art. 109, § 3º, da CF (com redação pela EC 103/2016), que não autoriza o processamento deste tipo de procedimento por delegação material.

8.5. Execução fiscal de tributos federais e afins

Não há mais no Brasil, como era até 2014, a delegação de competência aos juízes estaduais para processamento e julgamento de execução fiscais ajuizadas pela União ou autarquias federais (incluindo agências reguladoras e conselhos profissionais), quando o domicílio do executado não seja sede de juízo federal, tendo-se em vista a revogação do art. 15, I, da Lei 5.010/66, pela Lei 13.043/2014.

Nestes casos, a execução fiscal será processada na unidade da Justiça Federal com jurisdição sobre o território do local onde é domiciliado, residente ou for encontrado o executado (art. 46, § 5º, do CPC), e não na Justiça Estadual (que não tem mais delegação para atuar nos executivos fiscais federais).

Importante lembrar, contudo, que a expedição de carta precatória para o cumprimento de atos processuais não se confunde com a delegação de competência conferida aos juízes estaduais para atuarem investidos de jurisdição federal (STJ, CC 10.391/PR, Rel. Min. Ruy Rosado de Aguiar, Segunda Seção, DJ 27/3/1995; CC 54.682/SC, Rel. Min. Carlos Alberto Menezes Direito, Segunda Seção, DJ 1º/2/2007). Existe simples pedido de cooperação realizado por determinado juízo federal ao juízo estadual do domicílio do executado, o qual atua nos estreitos limites do ato processual deprecado, no exercício de competência própria relacionada ao cumprimento da respectiva carta, na forma do art. 237, parágrafo único, do CPC (*Se o ato relativo a processo em curso na justiça federal ou em tribunal superior houver de ser praticado em local onde não haja vara federal, a carta poderá ser dirigida ao juízo estadual da respectiva comarca*).

Assim, havendo execução fiscal em curso na Justiça Federal, temos duas opções de cumprimento dos atos de comunicação e executivos pela Justiça Federal. Na primeira, os Juízes federais e os auxiliares da Justiça Federal praticarão os atos e diligências processuais no território de qualquer Município abrangido pela seção, subseção ou circunscrição da respectiva Vara Federal, na forma do art. 15, § 2º, da Lei 5.010/66, na redação dada pela Lei 13.876/2019. Na segunda, poderão deprecar os atos de comunicação e de constrição/expropriação patrimonial ao juízo estadual do domicílio do executado que não seja sede de vara federal, que não poderá recusar o cumprimento sob o fundamento de ser incompetente, na forma do art. 237, parágrafo único, do CPC.

A Lei 13.043/2014 (que deu fim à delegação de competência nos executivos fiscais federais) estabeleceu uma regra de transição. Conforme seu art. 75, a revogação do art. 15, I, da Lei 5.010/66 só seria válida para as execuções fiscais ajuizadas a partir de então (as novas). As execuções fiscais já ajuizadas no regime revogado (as antigas) deveriam permanecer em processamento na Justiça Estadual que, até então, tinha delegação de competência material para nelas atuar. Excepcionou-se, portanto, o regramento do art. 43 do CPC (art. 87 do CPC/1973), no sentido de que havendo alteração da competência absoluta da unidade judiciária (no caso, o fim da competência delegada dos juízos estaduais para os executivos fiscais federais), todos os feitos em andamento deveriam ser remetidos para a Justiça materialmente competente (os juízos federais com competência territorial sobre os domicílios/residências dos executados).

Com o advento da EC 103/2019, que modificou o modelo constitucional da competência federal delegada (art. 109, § 3º, da CF), surgiu interessante debate sobre a compatibilidade do art. 75, da Lei 13.043/2014, com a nova ordem constitucional. Alguns passaram a sustentar que, para além das causas de cunho previdenciário, não mais existindo qualquer hipótese de delegação de competência federal aos juízos estaduais, mesmo os executivos fiscais federais ajuizados antes da Lei 13.043/2014 deveriam ser remetidos à Justiça Federal. O STJ, todavia, decidiu que o simples fato de a EC 103/2019 ter limitado a uma única hipótese a possibilidade de competência federal delegada não demonstra incompatibilidade entre a regra transitória, relativa à execução fiscal (art. 75 da Lei 13.043/2014), sobretudo porque a respectiva regra era prevista no inciso I do artigo 15 da Lei 5.010/1966, cuja revogação ocorreu anos antes, em 2014. Fixou, assim, o entendimento de que *"o art. 109, § 3º, da CF/88, com redação dada pela EC 103/2019, não promoveu a revogação (não recepção) da regra transitória prevista no art. 75 da Lei 13.043/2014, razão pela qual devem permanecer na Justiça Estadual as execuções fiscais ajuizadas antes da vigência da lei referida"* (CC n. 188.314/SC, relator Ministro Mauro Campbell Marques, Primeira Seção, julgado em 13/9/2023, DJe de 20/9/2023 – IAC n. 15).

8.6. Ações coletivas

No tocante às ações coletivas (ação civil pública, ação popular, ação de improbidade administrativa etc.), na inexistência de disposição constitucional expressa, não há a delegação de competência para a Justiça

Estadual de demandas previstas no art. 109 da CF, ainda que o art. 16 da Lei 7.437/85, designe a competência absoluta, do local do dano, para julgamento de referidas ações.

A redação originária do art. 109, § 3º, da CF – ao menos a 2ª parte – era dirigida ao legislador ordinário, e o autorizava a atribuir competência ao juízo estadual do foro do domicílio da outra parte ou do lugar do ato ou fato que deu origem à demanda, desde que não fosse sede de varas da Justiça Federal, para causas específicas dentre as previstas no inciso I do referido art. 109.

Considerando que o juiz federal também tem competência territorial e funcional sobre o local de qualquer dano, impõe-se a conclusão de que o afastamento da jurisdição federal, no caso, somente poderia dar-se por meio de referência expressa à Justiça estadual na própria CF (como a que fazia o constituinte na primeira parte da redação originária do art. 109, § 3º, da CF, em relação às causas de natureza previdenciária).

Como não há tal referência na CF (e tampouco havia na norma infraconstitucional, ao tempo em que vigia a redação primitiva do art. 109, § 3º, da CF), não há delegação de competência federal para o juízo estadual do local do dano, presente ou futuro, para o processamento e julgamento das ações coletivas de qualquer natureza, conforme já pacificado pelo STF (STF, RE 228.955, rel. min. Ilmar Galvão, j. 10-2-2000, P, DJ de 24-3-2000).

De modo que não se pode, em hipótese alguma, sob pena de violação de regra de competência absoluta e eventual nulidade do processo (art. 64, CPC), pretender se ajuizar ação coletiva contra as entidades referidas no art. 109, I, da CF, perante a Justiça Estadual.

Neste caso, o autor da ação deverá utilizar-se da regra do art. 109, § 2.º, da CF/88, ajuizando a ação na sede da subseção judiciária federal que abarque o território do local onde ocorrido o dano, estando, neste sentido, **cancelada a Súmula 183/STJ** ("*Compete ao Juiz Estadual, nas comarcas que* *não sejam sede de vara da Justiça Federal, processar e julgar ação civil pública, ainda que a União figure no processo*"), cuja aplicação partia da equivocada interpretação de que haveria delegação de competência na hipótese.

8.7. Conflitos de competência entre a unidade da Justiça Federal com a unidade da Justiça Estadual que atua por delegação (art. 109, § 3º, da CF)

A competência para jugar os conflitos de competência (art. 66 do CPC) entre juízo federal e juízo estadual que atua por delegação de competência material é do TRF a que ambos os juízes estão jurisdicionalmente vinculados (ao menos na temática) (art. 109, § 4º, da CF).

A competência do STJ só exsurge, na forma do art. 105, I, "d", da CF, se eventualmente os juízes federal e estadual atuante por delegação estiverem jurisdicionalmente subordinados a TRFs distintos.

Assim, acaso o conflito se instaure entre juízo federal vinculado ao TRF da 3ª Região, com competência territorial sobre São Paulo e Mato Grosso do Sul, e juízo estadual paulista atuante por delegação (art. 109, § 3º, da CF e art. 15, III, da Lei 5.010/66), a competência para julgamento será do TRF3; acaso o conflito seja do juízo federal citado com juiz estadual mineiro atuante por delegação, o conflito será julgado pelo STJ, já que ambos não estão jurisdicionalmente sujeitos (ao menos na temática) ao mesmo TRF (TRF3 x TRF6).

8.8. Ações acidentárias típicas

Embora no tramitar do projeto da EC 103/2019 tenha se cogitado de transferir, para a Justiça Federal, a competência para julgamento de ações acidentárias contra o INSS (acidentárias típicas) – conforme redação original da PEC –, ao final do trâmite legislativo manteve-se a competência da Justiça Estadual para referidas demandas, conforme já desenvolvido em item anterior.

Em sendo assim, preservada a ressalva do art. 109, I, da CF, anote-se que ao julgar ações acidentárias (típicas) contra o INSS, a Justiça Estadual **NÃO ATUA POR DELEGAÇÃO**, mas sim por competência própria que lhe foi constitucionalmente atribuída (vide item 7.1.2 supra).

Por isso, os recursos das decisões de juízes estaduais, que julgam matéria acidentária, são de competência dos respectivos TJs (Tema 414 do STF), e não dos TRFs, não se aplicando, por conseguinte, o art. 109, §4º, da CF.

9. COMPETÊNCIA TERRITORIAL DA JUSTIÇA FEDERAL

Definida a competência material da Justiça Federal – que como já apontamos nos itens precedentes, se dá tanto com base nas partes do processo (caso em que não interessa o assunto tratado) quanto na causa de pedir (caso em que não interessa quem são as partes do processo) – resta identificar o local da propositura da ação, isto é, o órgão territorialmente competente (definido com base em dado elemento geográfico: distrito, Município, Estado ou Região) para julgamento da causa.

Diferentemente do que ocorre com outros ramos do Poder Judiciário, a competência territorial da Justiça Federal também deriva de regra que, ao menos formalmente, é constitucional: art. 109, §§ 1º e 2º, da CF. Não pode lei federal, ainda que editada com arrimo no art. 22, I, da CF, afastar a regra constitucional ou sobre ela prevalecer. Essa certamente é a justificativa pela qual o constituinte tenha optado por prever regras de competência territorial na CF (o que é bastante incomum).

Convém destacar que a Justiça Federal é organizada em seções e subseções judiciárias. Há uma seção judiciária no DF e, ao menos, uma seção judiciária por Estado, com sede na sua capital. Pode, ainda, haver varas federais no interior dos Estados, nominadas subseções judiciárias, vinculadas à seção judiciária da capital (art. 110, *caput*, da CF). Como veremos adiante, o uso da expressão "seção judiciária" no art. 109, §§ 1º e 2º, da CF, é importante para definir a possibilidade de a parte demandar, também, na capital do seu Estado (seção judiciária) e, não apenas, na justiça federal que abrange o território do local onde é domiciliada (subseção judiciária).

Estabelece o art. 109, § 1º, da CF, que "*as causas em que a União for autora serão aforadas na seção judiciária onde tiver domicílio a outra parte*", enquanto o art. 51, caput, do CPC, que "*é competente o foro de domicílio do réu para as causas em que seja autora a União*".

Rememore-se que, como regra, inexiste delegação de competência para a Justiça Estadual, quando a ação é proposta contra parte domiciliada em local que não seja sede de Justiça Federal. Nestes casos, a União ajuíza a ação no juízo federal cuja competência se estende sobre o local de domicílio do adversário, sendo os atos de cumprimento praticados pela própria Justiça Federal na Comarca do domicílio do requerido (art. 15, § 1º, da Lei 5.010/66, com redação pela Lei 13.876/2019), ou através da expedição de carta precatória para o juízo estadual (art. 237, parágrafo, CPC) ou outro instrumento de cooperação judiciária (art. 69 do CPC).

Por outro lado, caso a União seja a parte demandada, o art. 109, § 2º, da CF, estabelece que as ações lhe "*poderão ser aforadas na seção judiciária em que for domiciliado o autor, naquela onde houver ocorrido o ato ou fato que deu origem à demanda ou onde esteja situada a coisa, ou, ainda, no Distrito Federal*".

Disposição semelhante é encontrada no art. 53, parágrafo único, do CPC, a apontar que "*se a União for a demandada, a ação poderá ser proposta no foro de domicílio do autor, no de ocorrência do ato ou fato que originou a demanda, no de situação da coisa ou no Distrito Federal*".

Tem-se, então, a existência de foros federais concorrentes entre 04 possíveis locais de ajuizamento da ação contra a União: 1) foro da seção judiciária em que for domiciliado o autor; 2) local do ato ou fato que deu origem à demanda; 3) foro de situação da coisa; e 4) juízo federal do Distrito Federal (que, a rigor, é a sede da União).

Atente-se que o rol de situações contempladas no § 2º do art. 109 da Carta Federal, a ensejar a escolha pelo autor de ação contra a União, é exaustivo, já tendo sido afirmado, inclusive, que não é possível o ajuizamento de ação contra a União no juízo federal da capital do Estado, quando o autor não é lá domiciliado (STF, RE 459.322, rel. min. Marco Aurélio, j. 22-9-2009, 1ª T, DJE de 18-12-2009).

Essa interpretação, contudo, não nos afigura correta, porque, conforme consta do art. 109, § 2º, da CF, a competência nas ações contra a União se fixa, entre outras hipóteses, pela seção judiciária em que domiciliado o autor, vista essa, nos termos do art. 110 da CF, como a abrangente de todo o Estado, seja a capital (sede da seção judiciária), sejam as subseções judiciárias (inclusive a eventual unidade federal em que domiciliado o autor).

Em sendo assim, pese a *marota* alteração constante do art. 53, parágrafo, do CPC – que limita, inconstitucionalmente, o alcance do art. 109, § 2º, da CF, em manifesta ofensa ao princípio hierárquico, fixando a competência para a propositura no foro de domicílio do autor –, as ações contra a União podem ser ajuizadas na capital dos Estados, ainda que o autor não seja lá domiciliado, pois que está sendo cumprida a regra constitucional que autoriza, entre outros locais, o ajuizamento no foro da seção judiciária em que for domiciliado o autor (isto é, no Estado em que for domiciliado o autor).

Há diversos precedentes do STF no sentido da possibilidade de proposição das ações contra a União, também, na capital do Estado, faculdade prevista no art. 109, § 2º, da Constituição da República, mesmo que haja Vara Federal (subseção judiciária) no foro de domicílio do autor (STF, RE 233.990, rel. min. Maurício Corrêa, j. 23-10-2001, 2ª T, DJ de 1º-3-2002; RE 852.521 AgR, rel. min. Teori Zavascki, j. 28-4-2015, 2ª T, DJE de 12-5-2015; RE 641.449 AgR, rel. min. Dias Toffoli, j. 8-5--2012, 1ª T, DJE de 31-5-2012).

Inclusive, a súmula 689 do STF autoriza o segurado à propositura de ações previdenciárias no foro de seu domicílio ou nas varas federais da capital do seu Estado, corroborando o quanto aqui posto: "*O segurado pode ajuizar ação contra a instituição previdenciária perante o Juízo Federal do seu domicílio ou nas Varas Federais da capital do Estado-membro*".

9.1. Art. 109, §§ 1º e 2º, da CF: competência absoluta ou relativa?

Apesar da matiz territorial, **a maior parte da doutrina entende que as regras do art. 109, §§ 1º e 2º, da CF**, que tratam da competência territorial da justiça federal em 1º grau nos processos envolvendo a União e autarquias (fundações) federais, **têm natureza absoluta**, pois fundadas na proteção do interesse público (melhor organização da Justiça Federal).

Como tal, referidas regras: a) não podem ser objeto de foro de eleição, cuja admissibilidade é prevista em norma infraconstitucional (art. 63 do CPC) que, por isso, não pode mitigar hipótese de competência prevista na CF; e b) seguem o regime do art. 64 do CPC, sendo possível ao juízo para o qual indevidamente distribuída a ação – sem obediência ao foro único ou concorrente, respectivamente, dos §§ 1º e 2º do art. 109 da CF –, pronunciar, de ofício, a sua incompetência, com remessa dos autos ao juízo federal competente, sendo, ainda, potencialmente anuláveis os pronunciamentos judiciais proferidos até então (pelo juízo "absolutamente" incompetente).

Exemplificando: distribuída ação pela União/autarquia contra pessoa em subseção judiciária ou seção judiciária diversa da do seu domicílio; ou ajuizado por jurisdicionado ação civil contra a União/autarquia em foro federal diferente do de seu domicílio, do local do ato ou fato, do imóvel, do DF ou da capital do Estado; poderiam os juízos federais receptores das demandas, oficiosamente, pronunciar a incompetência, remetendo, no primeiro caso, a ação para a Justiça Federal que abrange o domicílio do requerido e, no segundo caso, para um dos foros concorrentes do art. 109, § 2º, da CF (incluindo a capital do Estado), conforme escolha do autor.

Temos fundadas reservas quanto ao entendimento supra, que é predominante.

Em um processo civil em que partes capazes, em temas onde seja possível a autocomposição, têm ampla possibilidade de negociação das regras processuais (art. 190 do CPC), não nos parece crível negar à União e autarquias/fundações federais a possibilidade de avençarem foro de eleição, sob o fundamento *simplório* de que o artigo 109, §§ 1º e 2º, da CF, encerra regra de competência absoluta (vide item 6 supra).

Se hoje se reconhece à União e autarquias/fundações federais a possibilidade de transacionarem nos termos da lei (vide art. 10, parágrafo único, da Lei 10.259/2001); e até mesmo de renunciarem à jurisdição estatal, avençando arbitragem em causas relacionados a direitos patrimoniais disponíveis (art. 1º, § 1º, da lei 9.307/96, com redação pela Lei 13.129, de 2015); não faz o mínimos sentido que não possam fazer o menos, isto é, convencionarem foro de eleição nos contratos que celebra com particulares, a fim de definir o foro territorialmente competente para julgar seus conflitos (*v.g.* pactuando a seção judiciária de SP para conhecimento de eventual demanda, com exclusão dos demais foros previstos no art. 109, §§ 1º e 2º da CF).

O simples fato de as regras de competência das ações pela e contra União/autarquias federais ter berço constitucional, não parece suficiente para afirmar que haja interesse público na observância de tais regras, que teriam sido forjadas sob à luz do interesse público, *i.e.*, a melhor organização da Justiça Federal em 1º grau.

Isso é falso!

As regras do art. 109, §§ 1º e 2º da CF, foram imaginadas à luz da proteção do interesse particular do jurisdicionado, que nas ações ajuizadas pela União/autarquias tem o direito de ser demandado em seu domicílio (§ 1º); enquanto nas ações que ajuíza contra referidas pessoas, pode escolher entre os foros concorrentes previstos na CF (§ 2º); tudo a fim de que não seja obrigado a deslocamentos necessários, com prejuízo de tempo e recursos.

Em sendo assim, se o próprio jurisdicionado – destinatário das regras do art. 109, §§ 1º e 2º da CF –, voluntariamente aceita o curso da ação em foro diverso do ali previsto, não parece minimamente lícito ao Judiciário se imiscuir nesta questão de ordem privada, recusando a incidência do princípio da autonomia da vontade. Mormente diante do novo modelo de processo civil inaugurado pelo CPC/2015, em que se reconhece a vontade das partes como fonte da norma processual (art. 190 do CPC).

Para nós, portanto, a natureza jurídica das regras de competência territorial do art. 109, §§ 1º e 2º da CF, é relativa, de modo que: a) admite-se a celebração de foro de eleição pela União/autarquias, a fim de afastar a incidência de referidas regras (art. 63 do CPC); e b) ajuizada ação perante a subseção ou seção judiciária territorialmente incompetente, não é possível ao juízo, sem provocação da parte prejudicada (que pode renunciar tacitamente à regra de foro protetor de interesse privado) pronunciar oficiosamente sua incompetência, incidindo, portanto, o teor da súmula 33 do STJ ("*a incompetência relativa não pode ser declarada de ofício*").

9.2. Aplicação da regra do art. 109, § 2º, da CF (art. 51, parágrafo, do CPC) às autarquias federais

A faculdade atribuída ao autor quanto à escolha do foro competente entre os indicados no art. 109, § 2º, da CF para julgar as ações propostas contra a União tem por escopo facilitar o acesso ao Poder Judiciário àqueles que se encontram afastados do DF que, a rigor, é o local da sede da União (domicílio do réu).

Em situação semelhante à da União, as autarquias federais (inclusive agências reguladoras) possuem representação em todo o território nacional, inclusive gozando, de maneira geral, dos mesmos privilégios e vantagens processuais concedidos ao ente político a que pertencem, já que consideradas pessoas jurídicas de direito público.

Consequentemente, a fixação do foro competente não se pode dar com as regras ordinárias do CPC a respeito do tema, mas sim com obediência ao art. 109, § 2º, da CF. Do contrário, nas ações propostas contra as autarquias federais, haveria a concessão de vantagem processual não estabelecida para a União, pois seriam demandadas, apenas, em suas sedes, quando, na verdade, a União pode ser demandada concorrentemente em vários foros.

Por isso, a jurisprudência do STF tem decidido pela incidência do disposto no art. 109, § 2º, da CF às autarquias federais (STF RE 627.709, rel. min. Ricardo Lewandowski, j. 20-8-2014, DJE de 30-10-2014, Tema 374), de modo que elas, tanto quanto a União, poderão ser demandadas concorrentemente no: 1) foro da seção judiciária em que domiciliado o autor; 2) local do ato ou fato que deu origem à demanda; 3) foro de situação da coisa; e 4) juízo federal do Distrito Federal (que, a rigor, é a sede da União).

Há entendimento superior no sentido de que em se tratando de ação ajuizada contra o INSS, também é possível a propositura nas varas federais da capital do Estado (súmula 689 do STF), na forma do art. 110 da CF (que estabelece que a seção judiciária em que domiciliado o autor é o Estado em que ele vive, cuja sede é a capital).

De mesmo modo, sendo as fundações de direito público federal espécies de autarquias, a elas também parece ser aplicado todo o quanto disposto e posto sobre art. 109, § 2º, da CF.

9.3. Ações contra empresas públicas federais

As empresas públicas federais, por outro lado – embora sofram influxos do direito público –, são regidas pelo direito privado.

Em sendo assim, a elas não se aplica o disposto no art. 109, § 2º, da CF, devendo ser demandadas conforme as regras infraconstitucionais que disciplinam a competência territorial em geral (CPC, Lei de ação civil pública, CDC etc.), observando-se, especialmente, o local onde ficam suas respectivas sedes, agências e sucursais (art. 53, III, "a" e "b", do CPC).

9.4. Litisconsórcio ativo entre autores domiciliados em foros distintos

O art. 109, § 2º, da CF não impede a formação de litisconsórcio ativo de autores domiciliados em subseções ou seções judiciárias distintas, inclusive em Estados-membros diversos daquele em que ajuizada a causa. Aos litisconsortes é facultada a opção pela propositura da ação em qualquer das possibilidades previstas no dispositivo constitucional, aplicando-se o quanto posto no art. 46, § 4º, do CPC (por analogia).

Segundo entendimento do STF, "*os litisconsortes, nas ações contra a União, podem optar pela propositura da ação no domicílio de qualquer deles*" (RE 484235, Rel. Min. Ellen Gracie, julgado em 25.8.2009, Dje 18.9.2009, RE 234.059, Rel. Min. Menezes Direito, j. 2-9-2008, Plenário, DJE de 21-11-2008; RE 403.622 AgR, Rel. Min. Teori Zavascki, j. 11-6-2013, 2ª T, DJE de 26-6-2013; RE 644.655 AgR, Rel. Min. Roberto Barroso, j. 16-9-2016, 1ª T, DJE de 6-10-2016).

9.5. Litisconsórcio passivo entre a União/autarquias federais e particulares

Em sendo ajuizada ação em que se litisconsorciem passivamente União/autarquias federais e particulares, haverá prevalecimento da regra constitucional do art. 109, § 2º, da CF sobre as regras do CPC a respeito do tema (art. 46, § 4º, do CPC).

O autor deve escolher entre os foros concorrentes do art. 109, § 2º, do CPC, não lhe sendo lícito optar pelo do domicílio do particular se ele não coincidir com um dos foros em que pode ser demandada a União/autarquia federal.

No mais, ver abaixo o que indicamos sobre *forum shopping* e *forum non conveniens* (item 9.8).

9.6. Competência territorial nos mandados de segurança contra atos praticados por autoridades da União e das autarquias federais (art. 109, VIII, da CF)

A competência territorial nos mandados de segurança se define pelo *status* funcional (federal, estadual ou municipal) e pela sede da autoridade apontada como coatora, pouco importando se o ato atacado tenha sido praticado em outro lugar.

A ideia por detrás do entendimento é a de que o impetrado tem a prerrogativa, como autoridade pública cujos atos se presumem legítimos, de se defender no local onde atua, cujo juízo tem competência absoluta para o conhecimento da impetração.

Por isso, durante muitos anos se entendeu que praticado o ato ilegal ou abusivo por Delegado da Receita Federal em cidade do interior do Estado, a impetração deveria ser realizada na Justiça Federal da capital (seção judiciária), considerando que aí se encontraria o domicílio funcional da autoridade federal que figura como coatora no *writ*.

Esse entendimento, contudo, recentemente foi **superado** pelo STF no tocante às autoridades federais em sentido estrito (*overrulling*), isto é, os agentes da União e das autarquias federais (RE n. 627.709, Rel. Min. Ricardo Lewandowski, Repercussão Geral, DJe de 30/10/2014).

O argumento vencedor foi o de que o art. 109, § 2º, da CF – em vista de seu *status* constitucional –, prevalece em qualquer tipo de ação ou procedimento contra a União e autarquias federais, suplantando as regras da Lei 12.016/2009 e do CPC sobre competência.

Assim, "*tratando-se de mandado de segurança impetrado contra autoridade pública federal, o que abrange a União e respectivas autarquias, o Superior Tribunal de Justiça realinhou a sua jurisprudência para adequar-se ao entendimento do Supremo Tribunal Federal sobre a matéria, admitindo que seja aplicada a regra contida no art. 109, § 2º, da CF, a fim de permitir o ajuizamento da demanda no domicílio do autor, tendo em vista o objetivo de facilitar o acesso à Justiça*" (STJ, AgInt no CC 154.470/DF, Rel. Ministro Og Fernandes, Primeira Seção, DJe 18/04/2018).

No mesmo sentido, diversos outros precedentes do STJ: AgInt no CC 163.905/DF, Rel. Ministro Francisco Falcão, 1ª Seção, julgado em 22/05/2019, DJe 04/06/2019; CC n. 156.729/DF, Rel. Min. Herman Benjamin, DJ 25/8/2018; CC n. 137.408/DF, Rel. Min. Benedito Gonçalves, DJe 13/3/2015; CC 145.758/DF, Rel. Min. Mauro Campbell Marques, DJe 30/3/2016; CC 137.249/DF; AgInt no CC 153.724/DF, Rel. Ministra Regina Helena Costa, Primeira Seção, DJe 16/02/2018, AgInt no CC 148.082/DF, Rel. Ministro Francisco Falcão, Primeira Seção, DJe 19/12/2017; e AgInt no CC 158.943/SP, Rel. Ministro Sérgio Kukina, Primeira Seção, julgado em 12/12/2018, DJe 17/12/2018.

Por conseguinte, no exemplo supra indicado (o do MS contra ato do Delegado da Receita Federal, com sede na capital, mas praticado no interior do Estado), é possível a impetração na Capital, como se entendia antigamente (seção judiciária). Mas também se admite que a impetração ocorra na subseção judiciária do domicílio do impetrante (acaso existente) no interior do Estado, no local do ato ou fato, no foro de situação da coisa ou, até mesmo, no DF; tudo considerando os foros concorrentes do art. 109, § 2º, da CF.

O novel entendimento, por outro lado, só alcança os agentes da União e das autarquias (fundações autárquicas) federais. Em se tratando de outras pessoas que podem figurar como coatoras no mandado de segurança (art. 2º, § 1º, da Lei 12.016/2009), a competência territorial para conhecer da impetração continua sendo absoluta, não concorrente, e, de forma geral, define-se de acordo com a sede funcional da autoridade, nos termos da legislação infraconstitucional.

De modo que em MS impetrado contra ato de reitor de universidade privada ou de superintendente de concessionárias de serviço público – ambos a atuar sobre os auspícios da União –, a impetração deve ser feita na sede funcional da autoridade apontada como coatora, pouco importando que o ato atacado tenha sido praticado em outro lugar.

9.7. Ações civis públicas e coletivas no âmbito da Justiça Federal

9.7.1. Ajuizadas pelos entes do art. 109, I, da CF

As ações civis públicas e coletivas em geral, propostas pela União ou autarquias (fundações) federais (art. 109, I, da CF), seguem a regra geral do art. 109, § 1º, da CF, sendo propostas na Justiça Federal que abrange o domicílio do réu (seção ou subseção judiciária), ainda que, eventualmente, esse não seja o local do dano.

A elas não se aplica o regramento infranconstitucional a respeito do tema, considerando a supremacia e o tratamento integral da questão no art. 109, § 1º, da CF.

REMEMORE-SE. Pese a disciplina constitucional da competência territorial da Justiça Federal (art. 109, § 1º, da CF), para nós trata-se de regra de competência relativa, em contrariedade ao que diz boa parte da doutrina (vide item 9.1. supra). De modo que proposta a ação em foro diverso do domicílio do réu e não tendo a parte prejudicada (o réu, único interessado na questão) arguido tempestivamente o vício (art. 65 do CPC), prorroga-se a competência, sendo vedado ao juízo pronunciar oficiosamente sua incompetência (súmula 33 do STJ).

Já em sendo a demanda coletiva proposta pelo MPF, DPU ou empresas públicas federais – que não são abarcados pela disciplina do art. 109,

§ 1º, da CF –, incidem as regras gerais sobre competência para as ações civis públicas e coletivas (art. 2º da Lei 7.347/85 e 93 do CDC).

Como os efeitos da violação dos direitos e interesses difusos, coletivos e individuais homogêneos extravasam os limites territoriais das subseções e seções judiciárias (inclusive com potencial para extravasar o território nacional), foi necessário criar regras que considerassem a extensão do dano para definir a competência do órgão jurisdicional.

Conforme artigos 2º da Lei 7.347/85 e 93 do CDC, as ações para a tutela dos ditos interesses transindividuais devem ser propostas no foro: a) do local do dano (ocorrido ou suposto), se o dano for local; b) da capital de algum dos Estados atingidos, se o dano (ocorrido ou suposto) for regional; e c) da capital de algum dos Estados atingidos ou do DF, se o dano (ocorrido ou suposto) for nacional.

ATENÇÃO. A competência territorial de referidas ações, pese de matiz territorial, é considerada absoluta pelo sistema, pois o próprio art. 2.º, *caput*, da Lei 7.347/85 aponta que o juízo terá competência funcional (*rectius* absoluta) para a causa. A razão de ser da regra funda-se no princípio da efetividade, pois o juiz do local do dano (presente ou suposto) habilita-se, funcionalmente, na percepção dos fatos, sendo a pessoa mais adequada para o julgamento da causa (STJ, CC 39.111/RJ, rel. Min. Luis Fux, DJ 28.02.2005). Em outros termos, a regra referida não foi compilada pelo legislador para proteção de um interesse privado, mas sim em razão do interesse público na maior facilidade da produção da prova e da apuração da verdade real que tem o juiz do local do dano. Logo, o critério do local do dano, embora ficando em matiz de natureza territorial, segue o regime jurídico da competência absoluta (art. 64 do CPC): a) possível o conhecimento de ofício da incompetência pelo juiz (observado o art. 10 do CPC); b) a arguição do vício pode ser feita pela parte a qualquer tempo e grau de jurisdição; c) a violação da regra abre a possibilidade de reconhecimento da nulidade das decisões proferidas no processo, ensejando, ainda, a propositura de ação rescisória no prazo de dois anos após o trânsito em julgado (art. 966, II, do CPC).

Não há na lei ou na doutrina critérios homogêneos e seguros para afirmar o que é um dano local, regional, e qual a diferença que eles têm entre si e com o dano nacional. Afinal, o dano que atingiu a região de

12 Estados da federação é nacional ou regional? E se atingiu apenas 03 cidades, porém de Estados diferentes: trata-se de dano regional ou local?

Para a definir a competência territorial em sede de ação coletiva com arrimo nos artigos. 2º da Lei 7.347/85 e 93 do CDC, entendemos ser relevante considerar se o foro do ajuizamento também foi atingido pelo dano. Do contrário, não faz sentido algum atribuir-lhe competência para a ação.

Assim, no caso de os danos terem atingidos os 12 Estados da federação (*v.g.* uma propaganda enganosa), desinteressante investigar se o dano é regional ou nacional: a ação pode ser ajuizada na capital de quaisquer dos Estados atingidos ou no DF (se ele também for atingido pelo dano/propaganda), cuja decisão tem potencial para gerar efeitos sobre o território de todos os Estados envolvidos. A Justiça Federal da capital dos Estados não alcançados pelo dano (e mesmo o DF se não atingido), por evidente, não devem ter competência para referidas ações, inclusive pelas dificuldades naturais que terão para apreciar os fatos.

Também é irrelevante identificar se o dano que alcançou 03 (três) cidades diferentes, porém em Estados distintos, é local ou regional (*v.g.* um dano ambiental). Terá competência territorial para a causa quaisquer das 03 (três) seções ou subseções judiciárias alcançadas pelo dano, cuja decisão pode gerar efeitos sobre as outras 02 (duas).

Ainda que o dano seja de âmbito nacional, não há obrigatoriedade de propositura da ação na seção judiciária do DF. O Superior Tribunal de Justiça tem o pacífico entendimento de que o art. 93, II, do CDC não atrai a competência exclusiva da justiça federal da Seção Judiciária do Distrito Federal, quando o dano for de âmbito regional ou nacional, cumprindo ao autor optar pela Seção Judiciária que deverá ingressar com ação (STJ, CC 26842/DF, Rel. Ministro Waldemar Zveiter, Rel. p/ Acórdão Ministro Cesar Asfor Rocha, Segunda Seção, DJ 05/08/2002; CC 112.235/DF, Rel. Ministra Maria Isabel Gallotti, Segunda Seção, DJe 16/02/2011).

9.7.2. Ajuizadas contra um dos entes do art. 109, I, da CF

Se a ação civil pública ou coletiva for proposta contra a União ou as autarquias (fundações) federais, incide a regra do art. 109, § 2º, da CF (que é hierarquicamente superior aos artigos 2º da LACP e 93 do CDC), sendo, portanto, possível a propositura da ação na seção da Justiça Federal do domicílio do autor (incluindo a capital do Estado como já visto), local do ato ou fato (que é o melhor foro dentro do padrão da facilidade da colheita da prova – vide item 9.8 infra), no local da coisa objeto da demanda ou no foro do DF.

Inclusive tal regra vale para as execuções individuais de sentenças coletivas proferidas contra ente público federal. Embora haja precedente da Corte Especial do STJ no sentido de que, nos termos dos arts. 98, § 2º, I e 101, I, do CDC, o exequente pode escolher entre o foro em que a ação coletiva foi processada e o do seu domicílio (REsp n. 1.243.887/PR, Rel. Ministro Luis Felipe Salomão, DJe 12/12/2011), tal entendimento não se aplica se pessoa jurídica de direito público federal for a executada porque, para elas, incide a regra do art. 109, § 2º, da CF, de maior hierarquia. Assim, pode o exequente, para além da regra do foro da condenação, propor a execução no seu domicílio (incluindo a capital do Estado como já visto), no local do ato ou fato, no local da coisa objeto da demanda (obrigação de entrega) ou no foro do DF (CC n. 199.938/SP, relator Ministro Mauro Campbell Marques, Primeira Seção, DJe de 17/10/2023).

Proposta, todavia, a ação civil pública ou coletiva contra empresas públicas federais, seguem-se as regras do art. 93 do CDC e art. 2º da Lei 7.347/85, valendo as considerações que foram feitas no item anterior.

9.8. *Forum shopping* e *forum non conveniens* à luz da regra do art. 109, § 2º, da CF

A existência de mais de um foro competente para apreciar demandas contra a União e autarquias federais – inclusive quando litisconsorciada passivamente com particulares –, faz surgir interessante debate sobre os institutos do *forum shopping* e do *forum non conveniens*.

Pelo *forum shopping* a escolha do foro competente decorrerá da conveniência única e exclusivamente do autor da demanda, que elegerá, conforme seus interesses pessoais, o juízo que entende conveniente para o julgamento da causa.

Já o *forum non conveniens* funciona como um limitador natural do *forum shopping*. Por ele seria possível o controle da competência, pelo juiz, quando o foro livremente escolhido pelo autor for inconveniente (inadequado), algo a ser aferido à luz da realidade do caso concreto (*v.g.*, facilidade da produção da prova) e da excessiva dificuldade que uma das partes, no foro eleito pelo autor, terá para se defender.

Não há previsão legal do instituto do *forum non conveniens* no direito processual civil brasileiro, embora seja possível extrair sua regra do princípio da boa-fé, encarnada no art. 5º do CPC.

Entende-se que é lícito ao juízo federal, em casos extremos, excepcionais (especialmente se houver provocação da parte prejudicada), declinar a competência para outro juízo federal que tenha melhores condições para apreciar a demanda ou garantir o exercício do direito de defesa (*forum shopping*), pese o art. 109, § 2º, da CF, reconhecer a possibilidade de o autor ajuizar demanda contra a União em qualquer dos foros concorrentes ali estabelecidos.

A título de exemplo, ajuizada ação popular por cidadão domiciliado no Estado da Paraíba, para anulação de contrato administrativo celebrado entre a União Federal e empresa individual sediada no interior do mesmo Estado da Paraíba (ambas passivamente litisconsorciados na ação), parece não fazer sentido algum que a demanda se processe em Seção Judiciária diversa da Paraíba. Especialmente se for constatado que o empresário individual litisconsorciado com a União tem limitadores financeiros a dificultar o exercício da sua defesa em foro distante; ou que os fatos ensejam apuração adequada em juízo mais próximo de onde aconteceram. Não parece equivocado admitir que aportada referida ação no DF, possa o juízo federal eleito, conforme regra do art. 109, § 2º, da CF (*forum shopping*), recusar sua competência (*forum non conveniens*) e encaminhar o caso para julgamento na Seção Judiciária da Paraíba.

Do mesmo modo, proposta por associação ação civil pública ambiental contra a União no foro de seu domicílio (art. 109, §2º, da CF), parece plenamente possível ao juízo federal da causa encaminhar o caso para o juízo federal do local do ato ou fato que originou a ação, se observado maior facilitação na colheita da prova por lá. Conforme já decidido pelo STJ, a *ratio essendi* da competência para a ação civil pública ambiental, calca-se no princípio da efetividade, por isso que, o juízo federal do local do dano habilita-se, funcionalmente, na percepção da degradação ao meio ambiente posto em condições ideais para a obtenção dos elementos de convicção conducentes ao desate da lide" (CC 39.111/RJ, Rel. Ministro Luiz Fux, Primeira Seção, DJ 28/02/2005). A respeito, ainda: AgRg no REsp 1043307/RN, Rel. Ministro Herman Benjamin, Segunda Turma, DJe 20/04/2009; CC 60.643/BA, Rel. Ministro Castro Meira, Primeira Seção, DJ 08/10/2007; CC 47.950/DF, Rel. Ministra Denise Arruda, Primeira Seção, DJ 07/05/2007).

O STJ, na definição de competência para julgamento de ação popular proposta na Subseção Judiciária de Campinas/SP, para responsabilizar os causadores do dano ambiental em Brumadinho/MG, aplicou a teoria do *forum non conveniens* para encaminhar o caso a julgamento pela Seção Judiciária de Minas Gerais. Conforme trechos do voto do Min. Herman Benjamin, relator do caso, "*as circunstâncias do caso concreto devem ser analisadas, de forma a ajustar o Direito à realidade*", não se pretendendo, com tal decisão, suplantar o entendimento pacífico do STJ no sentido de que as ações populares são ajuizadas, de ordinária no domicílio do autor, pelo contrário, fazendo um *distinguishing* para admitir que, no caso, é mais conveniente o processamento da ação em MG para "*assegurar a apuração dos fatos pelo órgão judicante que detém maior proximidade com o local do dano e, portanto, que revela maior capacidade de colher as provas de maneira célere e de examiná-las no próprio contexto de sua produção*" (STJ, CC 164.362, Rel. Min. Herman Benjamin, 1ª Seção, j. 12.06.2019).

Em remate: a regra dos foros concorrentes do art. 109, § 2º, da CF, deve ser prestigiada, pois facilita (e com isso amplia) o acesso à Justiça, não havendo impedimento, contudo, para quem em casos excepcionais e extremos, o Judiciário intervenha e limite as opções de escolha do proponente, com base na teoria do *forum non conveniens,* encaminhando o caso para o foro com melhores condições de julgar a demanda.

9.9. Competência territorial nas ações perante os Juizados Especiais Federais (Lei 10.259/2001)

As ações contra União e autarquias federais, quando ajuizadas nos Juizados Especiais Federais (Lei 10.259/2001), seguem a regra geral do art. 109, § 2º da CF (que prevalece sobre qualquer outra regra na legislação infraconstitucional). Por conseguinte, pode o jurisdicionado, nas causas de competência do JEF (art. 3º da Lei 10.259/2001), propor a ação nos Juizados Federais da seção judiciária (capital do Estado) ou subseção judiciária "*em que for domiciliado o autor, naquela onde houver ocorrido o ato ou fato que deu origem à demanda ou onde esteja situada a coisa, ou, ainda, no Distrito Federal*".

Não parece prevalecer, por isso, a exegese restritiva, por alguns emprestada ao art. 3º, § 3º, da Lei 10.259/2001, no sentido de que por a lei se referir à competência absoluta do juízo onde estiver instalada a Vara do Juizado Especial, estaria o jurisdicionado impedido de ajuizar a demanda nos demais foros concorrentes do art. 109, § 2º, da CF, só podendo propô-la na subseção judiciária em que domiciliado. Para além de uma questão de hierarquia entre os dispositivos comparados (CF x Lei 10.259/2001), parece bastante evidente que o art. 3º, § 3º, da Lei 10.259/2001, simplesmente, quis impedir que o jurisdicionado opte pela Justiça Federal comum em detrimento dos Juizados Especiais Federais. Não que esteja afastada a possibilidade de ajuizamento da ação nos demais foros do art. 109, § 2º, da CF, inclusive na capital do Estado, sede da seção judiciária (vide comentários ao item 9, supra).

ATENÇÃO. De todo modo, a questão supra está em vias de ser pacificada pelo STF, que reconheceu a existência de repercussão geral na definição do seguinte tema: "Compatibilidade do art. 3º, § 3º, da Lei 10.259/2001 com a Constituição da República, notadamente em face do art. 109, § 2º, da Carta Política" (Tema 1.277).

Conforme art. 20 da Lei 10.259/2001, caso não haja Juizados Federais no foro em que o autor for domiciliado, ainda é possível que proponha a ação no Juizado Federal mais próximo ao foro definido no art. 4º da Lei 9.099/95, ainda que, eventualmente, o local de seu domicílio não seja abrangido pela competência territorial dos referidos Juizados. Trata-se de disposição que facilita bastante o acesso à Justiça.

Já se a parte demandada for empresa pública federal, não incide o art. 109, § 2º, da CF, mas sim a regra de aplicação integrativa do art. 4º da Lei 9.099/95. Será competente para a ação o JEF do foro: I) do domicílio do réu ou, a critério do autor, do local onde aquele exerça atividades profissionais ou econômicas ou mantenha estabelecimento, filial, agência, sucursal ou escritório; II) do lugar onde a obrigação deva ser satisfeita; III) do domicílio do autor ou do local do ato ou fato, nas ações para reparação de dano de qualquer natureza.

No mais, ver acima o que indicamos sobre forum shopping e forum non conveniens (item 9.8), que também se aplica à eleiçaço dos foros concorrentes nos Juizados Especiais Federais.

9.10. Competência territorial nas execuções fiscais federais

O art. 46, § 5º, do CPC/2015 traz regra específica de competência para a execução fiscal. Na verdade, três foros possíveis: (i) domicílio do réu, (ii) residência do réu ou (iii) lugar onde o réu for encontrado.

Há inescondível falha legislativa na localização do dispositivo, pois considerando que ela trata, apenas, de execução fiscal, deveria estar previsto no Livro II da Parte Especial (execução) – mais especificamente como um parágrafo do art. 781 ora comentado – e não na Parte Geral.

Diversamente do que possa se imaginar em primeira vista, não se tem no art. 46, § 5º, do CPC/2015, uma hipótese de foro concorrente, distanciando-se o regramento, pois, do modelo adotado para as outras execuções de título extrajudicial (art. 781 do CPC/2015). Considerando a localização da disposição logo após o § 4º do art. 46 – que fala expressamente em "escolha do autor" –, razoável considerar que os foros do art. 46, § 5, do CPC, são sucessivos (e não concorrentes). Assim, a execução fiscal deve ser ajuizada no foro do domicílio do executado; somente caso não se saiba qual é o do domicílio, no foro da residência do executado; somente caso não se saiba qual é o da residência, em qualquer local onde o executado puder ser encontrado.

Em conformidade com o princípio da *perpetuatio jurisdictionis* (art. 43 do CPC), a súmula 58 do STJ é clara no sentido de que, proposta a execução fiscal, a posterior mudança de domicílio do executado não desloca a competência já fixada. Se somado o entendimento com o da súmula 33 do STJ (item 4 supra) – no sentido de que o juiz não pode, de ofício pronunciar a incompetência relativa –, fácil concluir que mesmo sendo ajuizada a execução fiscal no foro inadequado não é possível ao juiz, oficiosamente, determinar a redistribuição para o foro do domicílio/residência do executado, seja isto constatado logo no início do processo (no momento da constatação do insucesso da citação), seja no curso do processo em vista da mudança do domicílio/residência do executado. Indispensável, portanto, arguição do executado para reconhecimento da violação da regra do art. 46, §5º, do CPC/, na forma do art. 65 do mesmo diploma.

Não há delegação de competência material federal para a Justiça dos Estados em tema de execução fiscal. O art. 15, I da Lei 5.010/66 – que autorizava a propositura de execuções fiscais pela União e afins no foro da Justiça Estadual do domicílio do executado, quando não houvesse unidade da Justiça Federal no local – foi revogado pela Lei n. 13.043/2014. Logo, não se aplica ao caso o art. 109, § 3º, da CF, devendo o executivo federal ser ajuizado na Justiça Federal com competência territorial sobre o domicílio do executado (ainda que ele não seja sede de unidade da Justiça Federal).

ATENÇÃO. Não há previsão de foro territorialmente competente para o ajuizamento de execução na Lei 6.830/1980. A única disposição a respeito do tema na referida lei é no sentido de que competência para processar e julgar a execução da Dívida Ativa da Fazenda Pública exclui a de qualquer outro Juízo, inclusive o da falência, da concordata (sic: recuperação judicial), da liquidação, da insolvência ou do inventário. Em outros termos, as execuções fiscais não são abarcadas pelo juízo universal da falência (art. 76 da Lei 11.101/2005). A execução fiscal, então, prossegue normalmente, sendo possível, inclusive, a penhora no rosto dos autos da falência. O deferimento da recuperação judicial não suspende a execução fiscal em curso, salvo se concedido parcelamento (art. 6º, § 7º, da Lei nº 11.101/05).

PARTE II

COMPETÊNCIA CRIMINAL DA JUSTIÇA FEDERAL

Renato Brasileiro de Lima

1. CONSIDERAÇÕES INICIAIS

Segundo o disposto no art. 106 da Constituição Federal, são órgãos da Justiça Federal os Tribunais Regionais Federais e os Juízes Federais. Na verdade, a despeito do teor do referido dispositivo constitucional, são órgãos da Justiça Comum Federal os Tribunais Regionais Federais, os Juízes Federais, o Tribunal do Júri Federal e, por força do parágrafo único do art. 98 da CF, também foram criados pela Lei nº 10.259/01 os Juizados Especiais Criminais.

O Conselho da Justiça Federal não funciona como órgão da Justiça Federal. Como deixa entrever a própria Constituição Federal, funciona o Conselho junto ao Superior Tribunal de Justiça, cabendo-lhe exercer a supervisão administrativa e orçamentária da Justiça Federal de primeiro e segundo graus, como órgão central do sistema e com poderes correicionais, cujas decisões terão caráter vinculante (CF, art. 105, parágrafo único, II).

Para fins de divisão judiciária da competência territorial da Justiça Federal, o território brasileiro foi dividido, inicialmente, ou seja, antes da Lei n. 14.226/21, em cinco regiões, com um Tribunal Regional Federal para cada uma delas. Cada uma dessas Regiões é integrada por várias Seções Judiciárias. Cada Estado e o Distrito Federal correspondem a uma Seção Judiciária. Por seu turno, cada Seção Judiciária é subdividida em subseções judiciárias, correspondentes a parcelas do território de um Estado da Federação. A subseção funciona como uma grande comarca, abrangendo vários municípios e até mesmo várias comarcas.

O **Tribunal Regional Federal da 1ª Região**, cuja sede fica em Brasília, compreende o Distrito Federal, bem como os Estados de Goiás, Mato Grosso, Maranhão, Pará, Amazonas, Rondônia, Amapá, Roraima, Acre, Bahia, Piauí e Tocantins. Pelo menos até a entrada em vigor da Lei n. 14.226/21, também abrangia o Estado de Minas Gerais. O **Tribunal Regional Federal da 2ª Região**, com sede no Rio de Janeiro, abrange os Estados do Rio de Janeiro e do Espírito Santo. O **Tribunal Regional Federal da 3ª Região**, cuja sede fica em São Paulo, abrange os Estados de São Paulo e do Mato Grosso do Sul. O **Tribunal Regional Federal da 4ª Região**, com sede em Porto Alegre, compreende os Estados do Rio Grande do Sul, Santa Catarina e Paraná. Por fim, o **Tribunal Regional Federal da 5ª Região**, com sede em Recife, abrange os Estados de Pernambuco, Alagoas, Ceará, Paraíba, Rio Grande do Norte e Sergipe.

No dia 06 de junho de 2013, foi promulgada a **Emenda Constitucional nº 73**, que acrescentou o §11 ao art. 27 do Ato das Disposições Constitucionais Transitórias, com a seguinte redação: "São criados, ainda, os seguintes Tribunais Regionais Federais: o da 6ª Região, com sede em Curitiba, Estado do Paraná, e jurisdição nos Estados do Paraná, Santa Catarina e Mato Grosso do Sul; o da 7ª Região, com sede em Belo Horizonte, Estado de Minas Gerais, e jurisdição no Estado de Minas Gerais; o da 8ª Região, com sede em Salvador, Estado da Bahia, e jurisdição nos Estados da Bahia e Sergipe; e o da 9ª Região, com sede em Manaus, Estado do Amazonas, e jurisdição nos Estados do Amazonas, Acre, Rondônia e Roraima". De acordo com o art. 2º da referida Emenda Constitucional, esses novos Tribunais Regionais Federais deveriam ser instalados no prazo de 6 (seis) meses, a contar da promulgação da referida Emenda. Não obstante, por força de decisão monocrática proferida pelo então Min. Joaquim Barbosa nos autos da **ADI nº 5.017**, foi deferida medida cautelar para suspender os efeitos da EC 73/2013.[1]

Ante a inércia do Supremo Tribunal Federal em proceder ao julgamento da referida ADI, o Congresso Nacional deliberou pela criação de um novo Tribunal Regional Federal, porém *curiosamente* não mais por meio de modificação do Ato das Disposições Constitucionais e Transitórias através de Emenda Constitucional, como foram criados, por exemplo, os 5 (cinco) primeiros TRF's (art. 27, §6º do ADCT), e, mais recentemente, outros 4 (quatro), conforme previsto no art. 27, §11, incluído pela EC n. 73/13, mas sim por meio de lei ordinária. De fato, por força do art. 1º da Lei n. 14.226, com vigência em data de 3 de janeiro de 2022, foi criado o **Tribunal Regional Federal da 6ª Região**, com sede em Belo Horizonte e jurisdição no Estado de Minas Gerais. Referido Tribunal deverá ser composto de 18 (dezoito) membros. De acordo com o art. 2º, parágrafo único, da Lei n. 14.226/21, foram transformados 20 (vinte) cargos vagos de juiz federal substituto do quadro permanente da Justiça Federal da 1ª Região em 18 (dezoito) cargos de juiz de tribunal regional federal vinculados ao TRF da 6ª Região.

De acordo com o art. 108 da Carta Magna, compete aos Tribunais Regionais Federais: I – processar e julgar, originariamente: a) os juízes federais da área de sua jurisdição, incluídos os da Justiça Militar e da Justiça do Trabalho, nos crimes comuns e de responsabilidade, e os membros do Ministério Público da União, ressalvada a competência da Justiça Eleitoral; b) as revisões criminais e as ações rescisórias de julgados seus ou dos

1 O feito encontra-se concluso ao relator desde o dia 07 de janeiro de 2015. Pesquisa em: 08.12.2021.

juízes federais da região; c) os mandados de segurança e os habeas data contra ato do próprio Tribunal ou de juiz federal; d) os habeas corpus, quando a autoridade coatora for juiz federal; e) os conflitos de competência entre juízes federais vinculados ao Tribunal; II – julgar, em grau de recurso, as causas decididas pelos juízes federais e pelos juízes estaduais no exercício da competência federal da área de sua jurisdição.

A competência criminal da Justiça Federal, que será detalhadamente estudada na sequência, está especialmente prevista nos incisos IV, V, VI, VII, IX e X do art. 109. Por sua vez, os incisos VIII e XI referem-se tanto à matéria criminal quanto à cível. Explica-se: quando a Constituição Federal utiliza a expressão "causas", refere-se à matéria cível (incisos I, II e III do art. 109); quando se vale da expressão "crimes", refere-se obviamente à matéria criminal (incisos IV, V, VI, IX e X do art. 109); quando a Magna Carta não faz qualquer referência a "causas", "crimes" ou "matéria criminal", significa estar se referindo tanto à matéria cível quanto à matéria criminal, tal qual ocorre no inciso VII (o mandado de segurança pode versar sobre matéria cível ou criminal) e no inciso IX (disputa sobre direitos indígenas). A exceção à regra fica por conta do inciso V-A, do art. 109, inserido pela Emenda Constitucional nº 45/04, que, apesar de ter utilizado a expressão "causas", abrange tanto as cíveis quanto as criminais.

2. ATRIBUIÇÕES INVESTIGATÓRIAS DA POLÍCIA FEDERAL

Antes de ingressarmos na análise propriamente dita da competência criminal da Justiça Federal, impende dissiparmos, desde já, erro bastante comum, qual seja, o de se acreditar que há uma relação de absoluta congruência entre as atribuições de polícia investigativa da Polícia Federal e as hipóteses de competência criminal da Justiça Federal. Na verdade, as atribuições investigatórias da Polícia Federal são bem mais amplas que a competência criminal da Justiça Federal.

Ao tratar da Polícia Federal, a própria Constituição Federal (art. 144, § 1º, inciso I) deixa expresso que, além da atribuição de apurar infrações penais contra a ordem política e social ou em detrimento de bens, serviços e interesses da União ou de suas entidades autárquicas e empresas públicas – o que, grosso modo, corresponde à competência da Justiça Federal –, deve também apurar *outras infrações cuja prática tenha repercussão interestadual ou internacional e exija repressão uniforme*, segundo se dispuser em lei,[2] além da prevenção e repressão ao tráfico ilícito de entorpecentes e drogas afins, o contrabando e o descaminho.[3]

---

2 Lei n. 10.446/02: "Art. 1º Na forma do inciso I do §1º do art. 144 da Constituição, quando houver repercussão interestadual ou internacional que exija repressão uniforme, poderá o Departamento de Polícia Federal do Ministério da Justiça, sem prejuízo da responsabilidade dos órgãos de segurança pública arrolados no art. 144 da Constituição Federal, em especial das Polícias Militares e Civis dos Estados, proceder à investigação, dentre outras, das seguintes infrações penais: I – sequestro, cárcere privado e extorsão mediante sequestro (arts. 148 e 159 do Código Penal), se o agente foi impelido por motivação política ou quando praticado em razão da função pública exercida pela vítima; II – formação de cartel (incisos I, a, II, III e VII do art. 4º da Lei n. 8.137, de 27 de dezembro de 1990); e III – relativas à violação a direitos humanos, que a República Federativa do Brasil se comprometeu a reprimir em decorrência de tratados internacionais de que seja parte; e IV – furto, roubo ou receptação de cargas, inclusive bens e valores, transportadas em operação interestadual ou internacional, quando houver indícios da atuação de quadrilha ou bando em mais de um Estado da Federação. V - falsificação, corrupção, adulteração ou alteração de produto destinado a fins terapêuticos ou medicinais e venda, inclusive pela internet, depósito ou distribuição do produto falsificado, corrompido, adulterado ou alterado (art. 273 do Decreto-Lei n. 2.848, de 7 de dezembro de 1940 – Código Penal). (Incluído pela Lei n. 12.894, de 2013) VI - furto, roubo ou dano contra instituições financeiras, incluindo agências bancárias ou caixas eletrônicos, quando houver indícios da atuação de associação criminosa em mais de um Estado da Federação. (Incluído pela Lei n. 13.124, de 2015) VII – quaisquer crimes praticados por meio da rede mundial de computadores que difundam conteúdo misógino, definidos como aqueles que propagam o ódio ou a aversão às mulheres. (Incluído pela Lei n. 13.642, de 2018) Parágrafo único. Atendidos os pressupostos do *caput*, o Departamento de Polícia Federal procederá à apuração de outros casos, desde que tal providência seja autorizada ou determinada pelo Ministro de Estado da Justiça.

3 Como já se pronunciou o STJ, "(...) as atribuições da Polícia Federal e a competência da Justiça Federal, ambas previstas na Constituição da República (arts. 108, 109 e 144,

Como se percebe, nem sempre os crimes investigados pela Polícia Federal serão processados e julgados pela Justiça Federal (v.g., roubo de cargas, tráfico interestadual de drogas, etc.). Nesse caso, independentemente da possibilidade de que esses delitos também sejam investigados pelos órgãos de segurança pública estaduais,[4] se acaso a investigação tiver curso perante a Polícia Federal, uma vez concluído o inquérito policial, deverão ser os autos remetidos à Justiça Estadual.

De todo modo, como o inquérito policial funciona como um procedimento administrativo de caráter meramente informativo, ainda que elementos de informação quanto a crime de competência da Justiça Federal tenham sido colhidos em inquérito policial presidido pela Polícia Civil, ou que um crime de competência da Justiça Estadual tenha sido investigado pela Polícia Federal em desacordo com a Lei nº 10.446/02, tal vício não terá o condão de macular o processo criminal a que o procedimento investigatório der origem.[5]

---

§ 1º), não se confundem, razão pela qual não há falar que a investigação que deu origem à ação penal foi realizada por autoridade absolutamente incompetente. As atribuições da Polícia Federal não se restringem a apurar infrações em detrimento de bens, serviços e interesses da União, sendo possível a apuração de infrações em prol da Justiça estadual". (STJ, 6ª Turma, RHC 50.011/PE, Rel. Min. Sebastião Reis Júnior, j. 25/11/2014, DJe 16/12/2014).

4 Evidenciada a ocorrência de conexão entre delitos apurados em inquéritos policiais em trâmite nas polícias estadual e federal, é possível a reunião dos procedimentos investigatórios, aplicando-se subsidiariamente os artigos 76, incisos II e III, e 79, ambos do Código de Processo Penal. Nessa linha: STJ – RHC 10.763/SP – 5ª Turma – Rel. Min. Gilson Dipp – DJ 27/08/2001 p. 351.

5 Com esse entendimento: STF – RHC 85.286/SP – 2ª Turma – Rel. Min. Joaquim Barbosa – DJ 24/03/2006 p. 55).

3. CRIMES POLÍTICOS E INFRAÇÕES PENAIS PRATICADAS EM DETRIMENTO DE BENS, SERVIÇOS OU INTERESSE DA UNIÃO OU DE SUAS ENTIDADES AUTÁRQUICAS OU EMPRESAS PÚBLICAS, EXCLUÍDAS AS CONTRAVENÇÕES PENAIS E RESSALVADA A COMPETÊNCIA DA JUSTIÇA MILITAR E DA JUSTIÇA ELEITORAL (CF, ART. 109, INCISO IV)

3.1. Crimes políticos

Pelo menos até a entrada em vigor da Lei n. 14.197 em data de 1º de dezembro de 2021, os crimes políticos estavam previstos na revogada Lei de Segurança Nacional (Lei nº 7.170/83), caracterizando-se pela lesão ou exposição a perigo de lesão: a) da integridade territorial e da soberania nacional; b) do regime representativo e democrático, da Federação e do Estado de Direito; c) da pessoa dos Chefes dos Poderes da União.[6] Como alguns dos delitos previstos na revogada Lei de Segurança Nacional também estavam previstos no Código Penal, no Código Penal Militar, ou na legislação especial, tal como o do art. 29 ("Matar o Presidente da República, o do Senado Federal, o da Câmara dos Deputados ou o do Supremo Tribunal Federal"), era imprescindível, para a caracterização do crime político, *a presença de motivação política e a lesão real ou potencial aos bens juridicamente tutelados*. Por consequência, se não restasse evidenciada a motivação política ou a intenção de lesar ou expor a perigo de lesão tais bens jurídicos, não haveria crime político.[7] Como a Constituição Federal de 1988 atribui à Justiça Federal a competência para processar e julgar os *crimes políticos*, sempre se entendeu que o art. 30, *caput*, da revogada Lei nº 7.170/83,[8] que

---

6 Nessa linha: FRANCO, Alberto Silva. Código Penal e sua interpretação jurisprudencial. 2ª ed. São Paulo: RT, 1987, p. 195.

7 Nesse sentido: STF, Pleno, RC 1.472/MG, Rel. Min. Dias Toffoli, j. 25/05/2016; STF, Pleno, RHC segundo 1.468/RJ, Rel. Min. Maurício Corrêa, DJ 16/08/2000 p. 88.

8 Revogada Lei n. 7.170/83: "Art. 30. Compete à Justiça Militar processar e julgar os crimes previstos nesta Lei, com observância das normas estabelecidas no Código de Processo Penal

atribuía à Justiça Militar o *status* de juiz natural para o julgamento de tais delitos, não havia sido recepcionado pela Carta Magna.[9]

Eis que surge, então, a Lei n. 14.197/21, revogando a Lei n. 7.170/83, ao mesmo tempo em que acrescentou à Parte Especial do Código Penal o Título XII, que, doravante, passa a prever os seguintes *Crimes contra o Estado Democrático de Direito*: **i.** Atentado à soberania (art. 359-I do CP); **ii.** Atentado à integridade nacional (art. 359-J do CP); **iii.** Espionagem (art. 359-k do CP); **iv.** Abolição violenta do Estado Democrático de Direito (art. 359-L do CP); **v.** Golpe de Estado (art. 359-M do CP) **vi.** Interrupção do processo eleitoral (art. 359-N do CP); **vii.** Violência política (art. 359-P do CP); e **viii.** Sabotagem (art. 359-R do CP).[10] Passou a dispor, ademais, que não constitui crime previsto no referido Título a manifestação crítica aos poderes constitucionais nem a atividade jornalística ou a reinvindicação de direitos e garantias constitucionais por meio de passeatas, de reuniões, de greves, de aglomerações ou de qualquer outra forma de manifestação política com propósitos sociais (CP, art. 359-T, incluído pela Lei n. 14.197/21).

Com a entrada em vigor do novel diploma normativo, já se vislumbra acirrada controvérsia quanto à competência para o processo e julgamento desses novos crimes contra o Estado Democrático de Direito, senão vejamos:

a. 1ª Corrente: partindo da premissa de que as novas figuras delituosas introduzidas no Código Penal não podem ser rotuladas como espécies de *crimes políticos*, mas sim como crimes comuns, a competência para o seu processo e julgamento não será exclusiva da Justiça Federal. Logicamente, havendo ofensa a bens, serviços ou interesses da União, a competência será

Militar, no que não colidirem com disposição desta Lei, ressalvada a competência originária do Supremo Tribunal Federal nos casos previstos na Constituição".

9 STJ, 3ª Seção, CC 21.735/MS, DJ 15/06/1998, p. 10, Rel. Min. José Dantas.

10 Foram vetados pelo Presidente da República outros 2 (dois) delitos: a. Comunicação enganosa em massa (CP, art. 359-O); b. atentado a direito de manifestação (CP, art. 359-S). Pelo menos até o fechamento desta edição, o Congresso Nacional ainda não havia apreciado tais vetos.

da Justiça Federal, não por se tratar de *crime político,* mas sim com fundamento na segunda parte do art. 109, IV, da CF. É o que ocorre, por exemplo, com os crimes contra a soberania nacional (arts. 359-I a 359-K do CP), com os crimes contra as instituições democráticas (arts. 359-L e 359-M) e com o crime de sabotagem (CP, art. 359-R) envolvendo estabelecimentos, instalações ou serviços destinados à defesa nacional. A competência, porém, para o processo e julgamento dos crimes contra o funcionamento das instituições democráticas no processo eleitoral (CP, arts. 359-N a 359-O), por sua vez, deverá recair sobre a Justiça Eleitoral, pelo menos em regra. Se o crime do art. 359-N do CP atentar contra o exercício do mandato, será da Justiça Comum, Estadual ou Federal, a depender do caso concreto. Por outro lado, o crime de impedir ou dificultar, com emprego de violência física, sexual ou psicológica, o exercício do mandato de um parlamentar ou chefe do Executivo municipal ou estadual, deve ser julgado pela Justiça Estadual, ao passo que, na hipótese de o crime prejudicar um Deputado Federal (ou Senador) ou o Presidente da República, a competência será da Justiça Federal, pois patente o interesse da União;[11]

b. 2ª Corrente (nossa posição): sem embargo do silêncio da Lei n. 14.197/21 acerca da competência para o processo e julgamento dos novos "crimes contra o Estado Democrático de Direito", não há motivos para se afastar a sua natureza de *crimes políticos,* razão pela qual deve ser preservada a competência da Justiça Federal para o seu julgamento, nos termos do art. 109, IV, 1ª parte, da Constituição Federal. A uma porque a Lei n. 14.197/21 revogou expressamente a Lei n. 7.170/83, diploma normativo que tipificava tais delitos, substituindo-a, do que se pode inferir que passou a tratar da mesma matéria, leia-se, dos denominados *crimes políticos,* por mais que tenha usado terminologia diversa (Crimes contra o Estado Democrático de Direito). A duas porque, à semelhança dos crimes previstos na revogada Lei n. 7.170/83, as figuras delituosas introduzidas no Código

11 Nesse sentido: SILVARES, Ricardo; CUNHA, Rogério. *Crimes contra o Estado Democrático de Direito: Lei n. 14.197, de 2 de setembro de 2021.* São Paulo: Editora Juspodivm, 2021. p. 182-183.

Penal, em sua integralidade, são dirigidas, subjetiva e objetivamente, de modo a lesar ou expor a perigo de lesão a integridade territorial (crime de atentado à integridade nacional previsto no art. 359-J do CP), a soberania nacional (crimes de atentado à soberania e de espionagem, previstos, respectivamente, nos art. 359-I e 359-K do CP), o regime representativo e democrático (crimes de interrupção do processo eleitoral e violência política, previstos, respectivamente, nos arts. 359-N e 359-P do CP), a Federação e o Estado de Direito (crimes de abolição violenta do Estado Democrático de Direito, golpe de estado, e sabotagem, previstos, respectivamente, nos art. 359-L, 359-M e 359-R do CP). Logo, não há por que lhes retirar a natureza de *crimes políticos*, dentro da própria concepção doutrinária e jurisprudencial que sempre gravitou em torno desse conceito.

A controvérsia em torno da competência para o processo e julgamento dos crimes contra o Estado Democrático de Direito certamente poderia ter sido dirimida pelo Supremo Tribunal Federal diante dos **ataques de 8 de janeiro de 2023 em Brasília**, quando diversos atos de vandalismo, invasões e depredações do patrimônio público foram cometidos por civis e militares que invadiram diversos edifícios do governo federal, dentre eles o Supremo Tribunal Federal, o Congresso Nacional e o próprio Palácio do Planalto. Ocorre que, no caso em questão, apesar de diversos imputados não serem dotados de foro privilegiado perante o Supremo Tribunal Federal, aquela Corte entendeu que a ela caberia, mesmo assim, o processo e julgamento dos diversos crimes por eles praticados, dada a existência de suposta conexão (CPP, art. 76) entre suas condutas e as apuradas no âmbito mais abrangente de procedimentos em trâmite no STF que envolviam investigados com prerrogativa de foro, nos termos preconizados, aliás, pela súmula n. 704 daquele Tribunal. Com base nesse raciocínio, ao julgar o primeiro acusado pelos referidos ataques, o Plenário do STF deliberou por condená-lo à pena total de 17 (dezessete) anos e ao pagamento de cem dias-multa (cada um no valor de 1/3 do salário mínimo), pois incurso (i) no art. 163, parágrafo único, I, II, III e IV (dano qualificado); no art. 288, parágrafo único (associação criminosa armada); no art. 359-L (abolição violenta do Estado Democrático de Direito); e no art. 359-M (golpe de Estado), todos do Código Penal; bem como (ii) no art. 62, I (deterioração do patrimônio tombado), da Lei 9.605/1998 (Lei de Crimes Ambientais). Além disso, o Tribunal condenou o réu ao pagamento do valor mínimo indenizatório a título de danos morais coletivos de R$ 30.000.000,00 (trinta milhões de reais), a ser adimplido de forma solidária pelos demais condenados, em favor do fundo a que alude o art. 13 da Lei 7.347/1985 (Lei da Ação Civil Pública).[12]

Em conclusão, convém destacar que a relevância dessa controvérsia não está restrita à definição da *Justiça* competente para o processo e julgamento dos crimes contra o Estado Democrático de Direito. Revela-se igualmente relevante para fins de definição do recurso adequado e do tribunal competente para julgá-lo. Explica-se: firmada a premissa de que os novos crimes contra o Estado Democrático de Direito não podem ser rotulados como *crimes políticos* (1ª corrente acima exposta), o recurso adequado contra eventual sentença condenatória (ou absolutória) será a apelação, a ser julgada pelo respectivo Tribunal de 2ª instância (TJ, TRF ou TRE, a depender do caso concreto). Por outro lado, partindo da concepção de que os *crimes políticos* a que se refere a Constituição Federal correspondem, atualmente, aos novos crimes contra o Estado Democrático de Direito (2ª corrente acima exposta), a competência para o processo e julgamento de tais delitos deverá recair sobre a Justiça Federal de 1ª instância. Em tal hipótese, não caberá recurso de apelação contra eventual sentença absolutória ou condenatória. O recurso adequado, na verdade, será o Recurso Ordinário Constitucional (ROC), de competência do Supremo Tribunal Federal, que, nesse caso, funcionará como segunda e última instância, verdadeiro Tribunal de Apelação, a teor do art. 102, inciso II, "b", da Constituição Federal.[13]

12 STF, Pleno, AP 1.060/DF, Rel. Min. Alexandre de Moraes, j. 14.9.2023.

13 CF: "Art. 102. Compete ao Supremo Tribunal Federal, precipuamente, a guarda da Constituição, cabendo-lhe: (...) II – julgar, em recurso ordinário: (...) b) o crime político".

3.2. Crimes contra a União

Para fins de fixação de competência criminal da Justiça Federal, devemos compreender "União" apenas como os órgãos da administração pública federal direta, tais como ministérios, secretarias, conselhos, coordenadorias, inspetorias, departamentos, etc. Portanto, não se pode confundir o termo "União" constante do art. 109, inciso IV, da Constituição Federal, enquanto administração federal direta, com as entidades da administração federal indireta ali enumeradas, quais sejam as autarquias federais (aqui também incluídas as fundações públicas federais) e as empresas públicas federais. Logo, quando um crime for praticado em detrimento de órgão que integra a União, seja ele pertencente à estrutura do Poder Executivo, Legislativo e Judiciário, a competência será da Justiça Federal. Assim é que, ao apreciar conflito de competência relativo a processo criminal em que se apurava furto de bens operacionais, no caso dormentes de linha férrea, antes pertencentes à Rede Ferroviária Federal S.A. (RFFSA), concluiu o STJ tratar-se de crime da competência da Justiça Federal, na medida em que a Lei nº 11.483/07 transferiu para a União os bens imóveis e para o Departamento Nacional de Infraestrutura de Transporte (DNIT) os bens moveis e imóveis operacionais da extinta RFFSA.[14]

Para fins de fixação da competência da Justiça Federal com base no art. 109, IV, da Constituição Federal, essa lesão aos bens, serviços e interesses da União deve ser direta. Caso contrário, a competência será da Justiça Estadual. Portanto, compete à Justiça Estadual – e não à Justiça Federal – processar e julgar tentativa de estelionato consistente em tentar receber, mediante fraude, em agência do Banco do Brasil, valores relativos a precatório federal creditado em favor de particular. Embora, no exemplo, se tenha buscado resgatar precatório federal, se não há prejuízo em detrimento de bens, serviços ou interesse da União, a competência para processar e julgar a causa é da Justiça Estadual. O eventual prejuízo

14 STJ, 3ª Seção, CC 101.444/RS, Rel. Min. Jorge Mussi, j. 23/06/2010, DJe 30/06/2010.

causado pelo delito praticado por quem visava resgatar precatório federal seria suportado pelo particular titular do crédito. Ademais, ainda que a conduta delituosa tivesse se consumado, e o dano fosse suportado pelo Banco do Brasil, seria mantida a competência da Justiça Estadual, por se tratar de sociedade de economia mista, a teor da Súmula 42 do STJ.[15]

3.3. Crimes contra autarquias federais

Como exemplos de autarquias vinculadas à União Federal, podemos enumerar: o Instituto Nacional do Seguro Social (INSS); o Instituto Nacional de Colonização e Reforma Agrária (INCRA); a Comissão Nacional de Energia Nuclear; o Banco Central do Brasil; a Comissão de Valores Mobiliários; o Instituto Brasileiro do Meio Ambiente e dos Recursos Naturais Renováveis (IBAMA); o Departamento Nacional de Obras contra as Secas; o Departamento Nacional de Infraestrutura de Transportes (DNIT), sucessor do DNER – Departamento Nacional de Estradas e Rodagem, etc.

A fim de que seja fixada a competência da Justiça Federal, afigura-se indispensável que, da conduta delituosa, resulte prejuízo direto a bens, serviços ou interesse de autarquia federal. Não por outro motivo, de acordo com o entendimento pretoriano, compete à Justiça Comum Estadual processar e julgar crime de estelionato praticado mediante falsificação das guias de recolhimento das contribuições previdenciárias, *quando não ocorrente lesão à autarquia federal* (**súmula nº 107 do STJ**). Logo, ausente lesão a bens, serviços ou interesses de autarquia federal, não há falar em crime da competência da Justiça Federal. Por isso, compete à Justiça Estadual o processo e julgamento de crime de estelionato cometido mediante a contratação fraudulenta de empréstimo consignado em folha de

15 Com esse entendimento: STJ, 3ª Seção, CC 133.187/DF, Rel. Min. Ribeiro Dantas, j. 14/10/2015, DJe 22/10/2015.

pagamento de proventos do INSS.[16] Raciocínio semelhante aplica-se à inserção de dados falsos no sistema DOF (Documento de Origem Florestal). Explica-se: embora o Sistema DOF tenha sido instituído e implantado pelo IBAMA (art. 1º da Portaria/MMA n. 253/2006, c/c Instrução Normativa n. 112/2006 do IBAMA), o mero fato de o Sistema estar hospedado em seu site não atrai, por si só, a competência federal para o julgamento de delito de falsificação de Documento de Origem Florestal.[17] Isso porque a proteção ao meio ambiente é de competência comum e, em alguns casos, apesar de o registro ser feito no Ibama, o interesse envolvido é nitidamente estadual. Vale dizer, irregularidades no registro, oriundas de prática criminosa, de per si, não têm o condão de atrair a competência federal. Raciocínio diverso ensejaria a competência federal para todo e qualquer caso, haja vista que a proteção, a fiscalização e a conservação ambiental são propósitos ínsitos à própria existência (criação) do Ibama.[18]

3.4. Crimes contra empresas públicas federais

São exemplos de empresas públicas federais a Empresa Brasileira de Correios e Telégrafos (EBCT); a FINEP – Financiadora de Estudos e

---

16 STJ, CC 100.725/RS, Rel. Min. Jorge Mussi, julgado em 28/04/2010. Em caso concreto apreciado pelo STJ, em que sociedade empresária apresentou à Receita Federal falsas guias de DARF para comprovar o pagamento de receitas federais, tendo o acusado feito novo recolhimento dos tributos, entendeu-se que não teria havido qualquer lesão à Receita Federal que pudesse impor a competência da Justiça Federal, nos moldes da súmula 107 do STJ, daí por que foi fixada a competência da Justiça Estadual: STJ, CC 110.529/SP, Rel. Min. Maria Thereza de Assis Moura, julgado em 09/06/2010.

17 STJ, 3ª Seção, CC 168.575/MS, Rel. Min. Reynaldo Soares da Fonseca, Terceira Seção, j. 9/10/2019, DJe 14/10/2019. No sentido de que a inserção de dados falsos em sistema de dados federais não fixa, por si só, a competência da Justiça Federal, a qual somente é atraída quando houver ofensa direta a bens, serviços ou interesses da União ou órgão federal: STJ, 3ª Seção, AgRg no CC 193.250/GO, Rel. Min. Antônio Saldanha Palheiro, j. 24.05.2023, DJe 29.05.2023.

18 STJ, 3ª Seção, CC 141.822/PR, Rel. Min. Rogerio Schietti Cruz, Terceira Seção, j. 9/9/2015, DJe 21/9/2015.

Projetos; a Casa da Moeda do Brasil; a Caixa Econômica Federal (CEF); o BNDES – Banco Nacional de Desenvolvimento Econômico e Social;[19] o SERPRO – Serviço Federal de Processamento de Dados, etc.

Quanto à Caixa Econômica Federal como sujeito passivo de crimes patrimoniais, importa analisarmos hipóteses de fraudes eletrônicas. Imagine-se um agente que se utilize de fraude via internet (v.g., TROJAN) para subtrair valores da conta corrente de titularidade de correntista da CEF. Nesse caso, deverá responder pelo crime de furto qualificado pela fraude cometido por meio de dispositivo eletrônico ou informático (CP, art. 155, § 4º-B, incluído pela Lei n. 14.155, de 27 de maio de 2021), que não se confunde com o delito de estelionato: naquele, a fraude é utilizada para burlar a vigilância da vítima, para lhe tirar a atenção; neste, a fraude objetiva obter consentimento da vítima, iludi-la para que entregue voluntariamente o bem. Quanto à competência criminal, à primeira vista, poder-se-ia pensar em crime de competência da Justiça Estadual, na medida em que o sujeito passivo seria a pessoa física titular da conta corrente. Ocorre que, como a fraude foi usada para burlar o sistema de proteção e vigilância do banco sobre os valores mantidos sob sua guarda – os valores transferidos mediante dados digitais, apesar de não tangíveis, não deixam de ser dinheiro –, quem suportará o prejuízo financeiro é a instituição bancária, que se vê obrigada a restituir ao titular da conta a quantia indevidamente levantada, figurando o correntista como mero

19 O fato de licitação estadual envolver recursos repassados ao Estado-Membro pelo BNDES por meio de empréstimo bancário (mútuo feneratício) não atrai a competência da Justiça Federal para processar e julgar crimes relacionados a suposto superfaturamento na licitação. Ora, se houve superfaturamento na licitação estadual, o prejuízo recairá sobre o erário estadual – e não o federal –, uma vez que, não obstante a fraude, o contrato de mútuo feneratício entre o Estado-Membro e o BNDES permanecerá válido, fazendo com que a empresa pública federal receba de volta, em qualquer circunstância, o valor emprestado ao ente federativo. Dessa maneira, o fato em análise não atrai a competência da Justiça Federal, incidindo, na hipótese, *mutatis mutandis*, a *ratio essendi* da **Súmula 209 do STJ**, segundo a qual "compete à justiça estadual processar e julgar prefeito por desvio de verba transferida e incorporada ao patrimônio municipal". Com esse entendimento: STJ, 5ª Turma, RHC 42.595-MT, Rel. Min. Felix Fischer, j. 16/12/2014, DJe 2/2/2015.

prejudicado.[20] Logo, se essa instituição financeira é a Caixa Econômica Federal, não há dúvida quanto à competência da Justiça Federal. No tocante à competência territorial, como o delito de furto consuma-se no momento em que o bem é subtraído da vítima, ao sair da esfera de sua disponibilidade, a competência territorial da Justiça Federal será determinada em face do local onde mantida a conta corrente da qual foram subtraídos os valores, leia-se, lugar da conta corrente sacada.[21]

Se, todavia, não houver qualquer tipo de fraude ou prejuízo em detrimento da Caixa Econômica Federal, há de se reconhecer a competência da Justiça Estadual, ainda que os valores desviados de instituição privada sejam oriundos do auxílio emercial pagos durante a pandaemia da covid-19. A título de exemplo, suponha-se que tenha ocorrido o ingresso lícito no referido programa e subsequente transferência lícita da conta da Caixa Econômica Federal para a conta de determinada instituição privada (v.g., Mercado Pago), ambas de titularidade da beneficiária do auxílio. Na sequência, teria havido transferência fraudulenta de valores entre contas da instituição privada de titularidade da vítima e do agente delituoso, ou seja, a vítima não foi induzida a erro e tampouco entregou espontaneamente o numerário, de modo a indicar suposto crime de furto mediante fraude. Dessa forma, ao transferir para si os valores pertencentes à vítima, o agente não fraudou eletronicamente o sistema de segurança da Caixa Econômica

20 Sujeito passivo não se confunde com prejudicado. Embora, de regra, coincidam na mesma pessoa, as condições de sujeito passivo e prejudicado podem recair em pessoas distintas. Sujeito passivo é o titular do bem jurídico protegido, e, nesse caso, o lesado. Prejudicado é qualquer pessoa que, em razão do fato delituoso, sofre prejuízo ou dano material ou moral. Essa distinção não é uma questão meramente acadêmica, despicienda de interesse prático, como pode parecer à primeira vista. Na verdade, o sujeito passivo, além do direito de representar contra o sujeito ativo, pode habilitar-se como assistente do Ministério Público no processso criminal em crimes de ação penal pública (CPP, art. 268) ou oferecer queixa-crime nos delitos de ação penal privada (CPP, art. 30), tendo, ademais, o direito à reparação *ex delicto*, ao passo que ao prejudicado resta tão somente a possibilidade de buscar a reparação do dano na esfera cível.

21 STJ, 3ª Seção, CC 67.343/GO, Rel. Ministra Laurita Vaz, DJ 11/12/2007 p. 170.

Federal, mas apenas o sistema de segurança de instituição privada para a qual o numerário foi transferido por livre vontade da vítima. Neste contexto, sem qualquer fraude ou violação de segurança direcionada à empresa pública federal, ficando o prejuízo adstrito à instituição privada e particulares, não há falar em competência da Justiça Federal à luz do art. 109, inciso IV, da Constituição Federal.[22]

Lado outro, quanto à competência para o processo e julgamento de crime de roubo em casa lotérica, entende o Superior Tribunal de Justiça que a competência recai sobre a Justiça Estadual, na medida em que a casa lotérica tem natureza jurídica de pessoa jurídica de direito privado permissionária de serviço público, o que não atrai a competência da Justiça Federal, em virtude da inexistência de infração penal praticada em detrimento de bens, serviços ou interesses da União, autarquias federais e empresas públicas federais.[23]

No tocante à infração penal praticada em detrimento de agência da Empresa Brasileira de Correios e Telégrafos, o Superior Tribunal de Justiça tem fundamentado suas decisões na constatação da exploração direta da atividade pelo ente da administração indireta federal – caso em que a competência seria da Justiça Federal, nos termos do artigo 109, inciso IV, da Constituição Federal – ou se objeto de franquia, isto é, a exploração do serviço por particulares – quando então se verificaria a competência da Justiça Estadual.[24] Em se tratando de crime praticado em detrimento de

22 STJ, 3ª Seção, CC 182.940/SP, Rel. Min. Joel Ilan Paciornik, j. 27.10.2021, Dje 03.11.2021.

23 Informativo nº 402 do STJ: 3ª Seção, CC 100.740/PB, Rel. Min. Maria Thereza de Assis Moura, julgado em 12/08/2009.

24 STJ, 6ª Turma, HC 39.200/SP, Rel. Min. Hélio Quaglia Barbosa, DJ 19/12/2005 p. 475. No sentido da competência da Justiça Estadual para processar roubo qualificado perpetrado em agência dos Correios, se os valores subtraídos forem de exclusiva propriedade do Banco Postal (convênio entre o Bradesco e a EBCT), na medida em que o prejuízo é dirigido ao franqueado, sem que haja qualquer lesão a bens, serviços,

Agência de Correios Comunitária operada mediante convênio, prevalece o entendimento de que se trata de feito da competência da Justiça Federal, haja vista o interesse público no funcionamento do serviço postal por parte da empresa pública federal – EBCT.[25]

Compete à Justiça Federal processar e julgar o crime de esbulho possessório (CP, art. 161, II) de imóvel vinculado ao *Programa Minha Casa Minha Vida*. *In casu*, além da vítima do crime de esbulho possessório, ou seja, a possuidora direta e devedora fiduciária, a Caixa Econômica Federal, enquanto credora fiduciária e possuidora indireta, também possui legitimidade para, no âmbito cível, propor eventual ação de reintegração de posse do imóvel esbulhado. Essa legitimação ativa concorrente da empresa pública federal, embora seja na esfera civil, evidencia a existência do seu interesse jurídico na apuração do referido delito, o que, por sua vez, é suficiente para fixar a competência da Justiça Federal à luz do art. 109, IV, da CF.[26]

Compete à Justiça Estadual – e não à Justiça Federal – processar e julgar ação penal na qual se apurem infrações penais decorrentes da tentativa de abertura de conta corrente mediante a apresentação de documento falso em agência do Banco do Brasil (BB) localizada nas dependências de agência da Empresa Brasileira de Correios e Telégrafos (EBCT) que funcione como Banco Postal. Apesar de a EBCT ser uma empresa pública federal, ela presta serviços relativos ao Banco Postal, em todo o território nacional, como correspondente bancário de instituições financeiras contratantes, às quais cabe a inteira responsabilidade pelos serviços prestados pela empresa contratada. Ora, se cabe à instituição financeira contratante dos serviços (no caso, o BB) a responsabilidade pelos serviços bancários

---

ou interesses da União: STJ, HC 96.684/BA, Rel. Min. Maria Thereza de Assis Moura, julgado em 05/08/2010.

25 STJ, 3ª Seção, CC 122.596/SC, Rel. Min. Sebastião Reis Júnior, j. 08/08/2012.

26 STJ, 3ª Seção, CC 179.467/RJ, Rel. Min. Laurita Vaz, j. 09.06.2021.

disponibilizados pela EBCT a seus clientes e usuários, eventual lesão decorrente da abertura de conta corrente por meio da utilização de documento falso atingiria o patrimônio e os serviços da instituição financeira contratante, e não os da EBCT. Tanto é assim que, caso a empreitada delituosa tivesse tido êxito, os prejuízos decorrentes da abertura de conta corrente na agência do Banco Postal seriam suportados pela instituição financeira contratante. Desse modo, não há lesão apta a justificar a competência da Justiça Federal para processar e julgar a ação penal.[27]

3.5. Crimes contra fundações públicas federais

Para fins de determinação de competência criminal, conquanto o art. 109, inciso IV, da Constituição Federal, faça menção tão somente às autarquias federais e às empresas públicas federais, entende o Supremo Tribunal Federal que as fundações públicas federais são espécie do gênero *autarquia federal*, atraindo, portanto, a competência criminal da Justiça Federal. Imaginando-se, assim, um crime cometido em detrimento de bem da Fundação Nacional de Saúde (FUNASA), ter-se-á fixada a competência da Justiça Federal, haja vista tratar-se de entidade de direito público mantida por recursos orçamentários oficiais da União e por ela instituída.[28]

3.6. Crimes contra entidades de fiscalização profissional

Com relação aos conselhos de fiscalização de profissões regulamentadas, firmou-se, inicialmente, entendimento jurisprudencial pela fixação

27 STJ, 3ª Seção, CC 129.804/PB, Rel. Min. Reynaldo Soares da Fonseca, j. 28/10/2015, DJe 6/11/2015.

28 STF, 2ª Turma, RE 215.741/SE, Rel. Min. Maurício Corrêa, j. 30/03/1999, DJ 04/06/1999.

da competência da Justiça Federal, uma vez que tais conselhos teriam natureza autárquica federal.[29]

No entanto, com a entrada em vigor da Lei nº 9.649/98, essa natureza lhes foi retirada, estabelecendo o art. 58 da referida lei que tais conselhos passariam a ser dotados de personalidade jurídica de direito privado, salvo em relação à Ordem dos Advogados do Brasil (art. 58, § 9º). A partir daí, portanto, se um crime fosse cometido em detrimento de uma dessas entidades de fiscalização profissional, a competência seria da Justiça Estadual; todavia, se o delito afetasse o serviço público federal delegado, a competência continuaria sendo da Justiça Federal, pois, como anota Roberto da Silva Oliveira, "muito embora a entidade tenha assumido feição privada, o serviço por ela prestado é público, havendo interesse direto da União, tanto que a referida lei manteve a competência da Justiça Federal para apreciar as controvérsias que envolvam os Conselhos de Fiscalização de profissões regulamentadas, quando no exercício dos serviços a eles delegados (art. 58, § 8º, da Lei nº 9.649/98)".[30]

Ocorre que, não obstante a alteração da personalidade jurídica dessas entidades pela Lei nº 9.649/98, os Tribunais Superiores continuaram entendendo que, especificamente na área criminal, a Justiça Federal continuava competente para apreciar e julgar os crimes praticados em detrimento de Conselhos Regionais de Fiscalização de Profissões.[31]

---

29 No sentido da competência da Justiça Federal para julgar o delito do art. 205 do Código Penal ("exercer atividade com infração de decisão administrativa"), por se tratar de crime, senão contra a organização do trabalho propriamente dita (art. 109, inc. VI, da C.F.), ao menos em detrimento de interesses de autarquia federal, como é o Conselho Regional de Medicina, que impusera ao acusado a proibição de exercer a profissão (CF, art. 109, IV): STF – 1ª Turma – HC 74.826/SP – Rel. Min. Sydney Sanches – DJ 29/08/1997 p. 216.

30 *Competência criminal da Justiça Federal.* São Paulo: Editora Revista dos Tribunais, 2002. p. 79.

31 Para o STJ, "a falsificação de autenticação mecânica em guias de recolhimento relativas à Anotação de Responsabilidade Técnica – ART, causa lesão a interesse do Conselho Regional de Engenharia, Arquitetura e Agronomia – CREA. O CREA, como órgão fiscalizador do

Pondo fim à celeuma, o Supremo Tribunal Federal, na Medida Cautelar na **ADI 1.717**, reconheceu a natureza autárquica federal dos conselhos de fiscalização profissional, suspendendo, assim, a execução e aplicabilidade do art. 58 da Lei nº 9.649/98, por entender que não seria possível, em face do ordenamento constitucional, mediante a interpretação conjugada dos artigos 5º, XIII, 22, XVI, 21, XXIV, 70, parágrafo único, 149 e 175 da C.F., a delegação, a uma entidade privada, de atividade típica de Estado, que abrange até poder de polícia, de tributar e de punir, no que tange ao exercício de atividades profissionais. Após a decisão do Pretório Excelso, o art. 59 da Lei nº 10.683/2003 revogou a Lei nº 9.649/98.

Temos hoje, então, eventual crime que afete *diretamente* bens, serviços ou interesse de Conselho de fiscalização profissional será de competência da Justiça Federal. *A contrario sensu,* se o crime não for praticado contra o conselho profissional, mas sim contra um profissional que o integre, a competência será da Justiça Estadual.[32]

3.7. Crimes contra a Ordem dos Advogados do Brasil (OAB)

No julgamento da **ADI 3026** (Rel. Min. Eros Grau, DJ 29/09/2006), o STF manifestou entendimento segundo o qual a OAB não se sujeitaria

exercício profissional, possui a natureza jurídica de autarquia federal, nos termos da Lei nº 5194/66, sendo, portanto, da competência da Justiça Federal o julgamento da causa, ex vi do art. 109, inciso IV, da Constituição Federal". (STJ – CC 43.623/PR – Rel. Ministra Laurita Vaz – DJ 11/10/2004 p. 233).

32 Como decidiu o STJ, na hipótese de médicos serem enganados e lesados utilizando-se de dados constantes de sítio eletrônico mantido pelo Conselho Regional de Medicina, o seu interesse na identificação e punição dos estelionatários seria genérico e reflexo. Logo, verificado que a autarquia federal não foi ludibriada nem sofreu prejuízos, pois enganados foram os médicos que acreditaram nas promessas fraudulentas e lesadas foram essas mesmas pessoas, resta afastada a competência da Justiça Federal: STJ – CC 61.121/SP – 3ª Seção – Rel. Min. Arnaldo Esteves Lima – DJ 06/08/2007 p. 463. Na mesma linha: Informativo nº 402 do STJ, CC 101.020/PR, Rel. Min. Maria Thereza de Assis Moura, julgado em 12/08/2009.

aos ditames impostos à Administração Pública Direta e Indireta, não podendo ser considerada uma entidade da Administração Indireta da União. A Ordem, segundo o STF, seria um serviço público independente, categoria ímpar no elenco das personalidades jurídicas existentes no direito brasileiro, não estando incluída na categoria na qual se inserem essas que se tem referido como "autarquias especiais" para pretender-se afirmar equivocada independência das hoje chamadas "agências". Destarte, a Ordem dos Advogados do Brasil, cujas características são autonomia e independência, e que não está sujeita à prestação de contas perante o Tribunal de Contas da União nem a qualquer outra entidade externa (**Tese de Repercussão Geral fixada no tema n. 1.054**),[33] não pode ser tida como congênere dos demais órgãos de fiscalização profissional.[34]

Por se ocupar de atividades atinentes aos advogados, que exercem função constitucionalmente privilegiada, na medida em que são indispensáveis à administração da Justiça, o Supremo Tribunal Federal afastou a sujeição da OAB ao regime das autarquias no tocante à vinculação à Administração, daí por que incabível a exigência de concurso público, sem, todavia, ter a Suprema Corte afastado prerrogativas e privilégios, dentre eles exatamente o da competência perante a Justiça Federal.

Portanto, permanece inalterada a competência criminal da Justiça Federal para processar e julgar infrações penais praticadas em detrimento de bens, serviços ou interesse da Ordem dos Advogados do Brasil, sobretudo quando tal delito estiver relacionado à finalidade da OAB de promover, com exclusividade, a representação, a defesa, a seleção e a disciplina dos advogados em toda a República Federativa do Brasil (Lei nº 8.906/94, art. 44, inciso II).[35] Exemplificando, cuidando-se de exercício habitual da advoca-

33 Paradigma: STF, Pleno, RE 1.182.189/BA, Rel. Min. Edson Fachin, j. 24.04.2023.

34 Rel. Min. Eros Grau – DJ 29/09/2006.

35 Para o STJ, "verificado que o ilícito, em tese, foi praticado com a utilização de inscrição da Ordem dos Advogados do Brasil, cancelada por determinação do seu Conselho Federal, deve

cia em desacordo com determinação oriunda da OAB, no desempenho de sua função institucional de fiscalizar a profissão de advogado, não se pode afastar a competência da Justiça Federal para processar e julgar o delito do art. 205 do CP.[36]

Se recai sobre a Justiça Federal a competência para o processo e julgamento do crime do art. 205 do Código Penal na hipótese em que o agente exercer a advocacia com a inscrição na OAB suspensa, em razão de infração reconhecida pelos órgãos disciplinares competentes, especial atenção deve ser dispensada às hipóteses em que houver o inadimplemento das anuidades devidas à OAB. Isso porque, por ocasião do julgamento da **ADI 7.020/DF**,[37] o Supremo Tribunal Federal declarou a inconstitucionalidade do inciso XXIII do art. 34 da Lei 8.906/1994 (Estatuto da Advocacia), que prevê constituir infração disciplinar o não pagamento de contribuições, multas e preços de serviços devidos à Ordem dos Advogados do Brasil (OAB), depois de regular notificação para fazê-lo. A Corte também reconheceu a inconstitucionalidade da aplicação aos advogados inadimplentes do que dispõe o art. 37 da mesma norma, que institui, como pena, a suspensão, a qual acarreta, por conseguinte, a interdição do exercício profissional. Prevaleceu o entendimento de que a suspensão do exercício profissional, em decorrência da falta de pagamento das anuidades, configura sanção política em matéria tributária, pois constitui meio indireto de coerção a fim de obter o adimplemento do tributo, sendo que

---

ser fixada a competência da Justiça Federal para a instrução e julgamento do feito". (STJ – CC 44.304/SP – 3ª Seção – Rel. Ministra Maria Thereza de Assis Moura – DJ 26/03/2007 p. 196). No sentido de que compete à Justiça Federal processar delito de falsificação de carteira da OAB: STJ, CC 33.198/SP, Rel. Min. Felix Fischer, DJ 25.03.2002. Na mesma linha, porém no tocante à falsificação de carteira de estagiário da OAB: STJ, CC 10.998/MG, Rel. Min. Edson Vidigal, DJ 04/09/1995.

36 Nessa linha: TRF4, ACR 2003.72.04.008987-0, Oitava Turma, Relator Luiz Fernando Wowk Penteado, D.E. 14/01/2009.

37 STF, Pleno, **ADI 7.020/DF**, Rel. Min. Edson Fachin, j. 16.12.2022.

a natureza *sui generis* da OAB não afasta a natureza tributária das contribuições e o respectivo regime jurídico a elas atribuído.

3.8. Crimes contra sociedades de economia mista, concessionárias (ou permissionárias) de serviço público federal e entidades do "Sistema S"

Interpretando-se *a contrario sensu* o art. 109, inciso IV, da Carta Magna, conclui-se que infrações penais praticadas em detrimento de bens, serviços ou interesse de sociedade de economia mista não serão julgadas pela Justiça Federal.

No plano federal, podemos citar como exemplos de sociedades de economia mista o Banco do Brasil S.A.; o Banco da Amazônia S.A, o Instituto de Resseguros do Brasil; a PETROBRAS – Petróleo Brasileiro S.A, etc. Portanto, eventual crime cometido em detrimento de uma sociedade de economia mista deve ser julgado perante a Justiça Estadual, ainda que esta sociedade conte com a participação da União. Nesse contexto, eis o teor da **Súmula nº 42 do STJ**: "Compete à Justiça Comum Estadual processar e julgar as causas cíveis em que é parte sociedade de economia mista e os crimes praticados em seu detrimento". Na mesma linha, dispõe a **súmula 556 do STF**: "É competente a justiça comum para julgar as causas em que é parte a sociedade de economia mista". À evidência, se o delito cometido contra a sociedade de economia mista estiver, de alguma forma, relacionado a serviços por concessão, autorização ou delegação da União ou se houver indícios de desvio das verbas federais por ela recebidas e sujeitas à prestação de contas perante o órgão federal, não há como se afastar a competência da Justiça Federal.[38]

38 STF, 1ª Turma, RE 614.115 AgR/PA, Rel. Min. Dias Toffoli, j. 16/09/2014.

Também são de competência da Justiça Estadual crimes cometidos contra concessionárias ou permissionárias de serviço público federal, salvo, obviamente, se resultar lesão a bens, serviços, ou interesse da União, ou de suas entidades autárquicas ou empresas públicas.[39] Assim, se um indivíduo, na cidade de São Paulo, resolver praticar um delito de dano contra um telefônico público pertencente à concessionária de serviço público de telefonia, não há falar em crime de competência da Justiça Federal, nem mesmo por suposta violação ao serviço de telecomunicações (CF, art. 21, XI), uma vez que não se pode admitir que um delito de dano individualizado a um telefone público produza lesão a interesse direto e imediato da União. Ora, nas concessões de serviço público, os bens pertencem à própria empresa concessionária, que explora o serviço em nome próprio, com seu patrimônio e por sua conta e risco. Portanto, sem a demonstração de prejuízo em desfavor de bens ou interesses da União, não se justifica a competência da Justiça Federal.[40]

Compete igualmente à Justiça Estadual processar e julgar fatos envolvendo entidades integrantes do denominado "Sistema S". As entidades do "Sistema S" (Sesc, Senac, Sebrae) são pessoas jurídicas de direito privado dotadas de recursos próprios, definitivamente incorporados aos seus patrimônios, ainda que com base em contribuições parafiscais pagas pelos contribuintes e a elas repassadas imediatamente pela Receita Federal. Portanto, mesmo que esses recursos sejam fiscalizados pelo Tribunal de Contas da União, não se trata de recursos que integram os bens ou o patrimônio da União. Logo, considerando-se que, para fins de subsunção à regra prevista no art. 109, IV, da CF, o interesse da União precisa ser direto e específico, não sendo suficiente o interesse genérico da coletividade,

---

39 STJ – RHC 19.202/SC – 5ª Turma – Rel. Min. Arnaldo Esteves Lima – Dje 08/09/2008. STJ – CC 40.865/PB – 3ª Seção – Rel. Min. Hamilton Carvalhido – DJ 19/04/2004 p. 152.

40 STJ – CC 37.751/DF – 3ª Seção – Rel. Min. Paulo Medina – DJ 16/06/2003 p. 259.

há de se reconhecer a competência da Justiça Estadual para o julgamento de tais delitos.[41]

Por sua vez, em se tratando de crime de concussão praticado por administrador ou médico de hospital privado credenciado ao SUS (Sistema Único de Saúde), prevalece o entendimento de que a competência seria da Justiça Estadual, haja vista a presença de interesse particular do médico em obter vantagem indevida, produzindo tão somente interesse reflexo por parte da União, o que, *de per si*, não atrai a competência da Justiça Federal.[42]

3.9. Bens, serviços ou interesse da União, das autarquias federais (fundações públicas federais) e das empresas públicas federais

Analisados os conceitos de União, de autarquias federais e de empresas públicas federais, cabe agora discorrer sobre a pedra de toque da competência da Justiça Federal, composta pela trilogia de *bens, serviços ou interesses,* uma vez que é indispensável que o crime afete, diretamente, pelo menos um destes valores jurídicos. Oportuna, aliás, é a lição de Vladimir Souza Carvalho, segundo o qual "essa tricotomia é de significado simples, se definido por si só, dada a força com que cada termo encerra, embora, às vezes, se entrelacem, visto se confundirem ou serem sinônimos uns dos outros. A infração, atingindo um desses requisitos, vulnera os outros, visto ser difícil delimitar a esfera do bem, do serviço e a do interesse, de forma que um não interfira na outra. O bem é serviço e se constitui em interesse. O serviço é bem e veste o traje do interesse. O interesse é bem e é serviço".[43]

---

41 STF, 2ª Turma, Rcl 43.479/RJ, Rel. Min. Gilmar Mendes, j. 10.08.2021.

42 STF – RE 429.171/RS – 1ª Turma – Rel. Min. Carlos Britto – DJ 11/02/2005 p. 13. E ainda: STJ – CC 29.304/RS – 3ª Seção – Rel. Min. Gilson Dipp – DJ 12/03/2001 p. 87.

43 *Competência da Justiça Federal.* 3ª ed. Curitiba: Editora Juruá, 1998. p. 316.

Por "bens" da União, de suas entidades autárquicas, ou das empresas públicas, deve-se compreender o seu respectivo patrimônio, cuja identificação é possível por ser necessariamente objeto de registro e cadastramento particularizado perante a própria administração. Especificamente em relação à União, não se pode perder de vista o quanto disposto no art. 20 da Constituição Federal, que elenca diversos bens a ela pertencentes. Somente para citar alguns exemplos do dia a dia da Justiça Federal: eventual subtração de computadores incorporados ao patrimônio do Ministério da Justiça deve ser julgada pela Justiça Federal, haja vista a lesão a bem da União; se uma fraude for cometida em desfavor do Instituto Nacional do Seguro Social, gerando o pagamento indevido de benefício previdenciário, ter-se-á se crime de estelionato em detrimento de autarquia federal de competência da Justiça Federal; por fim, caso um delito de roubo seja praticado em detrimento de uma agência da Caixa Econômica Federal, a competência será da Justiça Federal, por se tratar de empresa pública federal.[44]

Atualmente, não há territórios federais, na medida em que os de Roraima e do Amapá foram transformados em Estados, ao passo que o de Fernando de Noronha foi extinto e incorporado ao Estado de Pernambuco (Ato das Disposições Constitucionais Transitórias, arts. 14 e 15). Se forem criados novos Territórios Federais, passarão eles a integrar a União (CF, art. 18, § 2º), daí por que os crimes contra eles praticados serão de competência da Justiça Federal. No entanto, os crimes de competência estadual que forem praticados nas áreas geográficas dos Territórios Federais serão de competência da Justiça do Distrito Federal e Territórios, nos exatos termos do que dispõe o art. 33, *caput,* da Carta Magna, c/c a Lei nº 8.185/91 (Lei de Organização Judiciária do Distrito Federal e Territórios).

---

44 No sentido da competência da Justiça Federal para julgar tentativa de efetuar saque, mediante documento falso, de conta de correntista da Caixa Econômica Federal, porquanto a instituição financeira federal teria que devolver, em razão do contrato de depósito, o numerário ao particular caso sofresse prejuízo indevido: STJ – CC 22.842/RJ – 3ª Seção – Rel. Ministra Maria Thereza de Assis Moura – DJ 26/03/2007 p. 192.

Evidentemente, esses bens são aqueles relacionados institucionalmente às entidades públicas mencionadas na norma do art. 109, inciso IV, da Constituição Federal, razão pela qual não se pode concluir pela competência da Justiça Federal pelo simples fato do bem ser pertencente a um funcionário público federal. Eis o motivo pelo qual o STJ concluiu pela competência da Justiça Estadual para julgar delitos praticados por membros do MST em uma fazenda particular de propriedade da família do então Presidente da República Fernando Henrique Cardoso.[45]

É firme a jurisprudência no sentido de que suposto erro sobre a pessoa ou mesmo erro na execução do delito não têm o condão de alterar a competência para a prestação jurisdicional. Não por outro motivo, em caso concreto de dano contra a Polícia Federal, em que o autor do delito teria incidido em erro quanto ao estabelecimento contra o qual o delito foi praticado, pois pensava dirigir sua conduta contra a Prefeitura do Município, já que estava transtornado em razão de ter sido demitido de uma autarquia municipal, concluiu a 5ª Turma do STJ[46] que o art. 20, §3º, do CP, que trata do erro sobre a pessoa, não pode ser invocado para alterar regras de competência definidas pela Constituição Federal, daí por que foi reconhecida a competência da Justiça Federal, haja vista a lesão ao patrimônio da União (CF, art. 109, IV).

Ainda com base na leitura do art. 109, inciso IV, da Constituição Federal, decidiu o Superior Tribunal de Justiça que compete à Justiça estadual processar e julgar crimes de estelionato e falsificação de documento particular praticado em detrimento de consulado estrangeiro, sem prejuízo para a União, autarquias federais ou empresas públicas federais. Com efeito, o consulado é apenas uma representação de Estado estrangeiro dentro do território nacional, não se podendo falar em prejuízo de

---

45 STJ – CC 36.617/DF – 3ª Seção – Rel. Min. Gilson Dipp – DJ 22/04/2003 p. 195.

46 STJ, 5ª Turma, AgRg no HC 560.391-DF, Rel. Min. Joel Ilan Paciornik, j. 04.08.2020, DJe 10.08.2020. Com entendimento semelhante: STJ, 3ª Seção, CC 27.368/SP, Rel. Min. José Arnaldo da Fonseca, DJ 27.11.2000.

bens, serviços ou interesse da União. Portanto, o fato de competir à União a manutenção de relações diplomáticas com Estados estrangeiros – do que derivam as relações consulares – não tem o condão de atrair a competência da Justiça Federal.[47] De se ressaltar, todavia, que há decisão monocrática da Min. Cármen Lúcia (STF, RE 831.996/DF, j. 12.11.2015) reconhecendo a competência da Justiça Federal (CF, art. 109, IV) para o processo e julgamento de crimes perpetrados contra a liberdade de agente consular e contra o patrimônio de propriedade de consulado estrangeiro. Para a Relatora, a garantia da incolumidade dos Agentes e Agências Consulares, de responsabilidade da União Federal, é uma decorrência da Convenção de Viena sobre Relações Consulares (arts. 31, 40 e 59), aprovada pelo Decreto Federal n. 61.078.

Embora organizado e mantido pela União (art. 21, XIII, da CF), o MPDFT não é órgão de tal ente federativo, pois compõe a estrutura orgânica do Distrito Federal, que é equiparado aos estados membros. Por isso, eventual crime de peculato cometido contra o MPDFT deve ser processado e julgado pelo TJDFT, e não pela Justiça Federal.[48]

Quanto aos crimes praticados em detrimento de bens tombados, entende-se que se o bem subtraído pelo agente foi tombado pelo patrimônio histórico nacional, decorre inequívoco interesse da União, e a consequente competência da Justiça Federal. Portanto, considerando que o objetivo do tombamento é a proteção do patrimônio histórico e artístico nacional, cabendo ao Instituto do Patrimônio Histórico e Artístico Nacional (IPHAN) a sua manutenção e vigilância, conclui-se pela competência

47 CC 45.650-SP, Rel. Min. Maria Thereza de Assis Moura, julgado em 14/3/2007. Também compete à Justiça Estadual – e não à Justiça Federal – processar e julgar supostos crimes de violação de domicílio, de dano e de cárcere privado – este, em tese, praticado contra agente consular – cometidos por particulares no contexto de invasão a consulado estrangeiro: STJ, 3ª Seção, AgRg no CC 133.092/RS, Rel. Min. Maria Thereza de Assis Moura, j. 23/4/2014.

48 STJ, 3ª Seção, CC 122.369/DF, Rel. Min. Alderita Ramos de Oliveira – Desembargadora convocada do TJ/PE –, j. 24/10/2012.

da Justiça Federal.[49] Por outro lado, se se trata de furto e receptação de bens tombados por estado-membro ou por município, não há falar em interesse da União.[50]

Em relação ao desvio de verbas públicas oriundas de convênios firmados pela União com os municípios, entendem os Tribunais Superiores que se a verba já estiver incorporada ao patrimônio municipal, a competência será da Justiça Estadual, porquanto não haveria ofensa a interesse federal. Lado outro, se a verba ainda estiver sujeita à prestação de contas perante órgão federal, a competência será da Justiça Federal.[51]

---

49 Nessa linha: STJ, 3ª Seção, CC 106.413/SP, Rel. Min. Arnaldo Esteves Lima, j. 14/10/2009, DJe 09/11/2009. E também: TRF1, ACR 2002.38.00.042489-7/MG – 4ª Turma – Rel. Desembargador Federal Mário César Ribeiro – DJ 13/11/2008.

50 STJ – CC 56.102/SP – 3ª Seção – Relatora Ministra Laurita Vaz – DJU 23/10/2006 p. 256.

51 Nessa linha: STF – RE 464.621/RN – 2ª Turma – Rel. Min. Ellen Gracie – Dje-222 20/11/2008. Concluindo pela competência da Justiça Federal para o julgamento de agente público estadual acusado da prática do delito previsto no artigo 89, da Lei 8.666/93, por dispensa indevida de licitação, para construção de complexo prisional, mediante emprego de verba oriunda de convênio entre a União e o Estado, cuja fiscalização competia ao TCU, pela presença do interesse da União na realização do objeto do convênio: STJ – RHC 14.870/GO – 6ª Turma – Rel. Min. Paulo Medina – DJU 25/09/2006 p. 310. No sentido da competência da Justiça Federal para processar e julgar processo penal no qual se discute o desvio de recursos provenientes do Fundo de Manutenção e de Desenvolvimento do Ensino Fundamental e Valorização do Magistério (Fundef): Informativo nº 649 do STF, 2ª Turma, HC 100.772/GO, Rel. Min. Gilmar Mendes, 22/11/2011. Na medida em que o sistema de repasse de recursos constante do programa de resposta aos desastres e reconstrução (art. 51 da Lei nº 11.775/2008, revogado pela Lei nº 12.340/2010) deriva de termo de compromisso assinado entre os entes federados e o Ministério da Integração Nacional, tendo como fim específico o de socorrer a população desabrigada devido a situações de calamidade pública, estando sujeito à verificação e fiscalização do Governo Federal, tem-se como presente o interesse da União e a consequente competência da Justiça Federal para a apuração de possíveis crimes de peculato e receptação: STJ, 3ª Seção, CC 114.566/RS, Rel. Min. Maria Thereza de Assis Moura, j. 13/12/2010. Ante o cumprimento integral do convênio firmado pela União, se o dinheiro remanescente não estiver mais sujeito a qualquer fiscalização pelo TCU, nem tampouco se destinar a custeio de serviço ou atividade de competência da União, recai sobre a Justiça Estadual a competência para o processo e julgamento do feito: STF, HC 89.523, Rel. Min. Carlos Britto, j. 25/11/2008.

O extinto Tribunal Federal de Recursos chegou a editar súmula a respeito do assunto, nos seguintes termos: "Compete à Justiça Comum Estadual processar e julgar Prefeito Municipal acusado de desvio de verba recebida em razão de convênio firmado com a União Federal" (**Súmula nº 133 do extinto TFR**). O STJ também possui duas súmulas acerca do tema. A **súmula de nº 208** preceitua que "Compete à Justiça Federal processar e julgar prefeito municipal por desvio de verba sujeita a prestação de contas perante órgão federal. Por sua vez, de acordo com a **súmula nº 209 do STJ**, "compete à Justiça Estadual processar e julgar prefeito por desvio de verba transferida e incorporada ao patrimônio municipal".

Por isso, o desvio de verbas oriundas do FUNDEF – Fundo de Manutenção e Desenvolvimento do Ensino Fundamental e de Valorização do Magistério – deve ser processado e julgado pela Justiça Federal. Isso porque, segundo o art. 212, *caput,* da Constituição Federal, cabe à União aplicar, anualmente, nunca menos de dezoito, e os Estados, o Distrito Federal e os Municípios vinte e cinco por cento, no mínimo, da receita resultante de impostos, compreendida a proveniente de transferências, na manutenção e desenvolvimento do ensino. Este interesse da União frente à sua missão constitucional na coordenação de ações relativas ao direito fundamental da educação acaba por atrair o controle a ser exercido pelo TCU (CF, art. 71) e, por consequência, fixar a competência da Justiça Federal para julgar a malversação de verbas decorrentes do FUNDEF, ainda que não haja complementação por parte da União.[52]

No mesmo contexto, compete à Justiça Federal processar e julgar as ações penais relativas a desvio de verbas originárias do Sistema Único de Saúde (SUS), independentemente de se tratar de valores repassados aos Estados ou Municípios por meio da modalidade de transferência "fundo a fundo" ou mediante realização de convênio. Isso porque há interesse da União na regularidade do repasse e na correta aplicação desses recursos,

52 STJ, 3ª Seção, CC 119.305/SP, Rel. Min. Adilson Vieira Macabu – Desembargador convocado do TJ/RJ –, j. 08/02/2012, DJe 23/02/2012.

que, conforme o art. 33, § 4º, da Lei 8.080/1990, estão sujeitos à fiscalização federal, por meio do Ministério da Saúde e de seu sistema de auditoria. De mais a mais, o fato de os Estados e Municípios terem autonomia para gerenciar a verba destinada ao SUS não elide a necessidade de prestação de contas ao TCU, tampouco exclui o interesse da União na regularidade do repasse e na correta aplicação desses recursos.[53]

A expressão "serviços" está relacionada à finalidade da União, de suas entidades autárquicas ou empresas públicas, ou seja, ao serviço público prestado pela respectiva entidade federal.

Quanto ao vocábulo "interesse", a fim de justificar a competência da Justiça Federal, deve ele ser particular, específico, direto; caso contrário, em se tratando de interesse genérico, remoto, não imediato, a competência será da Justiça Estadual.[54]

Justifica-se, assim, a competência da Justiça Federal para processar e julgar o delito de contrabando (CP, art. 334-A) e o crime de descaminho (CP, art. 334, *caput), ainda que inexistentes indícios de transnacionalidade da conduta*, já que ambos os delitos tutelam precipuamente interesse da União, que é a quem compete privativamente definir os produtos de ingresso proibido no país, além de exercer a fiscalização aduaneira e de fronteira (CF, arts. 21, XXII e 22, VII). Por isso, em caso concreto envolvendo a prática do crime previsto no art. 334, §1º, IV, do Código Penal – no caso concreto, a venda em uma barraca de comércio informal de mercadoria estrangeira (cigarros), permitida pela ANVISA, desacompanhada de nota fiscal e sem comprovação de pagamento de imposto de importação –, concluiu o STJ tratar-se de delito da competência da Justiça Federal, a despeito de não haver quaisquer indícios de que o acusado teria participado da importação da mercadoria e do não recolhimento deliberado dos

---

53 Nessa linha: STJ, 3ª Seção, AgRg no CC 122.555/RJ, Rel. Min. Og Fernandes, j. 14/08/2013, DJe 20/08/2013.

54 OLIVEIRA, Roberto da Silva. Op. cit. p. 70.

tributos de importação, porquanto se trata, o descaminho, de delito que tutela prioritariamente interesses da União (ordem tributária).[55]

Na mesma linha, compete à justiça estadual o julgamento de ação penal em que se apure crime de esbulho possessório efetuado em terra de propriedade do Incra na hipótese em que a conduta delitiva não tenha representado ameaça à titularidade do imóvel e em que os únicos prejudicados tenham sido aqueles que tiveram suas residências invadidas.[56]

Reiteramos: a presença de interesse genérico ou indeterminado não atrai, *de per si,* a competência da Justiça Federal[57]. Por isso, ao apreciar caso concreto relacionado à sonegação de correspondência em portaria de condomínio residencial (CP, art. 151, § 1º, inciso I), decidiu o STJ que, a despeito de envolver o caso discussão sobre existir ou não dever por parte dos Correios, empresa pública, na entrega de correspondência no domicílio dos moradores ou na Portaria, fato é que não é apontado qualquer dano aos Correios, a indicar lesão a bens, serviços ou interesses

55 STJ, 3ª Seção, CC 159.680/MG, Rel. Min. Reynaldo Soares da Fonseca, j. 08/08/2018, DJe 20/08/2018. Em sentido semelhante, porém em relação ao crime de contrabando: STJ, 3ª Seção, CC 160.748/SP, Rel. Min. Sebastião Reis Júnior, j. 26/09/2018, DJe 04/10/2018. Quanto aos crimes em comento, não se pode perder de vista o teor da **Súmula nº 238 do extinto Tribunal Federal de Recursos**: "A saída de veículo furtado para o exterior não configura o crime de descaminho ou contrabando, competindo à Justiça Comum Estadual o processo e julgamento dos delitos dela decorrentes".

56 STJ, 3ª Seção, CC 121.150/PR, Rel. Min. Alderita Ramos de Oliveira – Desembargadora convocada do TJ/PE, j. 04/02/2013, DJe 20/02/2013.

57 No sentido de que a ofensa indireta, genérica ou reflexa praticada em detrimento de bens, serviços ou interesse da União, de suas entidades autárquicas ou empresas públicas federais, não atrai a competência da Justiça Federal com base no art. 109, IV, da CF/88: STJ, 3ª Seção, CC 147.393/RO, Rel. Min. Reynaldo Soares da Fonseca, j. 14/09/2016, DJe 20/09/2016; STJ, 5ª Turma, RHC 066.784/RS, Rel. Min. Felix Fischer, j. 21/06/2016, DJe 01/08/2016.

da União, mas tão somente aos particulares, afasta-se a competência da Justiça Federal.[58]

Do mesmo modo, o simples fato de o Ministério da Saúde exercer as funções de órgão central do Sistema Nacional de Transplante (art. 4º do Dec. nº 2.268/1997) não significa dizer que o crime de remoção de tecidos e órgãos previsto no art. 14 da Lei nº 9.434/97 seja de competência da Justiça Federal.[59]

Na mesma linha, compete à Justiça Estadual – e não à Justiça Federal – processar e julgar suposto crime de perigo de desastre ferroviário qualificado pelo resultado lesão corporal e morte (art. 260, IV, § 2º, c/c art. 263 do CP) ocorrido por ocasião de descarrilamento de trem em malha ferroviária da União, porquanto o bem jurídico tutelado pelo referido delito é a incolumidade pública, consubstanciada na segurança dos meios de comunicação e transporte, protegendo-se, indiretamente, a vida e a integridade física das pessoas vítimas do desastre. Como o sujeito passivo do delito é a coletividade em geral e, de forma indireta, as pessoas que, eventualmente, sofram lesões corporais ou morte, e não a União propriamente dita, não há falar em crime da competência da Justiça Federal.[60]

Também compete à Justiça Estadual processar e julgar a suposta prática de delito de falsidade ideológica praticado contra Junta Comercial. O art. 6º da Lei 8.934/1994 prescreve que as Juntas Comerciais subordinam-se administrativamente ao governo da unidade federativa de sua jurisdição e, tecnicamente, ao Departamento Nacional de Registro do Comércio, órgão federal. Logo, se não houver ofensa direta a bens,

---

58 STJ – CC 95.877/SP – 3ª Seção – Rel. Ministra Maria Thereza de Assis Moura – Dje 20/02/2009.

59 Informativo nº 400 do STJ. CC 103.599/MG, Rel. Min. Nilson Naves, julgado em 24/6/2009.

60 Nesse contexto: STJ, 6ª Turma, RHC 50.054-SP, Rel. Min. Nefi Cordeiro, j. 4/11/2014.

serviços ou interesses da União, deve ser reconhecida a competência da Justiça Estadual.[61]

Alguns exemplos de "serviços" ou "interesses" da União, a fim de justificar a competência da Justiça Federal, podem ser extraídos a partir da análise de hipóteses de competências administrativas da União elencadas no art. 21 da Constituição Federal, tais como:

a) emitir moeda: por força do art. 21, inciso VII, da CF, compete à Justiça Federal processar e julgar o delito de moeda falsa (CP, art. 289). Ora, se à Casa da Moeda do Brasil compete emitir moeda, não há como refutar que a falsificação de moeda acarrete lesão a interesse direto da União. Para a caracterização do crime de moeda falsa, é necessário que o papel moeda ou a moeda metálica adulterados tenham potencialidade de enganar o homem médio. A falsificação grosseira, facilmente perceptível e incapaz de iludir terceiros, não pode ser objeto material do art. 289 do CP. Porém, pode ser que, no caso concreto, essa moeda grosseiramente falsificada seja idônea a enganar determinada pessoa, subsistindo, então, a possibilidade de responsabilização criminal pelo delito de estelionato, de competência da Justiça Estadual. Nessa linha, o Superior Tribunal de Justiça editou a **súmula 73**, segundo a qual *a utilização de papel moeda grosseiramente falsificado configura, em tese, o crime de estelionato, da competência da Justiça Estadual.*[62] Quanto à moeda falsa estrangeira, trata-se de crime praticado em detrimento do Banco Central do Brasil, autarquia federal que tem a atribuição de ser depositário das reservas oficiais de ouro e moeda estrangeira, atuando também para regular o funcionamento do mercado cambial. Logo, também nessa hipótese firmar-se-á a competência da Justiça Federal;

61 STJ, 3ª Seção, CC 130.516/SP, Rel. Min. Rogerio Schietti Cruz, j. 26/2/2014.

62 Segundo o STJ, "a boa qualidade do falso, grosseira apenas do ponto de vista estritamente técnico, assim atestada em laudo pericial, é capaz de tipificar, em tese, o crime de moeda falsa". (STJ – CC 79.889/PE – 3ª Seção – Rel. Ministra Jane Silva – Dje 04/08/2008).

b) **manter o serviço postal e o correio aéreo nacional**: face o disposto no inciso X do art. 21 da CF/88, os crimes contra o serviço postal, previstos na Lei nº 6.538/78, são de competência criminal federal, além de que são praticados em detrimento de serviço da Empresa Brasileira de Correios e Telégrafos (EBCT), que é empresa pública federal. Também é de competência federal se comprovado que o réu, valendo-se de suas funções de carteiro, apropriou-se indevidamente de bens e valores confiados ao serviço postal, impondo-se a sanção do art. 312 do CP, que absorve a do delito previsto no art. 40 da Lei nº 6.538/78;

c) **explorar, diretamente ou mediante autorização, concessão ou permissão, os serviços de telecomunicações**: em virtude do inciso XI do art. 21 da Constituição Federal, compete à Justiça Federal processar e julgar o delito de desenvolvimento clandestino de telecomunicações (estação de radiodifusão clandestina), previsto no art. 183 da Lei nº 9.472/97 (Lei Geral das Telecomunicações), assim como o crime previsto no art. 70 do Código Brasileiro de Telecomunicações (Lei nº 4.117/62).[63] A conduta de transmitir sinal de internet, via rádio, de forma clandestina, também configura, em tese, o delito previsto no art. 183 da Lei nº 9.472/1997 (desenvolvimento clandestino de atividade de telecomunicações), de competência da Justiça Federal, uma vez que se trata de serviço cuja exploração é atribuída à União, ainda que se reconheça possível prejuízo a ser suportado pela empresa de telefonia.[64] Todavia, a simples utilização de linhas telefônicas clonadas não configura o delito de desenvolvimento clandestino de

63 De acordo com a **súmula n. 606 do STJ**, "não se aplica o princípio da insignificância a casos de transmissão clandestina de sinal de internet via radiofrequência, que caracteriza o fato típico previsto no art. 183 da Lei n. 9.472/97". Em sentido diverso, a 1ª Turma do Supremo Tribunal Federal tem precedente (HC 127.978/PB, Rel. Min. Marco Aurélio, j. 24/10/2017, DJe 276 30/11/2017) no sentido de que a oferta de serviço de internet não é passível de ser enquadrada como atividade clandestina de telecomunicações à luz do art. 183 da Lei n. 9.472/97. Para mais detalhes acerca do assunto, remetemos o leitor ao nosso livro de Legislação Criminal Especial Comentada, onde fazemos um estudo detalhado do crime de desenvolvimento clandestino de telecomunicações previsto no art. 183 da Lei n. 9.472/97.

64 Nesse sentido: STJ, 3ª Seção, AgRg no CC 111.056/SP, Rel. Min. Og Fernandes, julgado em 25/08/2010.

telecomunicações.[65] No mesmo contexto, a conduta de clonar telefones celulares, qual seja, reprogramar um aparelho de telefonia celular com número de linha e ESN de outro aparelho, deve ser processada e julgada perante a Justiça Comum Estadual. Isso porque tal conduta não se subsume ao tipo penal do art. 183 da Lei nº 9.472/1997, uma vez que não há o desenvolvimento clandestino de atividades de telecomunicação, mas apenas a utilização de linha preexistente e pertencente a outro usuário, com a finalidade de obter vantagem patrimonial indevida, às custas dele e das concessionárias de telefonia móvel que exploram legalmente o serviço, tendo a obrigação de ressarcir os clientes nas hipóteses da referida fraude, inexistindo quaisquer prejuízos em detrimento de bens, serviços ou interesses da União a ensejar a competência da Justiça Federal.[66] Como a competência da Justiça Federal demanda a presença de interesse direto e imediato da União, *in casu,* ao serviço de telecomunicações, entendem os Tribunais que compete à Justiça Estadual processar e julgar ação penal relativa à eventual prática de ilícito consistente na recepção clandestina de sinal de TV a cabo, tendo em vista a ausência de ofensa direta a bens, serviços ou interesse da União ou de suas entidades autárquicas ou empresas públicas.[67]

Por outro lado, o simples fato do delito de incitação ao crime (CP, art. 286) ou o de apologia ao crime (CP, art. 287) ser praticado em programa de televisão não atrai a competência da Justiça Federal.[68]

---

65 STJ, 3ª Seção, CC 50.638/MG, Rel. Ministra Maria Thereza de Assis Moura – DJ 30/04/2007 p. 280.

66 STJ, 3ª Seção, CC 113.443/SP, Rel. Min. Marco Aurélio Bellizze, julgado em 28/9/2011.

67 STJ, 3ª Seção, CC 34.690/PR, Rel. Min. Vicente Leal, DJ 01/07/2002 p. 211. A propósito da ligação clandestina de sinal de TV a cabo, convém destacar que, em recente julgado, a 2ª Turma do Supremo declarou a atipicidade dessa conduta. Entendeu-se que o objeto do referido crime não seria "energia". Logo, considerando a inadmissibilidade da analogia *in malam partem* em Direito Penal, tal conduta não poderia ser tipificada como o crime do art. 155, § 3º, do CP: STF, 2ª Turma, HC 97.261/RS, Rel. Min. Joaquim Barbosa, 12/04/2011.

68 STF, 1ª Turma, RE 166.943/PR, Rel. Min. Moreira Alves, DJ 04/09/95.

Ainda quanto a eventual interesse da União, entende o STJ que compete à Justiça Estadual Comum julgar e processar suposto delito de interceptação telefônica sem autorização judicial, pois não se evidencia ofensa a bens, serviços ou interesses da União, suas autarquias, ou empresas públicas[69].

3.10. Crimes previstos no Estatuto do Desarmamento (Lei nº 10.826/03)

Quando da entrada em vigor do Estatuto do Desarmamento (Lei nº 10.826/03), surgiu discussão na doutrina quanto à competência para processar e julgar os delitos ali previstos. Isso porque a referida lei instituiu o Sistema Nacional de Armas (SINARM) no âmbito do Ministério da Justiça e da Polícia Federal, com circunscrição em todo o território nacional (art. 1º), ao qual, dentre outras atribuições, compete identificar as características e a propriedade de armas de fogo, mediante cadastro; cadastrar as armas de fogo produzidas, importadas e vendidas no país; cadastrar as autorizações de porte de arma de fogo e as renovações expedidas pela Polícia Federal, etc. Além disso, segundo a referida lei, compete à Polícia Federal, com prévia autorização do SINARM, expedir o certificado de registro de arma de fogo, o qual autoriza o seu proprietário a manter a arma de fogo exclusivamente no interior de sua residência ou domicílio, ou, ainda, no seu local de trabalho, desde que seja ele o titular ou o responsável legal pelo estabelecimento ou empresa (art. 5º), assim como a autorização para o porte de arma de fogo de uso permitido (art. 10).

À primeira vista, poder-se-ia pensar que todos os delitos previstos no Estatuto do Desarmamento passariam a ser de competência da Justiça Federal, uma vez que afetariam interesses de órgãos pertencentes à estrutura da União. No entanto, o bem jurídico tutelado pelas citadas normas não é o regular funcionamento ou atuação da Administração Pública Federal, mas sim a incolumidade pública, ou seja, a garantia e preservação do

69 STJ – CC 98.890/SP – 3ª Seção – Rel. Ministra Maria Thereza de Assis Moura – Dje 20/02/2009.

estado de segurança, integridade corporal, vida, saúde e patrimônio dos cidadãos indefinidamente considerados contra possíveis atos que os exponham a perigo. Logo, o simples fato de se tratar de porte de arma de fogo não evidencia, por si só, a competência da Justiça Federal. Como o objeto jurídico protegido pela Lei nº 10.826/03 é a incolumidade de toda a sociedade, vítima em potencial do uso irregular das armas de fogo, não havendo qualquer violação direta aos interesses da União, a despeito de ser o SINARM um ente federal, há de se concluir, pela competência da Justiça Estadual para julgar, em regra, os crimes previstos na Lei nº 10.826/03.[70]

Destarte, tem-se que, em regra, a competência para processar e julgar os delitos previstos no Estatuto do Desarmamento será da Justiça Estadual, ainda que a arma de fogo seja de uso privativo ou restrito, pois, nesse caso, não se vislumbra nenhum interesse da União, capaz de despertar a competência da Justiça Federal, salvo na hipótese do tráfico internacional de armas (Lei nº 10.826/03, art. 18), hipótese em que a competência será da Justiça Federal, nos exatos termos do art. 109, V, da Constituição Federal, haja vista tratar-se de crime previsto em tratado ou convenção internacional, caracterizado pela internacionalidade territorial do resultado relativamente à conduta delituosa.[71]

3.11. Crimes contra a Justiça Federal, do Trabalho, Eleitoral, Militar da União e do Distrito Federal

A Justiça Federal, a Justiça do Trabalho, a Justiça Eleitoral e a Justiça Militar da União não são pessoas jurídicas, mas sim integrantes da pessoa jurídica de direito público interno que é a União, como partes do Poder

---

70 STJ – HC 57.348/RJ – 5ª Turma – Rel. Min. Gilson Dipp – DJ 01/08/2006 p. 502.

71 No sentido da competência da Justiça Estadual para processar e julgar o crime de depósito e venda de munições, ainda que de uso privativo ou restrito: TRF4, ACR 2004.71.10.002861-3, Sétima Turma, Relator Néfi Cordeiro, D.E. 10/09/2008. Em sentido semelhante: STJ, 3ª Seção, CC 44.129/RJ, Rel. Min. Paulo Medina, DJ 3/11/04; STJ, 5ª Turma, HC 79.264/PR, Rel. Min. Arnaldo Esteves Lima, DJe 03/11/2008.

Judiciário da União. Portanto, eventual delito contra elas praticado é cometido, em última análise, em detrimento do serviço jurisdicional da União, justificando a competência da Justiça Federal com base no art. 109, inciso IV, da CF/88.[72]

Assim, eventual comportamento delituoso de quem usa documento falso, em qualquer processo judiciário federal, faz surgir situação de potencialidade danosa, apta a comprometer a integridade, a segurança, confiabilidade, a regularidade e a legitimidade de um dos serviços essenciais prestados pela União Federal, qual seja o serviço de administração da Justiça, justificando, pois, a competência da Justiça Federal.[73] Nessa ordem, ao apreciar conflito de competência relacionado a crime comum praticado contra juiz eleitoral, concluiu o STJ que, como a competência criminal da Justiça Eleitoral se restringe ao processo e julgamento dos crimes tipicamente eleitorais, eventual crime praticado contra Juiz Eleitoral, ou seja, contra órgão jurisdicional de cunho federal, evidencia o interesse da União em preservar a própria administração, atraindo, por conseguinte, a competência da Justiça Federal.[74]

Quanto aos crimes contra a Justiça do Trabalho, diz a **súmula 200 do extinto Tribunal Federal de Recursos** que *compete à Justiça Federal processar e julgar o crime de falsificação ou de uso de documento perante a Justiça do*

72 No sentido de que crime de uso de artefato incendiário contra edifício sede da Justiça Militar da União deve ser processado e julgado perante a Justiça Federal, e não perante a Justiça Militar da União, porquanto se trata de crime praticado em detrimento de órgão do Poder Judiciário da União, logo, que não integra o patrimônio militar nem está subordinado à administração castrense: STJ, 3ª Seção, CC 137.378/RS, Rel. Min. Sebastião Reis Júnior, j. 11/3/2015, DJe 14/4/2015.

73 STF – RHC 79.331/RJ – 2ª Turma – Rel. Min. Celso de Mello – DJ 29/10/1999. No sentido de que o uso de cartões de ponto ideologicamente falsos nos autos de reclamação trabalhista deve ser processado e julgado pela Justiça Federal: STJ, RHC 23.500/SP, Rel. Min. Jorge Mussi, julgado em 05/05/2011.

74 STJ – CC 45.552/RO – 3ª Seção – Rel. Min. Arnaldo Esteves Lima – DJU 27/11/2006 p. 246.

Trabalho. No mesmo sentido é o teor da **súmula nº 165 do STJ**: *Compete à Justiça Federal processar e julgar crime de falso testemunho cometido no processo trabalhista*. Quanto a esta última súmula, ousaríamos fazer um pequeno acréscimo: *Compete à Justiça Federal processar e julgar crime de falso testemunho cometido perante a Justiça Federal/do Trabalho/Eleitoral/Militar da União*.[75].

Com base nesse entendimento, em caso concreto pertinente ao crime de patrocínio infiel (CP, art. 355) em reclamatória trabalhista, concluiu o Supremo que o delito deveria ser julgado perante a Justiça Federal, haja vista que o bem jurídico tutelado pelo referido dispositivo seria a Administração da Justiça, *in casu*, uma Justiça "da União".[76] Do mesmo modo, ameaça de morte proferida em audiência na Justiça do Trabalho/Eleitoral/Militar da União, guardando estreita relação com a causa em discussão, sugere a capitulação do delito de coação no curso do processo (CP, art. 344), com a consequente competência da Justiça Federal.[77]

Noutro giro, compete à Justiça do Distrito Federal julgar o crime de falso testemunho praticado em processos sob sua jurisdição. Ao desenhar a partição de competências do Poder Judiciário da União, a Constituição da República dividiu-o em cinco ramos: 1) Justiça Comum Federal; 2) Justiça Eleitoral; 3) Justiça do Trabalho; 4) Justiça Militar; e 5) Justiça do Distrito Federal e dos Territórios. Excetuada a Justiça do Trabalho, todos os demais ramos do Poder Judiciário da União têm jurisdição penal. Ocorre que, em 1992, a Terceira Seção do Superior Tribunal de Justiça proferiu acórdão no qual firmou a competência da Justiça Federal para

---

75 No sentido da competência da Justiça Federal para processar e julgar crime de falso testemunho praticado em detrimento da administração da Justiça Eleitoral, na medida em que a circunstância de ocorrer o falso depoimento em processo eleitoral não estabelece vínculo de conexão para atrair a competência da Justiça Eleitoral: STJ – CC 35.885/SE – 3ª Seção – Rel. Min. Vicente Leal – DJ 09/12/2002 p. 282.

76 STF, 2ª Turma, RE 328.168/SP, Rel. Min. Maurício Corrêa, DJ 14/06/2002 p. 159.

77 STJ – CC 33.265/RJ – 3ª Seção – Rel. Min. Paulo Gallotti – DJ 14/04/2003 p. 177.

julgar crime de falso testemunho praticado contra a administração da Justiça Eleitoral (CC 2.437/SP, Rel. Ministro José Dantas, DJ 06/04/1992). Pela jurisprudência do STJ, portanto, no caso de depoimento falso constatado em causa no âmbito do Tribunal Regional Eleitoral do Distrito Federal, é da Justiça Federal a competência para processar e julgar tal delito. Entretanto, o Tribunal de Justiça do Distrito Federal e dos Territórios, ao contrário da Justiça Trabalhista, detém atribuições criminais (como também as Justiças Eleitoral e a Militar). Todavia, diferentemente de todos outros braços do Poder Judiciário da União, o TJDFT possui natureza híbrida, pois sua competência jurisdicional corresponde à dos Tribunais estaduais (ou seja, não se trata de Justiça especializada). Por isso, o Superior Tribunal de Justiça proferiu julgados nos quais consignou que outros crimes (diversos do falso testemunho) cometidos contra o MPDFT ou o TJDFT não são processados e julgados na Justiça Comum Federal. Em conclusão, a índole *sui generis* da Justiça do Distrito Federal e dos Territórios, distinta por sua atribuição jurisdicional equivalente à dos Tribunais estaduais, impede o reconhecimento de interesse direto da União na causa.[78]

3.12. Crime praticado contra funcionário público federal

Em regra, crime praticado contra funcionário público federal, *em razão do exercício de sua função,* afeta o serviço público federal, atraindo, por conseguinte, a competência da Justiça Federal. Lamentável exemplo a ser lembrado diz respeito ao homicídio de três auditores fiscais do Ministério do Trabalho, além do motorista que os conduzia, na cidade de Unaí, noroeste de Minas Gerais, hipótese em que restou firmada a competência do Tribunal do Júri Federal, regulado pelo Decreto-lei 253/1967.

78 STJ, 3ª Seção, CC 166.732-DF, Rel. Min. Laurita Vaz, j. 14.10.2020, DJe 21.10.2020.

Acerca do tema, o extinto Tribunal Federal de Recursos chegou a editar a **súmula nº 98**, segundo a qual *compete à Justiça Federal processar e julgar os crimes praticados contra servidor público federal, no exercício de suas funções com estas relacionados.* Com redação quase idêntica é a **súmula nº 147 do STJ**: *Compete à Justiça Federal processar e julgar os crimes praticados contra funcionário público federal, quando relacionados com o exercício da função.*

Da leitura das duas súmulas, conclui-se que a condição da vítima de funcionário público federal na ativa, por si só, não desloca a competência para a Justiça Federal, sendo indispensável que haja relação entre a infração penal e as funções exercidas pelo funcionário público federal (*propter officium)*, a fim de que seja atraída a competência da Justiça Federal. Por isso, eventual crime de roubo praticado contra carteiro da Empresa Brasileira de Correios e Telégrafos no exercício de sua função atrai a competência da Justiça Federal, pouco importando que os bens subtraídos pertençam a particulares.[79]

Caracterizado o interesse direto da União, a competência da Justiça Federal será firmada não apenas quando a vítima do crime for funcionário público federal. Com efeito, em caso concreto referente a homicídio praticado por quadrilha com o intuito de impedir investigações desenvolvidas pelo Conselho de Defesa dos Direitos da Pessoa Humana (CDDPH), órgão do Ministério da Justiça, entendeu o STJ que a infração penal teria maculado serviços e interesses da União, razão pela qual concluiu-se pela fixação da competência da Justiça Federal para o processo e julgamento do feito.[80]

Nos termos da **súmula nº 147 do STJ**, também recai sobre a Justiça Federal a competência para processar e julgar crime de latrocínio no

79 STJ, 6ª Turma, HC 8.856/SP, Rel. Min. Fernando Gonçalves, DJ 23/08/1999 p. 151. E ainda: STJ, 5ª Turma, HC 210.416/SP, Rel. Min. Jorge Mussi, j. 06/12/2011, DJe 19/12/2011.

80 STJ, 6ª Turma, HC 57.189/DF, Rel. Min. Og Fernandes, j. 16/12/2010.

qual tenha havido troca de tiros com policiais rodoviários federais que, embora não estivessem em serviço de patrulhamento ostensivo, foram obrigados a agir (CP, art. 13, § 2º, "a") para reprimir assalto a instituição bancária privada. Ora, por mais que os policiais rodoviários federais não estivessem em serviço de patrulhamento ostensivo, possuem, como agentes policiais, o dever legal de prender em flagrante quem estiver praticando crime, nos termos do art. 301 do CPP. Logo, se os policiais tinham a obrigação de agir para reprimir a prática criminosa, conclui-se que agiram no exercício de suas funções, o que, de *per si,* atrai a competência da Justiça Federal.[81]

Obviamente, se o crime for praticado contra funcionário público federal quando este já estiver aposentado, a competência será da Justiça Estadual.[82]

Se o servidor público for estadual, mas se encontrar no exercício de função pública federal delegada, a competência para processar e julgar o delito será da Justiça Federal. Por isso, eventual delito de desacato cometido contra juiz estadual investido da jurisdição eleitoral deve ser processado e julgado pela Justiça Federal, na medida em que atenta contra interesse da União.[83]

A ofensa a honra de dirigente sindical não se traduz em interesse da União de modo a justificar a competência da Justiça Federal, haja vista não ser ele considerado funcionário público.[84]

---

81 Nesse sentido: STJ, 5ª Turma, HC 309.914/RS, Rel. Min. Jorge Mussi, j. 7/4/2015, DJe 15/4/2015.

82 STJ – CC 88.262/SE – 3ª Seção – Dje 17/10/2008.

83 STJ – HC 18.078/RJ – 6ª Turma – Rel. Min. Hamilton Carvalhido 6ª Turma – DJ 24/06/2002 p. 345.

84 STJ – CC 46.461/SP – 3ª Seção – Rel. Min. Hélio Quaglia Barbosa – DJ 05/10/2005 p. 160.

Por sua vez, em caso concreto relacionado a crime de desobediência de ordem judicial emanada de Juiz Estadual de reintegração de posse supostamente praticado por funcionário público federal do INCRA, decidiu a 3ª Seção do STJ tratar-se de crime de competência da Justiça Federal, na medida em que o agente se valeu de sua condição de servidor do INCRA para dar credibilidade às suas ações, utilizando-se de sua função de Gerente Operacional do referido Órgão Estatal na Região, restando patente que a União tem interesse na causa, pois exige de seus servidores que obedeçam a estrita legalidade no exercício de suas funções.[85]

Apesar de o Poder Judiciário do Distrito Federal ser mantido pela União, eventual crime cometido contra servidores públicos ou magistrados do Tribunal de Justiça do Distrito Federal e Territórios são de competência da Justiça Comum do Distrito Federal, e não da Justiça Federal.[86] Na mesma linha, a competência para processar e julgar crimes praticados contra a honra de Promotor de Justiça do Distrito Federal no exercício de suas funções é da Justiça comum do DF, não sendo aplicável a súmula nº 147 do STJ.[87]

Como a competência é sempre fixada com base em critérios objetivos, independentemente da análise do elemento subjetivo do agente, nas hipóteses de *aberratio ictus,* deve ser levada em consideração a pessoa sobre a qual recaiu a conduta, independentemente da chamada "vítima virtual". Como se sabe, no erro na execução, previsto no art. 73 do Código Penal, o agente quer atingir uma pessoa, porém, por acidente ou erro no uso dos meios de execução, vem a atingir pessoa diversa. Nesse caso, *para fins penais*, responde como se tivesse atingido a pessoa que pretendia ofender. Sendo assim, se o agente quer matar um funcionário público federal, contudo, mata uma outra pessoa por erro na execução, deve responder perante um Tribunal do Júri na Justiça Estadual. Agora, se queria

85 STJ – CC 97.679/RO – 3ª Seção – Rel. Min. Napoleão Nunes Maia Filho – Dje 19/12/2008.

86 STJ – CC 29.229/DF – 3ª Seção – Rel. Min. Gilson Dipp – DJ 23/10/2000 p. 105.

87 STJ, 3ª Seção, CC 119.484/DF, Rel. Min. Marco Aurélio Bellizze, j. 25/04/2012.

matar alguém e acaba produzindo a morte de um funcionário público federal (*aberratio ictus*), deve responder pelo delito perante um Tribunal do Júri Federal.[88] Tal questão chegou a ser enfrentada pelo Superior Tribunal de Justiça, porém em uma hipótese em que um militar queria matar outro militar – aí o crime seria de competência da Justiça Militar –, porém, por erro na execução, veio a atingir um civil. Restou fixada a competência da Justiça Comum.[89]

Perceba-se que o art. 109, IV, da Constituição Federal, traz ressalva expressa à competência da Justiça Militar. Daí por que, em caso concreto ocorrido em lugar sujeito à administração militar, em que militar do Exército da ativa imputou falsamente fato definido como crime a funcionário público federal, concluiu o STJ tratar-se de crime de competência da Justiça Militar da União.[90]

3.13. Crime praticado por funcionário público federal

Crime praticado por funcionário público federal, *conquanto relacionado com o exercício da função,* também deve ser processado e julgado pela Justiça Federal. A respeito do assunto, eis o teor da **súmula nº 254** do extinto Tribunal Federal de Recursos: "Compete à Justiça Federal processar

---

88 Roberto Luis Luchi Demo (*Competência penal originária: uma perspectiva jurisprudencial crítica.* São Paulo: Malheiros Editores, 2005. p. 162) e Fernando de Almeida Pedroso (*Competência penal: doutrina e jurisprudência.* São Paulo: Editora Revista dos Tribunais, 2007. p. 28) posicionam-se em sentido diverso.

89 "Ainda que tenha ocorrido a *aberratio ictus*, o militar, na intenção de cometer o crime contra colega da corporação, outro militar, na verdade, acabou praticando-o contra uma vítima civil, tal fato não afasta a competência do juízo comum. Conflito conhecido, declarando-se a competência do Tribunal de Justiça do Estado de São Paulo, o suscitado". (STJ – CC 27.368/SP – 3ª Seção – Rel. Min. José Arnaldo da Fonseca – DJ 27/11/2000 p. 123).

90 STJ, 3ª Seção, CC 106.623/DF, Rel. Min. Og Fernandes, julgado em 28/10/2009.

e julgar os delitos praticados por funcionário público federal, no exercício de suas funções e com estas relacionados".[91]

Perceba-se que o simples fato de o delito ser praticado por funcionário público federal não atrai a competência da Justiça Federal, sendo indispensável analisar se o crime guarda relação com as funções desempenhadas pelo agente. Assim, por exemplo, caso um funcionário público federal pratique um delito de estelionato fora de suas atribuições funcionais e sem prejuízo a bem, serviço ou interesse da União, deverá o crime ser julgado pela Justiça Estadual.[92]

Por outro lado, evidenciado o nexo funcional do crime praticado pelo funcionário público federal, ter-se-á crime de competência da Justiça Federal. Nessa linha, decidiu a 2ª Turma do Supremo Tribunal Federal que o Júri Federal é competente para julgar Patrulheiro da Polícia Rodoviária Federal que comete homicídio no desempenho de suas funções. Nesse caso o interesse da Administração Pública Federal é evidenciado pelo exercício da atividade estatal no momento do crime.[93]

Aliás, em caso concreto apreciado pelo STJ, entendeu-se que ofende diretamente interesse da União Federal, atraindo a competência da Justiça Federal (art. 109, IV da CF), a conduta de Policiais Federais que, mesmo

91 No sentido da competência da Justiça Federal para julgar crime cometido por engenheiros florestais credenciados pelo IBAMA, no exercício de função pública, considerados funcionários públicos por equiparação (CP, art. 327, § 1º): STJ – HC 47.364/SC – 6ª Turma – Rel. Min. Hélio Quaglia Barbosa – DJ 04/09/2006 p. 331.

92 TRF4, ACR 96.04.03231-3, Segunda Turma, Relator Edgard Antônio Lippmann Júnior, DJ 18/12/1996. Nos mesmos moldes: STF – HC 92.346/SP – 2ª Turma – Rel. Min. Eros Grau – Dje 031 21/02/2008. Não obstante, a 5ª Turma do STJ concluiu recentemente que compete à Justiça Federal o julgamento de delitos cometidos por policiais federais que estejam fora do exercício de suas funções, mas utilizem farda, distintivo, identidade, arma e viatura da corporação: Informativo nº 457 do STJ, 5ª Turma, REsp 1.102.270/RJ, Rel. Min. Napoleão Nunes Maia Filho, julgado em 23/11/2010.

93 STF, 2ª Turma, HC 79.044/RJ Rel. Min. Nelson Jobim – DJ 30/06/2000 p. 40.

fora do exercício funcional, mas vestindo a farda, portando o distintivo da corporação, as identidades e as armas e no uso de viatura oficial da DPF, praticam crimes contra pessoas alheias à Administração Pública.[94]

Da mesma forma que esse crime praticado por funcionário público da União é da competência da Justiça Federal, caso o crime seja cometido por funcionário de empresa pública federal ou de autarquia federal, presente o nexo funcional, estará justificada a competência da Justiça Federal. Com base nesse entendimento, decidiu a 3ª Seção do STJ que compete à Justiça Federal processar e julgar crime no qual empregado da Caixa Econômica Federal, em tese, teria, no exercício de suas funções, discriminado pessoa idosa que aguardava atendimento bancário, conduta que se subsume ao delito previsto no art. 96 da Lei nº 10.741/2003 (Estatuto da Pessoa Idosa).[95]

De acordo com a 2ª Turma do Supremo Tribunal Federal, compete à Justiça do Distrito Federal e Territórios, e não à Justiça Federal, processar e julgar delitos *in officio* de falsidade ideológica e corrupção passiva supostamente praticados por oficial de justiça do Tribunal de Justiça do Distrito Federal e Territórios, no desempenho de suas funções. Afastou a Suprema Corte o argumento de que, como o Poder Judiciário do DF seria mantido pela União, a competência seria da Justiça Federal, asseverando-se que o Poder Judiciário distrital deve ter o mesmo tratamento da Justiça local.[96]

O crime de tráfico de influência previsto no art. 332 do Código Penal será de competência da Justiça Federal sempre que o funcionário público objeto da suposta influência qualificar-se como federal, mesmo que

---

94 STJ, 5ª Turma, REsp 1.102.270/RJ, Rel. Min. Napoleão Nunes Maia Filho, j. 23/11/2010, DJe 06/12/2010.

95 Informativo nº 398 do STJ – CC 97.995/SP, Rel. Min. Jorge Mussi, julgado em 10/6/2009.

96 HC 93.019. Rel. Min. Celso de Mello. Informativo nº 531 do STF.

não haja prejuízo imediato à União, uma vez que o bem jurídico tutelado é o prestígio da Administração Pública.[97]

No mesmo contexto, não compete à Justiça Federal o julgamento de crime de estelionato praticado por réu que se atribui falsa condição de servidor público federal se, no caso, nenhum bem da União foi atingido, não se prestando ao deslocamento da competência a afetação de prestígio, honradez ou bom nome da Administração.[98]

A mera condição de servidor público federal não basta para atrair a competência da Justiça Federal, na medida em que o interesse da União há de sobressair das funções institucionais, não da pessoa do acusado. Por isso, em caso concreto envolvendo suposto crime de homicídio qualificado praticado por policial rodoviário federal, por ele cometido quando se encontrava em deslocamento no trajeto de sua residência para o local de trabalho, concluiu a 1ª Turma do STF pela fixação da competência da Justiça Estadual. O acusado pleiteava o deslocamento da competência para a Justiça Federal sob o argumento de ser considerado em efetivo serviço o servidor que se encontra em deslocamento no trajeto de sua residência para o local de trabalho, sustentando, ademais, que tinha o dever de proceder ao flagrante das vítimas, ante a constatação da suposta prática dos crimes de embriaguez ao volante e desacato. Para o Colegiado, o fato em análise não teria vinculação com o ofício de policial rodoviário federal. Apesar da constatação de embriaguez da vítima ao volante, a suspeita veio a ocorrer somente após iniciada a interpelação pelo paciente, não havendo que se falar em dever de ofício ou em flagrante obrigatório. Além disso, a circunstância de receber, em decorrência da condição de policial rodoviário federal, verba a título de auxílio-transporte mostrar-se-ia neutra, considerada a competência da Justiça Federal. Embora tenham

97 STF – HC 80.877/PA – 2ª Turma – Rel. Min. Maurício Corrêa – DJ 16/11/2001 p. 7.

98 TRF4, HC 90.04.20828-3, Segunda Turma, Relator Osvaldo Moacir Alvarez, DJ 31/12/1990.

sido cometidas infrações penais no deslocamento até o local de trabalho, estas não guardariam qualquer vinculação com o exercício das funções de policial rodoviário federal.[99]

3.14. Tribunal do Júri Federal

O Tribunal do Júri não é um órgão jurisdicional exclusivo da Justiça Estadual, funcionando também na Justiça Federal. O Tribunal do Júri que funciona na Justiça Federal está disciplinado no Dec. Lei nº 253, de 28 de fevereiro de 1967. Segundo seu art. 4º, "nos crimes de competência da Justiça Federal, que devem ser julgados pelo tribunal do júri, observar-se-á o disposto na legislação processual, cabendo a sua presidência ao juiz a que competir o processamento da respectiva ação penal".

De acordo com a jurisprudência, esse dispositivo foi recepcionado pela Constituição Vigente, mesmo porque, quando faz menção à competência da Justiça Federal, emprega o termo crime, genericamente falando, portanto, não podem ficar de fora os crimes dolosos contra a vida.

Como um crime doloso contra a vida pode ser praticado em detrimento de um bem, serviço ou interesse da União, de suas autarquias ou empresas públicas federais (v.g., crime de homicídio doloso praticado contra funcionário público federal em razão das funções), assim como a bordo de navios ou aeronaves (CF, art. 109, inciso IX), ou, ainda, em conexão com outro crime de competência da Justiça Federal (Súmula 122 do STJ),[100] fixar-se-á, nessas hipóteses, a competência de um Tribunal do Júri Federal para processar e julgar tais delitos.

---

99 STF, 1ª Turma, HC 157.012/MS, Rel. Min. Marco Aurélio, j. 10/12/2019.

100 Reconhecendo a competência da Justiça Federal para o processo e julgamento de crime de roubo armado contra agência dos correios, crime de competência da Justiça Federal, conexo a tentativa de homicídio contra policiais militares: STJ, 3ª Seção, CC 165.117/RS, Rel. Min. Ribeiro Dantas, j. 23/10/2019, DJe 30/10/2019.

À evidência, em relação a crime doloso contra vida praticado contra funcionário público federal, a questão está pacificada na jurisprudência desde a edição da **súmula 98 do extinto TFR** e da **súmula 147 do STJ**. Como visto anteriormente, para a fixação da competência da Justiça Federal, afigura-se indispensável o nexo entre o crime doloso contra a vida do funcionário público federal e o exercício da função pública.[101]

Pelos mesmos fundamentos, segundo entendimento do Supremo Tribunal Federal, do Superior Tribunal de Justiça e dos demais Tribunais Regionais Federais, também compete ao Júri Federal o julgamento dos crimes dolosos contra a vida praticados pelos funcionários públicos federais no exercício da função – **Súmula 254 do extinto TFR**.[102]

Enfim, compete ao Tribunal do Júri Federal julgar não apenas as causas em que houver a demonstração de interesse federal específico em relação ao crime doloso contra a vida (CF, art. 109), mas também quando houver conexão deste com um crime federal.[103] Supondo-se, assim, que um crime de homicídio seja praticado no mesmo contexto fático para assegurar a vantagem ou a impunidade de crime da competência da Justiça Federal, como, por exemplo, o contrabando, há de se reconhecer o interesse federal, inclusive em relação à persecução penal do crime doloso contra a vida, eis que cometido para obstar ou dificultar o exercício de atribuições conferidas a órgãos federais. É dizer, a simples conexão ou

---

101 Para o TRF da 4ª Região, é irrelevante a circunstância de não estar a vítima em serviço no momento do fato, porquanto evidenciado nos autos que o crime foi relacionado ao exercício da função pública, motivado por vingança dos réus contra o policial federal em face da prisão em flagrante por ele efetuada anteriormente: TRF4, EIRSE 2005.71.00.027062-5, Segunda Seção, Relator Élcio Pinheiro de Castro, DJ 23/08/2006.

102 No sentido da competência do Júri Federal para julgar Patrulheiro da Polícia Rodoviária Federal que comete homicídio no desempenho de suas funções: STF, 2ª Turma, HC 79.044/RJ, Rel. Min. Nelson Jobim, DJ 30/06/2000 p. 40. Em sentido semelhante: STJ – CC 19.140/RJ – 3ª Seção – Rel. Min. Fernando Gonçalves – DJ 03/08/1998 p. 74.

103 STJ, 3ª Seção, CC 194.981/SP, Rel. Min. Laurita Vaz, j. 24.05.2023.

continência com crime federal atrai a competência da Justiça Federal para o julgamento de todos os delitos, nos termos da **Súmula 122/STJ**, a qual não faz nenhuma exceção quando se trata de delito doloso contra a vida. O raciocínio que faz prevalecer, em tal hipótese, a competência do Júri estadual sobre a competência da Justiça Federal parte de uma premissa equivocada, que é a de que a previsão constitucional da competência do Tribunal do Júri se refere apenas ao Júri estadual e, portanto, se sobreporia à competência da Justiça Federal. No entanto, o art. 5º, inciso XXXVIII, alínea "d", da Constituição Federal, assegura a competência do Júri para o julgamento dos crimes dolosos contra a vida, sem fazer distinção alguma entre o Tribunal do Júri Estadual e o Tribunal do Júri Federal.

3.15. Crimes contra o meio ambiente

Segundo o art. 1º da Lei nº 5.197/67, "os animais de quaisquer espécies, em qualquer fase do seu desenvolvimento e que vivem naturalmente fora do cativeiro, constituindo a fauna silvestre, bem como seus ninhos, abrigos e criadouros naturais são propriedades *do Estado*, sendo proibida a sua utilização, perseguição, destruição, caça ou apanha". A partir da leitura desse dispositivo, e a despeito da Constituição Federal não dispor que a fauna silvestre seja propriedade da União, consolidou-se o "entendimento de que o vocábulo Estado se encontrava no sentido de pessoa jurídica de direito internacional, e não no de estado-membro, razão pela qual se referia ao Estado brasileiro, e, por conseguinte, a fauna silvestre seria propriedade da União."[104]

Firmou-se, assim, entendimento jurisprudencial no sentido de que a competência para processar e julgar crimes ambientais contra a fauna silvestre seria da Justiça Federal, sendo, então, editada a **súmula nº 91 do STJ**: "Com-

104 PACHECO, Denílson Feitoza. *Direito processual penal: teoria, crítica e práxis.* 7ª ed. Niterói/RJ: Editora Impetus, 2010. p. 399.

pete à Justiça Federal processar e julgar os crimes praticados contra a fauna". À época, as infrações penais relativas à fauna ictiológica (pesca) somente permaneceram perante a Justiça Estadual por se tratar de contravenção penal.

Não obstante o teor do art. 1º da Lei nº 5.197/67, fato é que a própria Constituição Federal estabelece a competência comum da União, dos Estados, do Distrito Federal e dos Municípios para preservar as florestas, a fauna e a flora (CF/88, art. 23, inciso VII). Dispõe também a Carta Magna que todos têm direito ao meio ambiente ecologicamente equilibrado, bem de uso comum do povo e essencial à sadia qualidade de vida, impondo-se ao Poder Público – veja-se que não há qualquer distinção quanto ao ente federado, União, Estados, Distrito Federal e Municípios – e à coletividade o dever de defendê-lo e preservá-lo para as presentes e futuras gerações (CF/88, art. 225, *caput*), incumbindo ao Poder Público proteger a fauna e a flora, sendo vedadas as práticas que coloquem em risco sua função ecológica, provoquem a extinção de espécies ou submetam os animais a crueldade (CF/88, art. 225, § 1º, inciso VII). Por outro lado, a nova Lei Ambiental (Lei nº 9.605/98) não reproduziu o disposto no art. 1º da Lei nº 5.197/67, sendo que o proposto no parágrafo único do art. 26 da Lei nº 9.605/98, que passaria a prever a competência privativa da Justiça Federal, foi vetado e o veto mantido.

Disso decorreu a alteração do antigo entendimento jurisprudencial, resultando inclusive no cancelamento da súmula nº 91 do STJ em 08 de novembro de 2000. Portanto, em sendo a proteção ao meio ambiente matéria de competência comum da União, dos Estados e dos Municípios, e inexistindo, quanto aos crimes ambientais, dispositivo constitucional ou legal expresso sobre qual a Justiça competente para o seu julgamento, tem-se que, em regra, o processo e o julgamento dos crimes ambientais é de competência da Justiça Comum Estadual, salvo se praticados em detrimento de bens, serviços e interesse da União, ou de suas autarquias e empresas públicas.[105]

105 Se, à época do crime, o local onde o delito teria sido praticado pertencia a determinado município, tem-se que a competência será da Justiça Comum Estadual. Se, posteriormente, esse

Essa tendência dos Tribunais Superiores de restringir a competência da Justiça Federal para o julgamento de crimes ambientais pode ser aferida a partir de julgados segundo os quais a circunstância de o IBAMA, no desempenho de suas atribuições de preservação, conservação, fiscalização e controle dos recurso naturais renováveis, haver sido o responsável pela apuração da infração ambiental, não determina, por si só, a competência da Justiça Federal para processar e julgar a respectiva ação penal. Assim, o fato de o IBAMA ser responsável pela fiscalização de áreas e pela expedição de autorização de desmatamento não indica, por si só, que exista interesse direto da Autarquia, se o crime é cometido em terra particular e, principalmente, fora de Unidade de Conservação da Natureza (Lei nº 9.985/00).[106]

Recentemente, todavia, ao apreciar caso concreto pertinente à apreensão em cativeiro de animais da fauna exótica (um babuíno e sete tigres-de-bengala) sem nenhuma marcação ou comprovação de origem, em desacordo com instrução normativa do IBAMA, autarquia federal responsável pela autorização de ingresso e posse de animais exóticos no país, decidiu a 3ª Seção do Superior Tribunal de Justiça que uma vez que o ingresso de espécimes exóticas no País está condicionado à autorização do IBAMA, firma-se a competência da Justiça Federal, haja vista a existência de interesse de autarquia federal.[107]

---

local passa a fazer parte de Parque Nacional, administrativo pelo IBAMA, responsável por sua manutenção e preservação, estará configurado interesse da União, atraindo a competência para a Justiça Federal. Assim, mesmo que o processo já estivesse em andamento perante a Justiça Estadual, como houve uma alteração da competência em razão da matéria, não é possível a aplicação da regra da perpetuação de competência do art. 87 do CPC (art. 43 do novo CPC). Com esse entendimento: STJ, 3ª Seção, CC 88.013/SC, Rel. Min. Napoleão Nunes Maia Filho, DJ 10/03/2008 p. 1.

106 STJ – REsp 480.411/TO – 5ª Turma – Rel. Min. José Arnaldo da Fonseca – Publicação: DJ 13/10/2003 p. 416.

107 STJ – CC 96.853/RS – 3ª Seção – Rel. Min. Og Fernandes – DJe 17/10/2008.

Daí a importância de se saber o local em que esse crime ambiental foi praticado, eis que, se cometido no interior de bens da União, ou de suas entidades autárquicas ou fundacionais, a competência será da Justiça Federal. Na verdade, como ressalta Roberto Luis Luchi Demo, em relação aos crimes contra a fauna, "ao contrário do que se poderia deduzir num primeiro momento, não são os animais o sujeito passivo dos delitos faunísticos, muito embora sejam eles que suportam a violência física ou psíquica. Os animais jamais serão sujeitos de delitos. Figuram sempre no âmbito do Direito Penal como objeto material da conduta criminosa. Sujeito passivo é o proprietário (no sentido laico da palavra) do território onde se encontra o animal mesmo".[108]

Vejamos, então, alguns exemplos de crimes ambientais, apontando-se a competência criminal para julgá-los:

a. Crimes ambientais e contra a vida decorrentes do rompimento da barragem em Brumadinho/MG: para além dos diversos crimes ambientais cometidos, o rompimento da referida barragem também acarretou a trágica morte de 270 (duzentas e setenta) pessoas. Para a 6ª Turma do STJ, teria havido, *in casu,* ofensa a bem e interesse direto e específico de órgão regulador federal e da União: as Declarações de Estabilidade da Barragem, apresentadas ao antigo DNPM (autarquia federal), seriam ideologicamente falsas; os acusados teriam omitido informações essenciais à fiscalização da segurança da barragem, ao não fazê-las constar do SIGBM, sistema de dados acessado pela Agência Nacional de Mineração - ANM; e danos a sítios arqueológicos, bem da União (art. 20, X, da CF), dados como atingidos pelo rompimento da barragem. Por tais

108 *Competência penal originária (uma perspectiva jurisprudencial crítica).* São Paulo: Malheiros Editores, 2005. p. 154.

motivos, reconheceu a competência da Justiça Federal para o julgamento do feito;[109]

b. Extração ilegal de recursos minerais (substâncias minerais ou minérios): atualmente previsto no art. 55 da Lei nº 9.605/98, trata-se de crime de competência da Justiça Federal, ainda que perpetrado em propriedade particular, pois os recursos minerais, inclusive os do subsolo, são bens da União, nos termos do art. 20, IX, da Constituição Federal, constituindo propriedade distinta da do solo para efeito de exploração ou aproveitamento (CF/88, art. 176, *caput*);[110]

c. Pesca do camarão no período de defeso no mar territorial: cuida-se de crime da competência da Justiça Federal, já que o mar territorial é bem da União, nos termos do art. 20, inciso VI, da Constituição Federal;[111]

d. Crime ambiental de destruir ou danificar floresta considerada de preservação permanente (Lei nº 9.605/98, art. 38, *caput*): se

109 STJ, 6ª Turma, RHC 151.405/MG, Rel. Min. Olindo Menezes – Desembargador convocado do TRF 1ª Região –, j. 19.10.2021.

110 No sentido da competência da Justiça Federal para processar e julgar suposto crime de extração de cascalho, bem da União, sem autorização do órgão ambiental em área particular (fazenda): STJ, 3ª Seção, CC 116.447/MT, Rel. Min. Maria Thereza de Assis Moura, j. 25/05/2011. Com raciocínio semelhante, porém relativo a infrações penais contra a ordem econômica, os crimes do art. 2º, *caput,* e do art. 2º, § 1º, da Lei nº 8.176/91, também são de competência da Justiça Federal: "constitui crime contra o patrimônio, na modalidade de usurpação, produzir bens ou explorar matéria-prima pertencentes à União, sem autorização legal ou em desacordo com as obrigações impostas pelo título autorizativo"; "incorre na mesma pena aquele que, sem autorização legal, adquirir, transportar, industrializar, tiver consigo, consumir ou comercializar produtos ou matéria-prima, obtidos na forma prevista no *caput* deste artigo". Para o Supremo, o art. 2º da Lei 8.176/91 e o art. 55 da Lei 9.605/98 tutelam bens jurídicos distintos, porquanto o primeiro tem por objetivo resguardar o patrimônio da União e o segundo o meio ambiente. Portanto, o art. 55 da Lei nº 9.605/98 não revogou o art. 2º da Lei nº 8.176/91: STF, HC 89.878/SP, Rel. Min. Eros Grau, julgado em 20/04/2010.

111 TRF4, RSE 2007.72.00.013252-5, Sétima Turma, Relator Gerson Luiz Rocha, D.E. 21/01/2009.

cometido no interior de unidade de conservação da União é crime de competência da Justiça Federal;[112]

e. Crime ambiental cometido em propriedade particular no entorno de unidade de conservação: o fato, por si só, não atrai a competência da Justiça Federal, já que tais áreas não se enquadram na definição de Unidade de Conservação, nos exatos termos dispostos na Lei nº 9.985/00, a qual regulamenta o art. 225, § 1º, I, II, III e IV da Constituição Federal e institui o Sistema Nacional de Unidades de Conservação da Natureza;[113]

f. Crime de pesca proibida praticado em rio que faz a divisa entre dois estados: competência da Justiça Federal, eis que, segundo o art. 20, inciso III, da Constituição Federal, são bens da União os lagos, rios e quaisquer correntes de água em terrenos de seu domínio, *ou que banhem mais de um Estado,* sirvam de limites com outros países, ou se estendam a território estrangeiro ou dele provenham, bem como os terrenos marginais e as praias fluviais.[114] Por esse motivo, o Supremo fixou a competência da Justiça Federal para processar e julgar ação penal em que se apura crime ambiental

112 Informativo nº 398 do STJ, 3ª Seção, CC 80.905/RJ, Rel. Min. Og Fernandes, julgado em 10/6/2009. Ainda segundo o STJ, cuidando-se de possível venda de animais silvestres, caçados em Reserva Particular de Patrimônio Natural – declarada área de interesse público, segundo a Lei nº 9.985/00 – evidencia-se situação excepcional indicativa da existência de interesse da União, a ensejar a competência da Justiça Federal: STJ – CC 35.476/PB – 3ª Seção – Rel. Min. Gilson Dipp – DJ 07/10/2002 p. 170. No mesmo contexto, se o crime contra o meio ambiente (v.g., pesca sem autorização mediante petrechos proibidos) for praticado em área adjacente à unidade de conservação federal, vislumbra-se prejuízo à União, autarquia ou empresa pública federais a ponto de determinar a competência da Justiça Federal para seu processo e julgamento. STJ, 3ª Seção, CC 115.282/RS, Rel. Min. Maria Thereza de Assis Moura, julgado em 08/06/2011.

113 TRF4, ACR 2005.71.00.022340-4, Oitava Turma, Relator p/ Acórdão Luiz Fernando Wowk Penteado, D.E. 14/01/2009.

114 No sentido da competência da Justiça Federal para julgar atos de pesca amadorista a menos de 1500 metros da jusante da Usina Hidrelétrica Lucas Nogueira Garcez, local proibido durante o período da piracema, utilizando-se de uma tarrafa de nylon de uso proibido para pesca amadora, na medida em que referida usina está localizada no município

praticado em *rio que atravessa o Estado de Alagoas*. Asseverou-se pouco importar que se tivesse chegado ao comprometimento de açude, córregos e riachos locais, devendo prevalecer a circunstância de o dano apontado haver ocorrido em rio – o qual banha dois Estados-membros – que, pelo teor do inciso III do art. 20 da CF, consubstancia bem da União. [115] Se, todavia, o rio em questão tiver seu curso integralmente em um único estado da federação – tome-se como exemplo o Rio das Mortes em Minas Gerais –, há de se reconhecer a competência da Justiça Comum Estadual para o processo e julgamento de eventual crime ambiental, eis que se trata, o rio em questão, de propriedade do referido estado, nos termos do art. 20, III, c/c art. 26, I, ambos da Constituição Federal;[116]

g. Manutenção em cativeiro de espécies em extinção: cuida-se de crime de competência da Justiça Federal. A teor do disposto no art. 54 da Lei 9.985/2000, cabe ao IBAMA, autarquia federal, autorizar a captura de exemplares de espécies ameaçadas de extinção destinada a programas de criação em cativeiro ou formação de coleções científicas. Assim, compete à Justiça Federal, dado o manifesto interesse do IBAMA, o processamento e julgamento de ação penal cujo objeto é a suposta prática de crime ambiental que envolve animais em perigo de extinção;[117]

h. Realização de obras ou serviços potencialmente poluidores sem licença ou autorização do órgão ambiental competente perpetrado em terras particulares (art. 60 da Lei n. 9.605/98): trata-se de

de Salto Grande/SP, no Rio Paranapanema, que corre em território paulista e paranaense: TRF3, ACR 2002.61.25.001404-8, Rel. Desembargador Federal Cotrim Guimarães, DJ 12/03/2009.

115 STF – RE 454.740/AL, Rel. Min. Marco Aurélio, 28/04/2009.

116 Nesse contexto, em relação ao crime do art. 38, caput, da Lei n. 9.605/1998: STJ, 3ª Seção, CC 193.005/MG, Rel. Min. Laurita Vaz, j. 08.02.2023, DJe 15.02.2023.

117 STJ – CC 37.137/MG – 3ª Seção – Rel. Min. Felix Fischer – DJ 14/04/2003 p. 178.

delito da competência da Justiça Estadual, porquanto ausente qualquer interesse direto da União ou de suas autarquias federais;[118]

i. Crimes ambientais relacionados com organismos geneticamente modificados (transgênicos): cuida-se de crime da competência da Justiça Federal. A Comissão Técnica Nacional de Biossegurança (CTNBio) – Órgão diretamente ligado à Presidência da República, destinado a assessorar o governo na elaboração e implementação da Política Nacional de Biossegurança – é a responsável pela autorização do plantio, por exemplo, de soja transgênica em território nacional. Portanto, diante do interesse da União no controle e regulamentação do manejo de sementes de soja transgênica, no caso de liberação, no meio ambiente, de organismo geneticamente modificado (sementes de soja transgênica) em desacordo com as normas estabelecidas pelo Órgão competente, estará caracterizada a hipótese do art. 109, IV, da Carta Magna, justificando a competência da Justiça Federal para o feito;[119]

j. Crime ambiental referente ao parcelamento irregular de solo urbano ("grilagem") em terras da União: trata-se de delito da competência da Justiça Federal, eis que evidente prévio esbulho sobre bem da União;[120]

k. Crime ambiental de caráter transnacional que envolva animais silvestres, ameaçados de extinção e espécimes exóticas ou protegidas por compromissos internacionais assumidos pelo Brasil: a transnacionalidade do crime ambiental de exportação de animais silvestres atinge interesse direto, específico e imediato da União, voltado à garantia da segurança ambiental no plano internacional, em atuação conjunta com

118 STJ – CC 28.279/MG – 3ª Seção – Rel. Min. Felix Fischer – DJ 05/06/2000 p. 114.

119 STJ – CC 41.301/RS – 3ª Seção – Rel. Min. Gilson Dipp – DJ 17/05/2004 p. 104.

120 Informativo nº 150 do STJ: CC 35.744/DF, Rel. Min. Gilson Dipp, julgado em 9/10/2002. No mesmo sentido: STF – HC 84.103/DF – Tribunal Pleno – Rel. Min. Marco Aurélio – DJ 06/08/2004 p. 20.

a comunidade das nações. Portanto, o envio clandestino de animais silvestres ao exterior reclama interesse direto da União no controle de entrada e saída de animais do território nacional, bem como na observância dos compromissos do Estado brasileiro com a comunidade internacional, para a garantia conjunta de concretização do que estabelecido nos acordos internacionais de proteção do direito fundamental à segurança ambiental. Assim, a natureza transnacional do delito ambiental de exportação de animais silvestres atrai a competência da Justiça Federal, nos termos do art. 109, IV, da CF/1988. Daí os dizeres da **Tese de Repercussão Geral fixada no tema n. 648:** "Compete à Justiça Federal processar e julgar o crime ambiental de caráter transnacional que envolva animais silvestres, ameaçados de extinção e espécimes exóticas ou protegidas por compromissos internacionais assumidos pelo Brasil";[121]

l. Crimes ambientais contra o patrimônio nacional: não há como se confundir bem da União com *patrimônio nacional*. De acordo com o art. 225, § 4, da Constituição Federal, a Floresta Amazônica brasileira, a Mata Atlântica, a Serra do Mar, o Pantanal Mato-grossense e a Zona Costeira fazem parte do *patrimônio nacional*, e sua utilização far-se-á, na forma da lei, dentro de condições que assegurem a preservação do meio ambiente, inclusive quanto ao uso dos recursos naturais. A locução *patrimônio nacional* revela proclamação de defesa de interesses do Brasil diante de eventuais ingerências estrangeiras, concitando todos à defesa dos ecossistemas citados no mencionado artigo, até porque há casos em que o particular será dono de parcelas de trechos contidos nesses ecossistemas, como também dentro deles foram criados parques nacionais e municipais. Portanto, patrimônio nacional não se confunde com os bens pertencentes à União. Logo, embora a Mata Atlântica integre o patrimônio nacional, não se enquadra na definição de bem da União. Portanto, eventual crime

121 **Paradigma**: STF, Pleno, **RE 835.558/SP**, Rel. Min. Luiz Fux, j. 09/02/2017.

ambiental de desmatamento da floresta nativa da Mata Atlântica deve ser processado e julgado pela Justiça Estadual;[122]

m. Crimes ambientais diversos: ainda segundo o entendimento jurisprudencial, há situações específicas que justificam a competência da Justiça Federal. A título de exemplo, podemos citar os seguintes: delito envolvendo espécies ameaçadas de extinção, em termos oficiais; conduta envolvendo ato de contrabando de animais silvestres, peles e couros de anfíbios ou répteis para o exterior; introdução ilegal de espécie exótica no país; pesca predatória no mar territorial; crime contra a fauna perpetrado em parques nacionais, reservas ecológicas ou áreas sujeitas ao domínio eminente da Nação; além da conduta que ultrapassa os limites de um único estado ou as fronteiras do país.[123]

3.16. Crimes contra a fé pública

O Título X da Parte Especial do Código Penal contempla os crimes contra a fé pública, bem jurídico este que deve ser entendido como "a confiança que a própria ordem de relações sociais e sua atuação prática determinam entre os indivíduos, ou entre a Administração Pública e os cidadãos, relativamente à emissão e circulação monetária, aos meios simbólicos de autenticação pública, aos documentos ou à identidade e qualificação das pessoas."[124] A fim de se determinar a Justiça competente para processar e julgar crimes contra a fé pública, e sem embargo de algumas

---

122 STF, 1ª Turma, RE 349.189/TO, Rel. Min. Moreira Alves, DJ 14/11/2002 p. 34. Na mesma linha: STJ, AgRg no CC 93.083/PE, Rel. Min. Nilson Naves, julgado em 27/8/2008; STJ, 3ª Seção, CC 99.294/RO, Rel. Min. Maria Thereza de Assis Moura, julgado em 12/8/2009.

123 Informativo nº 135 do STJ: CC 34.689/SP, Rel. Min. Gilson Dipp, julgado em 22/05/2002.

124 PRADO, Luiz Regis. *Curso de direito penal brasileiro.* Vol. 4: parte especial, arts. 289 a 359-H. 3ª ed. São Paulo: Editora Revista dos Tribunais, 2004. p. 58.

decisões em sentido contrário, acreditamos que 04 (quatro) premissas básicas podem ser estabelecidas:

1) Em se tratando de crime de falsificação, em qualquer uma de suas modalidades, a competência será determinada pelo ente responsável pela confecção do documento: se determinado documento é emitido por um órgão, é intuitivo que este órgão passa a ter interesse na preservação da autenticidade e veracidade desse documento. Partindo-se, assim, de um exemplo bem simples, o crime de moeda falsa é julgado pela Justiça Federal, na medida em que compete à União emitir moeda, nos moldes do art. 20, VII, da Constituição Federal. Outros exemplos podem ser encontrados na jurisprudência: **a)** falsidade material e ideológica de documentos federais – certidão de dados da receita federal e guia de recolhimento do ITR/DARF – deve ser processada e julgada na Justiça Federal, mormente se a falsidade visar à obtenção de financiamento em instituição financeira, que é crime federal (Lei nº 7.492/86, arts. 19 e 26);[125] **b)** falsificação de certidão negativa de débito do INSS deve ser processada e julgada perante a Justiça Federal, eis que se o crime de *falsum* atinge a presunção de veracidade dos atos da Administração, sua fé pública e sua credibilidade, a competência deve ser fixada sob a perspectiva do sujeito passivo do referido delito;[126] **c)** o emprego mendaz do brasão da República, dístico da Administração Federal, implica a afetação de interesse da União, consistente na correta identificação de seus agentes, justificando

125 Nesse sentido: STF, 2ª Turma, RE 411.690/PR, Rel. Min. Ellen Gracie, DJ 03/09/2004 p. 35.

126 Com esse entendimento: STF, 2ª Turma, HC 85.773/SP, Rel. Min. Joaquim Barbosa, DJ 27/04/2007 p. 105. Com raciocínio diverso, há julgados do STJ no sentido de que o fato de o documento público ter sido expedido por órgão federal, por si só, não atrai a competência da Justiça Federal para processar e julgar eventual crime de falsificação. Para tanto, mister que haja lesão a bem, serviço ou interesse da União ou de suas entidades autárquicas ou empresas públicas, nos termos do art. 109, IV, da Constituição Federal. Nessa linha: STJ, 3ª Seção, AgRg no CC 141.899/RO, Rel. Min. Maria Thereza de Assis Moura, j. 09.09.2015, DJe 16.09.2015; STJ, 3ª Seção, CC 143.616/SP, Rel. Min. Joel Ilan Paciornik, j. 28.02.2018, DJe 09.03.2018.

a competência da Justiça Federal;[127] **d)** a falsificação e utilização de selos postais e de sinais de autenticação, caracterizam, em tese, crime contra o serviço postal, previsto no artigo 36, da Lei nº 6.538/78, e contra a fé pública, previsto no artigo 296, do Código Penal, de competência da Justiça Federal, haja vista que tais ilícitos acabam por atingir serviços e interesses de empresa pública federal (Empresa Brasileira de Correios e Telégrafos – EBCT);[128] **e)** como o cadastro de pessoas físicas (CPF) é documento expedido pela Secretaria da Receita Federal, órgão do Ministério da Fazenda, pertencente à estrutura da União, compete à Justiça Federal processar e julgar o delito, sob pena de configuração de nulidade absoluta;[129] **f)** no crime de adulteração de sinal identificador de veículo mediante substituição de placa original por outra falsa, o fato de o veículo ter sido flagrado por fiscalização da Polícia Rodoviária Federal em barreira policial não altera a natureza do crime, que se consuma com a mera falsidade, ou seja, com a lesão direta à fé pública do órgão que registrou o veículo, no caso, o Detran estadual de sua procedência. Assim, como não há lesão direta a bens, interesses ou serviços da União ou de suas autarquias, trata-se de crime de competência da Justiça Estadual;[130] **g)** a falsificação de documentos em detrimento do Serviço Regional de Aviação Civil (Serac) deve ser processada e julgada perante a Justiça Federal, já que o Serac integra a Administração Direta da União;[131] **h)** compete à Justiça Federal julgar ação penal relativa a crime de falsificação de certidão negativa de débito

127 STJ – CC 85.097/MS – 3ª Seção – Rel. Ministra Maria Thereza de Assis Moura – Dje 20/02/2009.

128 TRF1, HC 2002.01.00.040358-0/TO, 3ª Turma, Rel. Desembargador Federal Plauto Ribeiro, DJ 25/04/2003 p. 79.

129 STJ, 5ª Turma, HC 44.701/SP, Rel. Min. Gilson Dipp, DJ 19/12/2005 p. 452.

130 STJ – CC 100.414/RS – 3ª Seção – Rel. Ministra Maria Thereza de Assis Moura – Dje 07/05/2009.

131 Nessa linha: STF, 2ª Turma, HC 107.146/RS, Rel. Min. Gilmar Mendes, 07/06/2011.

emitida pelo INSS, apresentada perante órgão da administração pública municipal, pouco importando o fato de o documento alterado ter sido utilizado junto à Administração Pública municipal, haja vista tratar-se de serviço prestado por autarquia federal;[132] **i)** se determinado militar, a fim de obter um empréstimo perante instituição bancária, apresentar documentos falsos supostamente emitidos por sua Organização Militar, versando sobre a margem consignável dos militares tomadores de empréstimo, inclusive com a falsificação da assinatura do oficial superior, há de se concluir pela existência de crime militar, eis que o fato delituoso diz respeito à condição de militar, utilizando-se de instalações e meios pertencentes à Organização Militar, com objetivo de outros militares apresentarem informações falsas supostamente fornecidas pela Administração Militar;[133] **j)** compete à Justiça Federal processar e julgar o crime de falsificação de documento público, consistente na falsificação de identidades funcionais do Poder Judiciário da União, porquanto o delito em questão atinge direta e essencialmente a fé pública e a presunção de veracidade de documento, cuja expedição atribui-se à Administração Pública Federal, à qual o resguardo compete constitucionalmente à Justiça Comum Federal (CF, art. 109, IV);[134] **k)** compete à Justiça Federal o julgamento do crime de falsidade ideológica, consubstanciado no fornecimento de informação inverídica a servidor de autarquia federal (FUNAI), para fins de emissão de RANI (Registro Administrativo de Nascimento de Indígena),

---

132 Informativo nº 541 do STF: RE 446.938, Rel. Min. Marco Aurélio, 07/04/2009.

133 STF – HC 91.860/RS – 2ª Turma – Rel. Ministra Ellen Gracie – Dje 152 14/08/2008. Nesse contexto, como já ressaltou o Superior Tribunal Militar, "para a conduta preencher o tipo do art. 311 do CPM, é necessário que a Administração Militar seja titular do bem público lesado, quer na condição de sujeito passivo principal, o que ocorre quando o documento é expedido por uma de suas agências, quer na de sujeito passivo secundário, quando o documento expedido por qualquer órgão público é falsificado para lesar órgão ou órgãos da mesma Administração Militar." (Recurso criminal nº 2001.01.006811-8/RS, Rel. Min. José Júlio Pedrosa, DJ 27/09/2001).

134 STJ, 3ª Seção, CC 192.033/SP, Rel. Min. Laurita Vaz, j. 14.12.2022, DJe 19.12.2022.

seja porque se trata de conduta perpetrada em detrimento de servidor da autarquia federal, seja porque, no caso, o delito visava à inscrição indevida em programa de transferência de renda custeado com recursos do Tesouro Nacional.[135]

Uma ressalva importante em relação a esta primeira regra deve ser feita em relação à falsificação de carteira de habilitação para conduzir embarcação aquática de esporte ou recreio – categoria arrais-amador. Acerca do assunto, há precedente antigo do Superior Tribunal de Justiça no sentido de que, como esse documento é expedido pela Marinha do Brasil, órgão integrante das Forças Armadas, ofende o interesse e o serviço prestado pela administração militar, justificando a competência da Justiça Militar da União.[136] Por sua vez, o Supremo Tribunal Federal, por meio de uma interpretação mais restritiva, manifestou-se no sentido de que a competência seria da Justiça Comum Federal. A uma, porque a falsificação de carteira de habilitação de arrais amador não se adequaria à regra linear prevista no inciso I do mencionado art. 9º do CPM, haja vista a existência de disciplina na lei penal comum, bem como a correspondência de tipologia entre o art. 311, do CPM e o art. 297, do CP. A duas, porque, relativamente à alínea a do inciso III do art. 9º, do CPM, a menção a "ordem administrativa militar" não alcançaria o serviço de fiscalização presente no caso.[137] Resultado das decisões do Supremo acerca

135 STJ, 3ª Seção, CC 193.369/PR, Rel. Min. Sebastião Reis Júnior, j. 02.03.2023, DJe 07.03.2023.

136 STJ, 3ª Seção, CC 41.960/SP, Rel. Min. Paulo Medina, DJ 27/11/2007 p. 290.

137 STF, 1ª Turma, HC 90.451/SP, Rel. Min. Marco Aurélio, Dje 187 02/10/2008. Na mesma linha: Informativo nº 538 do STF: HC 96.083, Rel. Min. Ellen Gracie, 10.03.2009. E ainda: STF, 2ª Turma, HC 109.544 MC/BA, Rel. Min. Celso de Mello, j. 09/08/2011, DJe 167 30/08/2011; STF, 1ª Turma, HC 104.837/SP, Rel. Min. Ricardo Lewandowski, j. 28/09/2010, DJe 200 21/10/2010. Estranhamente, porém, em caso concreto em que determinado agente pretendia obter averbação em cadastro naval de habilitações específicas de aquaviário – mediante a apresentação de certificados falsos de cursos por ele não realizados –, para obter ascensão de categoria, a fim de pilotar embarcações maiores, concluiu a 1ª Turma

do assunto, o STJ acabou por mudar sua orientação jurisprudencial. Para a 3ª Seção do STJ, apesar de a carteira de habilitação de arrais amador ter sido emitida pela Marinha do Brasil, órgão integrante das Forças Armadas, tratava-se de delito de falso cometido por sujeito ativo civil que apresentara documentos quando instado para tanto no ato de fiscalização naval. Assim, como a atribuição para a execução de polícia marítima é da competência da União e exercida pela Polícia Federal (CF, art. 21, XXII), à Justiça Federal caberia o julgamento do feito.[138] Com o objetivo de evitar novos questionamentos, o Supremo deliberou, enfim, pela aprovação do enunciado de súmula vinculante acerca do tema. A propósito, eis o teor da **Súmula vinculante nº 36**: "Compete à Justiça Federal comum processar e julgar civil denunciado pelos crimes de falsificação e de uso de documento falso quando se tratar de falsificação da Caderneta de Inscrição e Registro (CIR) ou de Carteira de Habilitação de Amador (CHA), ainda que expedidas pela Marinha do Brasil".

2) Em se tratando de crime de uso de documento falso (CP, art. 304), por terceiro que não tenha sido responsável pela falsificação do documento, irrelevante é a sua natureza (federal ou estadual), pois a competência deverá ser determinada em virtude da pessoa física ou jurídica prejudicada pelo uso: a qualificação do órgão expedidor do documento público é irrelevante para determinar a competência do Juízo no crime de uso de documento falso, pois o critério a ser utilizado nesse caso deve ser definido em razão da pessoa física ou jurídica ao qual o documento foi apresentado, porquanto são estes que efetivamente sofrem os prejuízos em seus bens ou serviços. É nesse sentido o teor da **súmula nº 546 do STJ**: "A competência para processar e julgar o crime de uso de documento falso é firmada em razão da entidade ou órgão ao qual

---

do STF que o feito seria da competência da Justiça Militar, porquanto ocorrera a utilização de documento falso visando lesionar de forma direta a própria lisura dos cadastros sob a Administração Castrense, já que referida averbação é de atribuição exclusiva da Marinha: STF, 1ª Turma, HC 113.477/CE, Rel. Min. Dias Toffoli, j. 11/09/2012, DJe 195 03/10/2012.

138 STJ, 3ª Seção, CC 108.134/SP, Rel. Min. Gilson Dipp, julgado em 24/11/2010.

foi apresentado o documento público, não importando a qualificação do órgão expedidor". Perceba-se que, nesse caso, o uso deve ser perpetrado por terceiro que não tenha sido o responsável pela falsificação do documento, na medida em que, segundo entendimento majoritário, aquele que falsifica e posteriormente usa o documento responde apenas pelo crime de falsificação, figurando o uso como mero exaurimento da conduta anterior. Logo, se determinado agente falsificou e usou o documento, a regra a ser aplicada é a primeira, no sentido de se definir a competência a partir do órgão responsável pela emissão do documento. No entanto, se acaso o agente tiver cometido apenas o delito de uso de documento falso (v.g., alguém que adquire um documento falso), a competência criminal deverá ser determinada em virtude da pessoa física ou jurídica prejudicada pelo uso. Alguns exemplos podem ser encontrados na jurisprudência: **a)** o delito de falsa identidade com utilização de documento de expedição exclusiva do Ministério do Exército não tem o condão de deslocar a competência para a Justiça Federal se o uso de tal documento se deu perante autoridades estaduais, não havendo, in casu, lesão aos serviços da União, seus bens ou interesses;[139] **b)** crime praticado por despachante aduaneiro que apresenta à Receita Federal guias falsas de recolhimento de ICMS relativas a mercadorias importadas deve ser processado pela Justiça Federal, porque tal ação atenta contra serviços e interesses da União;[140] **c)** se uma carteira nacional de habilitação for utilizada para tentar burlar a fiscalização realizada por agentes da Polícia Rodoviária Federal, que possuem atribuição de patrulhamento ostensivo das rodovias federais, resta caracterizado o prejuízo a serviço da União, justificando-se a fixação da competência da Justiça Federal, consoante o disposto no art. 109, inciso IV, da Carta da República;[141] **d)** uso de certidão negativa de débito de tributo

139 STJ – CC 4.632/RS – 3ª Seção – DJ 28/06/1993.

140 TRF4, RSE 2001.71.03.000304-8, Sétima Turma, Relator Vladimir Passos de Freitas, DJ 02/04/2003.

141 STJ – CC 99.105/RS – 3ª Seção – Rel. Min. Jorge Mussi – Dje 27/02/2009. Reconhecendo a competência da Justiça Federal para processar e julgar crime de uso de Certificado de Registro

federal em certame licitatório promovido por sociedade de economia mista estadual deve ser julgado pela Justiça Estadual;[142] **e)** no caso de instrução de requerimento de visto em passaporte com documentos falsos (contracheque, extrato bancário e declaração de imposto de renda), como a utilização dos documentos falsificados ocorre em detrimento de seção consular de embaixada, que é apenas representação de Estado estrangeiro dentro do território nacional, não se pode falar em prejuízo de bens, serviços ou interesse da União, devendo fixar-se a competência da Justiça estadual.[143]

3) Em caso de uso de documento falso pelo próprio autor da falsificação, configurado está um só delito, a saber, o de falsificação, eis que, nessa hipótese, o uso é considerado mero exaurimento da falsificação anterior, constituindo *post factum* impunível pelo princípio da consunção, devendo a competência ser determinada pela natureza do documento, independentemente da pessoa física ou jurídica prejudicada pelo seu uso: o uso de papéis falsificados, quando praticado pelo próprio autor da falsificação, configura *post factum* não punível, mero exaurimento do "*crimen falsi*", respondendo o falsário, em tal hipótese, pelos delitos de falsifidade material (CP, arts. 297 e 298) ou falsidade ideológica (CP, art. 299). Exemplificando, no caso de falsificação de certificado de conclusão de curso de primeiro grau de estabelecimento particular de ensino, é irrelevante o fato de o documento falsificado haver sido ulteriormente utilizado, pelo próprio autor da falsificação, perante repartição pública federal, pois, tratando-se de *post factum* impunível, não

---

e Licenciamento de Veículo (CRLV) falso apresentado à Polícia Rodoviária Federal, órgão da União, já que praticado em detrimento do serviço de patrulhamento ostensivo das rodovias federais, previsto no art. 20, II, do CTB: STJ, 3ª Seção, CC 124.498/ES, Rel. Min. Alderita Ramos de Oliveira – Desembargadora convocada do TJ/PE –, j. 12/12/2012, DJe 01/02/2013.

142 STJ – HC 29.056/ES – 5ª Turma – Rel. Ministra Laurita Vaz – DJ 21/06/2004 p. 233.

143 Informativo nº 400 do STJ: CC 104.334/DF, Rel. Min. Jorge Mussi, julgado em 24/6/2009.

há como afirmar-se caracterizada a competência penal da Justiça Federal, eis que inexistente, em tal hipótese, fato delituoso a reprimir.[144]

4) Em se tratando de crimes de falsificação ou de uso de documento falso cometidos como meio para a prática de um crime-fim, sendo por este absorvidos, a competência será determinada pelo sujeito passivo do crime-fim: segundo preceitua a **súmula nº 17 do STJ**, *quando o falso se exaure no estelionato, sem mais potencialidade lesiva, é por este absorvido*. Ora, se o crime de *falsum* vem a ser absorvido pelo delito-fim de estelionato em virtude do princípio da consunção, a natureza do documento falsificado será irrelevante para fins de determinação de competência.[145] A competência será determinada, pois, a partir do sujeito passivo do crime-fim. Daí por que, em caso concreto relativo à falsificação de documento público utilizado como meio para a consumação de delito de estelionato, entendeu o STJ que o simples fato do órgão expedidor das certidões falsificadas ser federal não teria o condão de atrair a competência da Justiça Federal, porquanto ausente prejuízo à União.[146] Portanto, o simples fato do órgão expedidor do documento falsificado (v.g., CPF) ser federal não atrai a competência da Justiça Federal, se aludido registro for utilizado na abertura de contas em bancos privados, não havendo prejuízo à União.[147] Com raciocínio semelhante, em caso concreto relativo à investigação de empresas de locação de veículos sediadas em São Paulo que registravam seus automóveis no Estado do Paraná com a finalidade de reduzir o valor do IPVA devido, como a falsidade ideológica teria sido praticada como crime-meio para a prática de crime contra a ordem tributária (Lei nº 8.137/90, art. 1º), concluiu-se pela

---

144 STF – HC 84.533/MG – 2ª Turma – Rel. Min. Celso de Mello – DJ 30/06/2006.

145 Segundo Luiz Flávio Gomes, "em virtude do princípio da consunção ou da absorção devemos operar a seguinte regra geral: o fato de maior entidade consome ou absorve o de menor graduação (*lex consumens derrogat lex consumptae)*. A segunda regra válida é a seguinte: o crime-fim absorve o crime-meio". (*Direito penal: parte geral.* Vol. 2. São Paulo: Editora Revista dos Tribunais, 2007, p. 80).

146 STJ – CC 101.389/ES – 3ª Seção – Rel. Min. Jorge Mussi – Dje 27/02/2009.

147 STJ – REsp 993.153/MG – 5ª Turma – Rel. Min. Jorge Mussi – Dje 15/09/2008.

competência da Justiça Comum Estadual de São Paulo, eis que o prejuízo decorrente da conduta delituosa fora suportado pelo Estado de São Paulo, sede da empresa proprietária do veículo e, por conseguinte, local em que deveria ter sido recolhido o IPVA.[148]

Situação diferente ocorrerá caso o acusado se veja denunciado pela prática do crime de falsificação de documento público (v.g., um CPF), e pelo delito conexo de estelionato praticado contra particular, deixando de se aplicar, a princípio, o princípio da consunção, por se entender que a falsificação perpetrada ainda teria potencialidade lesiva, razão pela qual não poderia ser absorvida pelo crime-fim de estelionato. Nesse exemplo, teríamos um crime de competência da Justiça Federal – falsificação de CPF (CP, art. 297, *caput)* – e outro delito de competência da Justiça Estadual (CP, art. 171, *caput).* Deve, aí, prevalecer a competência da Justiça Federal para julgar ambos os delitos, tal qual dispõe a **súmula 122 do STJ** ("compete à Justiça Federal o processo e julgamento unificado dos crimes conexos de competência federal e estadual, não se aplicando a regra do art. 78, II, a, do Código de Processo Penal"). Mas, e se, ao final do processo, entendesse o juiz federal que o delito de estelionato, de competência da Justiça Estadual, teria o condão de absorver o delito de falsificação, de competência da Justiça Federal, com fundamento na súmula nº 17 do STJ (princípio da consunção)? Permaneceria ele (o juiz federal) competente para processar e julgar o delito de estelionato? Ou deveria remeter os autos à Justiça Estadual? Há precedente do STJ no sentido de que, nesse caso, deve ser aplicada a regra do art. 81 do CPP, segundo a qual "verificada a reunião dos processos por conexão ou continência, ainda que no processo da sua competência própria venha o juiz ou tribunal a proferir sentença absolutória ou que desclassifique a infração para outra que não se inclua na sua competência, continuará competente em relação aos demais processos". Assim, na dicção da 6ª Turma do STJ, eventual consunção de crime de falsificação de documento público (*in casu,* carteira de identificação de advogado) pelo crime

148 Informativo nº 388 do STJ: 3ª Seção, CC 102.866/PR, Rel. Min. Jorge Mussi, julgado em 25/3/2009.

de estelionato não afastaria, no momento da prolação da sentença, a competência da Justiça Federal para o julgamento do feito, nos termos do art. 81 do CPP.[149] A nosso ver, com a devida vênia, se o Juiz Federal concluiu que o delito de estelionato, de competência da Justiça Estadual, absorveu o crime de falsificação, que justificava até então a competência da Justiça Federal, não há falar em aplicação da regra do art. 81 do CPP, sob pena de evidente violação ao princípio do juiz natural. Ora, a partir do momento em que desapareceu o crime conexo que justificava a competência da Justiça Federal, estamos diante de incompetência absoluta do juiz federal para apreciar o mérito da causa, não sendo possível a aplicação da perpetuação da competência, pois, se subsiste apenas o crime de estelionato da competência da Justiça Estadual, somente o juiz de direito poderá julgá-lo. Assim, se a competência da Justiça Federal é definida taxativamente na Constituição Federal (*numerus clausus*), não se pode estendê-la com base em norma infraconstitucional (CPP, art. 81), sobretudo se não houver nenhum crime de competência da Justiça Federal.

Ainda em relação à competência para processar e julgar crimes contra a fé pública, algumas súmulas do Superior Tribunal de Justiça e do extinto Tribunal Federal de Recursos devem ser analisadas com certa cautela. Vejamo-las:

a) Súmula nº 31 do extinto TFR: "Compete à Justiça Estadual o processo e julgamento de crime de falsificação ou uso de certificado de conclusão de curso de 1º e 2º graus, desde que não se refira a estabelecimento federal de ensino ou a falsidade não seja de assinatura de funcionário federal";

b) Súmula nº 104 do STJ: "Compete à Justiça Estadual o processo e julgamento dos crimes de falsificação e uso de documento falso relativo a estabelecimento particular de ensino";

149 STJ – RHC 18.329/PA – 6ª Turma – Rel. Min. Paulo Medina – DJ 03/09/2007 p. 222.

c) **Súmula nº 62 do STJ:** "Compete à Justiça Estadual processar e julgar o crime de falsa anotação na Carteira de Trabalho e Previdência Social, atribuído à empresa privada". À época em que a súmula foi editada (26/11/92), entendia-se que, pelo menos em regra, eventual falsidade no tocante à anotação na Carteira de Trabalho e Previdência Social não teria o condão de causar prejuízo à União nem tampouco a suas autarquias federais, daí por que a competência era da Justiça Estadual. Ocorre que, por força da Lei nº 9.983/00, foram introduzidos no Código Penal os crimes de falsificação de documentos destinados à Previdência Social (art. 297, §§ 3º e 4º, do Código Penal). Destarte, com a criação desses tipos penais, verificando-se que a falsa anotação foi feita para produzir efeito perante a Previdência Social (v.g., para se conseguir o pagamento de um benefício previdenciário), há de se concluir pela competência da Justiça Federal; caso a falsa anotação não seja destinada a fazer prova perante a Previdência Social, a competência permanece na Justiça Estadual (v.g., falsa anotação apenas para comprovação de prévia experiência de modo a se obter um emprego). Veja-se que a própria 3ª Seção do STJ, alterando o posicionamento consolidado na súmula nº 62, passou a entender que o agente que omite dados na Carteira de Trabalho e Previdência Social, atentando contra interesse da Autarquia Previdenciária, estará incurso nas mesmas sanções do crime de falsificação de documento público, nos termos do § 4º do art. 297 do Código Penal, sendo a competência da Justiça Federal para processar e julgar o delito, consoante o art. 109, inciso IV, da Constituição Federal.[150] Considerando, portanto, que o crime do art. 297, § 4º, do Código Penal, tem como principal sujeito passivo o Instituto Nacional do Seguro Social, porquanto a ausência de anotação de informações relativas ao vínculo empregatício na CTPS afeta diretamente a arrecadação de tributos, na medida em que a contribuição previdenciária é calculada com base no valor do salário pago ao empregado, não se pode concordar com decisões do STJ que

150 STJ – CC 58.443/MG – 3ª Seção – Rel. Ministra Laurita Vaz – Dje 26/03/2008. No mesmo sentido: TRF4, ACR 2001.71.01.001604-9, Oitava Turma, Relator p/ Acórdão Paulo Afonso Brum Vaz, D.E. 07/01/2009.

ainda insistem em firmar a competência da Justiça Estadual para o processo e julgamento do referido delito, com base no preceito ultrapassado da súmula nº 62 do STJ.[151]

3.17. Juízo Federal da Execução penal

O art. 3º da Lei nº 8.072/90 impõe à União o dever de manter estabelecimentos penais de segurança máxima destinados ao cumprimento de penas impostas a condenados de alta periculosidade, cuja permanência em presídios estaduais ponha em risco a ordem ou incolumidade pública. A despeito do caráter cogente desse dispositivo legal, a verdade é que, durante anos e anos, a União quedou-se inerte em relação à criação desses presídios federais. Essa desídia da União foi agravada com o advento da Lei nº 10.792/03, que deu nova redação ao art. 86, § 1º, da LEP, o qual passou a dispor que a União Federal poderá construir estabelecimento penal em local distante da condenação para recolher os condenados, quando a medida se justificar no interesse da segurança pública ou do próprio condenado.

Enfim, no ano de 2006, a partir da reestruturação do Departamento Penitenciário Nacional – DEPEN –, foi criado o Sistema Penitenciário Federal, com a finalidade de ser o gestor e fiscalizador das Penitenciárias Federais. Surgiram, então, os primeiros presídios federais de segurança máxima, todos atualmente em funcionamento nas seguintes cidades: a) Porto Velho/RO; b) Mossoró/RN; c) Campo Grande/MS; d) Catanduvas/PR; e) Brasília/DF. Com a criação dos presídios federais, tornou-se cada vez mais comum a transferência de presos condenados pela Justiça

151 STJ, 3ª Seção, CC 96.365/PR, Rel. Min. Jorge Mussi, julgado em 26/05/2010. E ainda: STJ, 3ª Seção, CC 98.791, Rel. Min. Jorge Mussi, j. 13/05/2009, DJe 03/08/2009. Modificando seu entendimento anterior acerca do assunto, a 3ª Seção do STJ reconheceu, em recente julgado, a competência da Justiça Federal para processar e julgar o crime caracterizado pela omissão de anotação de vínculo empregatício na CTPS (art. 297, § 4º, do CP): STJ, 3ª Seção, CC 135.200/SP, Rel. Min. Sebastião Reis Júnior, j. 22/10/2014, DJe 02/02/2015.

Estadual para tais estabelecimentos, o que provocou, inicialmente, certa controvérsia quanto à competência do juízo da execução.

Como deixa entrever a **súmula nº 192 do STJ** (*Compete ao Juízo das Execuções Penais do Estado a execução das penas impostas a sentenciados pela Justiça Federal, Militar ou Eleitoral, quando recolhidos a estabelecimentos sujeitos à administração estadual*), prevalece o entendimento de que a competência do Juízo da Execução é determinada em virtude da natureza do estabelecimento prisional em que o preso se encontra recolhido. Quando essa súmula foi elaborada pelo STJ, atribuindo ao Juízo das Execuções Penais do Estado a competência para dirimir os incidentes da execução, a realidade era uma só: diante da absoluta inércia da União em proceder à construção de presídios federais, o ônus da execução sempre recaía sobre os Estados, que se viam obrigados a recolher em seus estabelecimentos prisionais presos condenados pela Justiça Federal, Eleitoral e Militar da União. Hoje, todavia, essa inércia da União em construir presídios vem sendo superada gradativamente. Considerando, então, a possibilidade de um preso condenado pela Justiça Estadual estar recolhido em um presídio federal, ou vice-versa, interessa, para fins de fixação da competência, a natureza do estabelecimento penitenciário em que se encontra o condenado: se estadual, o juízo das execuções será estadual; se federal, o juízo das execuções será federal.

Aliás, mesmo antes da entrada em vigor do Pacote Anticrime, já era exatamente nesse sentido o teor da Lei nº 11.671/08, que dispõe sobre a transferência e inclusão de presos em estabelecimentos penais federais de segurança máxima. De acordo com seu art. 2º, *caput,* a atividade jurisdicional de execução penal nos estabelecimentos penais federais será desenvolvida pelo *juízo federal da seção ou subseção judiciária em que estiver localizado o estabelecimento penal federal de segurança máxima ao qual for recolhido o preso.*

Eis que surge, então, o Pacote Anticrime, e acrescenta um parágrafo único ao art. 2º da Lei n. 11.671/08: "O juízo federal de execução penal será competente para as ações de natureza penal que tenham por objeto fatos ou incidentes relacionados à execução da pena ou infrações penais ocorridas no estabelecimento penal federal". A leitura do referido dispositivo faz referência a duas competências diversas, senão vejamos:

a) fatos ou incidentes relacionados à execução da pena: de nada adianta outorgar ao juízo federal da seção (ou subseção judiciária) em que estiver localizado o estabelecimento penal federal de segurança máxima competência para deliberar sobre a inclusão de indivíduos nesses presídios se a eles não for igualmente outorgada competência para o julgamento dos subsequentes incidentes da execução penal, como, por exemplo, soma ou unificação de penas, progressão ou regressão de regimes, etc. Aliás, mesmo antes da entrada em vigor do Pacote Anticrime, a jurisprudência do STJ já tinha precedentes nesse sentido. De fato, ao apreciar o Conflito de Competência nº 90.702/PR, relativo à execução penal de apenados que foram transferidos para a penitenciária federal de Catanduvas/PR por razões de segurança pública devido à periculosidade de suas condutas, manifestou-se a 3ª Seção do STJ pela competência do juízo federal para apreciar as *questões referentes à execução da pena no período de permanência dos presos custodiados no estabelecimento federal.*[152] De modo a evitar quaisquer controvérsias em relação à matéria, a Lei n. 13.964/19 simplesmente positivou esse entendimento jurisprudencial;

b) infrações penais ocorridas no estabelecimento penal federal: com as mudanças promovidas pelo Pacote Anticrime, o juízo federal da

152 STJ, 3ª Seção, CC 90.702/PR, Rel. Min. Og Fernandes, DJe 13/05/2009. E ainda: STJ, 3ª Seção, CC 110.576/AM, Rel. Min. Arnaldo Esteves Lima, julgado em 9/6/2010. A interpretação atribuída pela Terceira Seção do STJ ao verbete da Súmula n. 192 é a de que se transfere ao Juízo do local onde se cumpre a pena não apenas a fiscalização da execução da reprimenda, mas, também, os incidentes relacionados, dentre os quais se destacam os pedidos de progressão de regime e de livramento condicional. Nesse sentido: STJ, 3ª Seção, AgRg no CC n. 164.523/PR, Rel. Min. Reynaldo Soares da Fonseca, DJe de 13/5/2019; STJ, 3ª Seção, CC n. 163.091/SP, Rel. Min. Joel Ilan Paciornik, DJe de 25/3/2019. No sentido de que a Resolução nº 502/2006 do Conselho da Justiça Federal é constitucional, ao permitir o cumprimento de pena imposta por decisão da Justiça estadual em estabelecimento federal sob competência do juízo de Execução Criminal da Justiça Federal: STJ, HC 116.301/RJ, Rel. Min. Jorge Mussi, julgado em 10/11/2009.

execução penal também passa a ter competência para o processo e julgamento de infrações penais ocorridas no estabelecimento penal federal. Conquanto o dispositivo legal faça uso do termo *infração penal*, que abrange crimes e contravenções, é correto afirmar que o crime-anão não pode ser julgado pela Justiça Federal de primeira instância, nos exatos termos do art. 109, IV, da Constituição Federal.[153] Logo, na eventualidade de contravenção penal ocorrida no interior de presídio federal (v.g. jogo do bicho), a competência para o processo de conhecimento será da Justiça Estadual. Noutro giro, interessante notar que o dispositivo em questão não faz qualquer distinção em relação ao autor do delito. Logo, desde que praticado no interior do presídio federal, é de todo irrelevante que o crime em questão tenha sido cometido por – ou contra – um preso, pois em ambas as hipóteses não se pode negar a existência de interesse direto e imediato da União, capaz, pois, de justificar a fixação da competência da Justiça Federal com fundamento no art. 109, IV, da Carta Magna. Exemplificando, se um crime de homicídio for praticado por um preso contra outro, o interesse da União estará evidenciado não apenas no dever que recai sobre ela de tutelar a integridade física (e a vida) de todas as pessoas que ali encontram-se custodiadas, mas também na obrigação de zelar pela segurança interna (e externa) dos presídios federais.[154] Por outro lado, ainda que o crime em questão tenha sido cometido contra um preso por alguém que não esteja ali custodiado, como, por exemplo, por um

153 Constituição Federal: "Art. 109. Aos juízes federais compete processar e julgar: (...) IV – os crimes políticos e as infrações penais praticadas em detrimento de bens, serviços ou interesse da União ou de suas entidades autárquicas ou empresas públicas, *excluídas as contravenções* e ressalvada a competência da Justiça Militar e da Justiça Eleitoral; (...)".

154 Como destaca Ludmila de Paula Castro Silva (Projeto de Lei "Anticrime" e as medidas para alterar o regime jurídico dos estabelecimentos penais federais. *In Projeto de Lei Anticrime.* Coordenadores: Antônio Henrique Graciano Suxberger; Renee do Ó Souza; Rogério Sanches Cunha. Salvador: Editora Juspdovim, 2019. p. 62), o dispositivo em questão – art. 2º, parágrafo único, da Lei n. 11.671/08, incluído pelo Pacote Anticrime – "apresenta uma presunção de que os fatos ou incidentes relacionados à execução da pena ou infrações penais ocorridas no estabelecimento penal federal afetam bens e interesses da União, até mesmo por macular a segurança máxima que justifica a própria existência desta espécie de presídio".

integrante da Polícia Penal Federal (v.g., abuso de autoridade), também não se pode afastar a competência da Justiça Federal. Afinal, como dispõe a **súmula n. 254 do extinto Tribunal Federal de Recursos**, "compete à Justiça Federal processar e julgar os delitos praticados por funcionário público federal, no exercício de suas funções e com estas relacionados".

É de todo relevante destacar que o novel parágrafo único do art. 2º da Lei n. 11.671/08, incluído pelo Pacote Anticrime, restringe a competência do juízo federal da execução penal às *ações de natureza penal*. Nada dispõe acerca dos processos de natureza cível, em sentido diverso da redação original constante do Projeto de Lei n. 882/2019 apresentado ao Congresso Nacional: "Art. 2º. (...) Parágrafo único. O juízo federal de execução penal será competente para as *ações de natureza cível* ou penal que tenham por objeto fatos ou incidentes relacionados à execução da pena ou infrações penais ocorridas no estabelecimento penal federal". (nosso grifo) Logicamente, se acaso presente uma das hipóteses constantes do art. 109 da Constituição Federal, a exemplo de uma ação indenizatória proposta pelos familiares de preso executado no interior de um presídio federal, a competência será da Justiça Federal, eis que se trata de causa em que a União figurará na condição de ré (CF, art. 109, I). Isso, todavia, não terá o condão de atrair a competência do feito para o juízo federal da execução penal, devendo a demanda tramitar perante o Juízo Federal cível da seção (ou subseção) judiciária em que estiver localizado o estabelecimento penal federal de segurança máxima em questão.

Em conclusão, quanto ao juízo competente para a execução da pena de multa advinda de sentença condenatória proferida por Juízo Federal, imposta cumulativamente com pena privativa de liberdade cumprida em estabelecimento prisional estadual, há de se aplicar a mesma lógica constante da súmula n. 192 do STJ. Não se revela possível, portanto, cindir a execução penal para coexistir uma execução penal exclusivamente da pena privativa de liberdade, perante o juízo estadual, e uma execução da pena de multa, promovida pelo Ministério Público Federal perante o Juízo Federal da Execução. Logo, a execução da pena de multa deve seguir perante o Juízo Estadual no caso de haver cumprimento de pena privativa de liberdade em presídio estadual aplicada cumulativamente com a multa. Além de a multa ter natureza de sanção penal, sendo racional a existência de execução penal una, os valores recolhidos, quer por sentença condenatória proferida por Juízo Estadual ou por sentença condenatória proferida por Juízo Federal, têm o mesmo destino: o Fundo Penitenciário Nacional, nos termos do art. 2º, inciso V, da Lei Complementar nº 79/1994. Os montantes depositados no referido Fundo são repassados a outros entes federativos, conforme regras estabelecidas na Lei Complementar que o criou. Destarte, os valores referentes à multa penal imputada por Juízo Federal não têm destinação específica para estabelecimento prisional federal ou programas de inserção social exclusivamente administrados pela União, razão penal qual não se identifica especial interesse da União na execução da multa penal por ela imposta.[155]

3.18. Contravenções penais

Como se percebe pela leitura do art. 109, inciso IV, da Constituição Federal, há uma regra de exclusão expressa da competência da Justiça Federal para processar e julgar contravenções penais. Por isso, dispõe a **súmula nº 38 do STJ** que compete à Justiça Estadual Comum, na vigência da Constituição de 1988, o processo por contravenção penal, ainda que praticada em detrimento de bens, serviços ou interesse da União ou de suas entidades autárquicas.

Desse modo, mesmo que haja conexão entre um crime federal (v.g., contrabando) e uma contravenção penal (v.g., exploração de jogos de azar), prevalece a regra constitucional, indicando a necessidade do desmembramento do processo.[156]

155 Nesse contexto: STJ, 3ª Seção, CC 168.815-PR, Rel. Min. Joel Ilan Paciornik, j. 10.06.2020, DJe 16.06.2020.

156 Nesse sentido: STJ, 3ª Seção, CC 120.406/RJ, Rel. Min. Alderita Ramos de Oliveira, j. 12/12/2012, DJe 01/02/2013. E ainda: STJ, 3ª Seção, CC 20.454/RO, Rel. Min. Felix Fischer, DJ 14/02/2000 p. 18.

Nessa hipótese, não há falar em aplicação da **súmula 122 do STJ**, haja vista que o próprio preceito sumular ressalva sua aplicação a *crimes* conexos ("Compete à Justiça Federal o processo e julgamento unificado dos *crimes conexos* de competência federal e estadual, não se aplicando a regra do art. 78, II, a, do Código de Processo Penal").

Logo, todas as contravenções penais previstas no Decreto-Lei nº 3.688/41, ainda que em prejuízo de bens, serviços e interesses federais, são de competência da Justiça Estadual. Por esse motivo, concluiu o STJ que compete à Justiça Estadual o processo e julgamento de contravenção penal referente ao exercício ilegal da atividade profissional no caso de um corretor de imóveis que teve sua inscrição cancelada pelo Creci por impontualidade do pagamento das anuidades.[157]

Isso, no entanto, não significa dizer que a Justiça Federal jamais poderá julgar contravenções penais. Deveras, nos casos de foro por prerrogativa de função, é perfeitamente possível que uma contravenção penal seja julgada por um Tribunal Regional Federal. Pense-se, por exemplo, em uma contravenção penal praticada por um Juiz Federal de São Paulo. Nesse caso, caberá ao Tribunal Regional Federal da 3ª Região o processo e julgamento do feito, nos termos do art. 108, I, "a", da Carta Magna.

Por fim, cumpre ressaltar que, mesmo que determinada conduta passe a ser considerada crime em virtude de lei penal posterior mais grave, se, ao tempo da ação ou omissão, a conduta era considerada mera contravenção penal, subsiste a competência da Justiça estadual para processar e julgar o feito. Esse exemplo de *novatio legis in pejus* ocorreu quando da entrada em vigor da Lei Ambiental (Lei nº 9.605/98), que transformou certas condutas até então tipificadas como contravenções penais em crimes.[158]

---

157 STJ, 3ª Seção, CC 104.924/MG, Rel. Min. Jorge Mussi, julgado em 24/3/2010. Na mesma linha: STJ, 3ª Seção, CC 39.369/SP, Rel. Min. Gilson Dipp, DJ 22/09/2003 p. 258.

158 Como se pronunciou o STJ, tendo os fatos ocorrido na vigência da Lei 4.771/65 (Código Florestal), que os tipificava como contravenção penal, e, portanto, de competência da Justiça Comum Estadual, não pode a lei posterior, Lei 9.605/98, mais grave, que os eleva à figura de

3.19. Atos infracionais

Também estão fora da competência da Justiça Federal os atos infracionais ("Considera-se ato infracional a conduta descrita como crime ou contravenção penal" – Art. 103, *caput,* da Lei nº 8.069/90), praticados por menores inimputáveis, mesmo que em detrimento de bens, serviços ou interesse da União, suas entidades autárquicas ou empresas públicas. Sujeita-se o menor inimputável à jurisdição do Juiz da Infância e da Juventude, no âmbito da Justiça Comum Estadual.[159]

3.20. Crimes previstos na Lei Antiterrorismo (Lei nº 13.260/16)

Com o objetivo de fixar a competência da Justiça Federal para o processo e julgamento dos crimes previstos na Lei Antiterrorismo, o art. 11 da Lei nº 13.260/16 dispõe expressamente que as infrações penais ali previstas são praticadas contra o *interesse da União*, o que, em tese, teria o condão de fixar a competência da Justiça Federal com base no art. 109, inciso IV, da Constituição Federal. Resta saber, todavia, se uma simples lei ordinária poderia livremente fixar interesses da União de modo a ampliar a competência da Justiça Federal.

Com a devida vênia, se a própria Constituição delimitou a competência da Justiça Federal nos incisos do art. 109, não nos parece cabível que o legislador infraconstitucional a ampliasse por meio de simples leis ordinárias, salvo nas hipóteses em que o próprio constituinte outorga ao legislador ordinário tal atribuição. É o que ocorre, por exemplo, com os crimes contra o sistema financeiro e a ordem econômico-financeira, em relação aos quais a Constituição Federal outorga a competência à Justiça

crime, retroagir no sentido de remeter a competência para a sua apreciação para a Justiça Federal: STJ – CC 29.588/PB – 3ª Seção – Rel. Min. Edson Vidigal – DJ 02/10/2000 p. 138.

159 TRF4, RSE 2004.71.01.002112-5, Oitava Turma, Relator Luiz Fernando Wowk Penteado, DJ 15/12/2004.

Federal *nos casos determinados por lei* (CF, art. 109, VI, *in fine*). É dizer, a própria Constituição Federal autoriza que a lei determine a competência em relação a tais delitos. No entanto, tal autorização não consta do inciso IV do art. 109 da Constituição, o que significa dizer que, nesse caso, somente uma alteração constitucional teria o condão de ampliar a competência da Justiça Federal.

Por tais motivos, somos levados a acreditar que o art. 11 da Lei nº 13.260/16 é manifestamente inconstitucional, pelo menos no tocante à fixação da competência da Justiça Federal. São diversos os argumentos para fundamentar tal conclusão:

a) o bem jurídico tutelado pelo crime de terrorismo – paz pública – não é um interesse exclusivo da União. Pertence a todos os entes da Federação – União, Estados-membros, Distrito Federal e Municípios – e à sociedade como um todo;

b) ainda que se queira objetar que há um interesse da União em relação à prática dos crimes previstos na Lei nº 13.260/16, é de todo evidente que tal interesse não é direto, imediato, mas sim indireto, mediato, o que, por si só, segundo reiterada jurisprudência dos Tribunais Superiores, não tem o condão de atrair a competência da Justiça Federal;

c) mesmo que se queira argumentar que a *República Federativa do Brasil* rege-se nas suas relações internacionais por diversos princípios, dentre eles o repúdio ao terrorismo (CF, art. 4º, VIII), daí não se pode extrair um permissivo constitucional para a fixação da competência da Justiça Federal, porque tais princípios são mandamentos dirigidos à *República Federativa do Brasil*, que abrange não apenas a União, mas também os Estados, o Distrito Federal e os Municípios;

d) o simples fato de o crime de terrorismo estar previsto em tratado ou convenção internacional não tem o condão de fixar a competência da Justiça Federal com base no art. 109, V, da Constituição Federal. Isso porque, para além de tal pressuposto, o referido dispositivo constitucional também exige, para fins de fixação da competência da Justiça Federal, que o início da execução de tal delito tenha se dado no País, e o resultado tenha ou devesse ter ocorrido no estrangeiro, ou reciprocamente. Logo, ausente essa internacionalidade territorial do resultado relativamente à conduta delituosa, revela-se indevida a fixação da competência da Justiça Federal com base no inciso V do art. 109 da Constituição Federal, pouco importando o fato de se tratar de crime previsto em tratado ou convenção internacional;

e) se a competência da Justiça Federal é fixada pela própria Constituição Federal (art. 109), e se os interesses da União também estão previstos expressamente na Carta Magna (v.g., arts. 20 e 21), somente uma Emenda Constitucional teria o condão de ampliar tal competência e/ou tais interesses. É o que ocorreu, por exemplo, com o incidente de deslocamento de competência, que foi expressamente acrescentado ao rol do art. 109 (V-A e § 5º) pela Emenda Constitucional nº 45/04. Logo, não se pode admitir que uma simples lei ordinária outorgue novos interesses à União de modo a ampliar a competência da Justiça Federal, sob pena de evidente burla à necessidade de Emenda Constitucional.

3.21. Crimes cometidos no estrangeiro.

Nas hipóteses de crimes praticados por brasileiro (ou estrangeiro) no exterior, e desde que o delito tenha sido cometido inteiramente fora do território nacional, sem que a conduta ou o resultado tenham ocorrido no Brasil, aos quais seja aplicável a lei penal brasileira com base nas regras de extraterritorialidade constantes do art. 7º do CP, é dominante o entendimento doutrinário no sentido de que a competência deverá ser da Justiça Comum Estadual, haja vista a inexistência de qualquer hipótese capaz de atrair a competência da Justiça Federal (CF, art. 109).[160] Afinal, para que a competência seja da Justiça Federal, dentre tantas hipóteses possíveis, imprescindível se faz que o crime seja cometido em detrimento de bens,

160 Nessa linha: GOMES, Luiz Flávio. *Direito penal: parte geral*. Vol. 2. São Paulo: Editora Revista dos Tribunais, 2007. p. 114.

serviços ou interesses da União, suas autarquias ou empresas públicas, ou quando o crime, previsto em tratado ou convenção internacional, tenha se iniciado no território nacional, e terminado fora, ou vice-versa, nos termos do art. 109, incisos IV e V, da Constituição Federal.[161]

Não por outro motivo, em caso concreto apreciado pelo STJ, relativo a policiais civis brasileiros residentes na cidade de Santana do Livramento/RS que foram mortos na cidade de Rivera no Uruguai (os crimes foram perpetrados por brasileiro juntamente com corréus uruguaios), concluiu-se pela competência de uma das varas do Júri de São Paulo/SP. A uma porque seria aplicável a extraterritorialidade prevista no art. 7º, II, "b", e § 2º, "a", do CP, na medida em que o crime foi praticado por brasileiro no estrangeiro e, posteriormente, o agente ingressou em território nacional. A duas porque, nos termos do art. 88 do CPP, sendo a cidade de Ribeirão Preto/SP o último domicílio do indiciado, é patente a competência do juízo da capital do Estado de São Paulo. Afastou-se, corretamente, a competência da Justiça Federal, tendo em vista a inexistência de qualquer hipótese prevista no art. 109 da CF/1988, principalmente porque todo o *iter criminis* dos homicídios ocorrera no estrangeiro.[162]

Especial atenção, todavia, deve ser dispensada ao crime praticado no exterior cujo processo penal tenha sido transferido para a jurisdição brasileira, por negativa de extradição. Em caso concreto referente à participação

161 Reconhecendo a competência da Justiça Estadual, *in casu*, de Tribunal do Júri estadual, para o processo e julgamento de crime de homicídio doloso praticado por cidadão brasileiro nato contra cidadão paraguaio cometido no Paraguai, porquanto tal delito não teria o condão de ofender bens, serviços ou interesses da União: STF, 1ª Turma, RE 1.175.638 AgR/PR, Rel. Min. Marco Aurélio, j. 02/04/2019. Na mesma linha, ainda que tenha havido a prática de atos preparatórios no território nacional: STF, 1ª Turma, HC 105.461/SP, Rel. Min. Marco Aurélio, j. 29/03/2016, DJe 160 01/08/2016.

162 STJ, 3ª Seção, CC 104.342/SP, Rel. Min. Laurita Vaz, j. 12/08/2009. No sentido de que crime de tortura praticado integralmente em território estrangeiro contra brasileiros não se subsume, em regra, a nenhuma das hipóteses de competência da Justiça Federal previstas no art. 109 da CF, recaindo sobre a Justiça Comum Estadual, portanto, a competência para o processo e julgamento do feito: STJ, 3ª Seção, CC 107.397/DF, Rel. Min. Nefi Cordeiro, j. 24/9/2014.

de brasileiros em suposto esquema de falsificação de documentos públicos portugueses no território lusitano, a fim de posterior uso para ingressar no Canadá e nos EUA, cuja extradição foi negada por se tratar de agente de nacionalidade brasileira (CF, art. 5º, LI), mas cujo processo criminal foi transferido para a jurisdição brasileira em virtude do Decreto n. 1.325/1994, que incorporou ao ordenamento jurídico brasileiro o Tratado de Extradição entre o Governo da República Federativa do Brasil e o Governo da República Portuguesa, concluiu a 3ª Seção do STJ tratar-se de feito da competência da Justiça Federal, nos termos do art. 109, IV, da Constituição Federal. Isso porque incumbe à União, segundo dispõem os arts. 21, I, e 84, VII e VIII, da Carta da República, manter relações com estados estrangeiros e cumprir os tratados firmados, fixando-se a sua responsabilidade na *persecutio criminis* nas hipóteses de crimes praticados por brasileiros no exterior, na qual haja incidência da norma interna, no caso, o Direito Penal interno e não seja possível a extradição. No plano interno, em decorrência da repercussão das relações da União com estados estrangeiros e o cumprimento dos tratados internacionais firmados, a cooperação passiva, a teor dos arts. 105 e 109, X, da CF/88, impõe a execução de rogatórias pela Justiça Federal após a chancela por esta Corte Superior.[163] Em outro julgado recente, a 3ª Seção também reconheceu a competência da Justiça Federal com base no art. 109, IV, da Constituição Federal, para processar e julgar crime de homicídio qualificado ocorrido em Portugal, em tese praticado em coautoria por dois brasileiros contra vítima de nacionalidade brasileira. Prevaleceu o entendimento de que o interesse da União decorreria de suas atribuições de representar o Brasil

163 STJ, 3ª Seção, CC 154.656/MG, Rel. Min. Ribeiro Dantas, j. 25/04/2018, DJe 03/05/2018. Em sentido semelhante: STJ, 3ª Seção, CC 167.770/ES, Rel. Min. Reynaldo Soares da Fonseca, DJe 05.12.2019.No sentido de que compete à Justiça Federal o julgamento da ação penal que versa sobre crime praticado no exterior por brasileiro que reingressa em território nacional, o qual tenha sido transferido para a jurisdição brasileira, pela impossibilidade de extradição, aplicável, assim, o art. 109, IV, da CF: STJ, 5ª Turma, RHC 110.733/RJ, Rel. Min. Ribeiro Dantas, j. 18.08.2020, DJe 24.08.2020.

em todas as questões envolvendo relações internacionais e cooperação jurídica internacional (CF, arts. 21, I e 84, VII). Diante disso, na hipótese em análise – crime praticado por brasileiros no exterior, com incidência da norma interna e sem possibilidade de extradição – incumbe à União manter relações com o estado estrangeiro, no caso Portugal.[164]

4. CRIMES PREVISTOS EM TRATADO OU CONVENÇÃO INTERNACIONAL, QUANDO, INICIADA A EXECUÇÃO NO PAÍS, O RESULTADO TENHA OU DEVESSE TER OCORRIDO NO ESTRANGEIRO, OU RECIPROCAMENTE (CF, ART. 109, INCISO V)

Da leitura do inciso V do art. 109, conclui-se que o simples fato de o delito estar previsto em tratado ou convenção internacional assinado pelo Brasil, com a devida ratificação por meio de decreto legislativo do Congresso Nacional e decreto do Presidente da República, não enseja, por si só, a competência da Justiça Federal. Para além disso, é imprescindível que se trate de delito à distância, ou seja, que se faça presente a internacionalidade territorial do resultado relativamente à conduta delituosa, com o início da sua execução no país, e o resultado ocorrendo ou devendo ter ocorrido no estrangeiro, ou reciprocamente.[165]

---

164 STJ, 3ª Seção, CC 174.686/ES, Rel. Min. Joel Ilan Paciornik, j. 09.12.2020, DJe 14.12.2020.

165 Como exemplos de convenções internacionais ratificadas pelo Brasil, citamos: a) Convenção sobre o Combate da Corrupção de Funcionários Públicos Estrangeiros em Transações Comerciais Internacionais, concluída em Paris, em 17 de dezembro de 1997, aprovada pelo Decreto legislativo nº 125, de 14 de junho de 2000, e promulgada pelo Decreto nº 3.678, de 30 de novembro de 2000, que passou a vigorar, para o Brasil, em 23 de outubro de 2000; b) Convenção Interamericana contra a Corrupção, adotada em Caracas, em 29 de março de 1996, aprovada pelo Decreto Legislativo nº 152, de 25 de junho de 2002, e promulgada pelo Decreto nº 4.410, de 7 de outubro de 2002, entrando em vigor, para o Brasil, em 24 de agosto de 2002.

Tome-se, como exemplo, a prática conhecida como **ransomware** ou extorsão digital ou cibernética, e que consiste, em síntese, no procedimento em que terceiro, por meio da internet, entra ilegalmente nos sistemas de informações de uma instituição e bloqueia o acesso ao banco de dados, passando a exigir do proprietário o pagamento de determinada quantia para que este possa novamente acessar as informações que lhe pertencem. O referido crime está entre aqueles que o Brasil se comprometeu a reprimir, ao firmar, em 2001, em Budapeste, a Convenção sobre o Crime Cibernético, que foi internalizada por meio do Decreto Legislativo n. 37/2021, e promulgada pelo Decreto n. 11.491/2023. Logo, evidenciada a internacionalidade do delito em questão, a exemplo do que ocorre quando o registro e o acesso aos e-mails utilizados pelo criminoso forem feitos no estrangeiro, há de se reconhecer a competência da Justiça Federal para o julgamento do feito, ainda que o prejuízo venha a ser suportado exclusivamente por um particular.[166]

Logo, a despeito de se tratar de crime previsto em tratado ou convenção internacional, se acaso não restar evidenciada a internacionalidade territorial do resultado relativamente à conduta delituosa, forçoso será o reconhecimento da competência da Justiça Estadual. Daí o motivo pelo qual a 1ª Turma do STF reconheceu a competência da justiça estadual para processar e julgar crime de incitação à discriminação cometido via internet, quando praticado contra pessoas determinadas e que não tenha ultrapassado as fronteiras territoriais brasileiras.[167] Seguindo esse raciocínio, conquanto o Brasil seja signatário da Convenção contra a Tortura e Outros Tratamentos ou Penas Cruéis, Desumanos ou Degradantes,[168] daí não se pode inferir que todo e qualquer crime previsto na Lei que define os crimes de tortura (Lei nº 9.455/97) sejam de competência da

166 STJ, 3ª Seção, CC 197.032/AM, Rel. Min. Laurita Vaz, j. 14.06.2023, DJe 21.06.2023.

167 STF, 1ª Turma, HC 121.283/DF, Rel. Min. Roberto Barroso, j. 29/04/2014, DJe 91 13/05/2014.

168 Decreto nº 40, de 15 de fevereiro de 1991.

Justiça Federal, haja vista a ausência do segundo pressuposto do art. 109, inciso V, *in fine*, da Constituição Federal: "iniciada a execução no país, o resultado tenha ou devesse ter ocorrido no estrangeiro, ou reciprocamente". Assim, eventual crime de tortura será julgado e processado perante a Justiça Estadual, salvo se, obviamente, presente uma das hipóteses do art. 109, inciso IV, da Constituição Federal, como, por exemplo, um crime de tortura praticado por funcionário público federal – interesse da União – competência da Justiça Federal. Aliás, ainda que o delito de tortura tenha sido praticado por policiais militares, porém no interior de delegacia da Polícia Federal, subsiste a competência da Justiça Federal para processar e julgar o delito. O crime de tortura é comum, mas se firma a competência de acordo com o lugar em que for cometido. Logo, se o suspeito fora, em tese, torturado em uma Delegacia da Polícia Federal, caberá à Justiça Federal o julgamento do feito.[169]

Na mesma linha, também não se pode acreditar que o simples fato de a execução de um delito iniciar-se no país e se consumar no estrangeiro, ou reciprocamente, seja, por si só, suficiente para fins de fixação da competência da Justiça Federal. Para tanto, este delito também deve estar previsto em Tratado ou Convenção Internacional. Por isso, parece-nos que andou mal o STJ ao apreciar o CC nº 119.594/PR, referente a acusado que foi flagrado quando trazia consigo anabolizantes do Paraguai sem o devido registro da ANVISA. Nesse caso, concluiu a 3ª Seção do STJ que o crime previsto no art. 273, § 1º-B, I, do CP, devia ser processado e julgado pela Justiça Federal, eis que a internacionalidade da conduta criminosa acarretaria lesão a bens, serviços ou interesses da União.[170] Há, de fato, diversos precedentes do STJ no sentido de que a competência para processar e julgar o crime do art. 273 do Código Penal recai, pelo

169 STJ, 3ª Seção, CC 102.714/GO, Rel. Min. Jorge Mussi, j. 26/05/2010, DJe 10/06/2010.

170 STJ, 3ª Seção, CC 119.594/PR, Rel. Min. Alderita Ramos de Oliveira – Desembargadora convocada do TJ/PE, j. 12/09/2012.

menos em regra, sobre a Justiça Estadual,[171] salvo quando constatada a internacionalidade da conduta,[172] ou mesmo se houver indícios concretos de que as matérias-primas foram adquiridas do exterior,[173] quando, então, a competência seria da Justiça Federal. Ora, partindo da premissa de que o Brasil não é signatário de qualquer tratado ou convenção internacional referente às condutas de falsificar, corromper, adulterar ou alterar produto destinado a fins terapêuticos ou medicinais, tipificadas no art. 273 do Código Penal, a mera internacionalidade da conduta não teria o condão de atrair a competência da Justiça Federal, pelo menos à luz do art. 109, V, da Constituição Federal. Considerando-se, assim, que os crimes contra a saúde pública são de competência concorrente entre os entes da Federação, dever-se-ia fixar como regra a competência da Justiça Estadual, independentemente de eventual internacionalidade territorial da conduta, salvo nas hipóteses envolvendo a importação ou exportação de mercadoria proibida, a atrair a competência da Justiça Federal, porém à luz do art. 109, IV, da Constituição Federal, por se tratar de verdadeira modalidade especial de contrabando.

A internacionalidade da conduta criminosa não acarreta, *de per si*, lesão a bens, serviços ou interesses da União. Tanto é verdade que a própria Constituição Federal, em seu art. 109, V, faz menção à necessidade de que a essa internacionalidade territorial da conduta delituosa se acresça a previsão em Tratado ou Convenção Internacional. De mais a mais, fosse a mera internacionalidade da conduta suficiente para fins de fixação da competência da Justiça Federal, todo e qualquer crime contra a honra

---

171 STJ, 3ª Seção, CC 128.668/SP, Rel. Min. Newton Trisotto – Desembargador convocado do TJ/SC –, j. 12.08.2015, DJe 01.09.2015; STJ, 3ª Seção, CC 127.307/SP, Rel. Min. Newton Trisotto – Desembargador convocado do TJ/SC, j. 10.06.2015, DJe 15.06.2015.

172 STJ, 3ª Seção, AgRg no CC 158.212/AM, Rel. Min. Sebastião Reis Júnior, j. 12.06.2019, DJe 25.06.2019.

173 Nesse contexto, em caso concreto em que as investigações apontaram a presença de indícios da prática de contrabando de anfetaminas inibidoras de apetite oriundas do Paraguai: STJ, 3ª Seção, CC 188.135/GO, Rel. Min. Rogerio Schietti Cruz, j. 08.02.2023, DJe 23.02.2023.

praticado pela internet em páginas eletrônicas internacionais teria que ser julgado pela Justiça Federal, entendimento este que vem sendo rechaçado pelo próprio STJ.[174]

Ainda em relação a esses crimes previstos em tratados ou convenções internacionais dos quais o Brasil seja signatário (v.g., crimes de guarda de moeda falsa, de tráfico internacional de entorpecentes, contra as populações indígenas, de tráfico de mulheres, de envio ilegal e tráfico de menores, de tortura, de pornografia infantil e pedofilia e corrupção ativa e tráfico de influência nas transações comerciais internacionais), convém lembrar que, mesmo que tais delitos sejam cometidos integralmente no exterior, ficarão sujeitos à lei penal brasileira. Tem-se, nesse caso, hipótese de extraterritorialidade condicionada da lei penal brasileira, na medida em que, por tratado ou convenção, o Brasil se obrigou a reprimir tais delitos (CP, art. 7º, II, "a"). Nesses casos, a aplicação da lei penal brasileira estará condicionada ao implemento das condições constantes do § 2º do art. 7º do CP.

Vejamos, então, alguns exemplos de crimes que serão submetidos a julgamento perante a Justiça Federal com fundamento no art. 109, V, da Constituição Federal.[175]

---

174 No sentido da competência da Justiça Estadual para processar e julgar crime de injúria praticado por meio da internet em páginas eletrônicas internacionais (v.g., Orkut e Twitter): STJ, 3ª Seção, CC 121.431/SE, Rel. Min. Marco Aurélio Bellizze, j. 11/04/2012.

175 Com base no art. 109, V, da Constituição Federal, há precedente do STJ reconhecendo a competência da Justiça Federal até mesmo para o processo e julgamento de violência doméstica e familiar contra a mulher. No caso concreto, um crime de ameaça contra a mulher teria sido cometido por meio de rede social de grande alcance, iniciando-se no estrangeiro, mas cujo resultado teria ocorrido no Brasil (crime à distância). De acordo com a 3ª Seção daquela Corte, embora as convenções internacionais firmadas pelo Brasil não tipifiquem ameaças à mulher, a Lei Maria da Penha, que prevê medidas protetivas, veio concretizar o dever assumido pelo Estado Brasileiro de proteção à mulher. Assim, é evidente a internacionalidade das ameaças que tiveram início nos EUA, por meio de rede social de grande alcance, o que resulta na competência da Justiça Federal. Nesse sentido: STJ, 3ª Seção, CC 150.712/SP, Rel. Min. Joel Ilan Paciornik, j. 10/10/2018, DJe 19/10/2018.

4.1. Tráfico internacional de drogas

A Convenção das Nações Unidas contra o Tráfico Ilícito de Entorpecentes e Substâncias Psicotrópicas foi concluída em Viena em 20 de dezembro de 1988, entrando em vigor internacional em 11 de novembro de 1990. O Brasil ratificou a Convenção em 26 de junho de 1991 (Aprovada pelo Congresso Nacional pelo Decreto Legislativo nº 162, de 14 de junho de 1991, e promulgada pelo Decreto nº 154, de 26 de junho de 1991).

Cuidando-se de crime previsto em tratado ou convenção internacional, conclui-se que, presente a internacionalidade territorial do resultado relativamente à conduta delituosa, o crime de tráfico internacional de drogas deve ser processado e julgado pela Justiça Federal. Não por outro motivo, ainda sob a égide da Constituição anterior, o Supremo Tribunal Federal editou a súmula 522, nos seguintes termos: "Salvo ocorrência de tráfico para o exterior, compete à Justiça dos Estados o processo e julgamento dos crimes relativos a entorpecentes."[176]

Especial atenção deve ser dispensada ao art. 70, *caput,* da Lei nº 11.343/06, segundo o qual o processo e o julgamento dos crimes previstos nos arts. 33 a 37 da Lei de drogas (tráfico de drogas, tráfico de maquinários, associação para o tráfico, associação para financiamento de tráfico, financiamento de tráfico e colaboração como informante do tráfico), *se caracterizado ilícito transnacional,* são da competência da Justiça Federal.

Tem-se aí tratamento diverso da lei anterior, que exigia a traficância internacional, hipótese na qual era necessária a comprovação do envolvimento de agentes de mais de um país. De acordo com a lei de drogas, essa *transnacionalidade* deve ser compreendida como a violação à soberania de dois países, caracterizada pela circunstância objetiva de estender-se o

176 Com conteúdo semelhante, eis o teor da **Súmula nº 54 do extinto Tribunal Federal de Recursos**: "Compete à Justiça Estadual de primeira instância processar e julgar crimes de tráfico internacional, quando praticado o delito em comarca que não seja sede de Vara do Juízo Federal".

fato – na sua prática ou em função dos resultados reais ou pretendidos – a mais de um país, independentemente da cooperação de agentes situados em territórios nacionais diversos.

Em que pese o teor do art. 70 da Lei nº 11.343/06, referindo-se a esse requisito da transnacionalidade, acreditamos que a competência da Justiça Federal deva ser estabelecida pela Constituição Federal, e não pela Lei nº 11.343/06. Logo, para que o crime de tráfico de drogas seja processado e julgado pela Justiça Federal, basta a satisfação dos dois pressupostos constantes do art. 109, V, da Constituição Federal: **a)** previsão criminal em tratado ou convenção internacional; **b)** internacionalidade territorial do resultado relativamente à conduta delituosa.

O crime de tráfico internacional de drogas pressupõe o intuito de transferência da droga envolvendo mais de um país, dispensando, para sua caracterização, a efetiva ocorrência do resultado. Essa transnacionalidade não está circunscrita às condutas de importar e exportar, aplicando-se também às demais condutas, tais como transportar, trazer consigo, etc. Portanto, responde pelo delito de tráfico internacional de drogas perante a Justiça Federal o agente que, oriundo da Argentina, for flagrado no aeroporto do Galeão, durante procedimento de embarque em voo internacional para a Espanha, transportando cápsulas de cocaína em seu estômago.[177]

A própria Lei de drogas, em seu art. 40, inciso I, aponta circunstâncias indiciárias que devem ser observadas para a caracterização do ilícito transnacional, tais como a natureza, a procedência da substância ou do produto apreendido e as circunstâncias do fato delituoso.

Não se pode acreditar que o simples fato de a cocaína ter sido *provavelmente* adquirida na Bolívia atraia a competência da Justiça Federal, pois,

177 Nessa linha: TRF3, ACR 2007.61.19.003051-0, 2ª Turma, Rel. Desembargador Federal Cotrim Guimarães, DJF 05/03/2009 p. 433.

se assim fosse considerado, toda a apreensão da droga no país configuraria tráfico internacional, eis que o Brasil não produz tal entorpecente.[178]

Na mesma linha, a prisão de determinada pessoa em localidade próxima à fronteira do Brasil com outro país ou o fato de a droga ter sido adquirida de um estrangeiro não autorizam concluir, prima facie, pela internacionalidade do tráfico. Antes, é necessário identificar se os agentes estão envolvidos com atos de importação e transporte transnacional ou se seriam meros revendedores que já teriam adquirido a droga na cidade brasileira.[179]

Para que possa falar em tráfico internacional de drogas, é indispensável que a droga apreendida no Brasil também seja considerada ilícita no país de origem (ou de destino). Do contrário, ter-se-á mero tráfico interno, de competência da Justiça Estadual. Daí o motivo pelo qual decidiu o STJ que a importação de cloreto de etila da Argentina não é crime de competência da Justiça Federal, pois lá não há a proibição de uso dessa substância.[180]

Mas e se esse tráfico internacional de drogas for cometido por militares da Força Aérea Brasileira a bordo de aeronaves militares? A quem compete processar e julgar o delito? À Justiça Federal ou à Justiça Militar da União? À primeira vista, pela leitura dos incisos IV e IX do art. 109 da Constituição Federal, poder-se-ia concluir pela competência da Justiça Militar, eis que a Constituição Federal, ao se referir à

---

178 STJ – HC 66.292/MT – 5ª Turma – Rel. Min. Gilson Dipp – DJ 19/03/2007 p. 374.

179 STJ – CC 26.094/RS – 3ª Seção – Rel. Min. Gilson Dipp – Publicação: DJ 21/08/2000 p. 91.

180 De acordo com o STJ, "sendo o *lança-perfume* de fabricação Argentina – onde não há proibição de uso – e não constando o "cloreto de etila" das listas anexas da Convenção firmada entre o Brasil e a Argentina – não se configura a internacionalidade do delito, mas, tão-somente, a violação à ordem jurídica interna brasileira. Caracterizado, em tese, apenas o tráfico interno de entorpecentes, sem qualquer cumulação de crimes, eis que não foi apreendido nenhum outro tipo de mercadoria com o indiciado, sobressai a competência da Justiça Estadual para o processo e julgamento do feito". (STJ – CC 34.767/PR – 3ª Seção – Rel. Min. Gilson Dipp – DJ 23/09/2002 p. 221).

competência da Justiça Federal nos dois incisos, ressalva expressamente a competência da Justiça Militar. Todavia, para o Supremo Tribunal Federal, como a ressalva constitucional da competência da Jurisdição Especializada Militar – incisos IV e IX – não se faz presente no inciso V do artigo 109 da Constituição Federal, e cuidando-se de crime previsto em tratado ou convenção internacional, presente a internacionalidade territorial do resultado relativamente à conduta delituosa, concluiu-se pela competência da Justiça Comum Federal.[181]

Noutro giro, compete à Justiça Estadual o pedido de *habeas corpus* preventivo para viabilizar, para fins medicinais, o cultivo, uso, porte e produção artesanal da *Cannabis* (maconha), bem como o porte em outra unidade da federação, *quando não demonstrada a internacionalidade da conduta*. Ora, se os impetrantes objetivam ordem de salvo conduto, impedindo possível constrangimento de autoridades estaduais (v.g., Delegado Geral da Polícia Civil, Comandante Geral da Polícia Militar), para que possam cultivar artesanalmente a planta *Canabis Sativa L*, bem como usá-la e portá-la dentro do território nacional com fins terapêuticos, sem qualquer intento de obter uma ordem judicial de modo a viabilizar uma conduta transnacional (v.g., importação da *Cannabis*), é de rigor a conclusão no sentido de que não há nada que justifique a fixação da competência da Justiça Federal. Afinal, é firme a jurisprudência dos Tribunais Superiores quanto à necessidade de demonstração de internacionalidade da conduta do agente para reconhecimento da competência da Justiça Federal, sendo certo, ademais, que eventual tráfico interestadual não tem o condão de deslocar a competência para tal juízo.[182]

Por fim, quanto à competência territorial para o processo e julgamento do tráfico internacional de droga remetido do exterior pela via postal, entendia-se, inicialmente, que o delito se consumava no exato instante em

181 STF – CC 7.087/PE – Tribunal Pleno – Rel. Min. Marco Aurélio – Publicação: DJ 31/08/2001.

182 STJ, 3ª Seção, CC 177.882/PR, Rel. Min. Joel Ilan Paciornik, j. 26.05.2021.

que a droga *tocava* o território nacional, entrada essa consubstanciada na apreensão da droga, pelo menos em regra. Nesse caso, revelava-se desnecessário que a correspondência chegasse ao destinatário final, por configurar mero exaurimento da conduta. Por conseguinte, na hipótese em que drogas enviadas via postal do exterior fossem apreendidas na alfândega, caberia ao juízo federal do local da apreensão da substância processar e julgar o crime de tráfico internacional de drogas, ainda que a correspondência fosse endereçada à pessoa não identificada residente em outra localidade. Era nesse sentido, aliás, o teor da **súmula nº 528 do STJ**: "~~Compete ao juízo federal do local da apreensão da droga remetida do exterior pela via postal processar e julgar o crime de tráfico internacional~~". Posteriormente, todavia, o próprio STJ passou a flexibilizar essa interpretação, para fins de concluir que, na hipótese de importação da droga via correio *cumulada com o conhecimento do destinatário por meio do endereço aposto na correspondência*, a competência deveria ser fixada com base no *local de destino da droga*. Na visão daquela Corte, enquanto a distância do local do destino da droga dificulta sobremaneira as investigações da autoria delitiva, a proximidade com o local da apreensão da droga se revela um facilitador da colheita de provas no tocante à materialidade delitiva, sobretudo porque geralmente os autores do crime possuem alguma ligação com o endereço aposto na correspondência. A fixação da competência no local de destino da droga, quando houver postagem do exterior para o Brasil com o conhecimento do endereço designado para a entrega, proporciona, assim, eficiência na colheita de provas relativamente à autoria e, consequentemente, também viabilizará o exercício da defesa de forma mais ampla. Ademais, uma vez abraçada a tese de que a consumação da importação da droga ocorre no momento da entabulação do negócio jurídico, o local de apreensão da mercadoria em trânsito não se confunde com o local da consumação do delito, o qual já se encontrava perfeito e acabado desde a negociação.[183] Com base nesse raciocínio, em data de 23 de fevereiro de 2022 a 3ª Seção do STJ deliberou pelo **cancelamento da súmula n. 528**.

183 STJ, 3ª Seção, CC 177.882/PR, Rel. Min. Joel Ilan Paciornik, j. 26.05.2021.

4.1.1. Desclassificação de tráfico internacional de drogas e perpetuação da competência

O que ocorre se o juiz federal, ao final do processo, entender que a transnacionalidade não está comprovada, tratando-se, pois, de crime de tráfico interno de drogas, da competência da Justiça Estadual?

Uma primeira corrente sustenta ser possível a aplicação da regra do art. 81 do CPP (*perpetuatio jurisdictionis*). Assim, mesmo que o juiz federal venha a entender ao final do processo que o delito é de tráfico interno de drogas, esse magistrado terá sua competência prorrogada, sendo inviável a alegação de nulidade absoluta do processo por violação ao princípio do juiz natural.[184]

Em sentido diverso, há doutrinadores que entendem que, a partir do momento em que o juiz federal reconhece que não se trata de tráfico internacional, mas sim de tráfico doméstico, está se declarando absolutamente incompetente para apreciar o mérito da causa, não sendo possível a aplicação da regra da *perpetuatio jurisdicionis* do art. 81 do CPP, pois, se é crime de competência estadual, somente um juiz de direito poderá julgá-lo.[185]

A nosso juízo, razão assiste à segunda corrente. Deveras, se a competência da Justiça Federal é definida taxativamente na Constituição Federal (*numerus clausus*), não é possível a extensão de sua competência com base em norma infraconstitucional (art. 81 do CPP), sobretudo se nenhum crime é originariamente de competência federal.[186]

---

184 Parece ser essa a posição que prevalece no âmbito dos Tribunais Regionais Federais: TRF4, ACR2003.71.01.001380-0, Sétima Turma, Relatora Maria de Fátima Freitas Labarrère, DJ 03/03/2004. No mesmo sentido: TRF1, ACR 2007.37.00.001091-9/MA, 4ª Seção, Rel. Desembargador Federal Mário César Ribeiro, DJ 07/08/2008.

185 Nesse sentido: THUMS, Gilberto; PACHECO, Vilmar. *Nova lei de drogas: crimes, investigação e processo*. Porto Alegre: Verbo Jurídico, 2008. p. 316. Essa segunda corrente tem prevalecido nos Tribunais Superiores: STJ – HC 37.581/PR – 6ª Turma – Rel. Min. Hélio Quaglia Barbosa – DJ 19/12/2005 p. 474; STF – HC 74.479/RS – 2ª Turma – Rel. Min. Carlos Velloso – DJ 28/02/1997.

186 PACHECO, Denílson Feitoza. Op. cit. p. 414.

Nesse contexto, como já se pronunciou o STF, embora a norma do art. 81, *caput*, do CPP, tenha como objetivo privilegiar a celeridade, a economia e a efetividade processuais, não tem aptidão para modificar competência absoluta constitucionalmente estabelecida, como é a da Justiça Federal. Logo, se o juiz federal concluir pela desclassificação da infração que justificava a competência da Justiça Federal (v.g., de contrabando para receptação), deve determinar a remessa dos autos à Justiça Estadual, mesmo que o faça após a conclusão da instrução (CPP, art. 383, § 2º), porquanto, nessa hipótese, a prorrogação da competência seria incompatível com o princípio do juiz natural.[187]

Situação diferente ocorrerá na hipótese de conexão entre o tráfico internacional de drogas, crime de competência da Justiça Federal, pelo qual o acusado seja absolvido, e um crime qualquer de competência da Justiça Estadual, v.g., roubo. A princípio, prevalecerá a competência da Justiça Federal, nos termos da súmula 122 do STJ. Nesta hipótese, mesmo que o juiz federal absolva o agente em relação à imputação de tráfico internacional de drogas, terá sua competência prorrogada para julgar o delito conexo, pois, se houve absolvição, isso significa dizer que a Justiça Federal afirmou sua competência, a qual será extensiva aos crimes conexos – vide regra do art. 81 do CPP.[188]

4.1.2. Delegação de competência federal

Atenta à realidade então em vigor na Justiça Federal quando da promulgação da Constituição Federal, à época presente somente nas capitais brasileiras, a Constituição Federal – art. 109, § 3º, em sua redação original[189]

187 STF, 2ª Turma, HC 113.845/SP, Rel. Min. Teori Zavascki, j. 20/08/2013.

188 Nesse contexto: STJ, 5ª Turma, HC 72.496/SC, Rel. Min. Felix Fischer, j. 15/03/2007, DJ 14/05/2007 p. 354.

189 Com a entrada em vigor da Emenda Constitucional n. 103/2019, o art. 109, §3º, da Constituição Federal, passou a ter a seguinte redação: "§3º. Lei poderá autorizar que as causas de

– determinava que seriam processadas e julgadas na justiça estadual, no foro do domicílio dos segurados ou beneficiários, as causas em que fossem parte instituição de previdência social e segurado, sempre que a comarca não fosse sede de vara do juízo federal, e, se verificada essa condição, *a lei poderia permitir que outras causas sejam também processadas e julgadas pela justiça estadual.*

Valendo-se desse permissivo constitucional vigente à época, a antiga lei de drogas (Lei nº 6.368/76) dispunha em seu art. 27 que "o processo e o julgamento do crime de tráfico com o exterior caberão à justiça estadual com interveniência do Ministério Público respectivo, se o lugar em que tiver sido praticado for município que não seja sede de vara da Justiça Federal, com recurso para o Tribunal Federal de Recursos". Por isso, o extinto Tribunal Federal de Recursos editou a **Súmula 54**: "Compete à Justiça Estadual de primeira instância processar e julgar crimes de tráfico internacional de entorpecentes, quando praticado o delito em comarca que não seja sede de vara do juízo federal". Assim, se um delito de tráfico internacional de drogas fosse praticado em um município que não era sede de subseção judiciária da Justiça Federal, o juiz estadual exerceria competência federal delegada, devendo eventual recurso ser encaminhado ao respectivo Tribunal Regional Federal. Nessa hipótese, caso houvesse um conflito de competência entre esse juiz estadual no exercício de competência federal delegada e um juiz federal da mesma região, caberia ao Tribunal Regional Federal decidi-lo, e não ao Superior Tribunal de Justiça, nos exatos termos da **súmula nº 3 do STJ**: "Compete ao TRF dirimir conflito de competência verificado, na respectiva Região, entre Juiz Federal e Juiz Estadual investido de jurisdição federal".

competência da Justiça Federal em que forem parte instituição de previdência social e segurado possam ser processadas e julgadas na justiça estadual quando a comarca do domicílio do segurado não for sede de vara federal".

Em relação à competência do Juiz Federal cuja circunscrição judiciária abrangesse a comarca, essa competência federal delegada ao juiz estadual pelo fato de não existir vara da Justiça Federal no município era considerada hipótese de competência territorial, e não em razão da matéria, como costuma ser a divisão de competência entre a Justiça Federal e a Justiça Estadual. Assim, se se tratava de competência territorial, e, portanto relativa, eventual nulidade deveria ser arguida oportunamente, sob pena de preclusão.[190]

Com a entrada em vigor da nova Lei de Drogas no dia 8 de outubro de 2006, e a revogação da Lei nº 6.368/76 (art. 75 da Lei nº 11.343/06), esta matéria foi sensivelmente alterada, na medida em que o parágrafo único do art. 70 da Lei nº 11.343/06 passou a dispor que *os crimes praticados nos municípios que não sejam sede de vara federal serão processados e julgados na vara federal da circunscrição respectiva*. Portanto, por força do novel dispositivo, eventual delito de tráfico de drogas praticado, por exemplo, no município de Mundo Novo, localizado no sudoeste do estado do Mato Grosso do Sul, e que não é dotado de vara da Justiça Federal, deverá ser processado e julgado junto à Vara Federal de Naviraí/MS, de acordo com o Provimento nº 256, de 21/01/2005, do Tribunal Regional Federal da 3ª Região.

Surge a indagação acerca dos inquéritos e processos em curso perante as varas estaduais quando da entrada em vigor da nova lei de drogas. Deveriam permanecer nas varas estaduais, ou ser remetidos imediatamente à subseção judiciária federal competente? Conquanto o Código de Processo Penal seja silente acerca do tema, impõe-se a aplicação subsidiária da regra do art. 43 do novo CPC com fundamento no art. 3º do CPP. Ora, com a revogação da antiga regra do art. 27 da Lei nº 6.368/76 pelo art. 75 da Lei nº 11.343/06, e a consequente alteração da competência em razão da matéria

190 Nesse sentido: STF – HC 85.059/MS – 1ª Turma – Rel. Min. Sepúlveda Pertence – DJ 29/04/2005 p. 30.

(leia-se, absoluta), a justiça estadual passou a ser absolutamente incompetente para processar e julgar os delitos de tráfico internacional de drogas, razão pela qual todos os processos em andamento devem ter sido remetidos à subseção judiciária federal respectiva, haja vista o princípio da aplicação imediata das normas genuinamente processuais previsto no art. 2º do CPP (*tempus regit actum*).

4.2. Rol exemplificativo de crimes de competência da Justiça Federal com fundamento no art. 109, inciso V, da Constituição Federal

Outros delitos além do tráfico internacional de drogas também justificam a fixação da competência da Justiça Federal com base no art. 109, inciso V, da Constituição Federal. Vejamos alguns exemplos:

a) Tráfico internacional de arma de fogo: como o Brasil é signatário da Convenção Interamericana contra a fabricação e o tráfico ilícitos de armas de fogo, munições, explosivos e outros materiais correlatos,[191] como o delito do art. 18 da Lei nº 10.826/03 caracteriza-se pela internacionalidade territorial do resultado relativamente à conduta delituosa, conclui-se que ambos os requisitos do art. 109, inciso V, da Constituição Federal estão preenchidos, justificando-se a competência da Justiça Federal para processar e julgar o delito em questão;

b) Tráfico internacional de pessoas: quanto à previsão do crime do art. 149-A do CP (incluído pela Lei nº 13.344/16) em tratado ou convenção internacional, cumpre asseverar que, no dia 21 de março de 1950, foi concluída, em Lake Success, Nova Iorque, a Convenção das Nações Unidas, destinada à repressão do tráfico de pessoas e

191 Decreto nº 3.229, de 29 de outubro de 1999. Promulga a Convenção Interamericana contra a Fabricação e o Tráfico Ilícitos de Armas de Fogo, Munições, Explosivos e outros Materiais Correlatos, concluída em Washington, em 14 de novembro de 1997. Decreto Legislativo nº 58, de 18 de agosto de 1999.

do lenocínio, assinada pelo Brasil em outubro de 1951, sendo posteriormente aprovada pelo Decreto Legislativo nº 6, de 11 de junho de 1958, e promulgada pelo Decreto nº 46.981, de 8 de outubro de 1959. Também o protocolo Adicional à Convenção das Nações Unidas contra o Crime Organizado Transnacional relativo à prevenção, repressão e punição do tráfico de pessoas, em especial mulheres e crianças, foi aprovado no Brasil por meio do Decreto Legislativo nº 231/2003 e promulgado pelo Decreto nº 5.017/2004, entrando em vigor no dia 28 de fevereiro de 2004. Especificamente em relação a mulheres e crianças, o Brasil ratificou o Protocolo de Emenda da Convenção para a Repressão do Tráfico de Mulheres e Crianças e da Convenção para a Repressão do Tráfico de Mulheres Maiores, aprovado pelo Decreto Legislativo 7/1950, de 1º de fevereiro de 1950, e promulgado pelo Decreto 37.176, de 15 de abril de 1955. Logo, tratando-se de crime previsto em tratado ou convenção internacional, e presente o requisito da internacionalidade territorial do resultado em relação à conduta delituosa, há de se concluir pela competência da Justiça Federal para processar e julgar o delito em questão;[192]

c) Transferência ilegal de criança ou adolescente para o exterior: como o Brasil ratificou a Convenção sobre os Direitos da Criança,[193] tratando-se, o delito do art. 239 da Lei nº 8.069/90 (Estatuto da Criança e do Adolescente) de delito que se caracteriza pela internacionalidade territorial do resultado relativamente à conduta delituosa, conclui-se que ambos os requisitos do art. 109, inciso V, da Constituição Federal estão

192 No sentido da competência da Justiça Federal para julgar o delito de tráfico de mulheres, atualmente previsto no art. 149-A do CP (incluído pela Lei nº 13.344/16): STJ, 3ª Seção, CC 47.634/PR, Rel. Min. Paulo Medina, DJ 27/08/2007, p. 188.

193 Promulgada pelo Decreto nº 99.710, de 21 de novembro de 1990, e aprovada pelo Decreto Legislativo nº 28, de 14 de setembro de 1990. O Brasil também é signatário da Convenção Interamericana sobre Tráfico Internacional de Menores, assinada na Cidade do México em 18 de março de 1994 – aprovada pelo Decreto Legislativo nº 105, de 30 de outubro de 1996, e promulgada pelo Decreto nº 2.740, de 20 de agosto de 1998.

preenchidos, justificando-se a competência da Justiça Federal para processar e julgar o crime em questão;[194]

d) Pornografia infantil e pedofilia[195] **por meio da internet:** como o Brasil subscreveu a Convenção sobre os Direitos da Criança, assim como o protocolo referente à venda de crianças, à prostituição infantil e à pornografia infantil, desde que satisfeita a condição do art. 109, inciso V, ou seja, quando, *iniciada a execução no Brasil, o resultado tenha ou devesse ter ocorrido no estrangeiro, ou reciprocamente*, o crime do art. 241-A da Lei nº 8.069/90 deve ser processado e julgado perante a Justiça Federal. É nesse sentido, aliás, a **Tese de Repercussão Geral fixada no tema n. 393**: "Compete à Justiça Federal processar e julgar os crimes consistentes em disponibilizar ou adquirir material pornográfico, acessível transnacionalmente, envolvendo criança ou adolescente, quando praticados por meio da rede mundial de computadores (arts. 241, 241-A e 241-B[196] da Lei n.

---

194 Nessa linha: STF, 1ª Turma, HC 121.472/PE, Rel. Min. Dias Toffoli, j. 19/08/2014.

195 De acordo com o art. 241-E do ECA, a expressão "cena de sexo explícito ou pornográfica" compreende qualquer situação que envolva criança ou adolescente em atividades sexuais explícitas, reais ou simuladas, ou exibição dos órgãos genitais de uma criança ou adolescente para fins primordialmente sexuais. Na visão dos Tribunais Superiores, ao explicitar o sentido da expressão "cena de sexo explícito ou pornográfica", o dispositivo em questão não restringe tal conceito apenas às imagens em que a genitália de crianças e adolescentes esteja desnuda. Tendo como diapasão a proteção absoluta que a lei oferece à criança e ao adolescente, a tipificação dos delitos preconizados na Lei n. 8.069/90, para os quais é necessário lançar mão da definição de "cena de sexo explícito ou pornográfica", deve sopesar todo o contexto fático que circunda a conduta praticada. Portanto, para esse desiderato, é imprescindível verificar se, a despeito de as partes íntimas das vítimas não serem visíveis nas cenas que compõem o acervo probante (por exemplo, pelo uso de algum tipo de vestimenta, como lingerie ou biquíni), estão presentes o fim sexual das imagens, poses sensuais, bem como evidência de exploração sexual, obscenidade ou pornografia. Nessa linha: STJ, 6ª Turma, Processo sob segredo judicial, Rel. Min. Laurita Vaz, j. 15.03.2022; STJ, 6a Turma, REsp 1.543.267/SC, Rel. Min. Maria Thereza de Assis Moura, j. 03/12/2015, DJe 16/02/2016.

196 Quanto à possibilidade de configuração de concurso material entre os crimes dos arts. 241-A e 241-B do ECA, especial atenção deve ser dispensada **Tese de Recurso Especial Repetitivo fixada no tema n. 1.168**: "Os tipos penais trazidos nos arts. 241-A e 241-B do Estatuto

8.069-1990)".[197] Para que a competência da Justiça Federal seja fixada com base no art. 109, V, da Constituição Federal, deve ficar demonstrado que o início da execução ocorreu no Brasil e que a consumação da infração tenha ou devesse ter ocorrido no exterior, ou vice-versa. Tal assertiva não se modifica nas hipóteses em que a Internet é utilizada como meio para o cometimento de crimes: a prova (ou, pelo menos, indícios suficientes de prova) da execução do delito no Brasil e da sua possível consumação no exterior, ou vice-versa, mantém-se como pressuposto para que o feito seja processado e julgado pela Justiça Federal. Não se pode, portanto, presumir que a simples utilização do meio virtual para a prática de delitos extrapole, por si só, os limites do território nacional. Logo, na hipótese do crime tipificado no art. 241 do Estatuto da Criança e do Adolescente, se não restar evidenciando que o acesso ao material de pornografia infantil, disponibilizado por período determinado na Internet, deu-se (ou deveria ter ocorrido) além das fronteiras nacionais, não há falar em competência da Justiça Federal.[198] A Constituição Federal (art. 109, V) é clara ao exigir que o resultado desse crime previsto em tratado ou convenção internacional, cuja execução teve início no País, tenha *ou devesse ter ocorrido no estrangeiro,* ou reciprocamente. Destarte, a constatação dessa *internacionalidade do delito* demanda apenas que a *publicação* do material pornográfico seja feita em ambiência virtual de sítios de amplo e fácil acesso a qualquer sujeito, em qualquer parte do planeta, que esteja conectado à

---

da Criança e do Adolescente são autônomos, com verbos e condutas distintas, sendo que o crime do art. 241-B não configura fase normal, tampouco meio de execução para o crime do art. 241-A, o que possibilita o reconhecimento de concurso material de crimes". (**Paradigma**: STJ, 3ª Seção, REsp 1.971.049/SP, REsp 1.970.216/SP, REsp 1.976.855/MS, Rel. Min. Reynaldo Soares da Fonseca, j. 03.08.2023, DJe 08.08.2023).

197 **Paradigma**: STF, Pleno, **RE 628.624/MG**, Rel. Min. Edson Fachin, j. 29.10.2015, DJ 06.04.2016.

198 TRF4, RSE 2008.72.01.003498-0, Oitava Turma, Relator p/ Acórdão Tadaaqui Hirose, D.E. 25/02/2009.

internet, *independentemente da ocorrência efetiva de acesso no estrangeiro.* Supondo-se, assim, que uma pessoa residente no estado de Minas Gerais tenha encaminhado um e-mail com imagens pedófilo-pornográficas para outra pessoa domiciliada no estado de São Paulo, não há falar em crime de competência da Justiça Federal, porquanto não preenchido o segundo requisito do art. 109, V, da Carta Magna. Porém, se ficar evidenciado que determinado cidadão, residente no Brasil, é o responsável pela criação de uma página na rede mundial de computadores, onde tais imagens são divulgadas, pouco importando se tais imagens foram (ou não) acessadas por alguém em outro país, tem-se crime de competência da Justiça Federal, na medida em que comprovada a internacionalidade territorial do resultado em relação à conduta delituosa.[199] A competência também será da Justiça Federal nos casos em que o compartilhamento das fotos contendo o material pedopornográfico for feito através do programa P2P (Peer-to-Peer), o qual tem como uma das principais características o fato de que todos os arquivos existentes na pasta compartilhada do computador membro ficam visíveis para os demais componentes da rede. Ora, se os arquivos ficam disponíveis a usuários indefinidos e ilimitados,

---

199 STJ, 3ª Seção, CC 57.411/RJ, Rel. Min. Hamilton Carvalhido, DJe 30/06/2008. No mesmo sentido: STF, 1ª Turma, HC 86.289/GO, Rel. Min. Ricardo Lewandowski, DJ 20/10/2006 p. 62; STJ, 3ª Seção, CC 120.999/CE, Rel. Min. Alderita Ramos de Oliveira – Desembargadora convocada do TJ/PE, j. 24/10/2012; STJ, 3ª Seção, CC 130.134/TO, Rel. Min. Marilza Maynard – Desembargadora convocada do TJ-SE –, j. 9/10/2013. Reconhecendo a competência da Justiça Estadual para processor e julgar acusado da prática de conduta criminosa consistente na captação e armazenamento, em computadores de escolas municipais, de vídeos pornográficos oriundos da internet, envolvendo crianças e adolescentes, porquanto não evidenciada a presença de indícios do caráter transnacional do delito: STJ, 3ª Seção, CC 103.011/PR, Rel. Min. Assusete Magalhães, j. 13/03/2013, DJe 22/03/2013. Em caso concreto no qual o crime de compartilhamento de material pornográfico envolvendo criança ou adolescente (ECA, art. 241-A) fora praticado por meio de troca de informações privadas, como nas conversas via *whatsapp* ou por meio de chat na rede social *facebook*, concluiu a 3ª Seção do STJ tratar-se de feito da competência da Justiça Estadual: STJ, 3ª Seção, CC 150.564/MG, Rel. Min. Reynaldo Soares da Fonseca, j. 26/04/2017, DJe 02/05/2017.

inclusive no estrangeiro, bastando que instalem o aludido programa em seus dispositivos eletrônicos, para que tenham acesso ao conteúdo pornográfico, dúvida não há quanto à internacionalidade potencial da conduta delituosa, justificando-se, assim, a fixação da competência da Justiça Federal, pouco importando que não haja evidências de que houve algum acesso no estrangeiro.[200] Por outro lado, quanto à competência territorial para processar e julgar o delito de publicação de pornografia envolvendo crianças ou adolescentes através da internet, têm entendido os tribunais que a consumação do ilícito se dá no local de onde emanaram as imagens pedófilo-pornográficas (ou seja, o local do lançamento das fotos na internet), pouco importando a localização do provedor de acesso à rede mundial de computadores.[201] Noutro giro, em caso concreto envolvendo a prática de crimes de difamação e falsa identidade, cometidos contra menor impúbere e consistentes na divulgação, no Orkut, de perfil da menor como garota de programa, com anúncio de preços e contato, o STJ também reconheceu a competência da Justiça Federal. Isso porque o Orkut era um sítio de relacionamento internacional, sendo possível que qualquer pessoa dele integrante acessasse os dados constantes da página em qualquer local do mundo, circunstância esta que seria suficiente para a caracterização da transnacionalidade necessária à determinação da competência da Justiça Federal. Ademais, o Brasil é signatário da Convenção Internacional Sobre os Direitos da Criança, a qual, em seu art. 16, prevê

---

200 Com esse entendimento: STJ, 3ª Seção, CC 173.960-MS, Rel. Min. Laurita Vaz, j. 14.10.2020, DJe 21.10.2020.

201 Nessa linha: STJ – CC 29.886/SP – 3ª Seção – Rel. Ministra Maria Thereza de Assis Moura – DJ 01/02/2008 p. 427. No mesmo sentido: STJ, CC 66.981-RJ, 3ª Seção, Rel. Min. Og Fernandes, julgado em 16/2/2009. Configurada dúvida quanto ao local do cometimento da infração e em relação ao responsável pela divulgação das imagens contendo pornografia infantil, a competência deve ser determinada pela prevenção do juízo em que as investigações tiveram início (art. 72, § 2º, do CPP): STJ, 3ª Seção, CC 130.134/TO, Rel. Min. Marilza Maynard – Desembargadora convocada do TJ-SE –, j. 9/10/2013.

a proteção à honra e à reputação da criança.[202] Nesse caso, a competência da Justiça Federal só foi reconhecida por se tratar de crime previsto em Tratado ou Convenção Internacional. Por isso, se o crime praticado pela internet em páginas eletrônicas internacionais (v.g., *Orkut* e *Twitter)* não estiver previsto em Tratado ou convenção internacional que o Brasil se comprometeu a combater (v.g., racismo, xenofobia, pornografia infantil), deve ser afastada a competência da Justiça Federal, visto que o fato delituoso não se subsume em nenhuma das hipóteses do art. 109, IV e V, da CF.[203] Raciocínio semelhante deve ser aplicado aos delitos informáticos recentemente introduzidos no CP pela Lei nº 12.737/12, com vigência a partir de 02 de abril de 2013. Pelo menos em regra, o novel crime de invasão de dispositivo informático (CP, art. 154-A) deve ser processado e julgado pela Justiça Estadual, salvo se cometido em detrimento de bens, serviços ou interesses da "União, suas autarquias ou empresas públicas;

e) racismo por meio de sítio virtual de amplo acesso (Lei n. 7.716/89, art. 20, §2º): em caso concreto envolvendo a divulgação pela rede social "Facebook", na página "Hitler Depressão – A Todo Gás", de conteúdo discriminatório contra todo o povo judeu e não contra pessoa individualmente considerada, a 3ª Seção do STJ deliberou pela fixação da competência da Justiça Federal. A uma porque se trata de crime previsto em tratado ou convenção internacional, in casu pela "Convenção Internacional sobre a Eliminação de Todas as Formas de Discriminação Racial", promulgada pela Assembleia das Nações Unidas e ratificada pelo Brasil em 27.03.1968. A duas porque presente a internacionalidade territorial do resultado relativamente à conduta delituosa. Com efeito, a mera potencialidade de o material disponibilizado na internet ser acessado no

---

202 STJ, 3ª Seção, CC 112.616, Rel. Min. Gilson Dipp, j. 13/04/2011, DJe 01/08/2011.

203 No sentido da competência da Justiça Estadual para processar e julgar crime de injúria praticado contra adulto por meio da internet: STJ, 3ª Seção, CC 121.431/SE, Rel. Min. Marco Aurélio Bellizze, j. 11/04/2012.

exterior é o quanto basta para fixação da competência da Justiça Federal, mesmo que o conteúdo não tenha sido efetivamente visualizado fora do território nacional. Afinal, como decidido pelo STF em Recurso Extraordinário com Repercussão Geral reconhecida[204] referente ao crime de pornografia infantil, mas cujo raciocínio também se aplica a outros delitos, "(...) a extração da potencial internacionalidade do resultado advém do nível de abrangência próprio de sítios virtuais de amplo acesso, bem como da reconhecida dispersão mundial preconizada no art. 2º, I, da Lei n. 12.965/14, que instituiu o Marco Civil da Internet no Brasil";[205]

f) Compartilhamento de sinal de TV por assinatura, via satélite ou cabo (card sharing): compete à Justiça Federal processar e julgar os crimes de violação de direito autoral e contra a lei de *software* decorrentes do compartilhamento ilícito de sinal de TV por assinatura, via satélite ou cabo, por meio de serviços de *card sharing*. A conduta assinalada consiste no compartilhamento ilícito de sinal de TV, por meio de um cartão no qual são armazenadas chaves criptografadas que carregam, de forma cifrada, o conteúdo audiovisual. Tais cartões são inseridos em equipamentos que viabilizam a captação do sinal, via cabo ou satélite, e sua adequada decodificação, conhecidos como AZBox, Duosat, AzAmérica, entre outros. Geralmente, a quebra das chaves criptográficas é feita por fornecedores situados na Ásia e Leste Europeu, que enviam, via internet, a pessoas que as distribuem, também via internet, aos usuários dos decodificadores ilegais, assim permitindo que o sinal de TV seja irregularmente captado. Nesse sentido, de acordo com o art. 109, V, da Constituição Federal, a competência da jurisdição federal se dá pela presença concomitante da transnacionalidade do delito e da assunção de compromisso internacional de repressão, constante de tratados ou convenções internacionais.

204 STF, Pleno, RE 628.624, Rel. Min. Edson Fachin, DJe 06.04.2016.

205 STJ, 3ª Seção, CC 163.420/PR, Rel. Min. Joel Ilan Paciornik, j. 13.05.2020, DJe 01.06.2020.

A previsão normativa internacional, na hipótese, é a Convenção de Berna, integrada ao ordenamento jurídico nacional através do Decreto n. 75.699/1975, e reiterada na Organização Mundial do Comércio – OMC por acordos como o TRIPS (Trade-Related Aspects of Intellectual Property Rights) – Acordo sobre Aspectos dos Direitos de Propriedade Intelectual Relacionados ao Comércio (AADPIC), incorporado pelo Decreto n. 1.355/1994, com a previsão dos princípios de proteção ao direito dos criadores. O outro requisito constitucional, de tratar-se de crime à distância, com parcela do crime no Brasil e outra parcela do *iter criminis* fora do país, é constatado pela inicial prova da atuação transnacional dos agentes, por meio da internet. Nesse contexto, tem-se por evidenciados os requisitos da previsão das condutas criminosas em tratado ou convenção internacional e do caráter de internacionalidade dos delitos objeto de investigação, constatando-se, à luz do normativo constitucional, a competência da jurisdição federal para o processamento do feito.[206]

5. INCIDENTE DE DESLOCAMENTO DE COMPETÊNCIA PARA A JUSTIÇA FEDERAL (CF, ART. 109, V-A, C/C ART. 109, § 5º)

A Emenda Constitucional nº 45/04 não fixou a competência exclusiva da Justiça Federal para o processo e julgamento de crimes contra os direitos humanos. Pelo contrário, reafirmou a regra da competência da Justiça Estadual, ficando a competência federal condicionada ao preenchimento dos requisitos constantes do § 5º do art. 109 da CF. Segundo este dispositivo, nas hipóteses de grave violação de direitos humanos, o Procurador-Geral da República, com a finalidade de assegurar o cumprimento de obrigações decorrentes de tratados internacionais de direitos

206 Nesse contexto: STJ, 3ª Seção, CC 150.629/SP, Rel. Min. Nefi Cordeiro, j. 22/02/2018, DJe 28/02/2018.

humanos dos quais o Brasil seja parte, poderá suscitar, perante o Superior Tribunal de Justiça, em qualquer fase do inquérito ou processo, incidente de deslocamento de competência (IDC) para a Justiça Federal.[207]

A partir do momento em que o Brasil subscreveu a Convenção Americana sobre Direitos Humanos (Decreto nº 678/92), assim como reconheceu a competência da Corte Interamericana de Direitos Humanos (Decreto Legislativo nº 89/98) para julgamento de violações de direitos humanos ocorridas em nosso país que tenham ficado impunes, a União passou a ficar sujeita à responsabilização internacional pelas violações de direitos humanos, sem que dispusesse de instrumento jurídico idôneo ao cumprimento dos compromissos pactuados no âmbito internacional. É daí que surge a importância do incidente de deslocamento da competência.

A criação desse incidente de deslocamento pela EC n. 45/04 provocou enorme controvérsia, o que deu ensejo inclusive à propositura de 2 (duas) Ações Diretas de Inconstitucionalidade perante o Supremo Tribunal Federal. Em ambas, argumentava-se que os critérios que autorizam o IDC são demasiadamente vagos para se definir o que seria uma *grave violação aos direitos humanos*, do que decorreria violação ao princípio do juiz natural, em virtude de uma flexibilidade insustentável. Ter-se-ia,

207 Segundo FEITOZA (op. cit. p. 456/457), "a mesma lógica que faz com que um crime seja levado de um juiz de direito estadual para um juiz federal também se aplica a um juiz eleitoral ou a um conselho de Justiça Militar. Poderíamos contra argumentar que as competências das Justiças Militares e Eleitorais estão expressamente previstas na Constituição da República, mas, então, talvez tivéssemos que admitir que o princípio da prevalência dos direitos humanos, o princípio da unidade da jurisdição e o princípio federativo servem apenas como retórica para desprestigiar as Justiças Estaduais, por meio do que se poderia fazer antes a propaganda internacional do governo do momento do que garantir a efetividade dos direitos humanos ou proteger a República Federativa do Brasil. Assim, diante dos termos abrangentes do inciso V-A c/c § 5º do art. 109 da CR, pensamos que é defensável que ocorra não apenas o deslocamento da competência de um juiz de direito estadual para um juiz federal, mas também de um juiz-auditor (ou juiz de direito do juízo militar) ou de um conselho de justiça militar, estaduais ou federais, bem como de um juiz eleitoral, para um juiz federal".

ademais, manifesta ofensa ao princípio federativo, já que o IDC daria a entender que haveria uma ascendência de importância da Justiça Federal ante a Justiça Estadual, quando se sabe que não há hierarquia nem nível de importância distinto entre tais *Justiças*. Além disso, a definição da competência ficaria relegada a mero juízo discricionário do Procurador-Geral da República, o qual teria autonomia para deliberar sobre a propositura (ou não) do incidente de deslocamento da competência.[208]

Tais argumentos, todavia, não foram suficientes para convencer o Supremo Tribunal Federal. Com efeito, por ocasião do julgamento das **ADI's 3.486/DF e 3.493/DF**,[209] concluiu-se que é constitucional – por não afrontar a forma federativa de Estado e os direitos e as garantias individuais – o art. 1º da EC 45/2004, no que se refere à criação do incidente de deslocamento de competência (IDC) para a Justiça Federal, nas hipóteses de grave violação de direitos humanos (inclusão do inciso V-A e do § 5º ao art. 109 da CF/1988). Para a Corte, a criação do IDC representa a adoção de mecanismo de equacionamento jurídico da problemática da ineficiência do aparato estatal de repressão às graves violações dos direitos humanos. Considerou-se, em especial, o papel da União como garante, em nível interno e externo, dos compromissos internacionais firmados pelo Brasil com relação ao tema, de modo que a federalização dessas específicas causas é medida excepcional e subsidiária. Nesse contexto, a retirada de parcela da competência jurisdicional da magistratura estadual não enseja quebra de cláusula pétrea (CF/1988, art. 60, § 4º, I e IV), nem ofensa ao pacto federativo ou a qualquer cláusula de autonomia dos órgãos judiciários locais, em razão do caráter único e nacional do Poder Judiciário. Também não há qualquer ofensa à legalidade, à segurança jurídica, ao devido processo legal, ao contraditório e à ampla defesa, ao princípio do

208 CUNHA, Leonardo José Carneiro. Op. cit. p. 93.

209 STF, Pleno, **ADI's 3.486/DF e 3.493/DF**, Rel. Min. Dias Toffoli, j. 11.09.2023.

juiz natural, bem como à garantia constitucional do Tribunal do Júri. A aplicabilidade do IDC é imediata, atribuindo-se ao Procurador-Geral da República (PGR) a responsabilidade de verificar a ocorrência de grave violação dos direitos humanos, previstos em instrumentos normativos internacionais, sem o intermédio de uma legislação de regência. Não é necessária norma legal regulamentadora, pois o preceito constitucional já possui todos os elementos qualificadores necessários à sua incidência (CF/1988, art. 5º, §1º). Assim, o papel atribuído ao PGR configura mecanismo de equilíbrio e ponderação: ele tem o dever-poder de suscitar o deslocamento quando observar a presença dos requisitos. Não há se falar em arbitrariedade na formulação desse ato, que, em última análise, se submeterá ao crivo do STJ, cuja apreciação é pautada por critérios jurídicos e não políticos. Com base nesses e em outros entendimentos, o Plenário, por unanimidade, em apreciação conjunta, julgou improcedentes as ações, para assentar a constitucionalidade do art. 1º da EC 45/2004, relativamente à inclusão do inciso V-A e do § 5º ao art. 109 da CF/1988.

Conforme se extrai do IDC n. 1, os requisitos do incidente de deslocamento de competência são: **a.** grave violação de direitos humanos; **b.** necessidade de assegurar o cumprimento, pelo Brasil, de obrigações decorrentes de tratados internacionais; c. incapacidade – oriunda de inércia, omissão, ineficácia, negligência, falta de vontade política, de condições pessoais e/ou materiais, etc. – de o Estado Membro, por suas instituições e autoridades, levar a cabo, em toda a sua extensão, a persecução penal. Colhe-se da doutrina relativa ao tema, bem como da análise dos casos de deslocamento de competência decididos pelo Superior Tribunal de Justiça, que os requisitos são cumulativos, não bastando a constatação de ineficiência dos mecanismos existentes para apuração e punição por parte dos órgãos persecutórios estaduais. É imprescindível que se demonstrem a gravidade das violações aos direitos humanos, a incapacidade de o Estado-Membro atuar, bem como o risco de responsabilização do país perante órgãos internacionais. Tudo isso emoldurado pela proporcionalidade, sob pena de se banalizar a medida constitucional e de se incorrer em risco de violar o princípio do juiz e do promotor natural, criando-se verdadeiros tribunais de exceção.

Diversamente do que se dá no art. 109, inciso V, da Carta Magna, o art. 109, V-A, não impõe a internacionalização da conduta para que se opere o deslocamento da competência para a Justiça Federal.

De acordo com o § 5º do art. 109 da Constituição Federal, a legitimidade para a propositura do incidente de deslocamento da competência é do Procurador-Geral da República, sendo a competência para apreciar e julgá-lo da 3ª Seção do Superior Tribunal de Justiça, composta pela 5ª e 6ª Turmas, conforme Resolução nº 6, de 06/12/2005, da Presidência do STJ.

Em pioneiro julgado sobre o tema, relacionado ao homicídio doloso da irmã Dorothy Stang no município de Anapu, no Estado do Pará, após refutar preliminar de violação ao princípio do Juiz natural e à autonomia da federação, o Superior Tribunal de Justiça concluiu pelo indeferimento do deslocamento da competência para a Justiça Federal, por entender que, a despeito de se tratar de crime praticado com grave violação aos direitos humanos, não teria restado evidenciada a negligência ou inércia do Estado-membro em proceder à persecução penal dos autores do delito.[210]

No segundo incidente de deslocamento da competência apreciado pelo STJ (IDC 2/DF), a 3ª Seção determinou o deslocamento do processo penal para a Justiça Federal da Paraíba. Referia-se o caso concreto ao homicídio de advogado e vereador conhecido defensor dos direitos humanos. O vereador foi assassinado em 24/1/2009, depois de sofrer diversas ameaças e atentados por motivo torpe (vingança), supostamente em decorrência de sua atuação de enfrentamento e denúncias contra os grupos de extermínio. As ações desses grupos denunciados pelo vereador resultaram em cerca de duzentos homicídios com características de

210 STJ, 3ª Seção, IDC 1/PA, Rel. Min. Arnaldo Esteves Lima, DJ 10/10/2005 p. 217.

execução sumária e com suposta participação de particulares e autoridades estaduais, tendo, inclusive, assassinado testemunhas envolvidas. Ressaltou o STJ que a instauração de comissão parlamentar de inquérito na Câmara dos Deputados (CPI) para investigar a atuação desses grupos de extermínio deu-se em 2005. Entretanto, desde 2002, já haviam sido feitas, na jurisdição internacional na OEA, recomendações para que fossem adotadas medidas cautelares destinadas à proteção integral de diversas pessoas envolvidas, entre elas o vereador, medidas as quais ou deixaram de ser cumpridas ou não foram efetivadas. Diversamente do caso irmã Dorothy Stang, concluiu o STJ que, além da existência de grave violação de direitos humanos, também ficou demonstrada a incapacidade das instâncias e autoridades locais de oferecer respostas efetivas como levantar provas, combater, reprimir ou punir as ações desses grupos de extermínio.[211]

Esse deslocamento da competência para a Justiça Federal pode ocorrer inclusive durante o curso das investigações. No julgamento do IDC nº 5, diante da dificuldade do Estado de Pernambuco de reprimir e apurar crime praticado com grave violação de direitos humanos, em descumprimento a obrigações decorrentes de tratados internacionais de direitos humanos dos quais o Brasil é parte, o pedido foi julgado procedente para que fosse determinada a imediata transferência do inquérito policial para a Polícia Federal, sob o acompanhamento e controle do Ministério Público Federal, e sob a jurisdição, no que depender de sua intervenção, da Justiça Federal, Seção Judiciária de Pernambuco. O caso concreto versa sobre a morte do Promotor de Justiça Estadual Thiago Faria Soares, com indicativos de que o assassinato provavelmente resultou da ação de grupos de extermínio que atuam no interior do Estado de Pernambuco (como tantos outros que ocorreram na região conhecida como "Triângulo da Pistolagem", situada no agreste pernambucano), bem como ao certo e

211 STJ, 3ª Seção, IDC 2/DF, Rel. Min. Laurita Vaz, julgado em 27/10/2010.

notório conflito institucional que se instalou entre os órgãos envolvidos com a investigação e a persecução penal dos ainda não identificados autores do crime noticiado. Daí por que foi deferido o deslocamento da competência para a Justiça Federal, com o consequente deslocamento das atribuições investigatórias para a Polícia Federal.[212]

Em sentido semelhante, diante da inércia estatal para investigar, julgar e punir casos que, em sua maioria, envolviam policiais militares e sistemáticas violações aos direitos humanos cometidas por eles durante a atuação em operações repressivas no estado, além de suas participações em grupos de extermínio, o STJ também julgou procedente o pedido formulado no IDC 3 para deslocar para a competência da Justiça Federal dois inquéritos policiais e um procedimento inquisitivo envolvendo policiais militares que cometeram graves violações aos direitos humanos em Goiás.[213] No mesmo contexto, por ocasião do julgamento do IDC 22/RO,[214] a 3ª Seção do STJ deferiu, parcialmente, o incidente de deslocamento de competência para que a investigação, o processamento e o julgamento dos mandantes, intermediários e executores dos assassinatos de vítimas, em sua maioria, lideranças de movimentos em prol dos trabalhadores rurais, e responsáveis por denúncias de grilagem de terras e de extração ilegal de madeira, ocorridos em contexto de conflito agrário instalado no Estado de Rondônia, fossem deslocados para o âmbito da Justiça Federal daquele Estado.

---

212 STJ, 3ª Seção, IDC 5/PE, Rel. Min. Rogério Schietti Cruz, j. 13/08/2014, Dje 01/09/2014.

213 STJ, 3ª Seção, IDC 3/GO, Rel. Min. Jorge Mussi, j. 10/12/2014. Reconhecendo a incapacidade das autoridades do Estado de São Paulo na identificação dos autores dos homicídios/execuções cometidos nos casos conhecidos como "Maio Sangrento" e "Chacina do Parque Bristol", deferindo, por isso, o deslocamento da competência para a Justiça Federal: STJ, 3ª Seção, IDC 9/SP, Rel. Min. João Otávio de Noronha, j. 10.08.2022.

214 STJ, 3ª Seção, IDC 22/RO, Rel. Min. Messod Azulay Neto, j. 23.08.2023, DJe 25.08.2023.

6. CRIMES CONTRA A ORGANIZAÇÃO DO TRABALHO E, NOS CASOS DETERMINADOS POR LEI, CONTRA O SISTEMA FINANCEIRO E A ORDEM ECONÔMICO-FINANCEIRA (CF, ART. 109, VI)

6.1. Crimes contra a organização do trabalho

De acordo com o art. 109, inciso VI, da Constituição Federal, compete aos juízes federais processar e julgar os crimes contra a organização do trabalho e, nos casos determinados por lei, contra o sistema financeiro e a ordem econômico-financeira.

Fazendo a interpretação da Constituição Federal, os Tribunais Superiores têm entendido que compete à Justiça Federal processar e julgar os crimes perpetrados contra a organização do trabalho, quando violados direitos dos trabalhadores considerados coletivamente. A infringência dos direitos individuais de trabalhadores, sem que configurada lesão ao sistema de órgãos e instituições destinadas a preservar a coletividade trabalhista, afasta a competência da Justiça Federal. Nesse sentido, aliás, é o teor da **súmula nº 115 do extinto Tribunal Federal de Recursos**: "Compete à Justiça Federal processar e julgar os crimes contra a organização do trabalho, quando tenham por objeto a organização geral do trabalho ou direitos dos trabalhadores considerados coletivamente".

A justificativa para esse entendimento jurisprudencial está no fato de não haver coincidência terminológica entre "os crimes contra a organização do trabalho" a que se refere a Constituição Federal e os "crimes contra a organização do trabalho" previstos no Título IV da Parte Especial do Código Penal, no qual estão inseridos os crimes de atentado contra a liberdade do trabalho (CP, art. 197), atentado contra a liberdade de contrato de trabalho e boicotagem violenta (CP, art. 198), atentado contra a liberdade de associação (CP, art. 199), paralisação de trabalho, seguida de violência ou perturbação da ordem (CP, art. 200), paralisação de trabalho de interesse coletivo (CP, art. 201), invasão de estabelecimento industrial, comercial ou agrícola (CP, art. 202), frustração de direito assegurado por lei trabalhista (CP, art. 203), frustração de lei sobre a nacionalização do trabalho (CP, art.

204), exercício de atividade com infração de decisão administrativa (CP, art. 205), aliciamento para o fim de emigração (CP, art. 206), aliciamento de trabalhadores de um local para outro do território nacional (CP, art. 207).

Em outras palavras, quando o art. 109, VI, da Constituição Federal, refere-se a crimes contra a organização do trabalho, está a tratar dos que, típica e essencialmente, dizem respeito a relações de trabalho, e não aos que, eventualmente, possam ter relações circunstanciais com o trabalho, haja vista que apenas no primeiro caso se justificaria a competência da Justiça Federal, perante o interesse da União no resguardo da específica ordem jurídica concernente ao trabalho. O sentido do termo na Constituição diz respeito à proteção dos direitos e deveres dos trabalhadores em coletividade, como força de trabalho, não podendo ser confundido com aquele adotado pelo Código Penal, que concebe um mero crime contra o patrimônio de um empregado como crime contra a organização do trabalho.

Destarte, quanto à competência criminal para processar e julgar crimes contra a organização do trabalho, este tem sido o entendimento jurisprudencial:

a) supressão de direitos trabalhistas individualmente considerados (CP, art. 203): havendo a imputação do crime previsto no art. 203 do Código Penal em detrimento de alguns empregados, impõe-se a competência da Justiça estadual;[215]

b) aliciamento de trabalhadores de uma unidade da Federação para outra (CP, art. 207): de acordo com o art. 109, V-A, VI, da Constituição

215 STJ – AgRg no CC 62.750/SP – 3ª Seção – Rel. Min. Arnaldo Esteves Lima – Dje 05/05/2008. Na mesma linha: STJ – CC 47.966/MG – 3ª Seção – Rel. Ministra Maria Thereza de Assis Moura – DJ 26/03/2007 p. 197. E ainda: STJ – CC 34.254/SP – 3ª Seção – Rel. Min. Vicente Leal – DJ 30/09/2002 p. 154.

Federal, c/c art. 10, VII, da Lei nº 5.060/66, compete à Justiça Federal processar e julgar o delito do art. 207 do CP;[216]

c) falsidade ideológica praticada por advogados e supressão de direito individual dos trabalhadores: não há falar em ofensa a direito coletivo se a conduta praticada pelos advogados atenta contra direito individual dos trabalhadores envolvidos nas reclamatórias simuladas, o que atrai a competência da justiça estadual para processar e julgar a causa. Como os delitos praticados não tiveram por objeto a organização geral do trabalho ou direitos coletivos dos trabalhadores, firma-se a competência da Justiça Estadual;[217]

d) ações lesivas a direitos trabalhistas individuais, tal como atentado contra a liberdade de trabalho de uma funcionária de estabelecimento comercial que, após ter comunicado ao empregador seu estado de gravidez, teria sido submetida a cumprir seu horário de trabalho de forma constrangedora, não configura crime contra a organização do trabalho susceptível de fixar a competência da Justiça Federal;[218]

e) supressão de direitos dos trabalhadores de uma mesma empresa: "a despeito do significativo número de trabalhadores eventualmente lesionados em seus direitos trabalhistas, todos pertencentes a uma mesma empresa, não se verifica ofensa a órgãos ou instituições responsáveis por zelar pelo direito dos trabalhadores, nem a organização geral do trabalho ou direitos dos trabalhadores considerados coletivamente. In casu, as condutas delituosas (arts. 203 e 207, do CP), objeto de investigação criminal, atentaram contra direito individual daqueles trabalhadores envolvidos, o que atrai a competência da Justiça Estadual para processar e julgar a causa;"[219]

---

216 STJ – RHC 18.242/RJ – 6ª Turma – Rel. Ministra Maria Thereza de Assis Moura – DJ 25/06/2007 p. 299. Com raciocínio semelhante: TRF1, RCCR 2007.43.00.001489-5/TO, 4ª Turma, Rel. Desembargador Federal Ítalo Fioravanti Sabo Mendes, DJ 15/07/2008).

217 STJ – RHC 12.411/SC – 5ª Turma – Rel. Min. José Arnaldo da Fonseca – DJ 25/02/2004 p. 188.

218 STJ – CC 21.920/SP – 3ª Seção – Rel. Min. Vicente Leal – DJ 18/12/1998.

219 STJ – CC 34.424/SP – 3ª Seção – Rel. Ministra Laurita Vaz – DJ 16/06/2003 p. 258.

f) paralisação de trabalho, seguida de violência ou perturbação da ordem (CP, art. 200): se os delitos investigados caracterizam possível lesão a direito individual, não atentando contra a Organização Geral do Trabalho, nem violando os direitos dos trabalhadores, considerados como um todo, a competência para o seu processo e julgamento é da justiça estadual. Hipótese em que membros do Sindicato da Categoria dos Motoristas teriam, mediante violência e grave ameaça, compelido motoristas e cobradores de empresa de transporte a paralisarem suas atividades;"[220]

g) A fraude em homologação de rescisão contratual, por se caracterizar como lesão a direito individual e não como crime contra a organização do trabalho, já que não envolve violação aos direitos dos trabalhadores como um todo, enseja o processo e julgamento pela justiça comum;[221]

h) Movimento paredista, articulado por sindicalistas, com reação de seguranças da empresa, não configura fato próprio da competência da Justiça Federal;[222]

i) Interrupção de eleição para diretoria de sindicato: inexistência de lesão a categoria considerada coletivamente. Tratando-se de interrupção dos trabalhos para eleição da nova diretoria do sindicato em questão, não se vislumbra lesão a categoria como um todo, ou seja, considerada coletivamente, para que se pense em crime contra a organização do trabalho, havendo apenas violação a direito individual de liberdade sindical;[223]

j) A Emenda Constitucional nº 45/2004 não atribuiu à Justiça do Trabalho competência para processar e julgar ações penais. Aplicável a regra do art. 109, inciso IV, da CF, está firmada a competência da Justiça Federal para

---

220 STJ – CC 38.035/BA – 3ª Seção – Rel. Min. Gilson Dipp – DJ 19/05/2003 p. 122.

221 STJ – CC 21.165/BA – 3ª Seção – Rel. Min. Gilson Dipp – DJ 17/02/1999 p. 115.

222 STJ – CC 20.905/SC – 3ª Seção – Rel. Min. Felix Fischer – DJ 05/10/1998 p. 14.

223 STJ – CC 20.473/MA – 3ª Seção – Rel. Min. José Arnaldo da Fonseca – DJ 11/05/1998 p. 5.

processar e julgar o crime de estelionato praticado mediante utilização de documentos falsos, ainda que sejam eles pertinentes à relação de trabalho;"[224]

k) lesão corporal decorrente de acidente de trabalho, por si só, não confere à Justiça Federal a competência para o processamento e julgamento de ação penal;[225]

l) O crime de sabotagem industrial previsto no art. 202 do CP deve ser julgado pela Justiça estadual se atingir apenas bens particulares sem repercussão no interesse da coletividade.[226]

Quanto ao **crime de redução a condição análoga à de escravo**, previsto dentro do Capítulo VI ('Dos crimes contra a liberdade individual') do Título I ('Dos crimes contra a pessoa') da Parte Especial do Código Penal, cuja tipificação não depende exclusivamente da restrição à liberdade de locomoção dos trabalhadores ou da retenção no local de trabalho por vigilância ou apossamento de seus documentos, como crime de ação múltipla e de conteúdo variado, bastando, a teor do art. 149 do CP, a demonstração de submissão a trabalhos forçados, a jornadas exaustivas ou a condições degradantes,[227] prevalecia, inicialmente, o entendimento de que, como o referido delito não configura crime contra a organização do trabalho ou dos direitos dos trabalhadores considerados coletivamente, mas sim crime contra a liberdade pessoal, ter-se-ia crime de competência da Justiça Estadual, e não da Justiça Federal. Posteriormente, todavia, esse

224 TRF4, ACR 2004.72.11.002490-4, Oitava Turma, Relator Paulo Afonso Brum Vaz, D.E. 24/09/2008.

225 STF – RE 588.332/SP – 2ª Turma – Rel. Min. Ellen Gracie – DJe 075 23/04/2009.

226 STJ, 3ª Seção, CC 123.714/MS, Rel. Min. Marilza Maynard – Desembargadora convocada do TJ/SE –, j. 24/10/2012.

227 No sentido de que a efetiva restrição de liberdade das vítimas é prescindível para a configuração do crime de redução a condição análoga à de escravo: STJ, 5ª Turma, REsp 1.969.868/MT, Rel. Min. Messod Azulay Neto, j. 12.09.2023; STJ, 6ª Turma, REsp 1.843.150/PA, Rel. Min. Nefi Cordeiro, DJe de 2/6/2020; STJ, 5ª Turma, REsp 1.223.781/MA, Rel. Min. Reynaldo Soares da Fonseca, DJe de 29/8/2016.

posicionamento foi modificado pelo Supremo Tribunal Federal, que passou a entender que quaisquer condutas que violem não só o sistema de órgãos e instituições que preservam, coletivamente, os direitos e deveres dos trabalhadores, mas também o homem trabalhador, atingindo-o nas esferas em que a Constituição lhe confere proteção máxima, enquadram-se na categoria dos crimes contra a organização do trabalho, se praticados no contexto de relações de trabalho. Assim, pelo influxo do princípio constitucional da dignidade da pessoa humana, informador de todo o sistema jurídico-constitucional, a prática do crime de redução à condição análoga à de escravo caracterizar-se-ia como crime contra a organização do trabalho, fixando-se, assim, a competência da Justiça Federal para processar e julgá-lo, nos exatos termos do art. 109, inciso VI, da Constituição Federal.[228] Em sentido semelhante, porém condicionando a competência da Justiça Federal à hipótese do crime de redução à condição análoga à de escravo ser cometido em detrimento de um determinado grupo de trabalhadores, assim também tem se manifestado o Superior Tribunal de Justiça.[229]

6.2. Crimes contra o sistema financeiro e a ordem econômico-financeira

De acordo com o art. 109, VI, *in fine,* da Constituição Federal, os crimes contra o sistema financeiro e a ordem econômico-financeira são da competência da Justiça Federal *nos casos determinados por lei*. Vê-se, pois,

228 STF, Pleno, RE 398.041/PA, Rel. Min. Joaquim Barbosa, Dje 241 18/12/2008. Em sentido semelhante: STF, 2ª Turma, RE 541.627/PA, Rel. Ministra Ellen Gracie, Dje 222 20/11/2008; STF, Pleno, RE 459.510/MT, Rel. Min. Dias Toffoli, j. 26/11/2015. E ainda: STJ, 3ª Seção, CC 127.937/GO, Rel. Min. Nefi Cordeiro, j. 28/5/2014.

229 Informativo nº 383 do STJ: CC 95.707/TO, Rel. Ministra Maria Thereza de Assis Moura, julgado em 11/02/2009. De modo similar: "(...) o número de cento e oitenta pessoas reduzidas à condição análoga a de escravo é suficiente à caracterização do delito contra a organização do trabalho, cujo julgamento compete à Justiça Federal (CB, art. 109, inc. VI)". (STF – HC 91.959/TO – 2ª Turma – Rel. Min. Eros Grau – Dje 031 21/02/2008). Na mesma linha: STJ – CC 62.156/MG – 3ª Seção – Rel. Ministra Laurita Vaz – DJ 06/08/2007 p. 464.

que o simples fato de se tratar de crime contra o sistema financeiro ou contra a ordem econômico-financeira não atrai a competência da Justiça Federal, devendo antes se verificar se assim o dispõe a lei. Caso a lei não disponha que a competência será da Justiça Federal, a competência será da Justiça Estadual, salvo, logicamente, se houver lesão a bens, serviços ou interesse da União, suas entidades autárquicas ou empresas públicas, quando, então, a competência da Justiça Federal será fixada para ações penais por crimes contra o sistema financeiro e contra a ordem econômico-financeira, porém não mais com fundamento no inciso VI do art. 109, mas sim com base no inciso IV do art. 109 da Constituição Federal. Importa, pois, analisarmos as leis que dispõem sobre os crimes contra o sistema financeiro e a ordem econômico-financeira, a fim de se saber se há (ou não) previsão legal quanto à competência da Justiça Federal.

Em relação aos **crimes contra a economia popular previstos na Lei nº 1.521/51**, diante do silêncio da lei, subentende-se que os crimes são de competência da Justiça Estadual. Sobre o assunto, a **súmula nº 498 do Supremo Tribunal Federal** preceitua que *compete à Justiça dos Estados, em ambas as instâncias, o processo e o julgamento dos crimes contra a economia popular.* A captação de recursos decorrente de **'pirâmide financeira'** não se enquadra no conceito de 'atividade financeira', para fins da incidência da Lei n. 7.492/1986, amoldando-se mais ao delito previsto no art. 2º, IX, da Lei 1.521/1951 (crime contra a economia popular). Logo, recai sobre a Justiça Estadual a competência para o processo e julgamento de tais delitos, nos exatos moldes da súmula n. 498 do STF.[230]

Na mesma linha que os crimes contra a economia popular, como a **Lei que dispõe sobre o Sistema Financeiro Nacional (Lei nº 4.595/64)** não atribui a competência à Justiça Federal, sempre prevaleceu o entendimento de que os crimes nela previstos eram de competência da Justiça Estadual.

230 Nesse sentido: STJ, 3ª Seção, CC 146.153/SP, Rel. Min. Reynaldo Soares da Fonseca, DJe 17/5/2016. E ainda: STJ, 3ª Seção, CC 170.392-SP, Rel. Min. Joel Ilan Paciornik, j. 10.06.2020, DJe 16.06.2020.

Era o que ocorria, por exemplo, com o crime de concessão de empréstimos vedados, previsto no art. 34, I, da Lei nº 4.595/64.[231] Atente-se, todavia, para o fato de que tal dispositivo foi revogado pela Lei n. 13.506/17.

Por outro lado, em relação à **Lei que define os crimes contra o Sistema Financeiro Nacional (Lei nº 7.492/86)**, a competência será da Justiça Federal, pois assim dispõe seu art. 26. Portanto, cuidando-se de crime contra o Sistema Financeiro Nacional previsto na Lei nº 7.492/86, a competência será da Justiça Federal. Eventual alegação de que o prejuízo decorrente do delito fora suportado exclusivamente por instituição financeira privada não afasta tal competência, na medida em que há interesse da União na segurança e na confiabilidade do sistema financeiro nacional.[232]

Para que se possa falar em crime contra o sistema financeiro nacional, é importante atentar-se para o conceito de instituição financeira constante do art. 1º da Lei nº 7.492/86. De se ver que administradora de consórcio é equiparável à instituição financeira, a teor do art. 1º, parágrafo único, I, da Lei nº 7.942/86, e, portanto, os crimes praticados pelos responsáveis por empresas administradoras de consórcio contra o Sistema Financeiro Nacional também são de competência da Justiça Federal.

Quanto à pessoa física, só há falar em crime contra o sistema financeiro nacional se por ela forem realizadas algumas das atividades definidas como típicas de instituição financeira (captação, intermediação ou aplicação de recursos financeiros de terceiros), nos termos do art. 1º da Lei nº 7.492/86. Se, no entanto, restar provado que a pessoa física utilizava capital próprio para efetuar empréstimos a juros exorbitantes, estará caracterizado o crime de usura, previsto no art. 4º da Lei nº 1.521/51, de competência da Justiça Estadual.[233]

---

231 STJ – RHC 3.550/SP – 6ª Turma – Rel. Min. Vicente Leal – DJ 20/02/1995.

232 STF – HC 93.733/RJ – 1ª Turma – Rel. Min. Carlos Britto – Dje 064 – 02/04/2009.

233 Nessa linha: TRF4, ACR 2000.70.03.004989-3, Oitava Turma, Relator Élcio Pinheiro de Castro, D.E. 08/10/2008. No sentido da competência da Justiça Estadual para processar e julgar supostos delitos praticados por operações de empréstimo, utilizando cartão de crédito

De seu turno, compete à Justiça Federal processar e julgar a conduta daquele que, por meio de pessoa jurídica instituída para a prestação de serviço de *factoring*, realize, sem autorização legal, a captação, intermediação e aplicação de recursos financeiros de terceiros, sob a promessa de que estes receberiam, em contrapartida, rendimentos superiores aos aplicados no mercado, seja pelo fato de tal conduta se subsumir ao tipo do art. 16 da Lei 7.492/1986, seja pelo fato de o delito ter sido praticado por meio de pessoa jurídica criada para a realização de atividade de *factoring*, operando como verdadeira instituição financeira.[234]

Como se percebe, é de fundamental importância verificar se a infração penal praticada pode ser considerada crime contra o sistema financeiro nacional, já que, nesse caso, a competência será da Justiça Federal. Cuidando-se, porém, de um crime patrimonial qualquer, sem lesão a bens, serviços ou interesses da União, autarquias federais ou empresas públicas federais, a competência será da Justiça Estadual. Com base nesse raciocínio, em caso concreto pertinente à utilização de documentos falsos para se contrair empréstimos na modalidade CDC no Banco do Brasil, apesar de a denúncia imputar ao agente o delito do art. 19 da Lei nº 7.492/86, entendeu o STJ que o delito praticado seria o de estelionato (CP, art. 171), e, portanto, de competência da Justiça Estadual. De acordo com a 3ª Seção do STJ, o crime do art. 19 da Lei nº 7.492/86 exige a utilização de fraude para obter financiamento de instituição financeira, o que difere da obtenção de empréstimo. Isso porque os financiamentos são operações realizadas com destinação específica, em que, para a obtenção de crédito, existe alguma concessão por parte do Estado como incentivo, assim há vinculação entre a concessão do crédito e o patrimônio da União. Também se exige a comprovação da aplicação desses recursos, por exemplo: os financiamentos

---

com simulação de compra, lesando vítima e outros clientes, na medida em que são crimes contra a economia popular, não consubstanciando operações financeiras: STJ – CC 32.092/SP – 3ª Seção – Rel. Min. Vicente Leal – Publicação: DJ 08/04/2002 p. 128.

234 STJ, 3ª Seção, CC 115.338/PR, Rel. Min. Marco Aurélio Bellizze, j. 26/06/2013, DJe 13/08/2013.

de parques industriais, máquinas e equipamentos, bens de consumo duráveis, rurais e imobiliários. Destarte, se não houve crime contra o sistema financeiro nacional, nem tampouco lesão ao patrimônio da União, de suas entidades autárquicas ou empresas públicas, em situações em que o agente obtenha empréstimos na modalidade de crédito direto ao consumidor (CDC), haverá lesão exclusivamente à instituição financeira, justificando-se, nesse caso, a competência da Justiça Estadual, na medida em que o crime fora cometido contra sociedade de economia mista.[235]

Especificamente em relação à apresentação de documentos falsos para obtenção de recursos financeiros junto à instituição bancária em contrato de arrendamento mercantil na modalidade de leasing financeiro de veículo, entende-se que o fato de o leasing financeiro não constituir financiamento não afasta, por si só, a configuração do delito previsto no art. 19 da Lei nº 7.492/1986. Isso porque, ao fazer um leasing financeiro, obtém-se, invariavelmente, um financiamento, e o referido tipo penal refere-se exatamente à obtenção de financiamento mediante fraude, sem exigir que isso ocorra num contrato de financiamento propriamente dito. Embora o *leasing* financeiro não seja um financiamento propriamente dito, ele constitui o núcleo ou elemento preponderante dessa modalidade de arrendamento mercantil. Logo, se se trata de crime contra o Sistema Financeiro Nacional previsto na Lei nº 7.492/86, há de se reconhecer a competência da Justiça Federal para o processo e julgamento do feito, nos termos do art. 26, *caput,* da referida lei.[236]

Pelo menos até a entrada em vigor da **Lei n. 14.478, de 21 de dezembro de 2022,** com vigência 180 (cento e oitenta) dias após sua publicação

---

235 STJ, 3ª Seção, CC 107.100/RJ, Rel. Min. Jorge Mussi, julgado em 26/05/2010.

236 STJ, 3ª Seção, CC 114.322/SP, Rel. Min. Maria Thereza de Assis Moura, julgado em 14/03/2011. No sentido de que compete à Justiça Federal julgar crime consistente na conduta de adquirir um veículo mediante fraude em contrato de *leasing, sob o argumento de que o leasing financeiro, embora não seja um financiamento,* constitui o núcleo ou elemento preponderante dessa modalidade de arrendamento mercantil: STJ, 3ª Seção, CC 111.477/SP, Rel. Min. Celso Limongi, julgado em 08/09/2010.

oficial, havia precedentes do STJ no sentido de que a operação envolvendo compra ou venda de **criptomoedas** (*Bitcoin, Ethereum, Cardano, Dogecoin* etc.) não encontrava regulação no ordenamento jurídico pátrio, pois as *moedas virtuais* não são tidas pelo Banco Central do Brasil (BCB) como moeda, nem são consideradas como valor mobiliário pela Comissão de Valores Mobiliários (CVM), não caracterizando sua negociação, por si só, os crimes tipificados nos arts. 7º, II, e 11, ambos da Lei n. 7.492/1986, nem mesmo o delito previsto no art. 27-E da Lei n. 6.385/197. Logo, recaía sobre a Justiça Estadual a competência para o processo e julgamento de eventual ilícito referente à atuação de *trader* de criptomoeda (*bitcoin*) que oferecia rentabilidade fixa aos investidores.[237] Considerando-se, todavia, a possibilidade de a negociação de criptomoeda ser utilizada como meio para a prática de eventual crime de evasão de divisas (Lei n. 7.492/86, art. 22), se acaso o agente adquirisse a moeda virtual como forma de efetivar operação de câmbio (conversão de real em moeda estrangeira), não autorizada, com o fim de promover a evasão de divisas do país, ter-se-ia como fixada a competência da Justiça Federal, seja por força do art. 26 da Lei n. 7.492/86, seja por conta da súmula n. 122 do STJ. Idêntico raciocínio era válido na hipótese de oferta pública de contrato de investimento coletivo em criptomoedas sem prévio registro de emissão na autoridade competente. Explica-se: nesse caso, incidem as disposições contidas na Lei n. 7.492/86 (arts. 4º, 5º, 7º, II, e 16), notadamente porque tal espécie de contrato consubstancia valor mobiliário, nos termos do art. 2º, IX, da Lei n. 6.385/1976.[238]

Eis que surge, então, a Lei n. 14.478/22, dispondo sobre diretrizes a serem observadas na prestação de serviços de ativos virtuais e na

---

237 STJ, 3ª Seção, CC 161.123/SP, Rel. Min. Sebastião Reis Júnior, j. 28.11.2018, DJe 05.12.2018. Ausentes elementos que revelem ter havido evasão de divisas ou lavagem de dinheiro em detrimento de interesses da União, compete à Justiça Estadual processar e julgar crimes relacionados a pirâmide financeira em investimento de grupo em criptomoeda: STJ, 3ª Seção, CC 170.392/SP, Rel. Min. Joel Ilan Paciornik, j. 10/06/2020, DJe 16/06/2020.

238 STJ, 6ª Turma, HC 530.563/RS, Rel. Min. Sebastião Reis Júnior, j. 05/03/2020, DJe 12/03/2020.

regulamentação das prestadoras de serviços de ativos virtuais, conceituados pelo art. 3º do referido diploma normativo nos seguintes termos: "Art. 3º. Para os efeitos desta Lei, considera-se ativo virtual a representação digital de valor que pode ser negociada ou transferida por meios eletrônicos e utilizada para realização de pagamentos ou com propósito de investimento, não incluídos: I – moeda nacional e moedas estrangeiras; II – moeda eletrônica, nos termos da Lei n. 12.865, de 9 de outubro de 2013; III – instrumentos que provejam ao seu titular acesso a produtos ou serviços especificados ou a benefício proveniente desses produtos ou serviços, a exemplo de pontos e recompensas de programas de fidelidade; e IV – representações de ativos cuja emissão, escrituração, negociação ou liquidação esteja prevista em lei ou regulamento, a exemplo de valores mobiliários e de ativos financeiros. Parágrafo único. Competirá a órgão ou entidade da Administração Pública federal definido em ato do Poder Executivo estabelecer quais serão os ativos financeiros regulados, para fins desta Lei".

A Lei n. 14.478/22 também incluiu ao Código Penal o delito de fraude com a utilização de ativos virtuais, valores mobiliários ou ativos financeiros, *in verbis:* "Art. 171-A. Organizar, gerir, ofertar ou distribuir carteiras ou intermediar operações que envolvam ativos virtuais, valores mobiliários ou quaisquer ativos financeiros com o fim de obter vantagem ilícita, em prejuízo alheio, induzindo ou mantendo alguém em erro, mediante artifício, ardil ou qualquer outro meio fraudulento. Pena – reclusão, de 4 (quatro) a 8 (oito) anos, e multa".

Certamente haverá controvérsias em relação à competência para o processo e julgamento do novel delito. Vejamos, então, ambas as correntes acerca do assunto: **a. Crime de competência da Justiça Federal:** malgrado inserido no Código Penal dentre os crimes contra o patrimônio, estamos diante de verdadeiro crime contra o sistema financeiro nacional. Isso porque, a partir da vigência da Lei n. 14.478/22, a pessoa jurídica que oferece serviços referentes a operações com ativos virtuais, inclusive por intermediação, negociação ou custódia, e até mesmo a pessoa natural que exerce quaisquer dessas atividades, ainda que de modo eventual, passaram a ser equiparadas a instituições financeiras (Lei n. 7.492/86, art. 1º, parágrafo único, I-A, incluído pela Lei n. 14.478/22); **b. Crime da competência da Justiça Estadual (nossa posição):** quisesse o legislador tratar a fraude com a utilização de ativos virtuais, valores mobiliários ou ativos financeiros (CP, art. 171-A, incluído pela Lei n. 14.478/22), como crime contra o sistema financeiro nacional, logo, de competência da Justiça Federal, teria introduzido-a na Lei n. 7.492/86, e não no bojo do Código Penal, mais precisamente no Título que versa sobre os crimes contra o patrimônio. Ainda que se queira argumentar que a Lei n. 14.478/22 equiparou à instituição financeira a pessoa jurídica que oferece serviços referentes a operações com ativos virtuais, fato é que o crime previsto no art. 171-A do Código Penal não pode ser praticado por pessoa jurídica, mas tão somente por pessoas físicas, do que se conclui que tal modificação produzida na Lei n. 7.492/86 em nada altera a discussão atinente à fixação da competência de Justiça. De mais a mais, como o delito do art. 171-A do Código Penal, verdadeira modalidade especial de estelionato de ativos financeiros, tem como sujeito passivo a pessoa física enganada pela fraude, bem como a pessoa (física ou jurídica) que suporta o prejuízo econômico em razão da manobra ilícita, não há por que se fixar como regra automática a competência da Justiça Federal, notadamente se considerarmos que a Lei n. 14.14.478/22 não dispôs acerca da matéria de maneira expressa, tal qual exige a Constituição Federal (art. 109, VI). Considerando-se, pois, que a finalidade precípua do tipo penal é a tutela do patrimônio de pessoas lesadas por expedientes fraudulentos, e não do sistema financeiro em si, cujas condutas atentatórias estão previstas na Lei n. 7.492/86, o ideal é concluir que estamos diante de crime da competência da Justiça Estadual, pelo menos em regra.

Noutro giro, a **Lei nº 8.137/90, que dispõe sobre crimes contra a ordem tributária, econômica e contra as relações de consumo**, silencia quanto à competência da Justiça Federal. Portanto, para que os delitos ali previstos sejam processados e julgados pela Justiça Federal, não o serão por se caracterizarem como crimes contra a ordem econômico-financeira referidos no art. 109, VI, mas por outra razão, como no caso de serem praticados em detrimento de bens, serviços ou interesse da União ou de suas entidades autárquicas ou empresas públicas (art. 109, IV, CF), o que, aliás, pode ocorrer, geralmente, com quaisquer crimes comuns.

Assim, quanto aos crimes contra a ordem tributária previstos nos arts. 1º a 3º da Lei nº 8.137/90, a competência somente será da Justiça Federal se houver a supressão ou redução de tributos federais; tratando-se de tributos de natureza estadual ou municipal, a competência será da Justiça Estadual.[239] A título de exemplo, compete à Justiça Estadual – e não à Justiça Federal – o julgamento de ação penal em que se apure a possível prática de sonegação de imposto sobre serviço de qualquer natureza (ISSQN) por representantes de pessoa jurídica privada, ainda que esta mantenha vínculo com entidade da administração indireta federal. Afinal, no caso de ISSQN, resulta prejuízo apenas para os Municípios ou para o Distrito Federal, e não para a União.[240]

Em relação ao crime de formação de cartel, previsto no art. 4º da Lei nº 8.137/90, o Superior Tribunal de Justiça entende que, como a Lei 8.137/90 não contém dispositivo expresso fixando a competência da Justiça Federal, compete, em regra, à Justiça Estadual o julgamento dessa espécie de delito. Isso, no entanto, não afasta a competência da Justiça Federal, desde que se verifique ofensa a bens, serviços ou interesses da União, suas autarquias ou empresas públicas (CF, art. 109, IV), ou que, pela magnitude da atuação do grupo econômico ou pelo tipo de atividade desenvolvida, o ilícito tenha a propensão de abranger vários Estados da Federação, prejudicar setor econômico estratégico para a economia nacional ou o fornecimento de serviços essenciais, de onde se evidenciaria interesse supra regional a apontar para a necessidade de interferência da União.[241]

---

239 LOPES JR., Aury. *Direito processual penal e sua conformidade constitucional.* Vol. I. 3ª ed. Rio de Janeiro: Editora Lumen Juris, 2008. p. 424.

240 Nesse contexto: STJ, 3ª Seção, CC 114.274/DF, Rel. Min. Marco Aurélio Bellizze, j. 12/06/2013.

241 STJ – HC 117.169/SP – 5ª Turma – Rel. Min. Napoleão Nunes Maia Filho – Dje 16/03/2009. Com raciocínio semelhante: STJ – HC 32.292/RS – 5ª Turma – Rel. Min. José Arnaldo da Fonseca – DJ 03/05/2004 p. 196.

A **Lei nº 8.176/91, que prevê o delito de venda de combustível adulterado (art. 1º, inciso I)**, não dispõe que este crime será de competência da Justiça Federal. Logo, cuida-se de infração penal da competência da Justiça Estadual, pouco importando, nesse caso, o fato de a Agência Nacional de Petróleo exercer o controle, a fiscalização e a regulação da atividade de distribuição e revenda de derivados de petróleo e álcool, haja vista tratar-se de interesse genérico, reflexo e não imediato, o que, por si só, não atrai a competência da Justiça Federal com base no inciso IV do art. 109 da Carta Magna.[242]

Quanto aos crimes de lavagem de capitais (**Lei nº 9.613/98**), temos que, em regra, são da competência da Justiça Estadual. A título de exemplo, se a ocultação ou dissimulação da natureza, origem, localização, disposição, movimentação ou propriedade de bens, direitos e valores, for proveniente, direta ou indiretamente, de um crime de tráfico de drogas realizado sem conotação internacional, será competente para processar e julgar o crime de lavagem o juiz estadual do local dos fatos ou da apreensão dos bens, direitos e valores que denotem a ocultação ou a dissimulação do lucro ilícito.[243] A própria lei de lavagem de capitais (Lei nº 9.613/98) confirma esse raciocino, ao dispor em seu art. 2º, inciso III, que a competência será da Justiça Federal somente nas seguintes hipóteses:

a) quando praticados contra o sistema financeiro e a ordem econômico-financeira: partindo-se da premissa de que o bem jurídico tutelado pela lavagem de capitais é a ordem econômico-financeira, poder-se-ia concluir que todo e qualquer crime de branqueamento deveria ser

242 STF – RE 454.737/SP – Tribunal Pleno – Rel. Min. Cezar Peluso – DJe 222 – 20/11/2008.

243 Daí concluir José Paulo Baltazar Júnior que a competência para julgar o crime de lavagem pode ser da competência da Justiça Estadual quando não houver prejuízo para a União, quando o crime antecedente for da sua competência e quando a lavagem for interna e não se valer de instituição financeira, mas de outros meios (*in Crimes Federais: contra a administração pública, a previdência social, a ordem tributária, o sistema financeiro nacional, as telecomunicações e as licitações, estelionato, moeda falsa, abuso de autoridade, tráfico transnacional de drogas, lavagem de dinheiro.* 2ª ed. Porto Alegre: Livraria do Advogado Ed., 2007. p. 433).

processado e julgado pela Justiça Federal, na medida em que o art. 2º, III, "a", da Lei nº 9.613/98, dispõe que os crimes nela previstos são da competência da Justiça Federal quando praticados contra o sistema financeiro ou a ordem econômico-financeira.[244] Todavia, é dominante o entendimento no sentido de que o simples fato de o dinheiro tramitar pelo sistema financeiro não é justificativa suficiente para a fixação da competência da Justiça Federal, já que se trata de interesse meramente indireto. Conquanto seja competência privativa da União "administrar as reservas cambiais do País e fiscalizar as operações de natureza financeira, especialmente as de crédito, câmbio e capitalização, bem como as de seguros e de previdência privada" (CF, art. 22, VIII), nem toda e qualquer atividade por meio de uma conta bancária tem o condão de afetar esse interesse. Supondo-se, por exemplo, que valores obtidos com a prática de tráfico doméstico de drogas sejam ocultados através do depósito do dinheiro na conta corrente de um "laranja", não há por que se deslocar a competência do feito para a Justiça Federal. Portanto, com fundamento no art. 2º, III, "a", da Lei nº 9.613/98, o ideal é concluir que o crime de lavagem de capitais será julgado pela Justiça Federal apenas quando atingir o sistema financeiro e a ordem econômico-financeira nacional como um todo, isto é, de todo o país, colocando em risco toda a credibilidade do sistema. Em síntese, o que não se pode fazer é generalizar, afirmando-se que todos os crimes de lavagem de capitais devem ser processados e julgados pela Justiça Federal e que, em hipótese alguma, a Justiça Estadual teria competência para julgar crimes de lavagem. O delito de lavagem de dinheiro não é, por si só, afeto à Justiça Federal, se não sobressai a existência de infração penal antecedente de competência da Justiça Federal e se não se vislumbra, em princípio, qualquer lesão ao sistema financeiro nacional

244 Para Nucci, a competência para o processo e julgamento da lavagem de capitais é sempre da Justiça Federal, pois o objeto jurídico tutelado é complexo, envolvendo, obviamente, o sistema financeiro nacional. Não bastasse, quando se lava dinheiro, tributos deixam de ser arrecadados, bem como a economia nacional pode ser afetada. Em suma, diante disso, há interesse da União e deve haver apuração na órbita federal. (NUCCI, Guilherme de Souza. *Leis penais e processuais penais comentadas.* São Paulo: Editora Revista dos Tribunais, 2006. p. 426).

ou à ordem econômico-financeira como um todo, a bens, serviços ou interesses da União, de suas Autarquias ou Empresas Públicas;[245]

b) quando praticado em detrimento de bens, serviços ou interesses da União, ou de suas entidades autárquicas ou empresas públicas: a segunda parte do art. 2º, III, alínea "a", da Lei nº 9.613/98 é totalmente irrelevante, vez que se limita a reproduzir critério constitucional de fixação da competência da Justiça Federal, previsto no art. 109, IV, da Carta Magna;

c) quando a infração penal antecedente for de competência da Justiça Federal: sempre que o processo da infração penal antecedente recair sobre a Justiça Federal ou perante ela estiver tramitando em razão de conexão, ainda que o delito seja originariamente estadual, caberá à Justiça Federal o julgamento da lavagem de capitais. A título de exemplo, como a competência para o julgamento do tráfico internacional de drogas recai sobre a Justiça Federal, nos termos do art. 109, V, da Constituição Federal, a ela também caberá o julgamento da lavagem de capitais decorrente desse delito. Como se pode notar, a competência será da Justiça Federal em grande parte dos casos, eis que o delito de lavagem geralmente também envolve a prática de crime contra o Sistema Financeiro Nacional (v.g., evasão de divisas, previsto no art. 22 da Lei nº 7.492/86).[246] A previsão da alínea "b" do inciso III do art. 2º da Lei nº 9.613/98, no sentido de dispor que a competência será da Justiça Federal se a infração penal antecedente for de competência da Justiça Federal, é de todo irrelevante quando houver a

245 STJ, 5ª Turma, RHC 11.918/SP, Rel. Min. Gilson Dipp, j. 13/08/2002, DJ 16/09/2002 p. 202.

246 Como já decidiu o STJ, "a competência deve ser verificada pelos fatos até o momento tidos como delituosos, relacionados à existência, em tese, de grandes quantias no exterior, pertencentes a brasileiros domiciliados no país, sem declaração à Receita Federal do Brasil, que podem configurar, em tese, delito contra a Ordem Econômica e/ou contra o Sistema Financeiro Nacional, seja pela eventual caracterização de evasão fiscal e/ou lavagem de dinheiro – o que depende da devida instrução processual. Estando em jogo, em princípio, a própria Ordem Econômica Nacional, resta atraída, em um primeiro momento, a Justiça Federal para a apuração das condutas. Sempre que a lavagem ocorrer em instituição bancária situada no estrangeiro, a competência será da Justiça Federal." (STJ – CC nº 32.861/SP – 3ª Seção – Rel. Min. Gilson Dipp – Julgamento: 10/10/2001 – Publicação: DJ 19/11/2001 p. 231).

reunião dos feitos da lavagem e da infração antecedente em um *simultaneus processus* em virtude do reconhecimento da conexão. Afinal, de acordo com a **súmula nº 122 do STJ**, *compete à Justiça Federal o processo e julgamento unificado dos crimes conexos de competência federal e estadual, não se aplicando a regra do art. 78, II, a, do Código de Processo Penal;*[247]

d) quando a lavagem de capitais for praticada além do território nacional e houver tratado ou convenção internacional firmado pelo Brasil no qual o Estado brasileiro se compromete a reprimir a infração penal antecedente: apesar dessa última hipótese não constar expressamente do art. 2º, III, da Lei nº 9.613/98, é bom lembrar que, por força do art. 109, inciso V, da Constituição Federal, à Justiça Federal também compete o processo e julgamento de crimes previstos em tratado ou convenção internacional, quando, iniciada a execução no País, o resultado tenha ou devesse ter ocorrido no estrangeiro, ou reciprocamente. Da leitura do inciso V do art. 109, conclui-se que o simples fato de o delito estar previsto em tratado ou convenção internacional assinado pelo Brasil, com a devida ratificação por meio de decreto legislativo do Congresso Nacional e decreto do Presidente da República, não enseja, por si só, a competência da Justiça Federal. Para além disso, é imprescindível que o delito se revista do caráter de internacionalidade, ou seja, que sua execução tenha início no país, com o resultado ocorrendo ou devendo ter ocorrido no estrangeiro, ou reciprocamente. O Brasil é signatário de diversos tratados internacionais em que se comprometeu internacionalmente a investigar e punir o crime de lavagem de capitais oriundos de determinados crimes, a saber: a) Convenção de Viena contra o Tráfico Ilícito de Entorpecentes e Substâncias Psicotrópicas, internalizada pelo Decreto nº 154/1991; b) Convenção de Paris da OCDE sobre Corrupção de Funcionários Públicos Estrangeiros em Transações Comerciais Internacionais, internalizada pelo Decreto nº 3.678/2000; c) Convenção de

247 Assim, mesmo sendo o crime antecedente de tráfico nacional de entorpecentes, se este, por regras de competência (conexão com crime de falsidade de passaporte), foi julgado pelo juízo federal, é de se reconhecer a competência deste juízo também para o julgamento do crime de lavagem de dinheiro, nos termos do art. 2º, inciso III, alínea 'b', da Lei 9.613/98: STJ – CC 97.636/SP – 3ª Seção – Rel. Ministra Maria Thereza de Assis Moura – Dje 07/05/2009.

Palermo contra o Crime Organizado Transnacional, internalizada pelo Decreto nº 5.015/2004; e) Convenção de Mérida contra a Corrupção, internalizada pelo Decreto nº 5.687/2006; e) Convenção Interamericana contra o Terrorismo de Barbados, internalizada por meio do Decreto nº 5.639/2005. O simples fato de o Brasil ser signatário desses diversos Tratados internacionais não significa dizer que a lavagem de capitais cometida além do território nacional deverá ser processada e julgada pela Justiça Federal, independentemente da infração penal antecedente.[248] Apesar dos diversos compromissos internacionais firmados pelo Estado brasileiro, não há um tratado específico no qual o Brasil tenha se obrigado a reprimir a lavagem de capitais isoladamente considerada, de maneira autônoma e independente da infração antecedente. Na verdade, os compromissos firmados pelo Brasil dizem respeito ao combate da lavagem apenas quando a infração antecedente for objeto de um dos Tratados Internacionais acima mencionados. Exemplificando, na Convenção de Viena contra o tráfico de drogas, o Brasil não assume o compromisso de combater toda e qualquer lavagem de capitais, mas apenas o branqueamento de capitais provenientes *exclusivamente do tráfico de drogas*. Por conseguinte, conclui-se que a lavagem de capitais cometida além do território nacional deverá ser processada e julgada pela Justiça Federal apenas quando possuir as seguintes infrações penais como antecedentes: 1) tráfico de drogas; 2) crimes contra a Administração Pública previstos na Convenção de Mérida; 3) terrorismo; 4) delito de corrupção de funcionários públicos estrangeiros em transações comerciais internacionais; 5) quando a infração antecedente for praticada por organização criminosa transnacional. *A contrario sensu,* se a infração antecedente não constar de tratado internacional firmado pelo Brasil (v.g., roubo), subsiste a competência da Justiça Estadual para o processo e julgamento do feito, ainda que o branqueamento de capitais seja cometido além do território nacional.[249]

---

248 O STJ tem precedente antigo no sentido de que "sempre que a lavagem ocorrer em instituição bancária situada no estrangeiro, a competência será da Justiça Federal": STJ, 3ª Seção, CC 32.861/SP, Rel. Min. Gilson Dipp, j. 10/10/2001, DJ 19/11/2001.

249 É nesse sentido a lição de Andrey Borges de Mendonça (*Lavagem de dinheiro: prevenção e controle penal.* Organizadora: Carla Veríssimo de Carli. Porto Alegre: Editora Verbo Jurídico, 2011, p. 489),

6.2.1. *Varas especializadas para processar e julgar os crimes contra o sistema financeiro nacional e os delitos de lavagem de capitais*

Com o objetivo de otimizar a persecução penal em relação aos delitos de lavagem de capitais, diversas varas no âmbito da Justiça Federal foram especializadas no combate a crimes contra o sistema econômico-financeiro. Assim, foi editada pelo Conselho da Justiça Federal a Resolução nº 314, em 12 de maio de 2003, segundo a qual os Tribunais Regionais Federais deveriam especializar, no prazo de 60 (sessenta) dias a contar da Resolução, varas federais criminais com competência exclusiva ou concorrente para processar e julgar crimes contra o sistema financeiro nacional e de lavagem ou ocultação de bens, direitos e valores. Na sequência, foi editado, no âmbito do Tribunal Regional Federal da 3ª Região, o Provimento nº 238, de 27 de agosto de 2004, segundo o qual as 2ª e 6ª Varas Criminais da 1ª Subseção Judiciária de São Paulo, da Seção Judiciária do Estado de São Paulo, foram especializadas com competência exclusiva para processar e julgar os crimes contra o sistema financeiro nacional e os crimes de "lavagem" ou ocultação de bens, direitos e valores (art. 2º). Essas varas criminais especializadas, de acordo com o art. 3º, § 1º, do Provimento nº 238, passaram a ser consideradas juízo criminal especializado em razão da matéria, tendo, à época, competência jurisdicional em toda a área territorial da Seção Judiciária do Estado de São Paulo. Ainda segundo o citado Provimento (art. 5º), às Varas Especializadas foram redistribuídos todos os feitos em andamento à época relativos aos crimes contra o sistema financeiro nacional e de lavagem de capitais, na Seção Judiciária do Estado de São Paulo, excetuados os que estivessem com a fase instrutória encerrada, observando-se as cautelas de sigilo, a ampla defesa e o devido processo legal.

---

que adverte que, para as situações em que o Brasil se comprometeu a reprimir a lavagem perante a ordem internacional, pouco importa se a infração antecedente possui caráter transnacional. Logo, para fins de fixação da competência federal, basta que a lavagem seja transnacional, sendo desnecessário que a infração antecedente também o seja. Consequentemente, caberá à Justiça Federal o processo e julgamento de lavagem de capitais transnacional quando os valores mascarados forem oriundos de tráfico de drogas, ainda que de natureza doméstica.

Com essa especialização de varas federais para o processo e julgamento de crimes contra o sistema financeiro ou de lavagem de capitais pelos diversos Tribunais Regionais Federais,[250] surgiu intensa discussão nos Tribunais quanto à (in) compatibilidade dessas varas especializadas com o princípio do juiz natural, bem como em torno da possibilidade de remessa dos processos em andamento a essas varas especializadas.

A nosso ver, não há falar em violação ao princípio do juiz natural. Como observa Antônio Scarance Fernandes, "a proibição de tribunais de exceção não significa impedimento à criação de justiça especializada ou de vara especializada, pois não há, nestas hipóteses, criação de órgãos para julgar, de maneira excepcional, determinadas pessoas ou matérias, mas simples atribuição a órgãos inseridos na estrutura judiciária fixada na Constituição de competência para o julgamento de matérias específicas, com o objetivo de melhor atuar a norma substancial".[251] Como se pode ver, não se pode confundir juízos de exceção ou *ex post factum* com juízos especializados, os quais são divisões da função jurisdicional, inseridas no quadro geral do Poder Judiciário para colaborar na administração da justiça. No caso específico da Justiça Federal, há inclusive lei autorizando a especialização de varas. De fato, de acordo com o art. 12 da Lei nº 5.010/66, nas Seções Judiciárias em que houver mais de uma Vara, poderá o Conselho da Justiça Federal fixar-lhes sede em cidade diversa da Capital, especializar Varas e atribuir competência por natureza de feitos a determinados Juízes. Não há falar, pois, em violação ao princípio do juiz natural, já que a própria Constituição Federal assegura ao Poder Judiciário autonomia administrativa e financeira, podendo proceder a sua auto-organização administrativa (CF, art. 96). Dependesse o Poder Judiciário de lei para especializar suas Varas, haveria patente limitação em seu poder de auto-organização, subordinando-o ao

250 Para a relação completa das varas especializadas: SANCTIS, Fausto Martin. *Combate à lavagem de dinheiro: teoria e prática*. Campinas/SP: Millennium Editora, 2008. p. 17.

251 *Processo Penal Constitucional*. 2ª ed. São Paulo: Revista dos Tribunais, 2000. p. 127.

Poder Legislativo, o que violaria o princípio da separação de poder em detrimento de uma prestação jurisdicional efetiva e eficiente.

É verdade que o Conselho da Justiça Federal, ao editar a Resolução nº 314/2003 exorbitou de sua competência ao definir atribuições de órgãos judiciais, na medida em que, de acordo com o art. 105, parágrafo único, II, da Constituição Federal, ao Conselho compete, tão somente, a supervisão administrativa e orçamentária da Justiça Federal de primeiro e segundo grau. No entanto, apesar da inconstitucionalidade da Resolução nº 314/2003 do Conselho da Justiça Federal, tal vício não tem o condão de macular as resoluções e provimentos expedidos pelos Tribunais Regionais Federais, que encontram seu fundamento de validade no art. 12 da Lei nº 5.010/66. Não se pode, pois, querer tachar tais provimentos de inconstitucionais ou ilegais, estando preservado o princípio do juiz natural, na medida em que há uma regra pré-estabelecida para se determinar o juízo competente.

De mais a mais, especializar varas e atribuir competência por natureza de feitos não é matéria alcançada pela reserva de lei em sentido estrito, porém apenas pelo princípio da legalidade constante do art. 5º, II, da Constituição Federal. Em outras palavras, se há matérias que não podem ser reguladas senão por lei em sentido estrito (v.g., não haverá crime ou pena, nem tributo), em outras situações, é perfeitamente possível que essa norma seja tanto legal quanto regulamentar ou regimental. Quando os Tribunais expedem provimentos e resoluções especializando varas, não o fazem no exercício da função legislativa, mas no desempenho de função normativa. O exercício da função regulamentar e da função regimental não decorrem de delegação de função legislativa; não envolvem, pois, derrogação do princípio da divisão dos poderes, estando inserido no poder de auto-organização dos Tribunais.[252]

252 Com esse entendimento: STF, 1ª Turma, HC 85.060/PR, Rel. Min. Eros Grau, DJe 030 12/02/2009. E ainda: STF, Pleno, HC 88.660/CE, Rel. Min. Cármen Lúcia, julgado em 15/05/2008. Na dicção do Supremo, "o Poder Judiciário tem competência para dispor sobre especialização de varas, porque é matéria que se insere no âmbito da organização judiciária dos Tribunais. O tema referente à organização judiciária não se encontra restrito ao campo de incidência exclusiva da lei, eis que depende da integração dos critérios preestabelecidos na

Quanto aos inquéritos e processos que já estavam em andamento quando da especialização das varas federais, acabou prevalecendo nos Tribunais o entendimento segundo o qual seria possível a aplicação subsidiária da regra do art. 43 do novo CPC. Com a criação de vara especializada no combate à lavagem de capitais na seção judiciária, se o provimento nada dispuser em sentido contrário, à vara especializada deverão ser redistribuídos todos os processos em curso, tornando-se o juiz de vara federal diversa absolutamente incompetente para processar e julgar os delitos em questão, pois a competência da Vara Especializada foi fixada em razão da matéria, portanto, de caráter absoluto. Nesta hipótese, de criação de vara especializada, não se pode falar em perpetuação da competência, já que houve uma alteração da competência em razão da matéria. Ou seja, prevista esta exceção, excepciona-se a regra de que o processo deve findar perante o juiz em que se iniciou. Não há que se falar em violação ao princípio do juiz natural.[253]

7. *HABEAS CORPUS*, EM MATÉRIA CRIMINAL DE SUA COMPETÊNCIA OU QUANDO O CONSTRANGIMENTO PROVIER DE AUTORIDADE CUJOS ATOS NÃO ESTEJAM DIRETAMENTE SUJEITOS A OUTRA JURISDIÇÃO (CF, ART. 109, VII)

Na medida em que o art. 109, VII, da Constituição Federal, ressalva da competência dos juízes federais os atos que estejam diretamente sujeitos a outra jurisdição, é importante não perder de vista o art. 108, I, "a" e "d", da CF, segundo o qual compete aos Tribunais Regionais Federais processar e julgar os juízes federais da área de sua jurisdição, incluídos os da Justiça Militar e da Justiça do Trabalho, nos crimes comuns e de responsabilidade, e os membros do Ministério Público da União, ressalvada

Constituição, nas leis e nos regimentos internos dos tribunais". (STF, 2ª Turma, HC 91.024/RN, Rel. Min. Ellen Gracie, j. 05/08/2008, DJe 157 21/08/2008).

253 TRF3 – RSE nº 2003.61.18.000542-1 – Rel. Juíza Ramza Tartuce – DJU 03/07/2007 p. 497. E ainda: STJ – CC 57.838/MS – 3ª Seção – Relatora Ministra Laurita Vaz – Julgamento: 26/04/2006 – Publicação: 15/05/2006 p. 157; STJ – REsp 628.673/SC – 5ª Turma – Rel. Min. José Arnaldo da Fonseca – DJU 14/03/2005 p. 411.

a competência da Justiça Eleitoral, bem como os *habeas corpus* quando a autoridade coatora for juiz federal.

Logo, em se tratando da competência para o julgamento de *habeas corpus* na Justiça Federal, o dispositivo do art. 109, inciso VII, da Constituição Federal, deve ser lido em conjunto com as alíneas "a" e "d" do inciso I do art. 108. Assim é que, v.g., tratando-se de constrangimento ilegal à liberdade de locomoção praticado por um delegado da Polícia Federal, como referida autoridade não está sujeita à competência do Tribunal Regional Federal, eventual habeas corpus contra ele impetrado deve ser apreciado por um juiz federal pertencente à respectiva seção judiciária.

Por sua vez, caso esse delegado da Polícia Federal tenha instaurado um inquérito policial a partir de uma requisição de Procurador da República, tem-se que a autoridade coatora, para fins de impetração de *habeas corpus*, será o órgão do *Parquet* Federal. Nessa hipótese, questiona-se: a quem compete o julgamento de *habeas corpus* contra membro do Ministério Público?

Tem prevalecido o entendimento de que o *habeas corpus* deve ser processado e julgado pelo Tribunal no qual o membro do Ministério Público tem foro por prerrogativa de função. Isso porque, do julgamento do *writ* pode resultar o reconhecimento da prática de um crime, razão pela qual somente o respectivo Tribunal poderia dizer se essa autoridade praticou ou não a infração penal. Destarte, se a autoridade coatora é um Procurador da República, ao respectivo Tribunal Regional Federal caberá o julgamento do habeas corpus (CF, art. 108, I, "a"). Caso a autoridade coatora seja um Procurador Regional da República, sobre o Superior Tribunal de Justiça recairá a competência (CF, art. 105, I, "a").[254]

Quanto ao processo e julgamento de habeas corpus contra ato de Promotor de Justiça do MPDFT ou de órgão do Ministério Público Militar perante o respectivo Tribunal Regional Federal, pensamos que a questão deve ser analisada caso a caso.

Explica-se: como é sabido, os Tribunais têm admitido o *habeas corpus* como instrumento para o trancamento de inquéritos policiais e/ou

---

254 STF – RE 315.010/DF – 2ª Turma – Rel. Min. Néri da Silveira – DJ 31/05/2002).

processos penais em hipóteses excepcionais, desde que caracterizada manifesta ausência de justa causa, atipicidade formal ou material da conduta, ou quando já extinta a punibilidade.

Pois bem. Imagine-se o seguinte exemplo: um Promotor de Justiça do Ministério Público Militar com atuação em Brasília requisita à autoridade judiciária militar a instauração de um inquérito policial militar para apurar o crime de porte de drogas em lugar sujeito à administração militar (CPM, art. 290). Valendo-se do raciocínio da jurisprudência acima citada, esse *writ* deveria ser imediatamente encaminhado ao TRF da 1ª Região, pelo simples fato de que esse órgão do MPM atuante em 1ª instância é membro do Ministério Público da União. Ora, se porventura o TRF da 1ª Região determinasse o trancamento do inquérito policial militar, estaria, diretamente, invadindo esfera de competência que não lhe pertence, subtraindo da Justiça Militar competência que lhe é própria. Em outras palavras, a Justiça Federal estaria apreciando a existência de um crime militar, violando o disposto no art. 124 da Constituição Federal. Portanto, queremos crer que, nas hipóteses de manifesto constrangimento ilegal e/ou abuso de autoridade por parte do órgão do Ministério Público do Distrito Federal e Territórios ou do Ministério Público Militar, a competência para apreciar o *writ* deve recair sobre o Tribunal Regional Federal. Todavia, se do conhecimento desse habeas corpus puder resultar a invasão de competência que seja própria da Justiça do Distrito Federal ou da Justiça Militar da União, pensamos que o remédio heroico deva ser apreciado pelo Tribunal de Justiça do Distrito Federal e Territórios ou pelo Superior Tribunal Militar, respectivamente.

8. MANDADOS DE SEGURANÇA CONTRA ATO DE AUTORIDADE FEDERAL, EXCETUADOS OS CASOS DE COMPETÊNCIA DOS TRIBUNAIS FEDERAIS (CF, ART. 109, VIII)

Nos mesmos moldes que o art. 109, VII, da Constituição Federal, o dispositivo ora em análise deve ser interpretado em conjunto com o art. 108, I, "c", da Magna Carta. Logo, em se tratando de mandado de segurança contra ato de juiz federal ou do próprio Tribunal, ao Tribunal Regional Federal caberá o seu processo e julgamento. *A contrario sensu*, cuidando-se de autoridade federal que não esteja sujeita diretamente à jurisdição do Tribunal Regional Federal, recairá sobre os juízes federais a competência para o processo e julgamento do mandado de segurança.

Da leitura do art. 5º, LXIX, da Carta Magna, depreende-se que a abrangência do mandado de segurança é determinada por exclusão, somente sendo cabível sua impetração quando o direito não for amparado por *habeas corpus* ou *habeas data*. Logo, no âmbito criminal, sua utilização se dá de maneira subsidiária, pois, havendo constrangimento à liberdade de locomoção, o *habeas corpus* prevalece sobre o mandado de segurança. Como exemplos de mandados de segurança no âmbito criminal cuja competência recai sobre um juiz federal, podemos citar: a) para o advogado ter vista dos autos de inquérito policial, que lhe é negada por um delegado federal; b) para o advogado acompanhar seu cliente em diligência em inquérito policial em curso perante a Polícia Federal; c) para obter restituição de coisas apreendidas pela autoridade policial federal, etc.[255] Em relação à negativa de acesso do advogado aos autos do inquérito policial, diante da elaboração da súmula vinculante nº 14 pelo Supremo Tribunal Federal, também é possível se cogitar do ajuizamento de reclamação perante a Suprema Corte, de modo a se assegurar a preservação de sua competência e garantia da autoridade de suas decisões (CF, art. 102, I, "l", c/c art. 988, IV, do novo CPC).

255 Segundo o art. 61 da Lei nº 5.010/66, "na Seção em que houver Varas da Justiça Federal especializadas em matéria criminal, a estas caberá o processo e julgamento dos mandados de segurança e de quaisquer ações ou incidentes relativos a apreensão de mercadorias entradas ou saídas irregularmente do país ficando o juiz prevento para o procedimento penal do crime de contrabando ou descaminho". Para a jurisprudência, essa competência excepcional do art. 61 da Lei nº 5.010/66, que atribui ao Juízo Federal Criminal competência para processar e julgar mandados de segurança e outras ações relacionadas com apreensão de mercadorias encontradas irregularmente no país, deve ser interpretada de maneira restritiva, somente sendo aplicável quando houver fato típico objeto de inquérito policial ou ação penal instaurados.

O mandado de segurança individual tem seu procedimento regulamentado pela Lei nº 12.016, de 7 de agosto de 2009. Segundo o art. 2º da referida Lei, considerar-se-á federal a autoridade coatora se as consequências de ordem patrimonial do ato contra o qual se requer o mandado houverem de ser suportadas pela União ou entidade por ela controlada.

9. CRIMES COMETIDOS A BORDO DE NAVIOS OU AERONAVES, RESSALVADA A COMPETÊNCIA DA JUSTIÇA MILITAR (CF, ART. 109, INCISO IX)

De acordo com o art. 109, inciso IX, da Constituição Federal, compete aos juízes federais processar e julgar os crimes cometidos a bordo de navios ou aeronaves, ressalvada a competência da Justiça Militar.

Antes de se ingressar na análise propriamente do inciso IX do art. 109 da Carta Magna, importa analisar o princípio da territorialidade da lei penal brasileira. Esse princípio foi adotado como regra geral pelo Código Penal, a teor do disposto em seu art. 5º, *caput*, segundo o qual se aplica a lei brasileira, sem prejuízo de convenções, tratados e regras de direito internacional, ao crime cometido no território nacional. Por sua vez, de acordo com os § 1º do art. 5º do CP, consideram-se como extensão do território nacional as embarcações e aeronaves brasileiras, de natureza pública ou a serviço do governo brasileiro onde quer que se encontrem, bem como as aeronaves e as embarcações brasileiras, mercantes ou de propriedade privada, que se achem, respectivamente, no espaço aéreo correspondente ou em alto-mar. Também se aplica a lei brasileira aos crimes cometidos a bordo de aeronaves ou embarcações estrangeiras de propriedade privada, achando-se aquelas em pouso no território nacional ou em voo no espaço aéreo correspondente, e estas em porto ou mar territorial do Brasil (CP, art. 5º, § 2º).

Conquanto o art. 11 da Lei nº 2.180/54 defina *embarcação mercante* como toda construção utilizada como meio de transporte por água, e destinada à indústria de navegação, quaisquer que sejam as suas características e lugar de tráfego, prevalece na jurisprudência que o termo "**navio**", constante do art. 109, IX, da Carta Magna, abrange somente as embarcações aptas para a navegação em alto-mar. Estão excluídas do referido conceito, portanto, embarcações de pequeno porte ou de pequeno calado, tais como lanchas de recreio, botes com motor de popa, jet-skis, etc. Logo, compete à Justiça Estadual o processo e julgamento de feito que visa à apuração de delito cometido em lancha, tida como embarcação de pequeno porte que não é abrangida pela regra do art. 109, IX, da CF.[256]

Para os fins do art. 109, inciso IX, a Constituição Federal exige que o crime seja cometido a bordo de navio, o que significa que o delito deve ser praticado no interior da embarcação. Na verdade, a norma visa abranger as hipóteses em que tripulantes e passageiros, pelo potencial marítimo do navio, possam ser deslocadas para águas territoriais internacionais. Portanto, imaginando-se exemplo em que uma vítima, que estava sendo transportada por pequena embarcação, venha a se acidentar quando tentava embarcar em navio fundeado subindo a escada, como não houve o implemento desde potencial de deslocamento internacional, a competência será da Justiça Estadual.[257] Portanto, é necessário que a embarcação se encontre em situação de deslocamento internacional ou em situação de potencial deslocamento. Por isso, em caso concreto referente a homicídio culposo ocorrido durante operação de carregamento de veículos para navio de bandeira italiana, estando a embarcação ancorada para carregamento, o qual era feito por pessoas estranhas à embarcação – estivadores (entre eles, a vítima) –, e não por passageiros ou funcionários do navio, concluiu-se que a conduta culposa cometida em solo antes do início da operação de reembarque deveria ser processada e julgada perante a Justiça Comum Estadual.[258]

Quanto à noção de **aeronave**, o art. 106, *caput*, da Lei nº 7.565/86 (Código Brasileiro de Aeronáutica) assim a define: "Considera-se aeronave todo aparelho manobrável em voo, que possa sustentar-se e circular no

256 STJ – CC 24.249/ES, Rel. Min. GILSON DIPP, Terceira Seção, DJ 17/4/2000, p. 41.

257 STJ – CC 43.404/SP – 3ª Seção – Rel. Min. Arnaldo Esteves Lima – DJ 02/03/2005 p. 184.

258 STJ, 3ª Seção, CC 116.011/SP, Rel. Min. Gilson Dipp, julgado em 23/11/2011. No mesmo contexto: STJ, 3ª Seção, CC 118.503/PR, Rel. Min. Rogerio Schietti Cruz, j. 22/4/2015, DJe 28/4/2015.

espaço aéreo, mediante reações aerodinâmicas, apto a transportar pessoas ou coisas".

Segundo Nádia de Araújo, "não pode ser considerada aeronave o paraquedas, que tem por finalidade amortecer uma queda utilizando-se da resistência do ar, nem hovercraft, já que ele não circula no espaço aéreo deslocando-se através de um colchão de ar, por ele próprio produzido. Quanto aos planadores, são considerados aeronaves, mesmo porque a definição não exige que estas possuam motor, apenas que tenham aptidão para sustentar-se circular no espaço, e que sejam manobráveis. São também aeronaves o helicóptero e os hidroaviões. Ainda com respeito ao Space Shuttle Columbia, acreditamos tratar-se de uma aeronave que acumula, além das características básicas desta, a qualidade de efetuar, no espaço epiatmosférico, a atividade executada por naves espaciais."[259]

Conquanto a Convenção de Tóquio, promulgada pelo Decreto nº 479/69, estabeleça que um crime praticado a bordo de uma aeronave sobre qualquer território estrangeiro, por exemplo, o território brasileiro, somente seria da jurisdição brasileira se a infração produzisse efeitos no território brasileiro, se a infração tivesse sido cometida por ou contra um nacional do Brasil ou se a pessoa tivesse residência permanente no Brasil, tal dispositivo não pode prevalecer sobre o disposto no art. 109, inciso IX, da Constituição Federal, segundo o qual compete à Justiça Federal processar e julgar qualquer crime cometido a bordo de navio ou aeronave, independentemente da posição dos sujeitos ativo e passivo, ressalvada a competência da Justiça Militar.

Analisando conflito positivo de competência entre a Justiça Federal e a Justiça Estadual relativo ao acidente aéreo envolvendo o jato executivo legacy com o Boeing 737-800 da Gol Transportes Aéreos, que resultou na queda dessa última em solo no Estado do Mato Grosso, decidiu o Superior Tribunal de Justiça que a competência seria da Justiça Federal. Ponderou a Min. Relatora Maria Thereza de Assis Moura que, qualquer que seja o resultado final das investigações, no tocante à prática de qualquer ilícito

259 *Apud* CARVALHO, Competência da Justiça Federal, 2008. p. 457.

penal, seja doloso ou culposo, haverá a competência da Justiça Federal (art. 109, IV e IX, da CF/1988). Anotou que o tipo penal provisoriamente capitulado seria o do art. 261 do CP (crime de atentado à segurança do transporte aéreo), que busca tutelar bem cuja exploração (direta ou mediante autorização, concessão ou permissão) é da União (art. 21, XII, c, da CF/1988), o que impõe a competência da Justiça Federal (art. 109, IV, da CF/1988), também obrigatória no caso de admitir-se a prática de crime a bordo de aeronave (art. 109, IX, da CF/1988).[260]

Ainda em relação à competência da Justiça Federal para processar e julgar crime cometido a bordo de aeronave, vale ressaltar que pouco importa se a aeronave encontra-se em ar ou em terra e, ainda, quem seja o sujeito passivo do delito. Portanto, o fato de encontrar-se a aeronave em terra não afasta a competência da Justiça Federal se comprovado que a prática criminosa ocorreu no seu interior. Imaginando-se, então, crime de roubo ocorrido no interior de avião pousado, consistente na subtração de numerário pertencente ao Banco do Brasil e sob a guarda de empresa transportadora de valores, ter-se-á crime de competência da Justiça Federal, na medida em que o delito terá sido cometido a bordo de aeronave.[261]

Quanto ao delito de tráfico de drogas, caso esse seja praticado a bordo de navio ou aeronave, ter-se-á crime de competência da Justiça Federal com fundamento no art. 109, inciso IX, da Constituição Federal, independentemente da internacionalidade territorial do resultado relativamente à conduta delituosa, tal qual exige o inciso V do art. 109 da Carta Magna.

Entretanto, para que a competência seja da Justiça Federal, é imprescindível que o flagrante ocorra a bordo da aeronave. Assim, v.g., se um

260 STJ, 3ª Seção, CC 72.283/MT, Rel. Min. Maria Thereza de Assis Moura, DJU 05/02/2007 p. 199.

261 STF, 1ª Turma, RHC 86.998/SP, Rel. Min. Cármen Lúcia, DJe 004 26/04/2007. No mesmo sentido: STJ, 5ª Turma, HC 40.913/SP, Rel. Min. Arnaldo Esteves Lima, DJ 15/08/2005 p. 338; STJ, 5ª Turma, HC 108.478/SP, Rel. Min. Adilson Vieira Macabu – Desembargador convocado do TJ/RJ, julgado em 22/02/2011.

agente transportando cocaína a bordo de voo de Cuiabá/MT para São Paulo for obrigado a desembarcar em Brasília antes de seguir viagem para o destino final, sendo preso em flagrante quando estava no saguão do aeroporto, ter-se-á crime de tráfico doméstico, a ser julgado pela Justiça Estadual, pouco importando que o transporte, que antecedera a prisão, tenha sido feito por meio de avião[262].

Compete à Justiça Estadual o julgamento de crimes ocorridos a bordo de balões de ar quente tripulados. Explica-se: os aeróstatos (balões e dirigíveis) não são manobráveis, mas apenas controlados em voo, já que são guiados pela corrente de ar. De outro lado, sua sustentação não ocorre por reações aerodinâmicas, mas por impulsão estática, decorrente do aquecimento do ar ao seu redor, tornando-o menos denso, o que os faz subir e alçar voo. Logo, não podem ser tratados como *aeronave* à luz do art. 106 do Código Brasileiro de Aeronáutica.[263]

Por fim, se se tratar de crime militar a bordo de navios ou aeronaves, a competência será da Justiça Militar, por força da ressalva constitucional do fim do inciso IX do art. 109 da Constituição Federal.

10. CRIMES DE INGRESSO OU PERMANÊNCIA IRREGULAR DE ESTRANGEIRO (CF, ART. 109, X)

Para fins criminais, interessa-nos a primeira parte do inciso X do art. 109 da Constituição Federal, referente à competência criminal da Justiça Federal para processar e julgar os crimes de ingresso ou permanência irregular de estrangeiro. Tal dispositivo é interpretado no sentido de que compete aos juízes federais o processo e julgamento de todo e qualquer

262 De acordo com o Supremo, "o fato de a droga haver sido transportada por via aérea não ocasiona, por si só, a competência da Justiça Federal. Prevalece, sob tal ângulo, o local em que apreendida". (STF – RE 463.500/DF – 1ª Turma – Rel. Min. Marco Aurélio – Dje 092 – 21/05/2008).

263 Nessa linha: STJ, 3ª Seção, CC 143.400/SP, Rel. Min. Ribeiro Dantas, j. 24/04/2019, DJe 15/05/2019.

crime, previsto na legislação comum ou especial, cometido pelo estrangeiro com o intuito de regularizar o seu ingresso e permanência no Brasil.

Inicialmente, cabe ressaltar que o simples fato de um delito ter sido praticado por um estrangeiro não atrai a competência da Justiça Federal. Com efeito, a condição de estrangeiro, para fins de fixação de competência criminal, só tem relevância quando se trata de crime relacionado ao ingresso ou permanência irregular no país.[264]

É importante notar que a entrada no território nacional sem estar autorizado configura mera infração administrativa punida com deportação, tal qual dispõe o art. 109, inciso I, da Lei n. 13.445/17 (Lei de Migração). Da mesma forma, permanecer em território nacional depois de esgotado o prazo legal da documentação migratória também constitui infração administrativa, punida com pena de multa, por dia de excesso e deportação, caso o infrator não saia do País ou não regularize a situação migratória no prazo fixado (Lei nº 13.445/17, art. 109, II).

O art. 338 do Código Penal, por sua vez, dispõe que a conduta de reingressar no território nacional o estrangeiro que dele foi expulso será punida com pena de reclusão, de 1 (um) a 4 (quatro) anos, sem prejuízo de nova expulsão após o cumprimento da pena. Por sua vez, versa o art. 309 do CP acerca do crime de fraude de lei sobre estrangeiro, caracterizando-se pela conduta de usar o estrangeiro, para entrar ou permanecer no território nacional, nome que não é o seu (*caput* do art. 309 do CP). O parágrafo único do art. 309 do CP dispõe acerca da conduta de atribuir a estrangeiro falsa qualidade para promover-lhe a entrada em território nacional. Lado outro, o art. 310 do CP prevê como crime as condutas de prestar-se a figurar como proprietário ou possuidor de ação, título ou valor pertencente a estrangeiro, nos casos em que a este é vedada por lei a propriedade ou a posse de tais bens, condutas estas que podem ser praticadas com a finalidade precípua de garantir a permanência irregular do estrangeiro no território nacional.

264 STJ, 3ª Seção, CC 33.624/PE, Rel. Min. Laurita Vaz, DJ 05/05/2003 p. 217.

11. DISPUTA SOBRE DIREITOS INDÍGENAS (CF, ART. 109, XI)

Segundo o disposto no art. 109, inciso XI, da Constituição Federal, compete à Justiça Federal processar e julgar a disputa sobre direitos indígenas. Nos exatos termos do art. 3º da Lei nº 6.001/73 (Estatuto do Índio), índio ou silvícola é todo indivíduo de origem e ascendência pré-colombiana que se identifica e é identificado como pertencente a um grupo étnico cujas características culturais o distinguem da sociedade nacional (inciso I), e comunidade indígena ou grupo tribal é um conjunto de famílias ou comunidades índias, quer vivendo em estado de completo isolamento em relação aos outros setores da comunhão nacional, quer em contato intermitentes ou permanentes, sem contudo estarem neles integrados (inciso II).

Acerca da competência criminal, pacificou-se a jurisprudência no sentido de que crimes cometidos por ou contra indígenas são, em regra, da competência da Justiça Estadual, salvo se o delito envolver a disputa sobre direitos indígenas. Nesse sentido, aliás, dispõe a súmula nº 140 do STJ que *compete à Justiça Comum Estadual processar e julgar crime em que o indígena figure como autor ou vítima.* Portanto, se um crime de homicídio for cometido por um índio, motivado por desentendimento momentâneo, não guardando qualquer pertinência com direitos indígenas, será de todo irrelevante o fato de o delito ter ocorrido no interior de reserva indígena – a competência será da Justiça Estadual.[265]

Nessas circunstâncias, não se pode querer atribuir a competência à Justiça Federal pelo simples fato de recair sobre a FUNAI a tutela sobre os indígenas, nem tampouco pelo fato de o art. 37 da LC 75/93 (Lei Orgânica Nacional do Ministério Público da União) atribuir ao MPF a defesa de direitos e interesses das populações indígenas, nem tampouco pelo fato de caber à FUNAI a tutela sobre indígenas.

265 STF – HC 81.827/MT – 2ª Turma – Rel. Min. Maurício Corrêa – DJ 23/08/2002. A 2ª Turma do Supremo seguiu esse mesmo raciocínio ao reconhecer a competência da Justiça Comum do Distrito Federal para processar e julgar o caso “Galdino”: STF, 2ª Turma, HC 75.404/DF, Rel. Min. Maurício Corrêa, DJ 27/04/2001. No mesmo sentido: STF – HC 79.530/PA – 1ª Turma – Rel. Min. Ilmar Galvão – Publicação: DJ 25/02/2000.

Se, no entanto, o delito cometido por ou contra indígena envolver a disputa sobre seus direitos, ter-se-á crime de competência da Justiça Federal. Por "direitos indígenas" deve se atentar para o disposto no art. 231, *caput*, da Carta Magna, segundo o qual lhes são reconhecidos sua organização social, costumes, línguas, crenças e tradições, e os direitos originários sobre as terras que tradicionalmente ocupam, competindo à União demarcá-las, proteger e fazer respeitar todos os seus bens. Assim, se o chefe de uma tribo indígena, por exemplo, for vítima de um crime doloso contra a vida, estando a infração relacionada à disputa sobre terras ocupadas pelos indígenas, estará fixada a competência do Tribunal do Júri Federal para o processo e julgamento do feito.[266]

Em relação aos crimes cometidos em detrimento de terras indígenas, não há como se afastar a competência da Justiça Federal. A uma porque são bens da União as terras tradicionalmente ocupadas pelos indígenas (CF, art. 20, inciso XI). A duas porque tal delito envolve direitos indígenas, haja vista os direitos originários deles sobre as terras que tradicionalmente ocupam (CF, art. 231, *caput*). Destarte, seja com fundamento no inciso IV do art. 109 da Constituição Federal, seja com base no inciso XI do art. 109, crimes envolvendo terras indígenas deverão ser processados e julgados pela Justiça Federal. Por isso, crime contra o meio ambiente praticado no interior de reserva indígena deve ser julgado pela Justiça Federal.

Este o motivo pelo qual, em caso concreto atinente a crimes de homicídios praticados por indígenas cuja motivação teria sido a disputa pela posse de terras entre eles e produtores rurais locais, concluiu o Superior Tribunal de Justiça pela competência da Justiça Federal.[267]

266 STJ – HC 77.280/RS – 5ª Turma – Rel. Min. Arnaldo Esteves Lima – Dje 09/03/2009. Reconhecendo a competência da Justiça Federal para processar e julgar processo penal referente aos crimes de calúnia e difamação praticados no contexto de disputa pela posição de cacique em comunidade indígena: STJ, 3ª Seção, CC 123.016/TO, Rel. Min. Marco Aurélio Bellizze, j. 26/06/2013. No sentido de que a competência da Justiça Federal em relação aos direitos indígenas não se restringe às hipóteses de disputa de terras, eis que os direitos contemplados no art. 231 da Constituição da República são muito mais extensos: STF, 2ª Turma, RHC 117.097/RJ, Rel. Min. Ricardo Lewandowski, j. 10/12/2013, DJe 22 31/01/2014.

267 STJ – HC 65.898/MS – 5ª Turma – Rel. Min. Laurita Vaz – DJ 14/05/2007 p. 343. Com raciocinio semelhante: STJ – CC 31.134/BA – 3ª Seção – Rel. Min. Gilson Dipp – DJ

Não obstante ser esse o entendimento consolidado dos Tribunais Superiores, ao apreciar o RMS 30.675/AM, a 5ª Turma do STJ concluiu – estranhamente, a nosso ver – que, mesmo em se tratando de indígena integrado à sociedade, haveria a necessidade de intervenção da FUNAI, o que, consequentemente, acarretaria a fixação da competência da Justiça Federal. O caso concreto referia-se à prática de crime de tráfico de drogas por acusado pertencente à etnia Kokama. Nas instâncias ordinárias, a intervenção da FUNAI foi indeferida pelo fato de o acusado ter sido considerado integrado à sociedade, já que possuía documentos comuns aos não indígenas (CPF, RG, título de eleitor etc.). No entanto, sob o argumento de que o normativo da Convenção OIT nº 169 adota, como critério de identificação, a autoidentificação, sendo indígena quem se sente, comporta-se ou afirma-se como tal, de acordo com os costumes, organizações, usos, língua, crenças e tradições indígenas da comunidade a que pertença, seria obrigatória a intervenção da FUNAI, daí por que o processo devia ter tramitado perante a Justiça Federal.[268]

A nosso juízo, laborou em equívoco a 5ª Turma do STJ, porquanto ausente interesse da FUNAI no caso concreto. Com efeito, por força do art. 4º da Lei nº 6.001/73, classifica-se o índio em: a) Isolados: quando vivem em grupos desconhecidos ou de que se possuem poucos e vagos informes através de contatos eventuais com elementos de comunhão nacional; b) Em vias de integração: quando, em contato intermitente ou permanente com grupos estranhos, conservem menor ou maior parte das condições de sua vida nativa,

---

25/03/2002 p. 172. Em caso concreto pertinente à tentativa de homicídio contra um advogado, crime do qual seria mentor um silvícola, cuja motivação seria a penhora de um micro-ônibus pertencente à associação indígena para saldar dívidas, concluiu a 3ª Seção do STJ tratar-se de crime da competência da Justiça Federal, já que, interpretando-se em conjunto o art. 3º da Lei nº 6.001/1973 e o art. 231 da CF/1988, não há como negar que, no caso, a motivação para o crime extrapolou o interesse privado (individual). Isso porque, sendo vedada a implantação de garimpos particulares em reservas indígenas, criou-se uma maneira indireta de fazer a extração dos bens minerais escondidos em seu subsolo. Convenceu-se a comunidade indígena daquela região acerca da necessidade de aquisição de bens materiais modernos, sabendo-se que jamais seus membros teriam como quitar as dívidas contraídas: STJ, 3ª Seção, CC 99.406/RO, Rel. Min. Jorge Mussi, julgado em 13/10/2010.

268 STJ, 5ª Turma, RMS 30.675/AM, Rel. Min. Gilson Dipp, j. 22/11/2011, DJe 01/12/2001.

mas aceitam algumas práticas e modos de existência comuns aos demais setores da comunhão nacional; c) Integrados: quando incorporados à comunhão nacional e reconhecidos no pleno exercício dos direitos civis, ainda que conservem usos, costumes e tradições características da sua cultura.

Compete à União, através da FUNAI (órgão federal de assistência aos silvícolas), dentre outras, prestar assistência *aos índios ainda não integrados à comunhão nacional* (art. 2º, Lei 6001/73), garantindo a ele a igualdade de armas na disputa travada no processo penal. A sua intervenção, portanto, só se justifica quando o indígena necessitar da tutela, e isso se dá apenas quando não totalmente integrado (art. 7º, da Lei 6001/73). Quando se trata de indígena integrado (com registro civil, inclusive), cessa toda e qualquer restrição à capacidade (art. 10 da Lei 6001/73), mas nunca sua condição de indígena. Dentro desse espírito, sentir-se, comportar-se ou afirmar-se indígena, de acordo com os costumes, organizações, usos, língua, crenças e tradições indígenas da comunidade a que pertença, não impede que seja etiquetado como capaz e, como tal, dispensar a tutela do órgão de assistência federal (repise-se: indígena, integrado ou não, continua indígena).

Ora, no caso concreto apreciado pelo STJ, o acusado, indígena, claramente integrado, possuindo registro civil, comercializou, fora da sua comunidade, drogas. Logo, não há falar em tutela da FUNAI, muito menos em fixação da competência da Justiça Federal para o processo e julgamento do feito. Devia ter sido mantida, pois, a competência da Justiça Estadual.

Por fim, no que diz respeito aos **quilombolas**,[269] é firme a jurisprudência no sentido de que compete à Justiça Estadual processar e julgar causa quando não se verifica, da atuação de indiciado que autodeclara

269 Enquanto no período da escravidão o termo referia-se a escravos africanos e afrodescendentes que fugiram dos engenhos de cana-de-açúcar, fazendas e pequenas propriedades para formar pequenos vilarejos chamados quilombos, contemporaneamente refere-se aos descendentes desses povos escravizados, que vivem em comunidades rurais, suburbanas e urbanas caracterizadas pela agricultura de subsistência e por manifestações culturais que têm forte vínculo com o passado africano.

quilomobola, disputa alguma por terra quilombola ou interesse da comunidade na ação delituosa. Não por outro motivo, em caso concreto envolvendo a prática dos crimes de posse irregular de arma de fogo e pesca ilegal, por indivíduo que se autodeclarou quilombola, sem envolver, porém, qualquer disputa por terra quilombola ou interesse da referida comunidade na ação delituosa, a 3ª Seção do STJ deliberou pelo reconhecimento da competência da Justiça Estadual para julgar a demanda.[270]

11.1. Genocídio contra indígenas

O crime de genocídio está previsto na Lei nº 2.889/56. Da leitura do art. 1º da Lei nº 2.889/56 depreende-se que o bem jurídico tutelado pelo genocídio é a existência de grupo nacional, étnico, racial ou religioso. Não se trata, pois, de crime doloso contra a vida. Conclui-se, também, que referido delito pode ser praticado por meio de homicídios, lesões corporais, maus-tratos, esterilização forçada, aborto e sequestro ou cárcere privado.

Inicialmente, cumpre analisar a competência de Justiça para processar e julgar o delito de genocídio: Justiça Estadual ou Justiça Federal?

É bem verdade que o delito de genocídio está previsto em tratado ou convenção internacional – o Decreto nº 30.822, de 6 de maio de 1952, promulgou a Convenção para a prevenção e a repressão do crime de genocídio, concluída em Paris, em 11 de dezembro de 1948, por ocasião da III Sessão da Assembleia Geral das Nações Unidas.[271] No entanto, como visto anteriormente, de acordo com o art. 109, inciso V, da Constituição Federal, o simples fato de o delito estar previsto em tratado ou convenção internacional assinada pelo Brasil não enseja, por si só, a competência da Justiça Federal. Para além disso, é imprescindível que o delito se revista do caráter de internacionalidade, ou seja, que reste caracterizada a internacionalidade territorial do resultado relativamente à conduta delituosa. Ora, como o delito de genocídio, pelo menos em regra, não preenche esse segundo pressuposto, tem-se que o crime de genocídio é da competência da Justiça Estadual.

---

270 STJ, 3ª Seção, CC 192.658/RO, Rel. Min. Laurita Vaz, j. 10.05.2023, DJe 16.05.2023.

271 Aprovada pelo Congresso Nacional pelo Decreto Legislativo nº 2, de 11 de abril de 1951.

Como se trata de crime que envolve grave violação aos direitos humanos, afigura-se possível o incidente de deslocamento da competência para a Justiça Federal (CF, art. 109, inciso V-A, c/c art. 109, § 5º), o qual, todavia, fica condicionado à demonstração concreta de risco de descumprimento de obrigações decorrentes de tratados internacionais firmados pelo Brasil, resultante da inércia, negligência, falta de vontade política ou de condições reais do Estado-membro, por suas instituições, em proceder à devida persecução penal. Assim, imaginando-se um massacre baseado em intuito genocida, e confirmada a negligência do Estado-membro em proceder à persecução penal, estará o Procurador-Geral da República autorizado a propor perante o Superior Tribunal de Justiça o incidente de deslocamento da competência pleiteando a remessa do feito à Justiça Federal.

Em que pese o fato de o delito de genocídio ser, em tese, da competência da Justiça Estadual, caso esse genocídio seja praticado contra indígenas, não há como se afastar a competência da Justiça Federal. Isso porque, como o delito teria o condão de atingir potencialmente a própria existência de uma determinada etnia indígena, inegável tratar-se de crime praticado contra índios envolvendo a disputa sobre direitos indígenas, afastando-se, assim, a aplicação da súmula nº 140 do STJ.

Mas ainda deve ser analisado se esse delito de genocídio contra índios deve ser julgado por um juiz singular federal ou por um tribunal do júri federal.

Como visto anteriormente, como o delito de genocídio não é crime doloso contra a vida, eventual delito de genocídio contra indígenas deve ser processado e julgado, pelo menos em regra, perante um juiz singular federal. Assim, v.g., se determinado indivíduo, fazendo-se se passar por cientista, e agindo com intuito genocida, entregar pílulas anticoncepcionais a mulheres de determinada etnia indígena, dizendo tratar-se de remédios contra a gripe, deverá responder pelo delito do art. 1º, alínea "d", da Lei nº 2.889/56, perante um juiz singular federal.

Todavia, esse mesmo delito de genocídio contra indígenas pode ser praticado mediante morte de membros do grupo. Nesse caso, se o agente resolver matar vários membros, em circunstâncias semelhantes de tempo e de lugar, e com o mesmo *modus operandi*, deverá responder pelos diversos homicídios (em continuidade delitiva) e pelo crime de genocídio, em concurso formal impróprio, não sendo possível a aplicação do princípio da consunção. Nesse caso, como os crimes dolosos contra a vida de indígenas envolvem a disputa sobre seus direitos, a série de continuidade delitiva dos homicídios deverá ser processada e julgada perante um Tribunal do Júri Federal, que exercerá força atrativa em relação ao crime conexo de genocídio, tal qual dispõe o art. 78, inciso I, do Código de Processo Penal.[272]

12. CONEXÃO ENTRE CRIMES DE COMPETÊNCIA DA JUSTIÇA FEDERAL E DA JUSTIÇA ESTADUAL

Havendo conexão entre *crimes* de competência da Justiça Federal e da Justiça Estadual, prevalece a competência da Justiça Federal. Isso porque a competência da Justiça Federal vem prevista na própria Constituição Federal, impedindo que seja afastada em prol da Justiça Estadual por força de uma regra prevista na lei processual penal. É exatamente esse o conteúdo da **súmula nº 122 do STJ**: Compete à Justiça Federal o processo e julgamento unificado dos crimes conexos de competência federal e estadual, não se aplicando a regra do art. 78, II, a, do Código de Processo Penal. Na mesma linha, o extinto Tribunal Federal de Recursos chegou a elaborar a súmula nº 52, *in verbis*: Compete à Justiça Federal o processo e julgamento unificado dos crimes conexos de competência federal e estadual, não se aplicando a regra do art. 78, II, a, do CPP. Não por outro motivo, em caso concreto referente a acusado de crimes de pedofilia e pornografia infantil de caráter transnacional – crime de competência da Justiça Federal, nos termos do art. 109, V, da Constituição Federal –, praticados em conexão com estupro e atentado violento ao pudor cometidos contra menores no Brasil, concluiu a 2ª Turma do STF que todas as infrações penais deveriam ser julgadas pela Justiça Federal, haja vista a conexão probatória entre elas.[273]

---

272 Com esse entendimento: STF, Pleno, RE 351.487/RR, Rel. Min. Cezar Peluso, DJ 10/11/2006.

273 STF, 2ª Turma, HC 114.689/SP, Rel. Min. Ricardo Lewandowski, j. 13/08/2013. À evidência, não havendo conexão entre o *crime federal* e o *crime estadual,* não se justifica o

Por isso, havendo conexão entre um *crime federal* e um *crime estadual*, prevalece a competência da Justiça Federal, mesmo em se tratando de crimes dolosos contra a vida. Assim, se um crime *federal*, sujeito ou não ao Tribunal do Júri, for conexo a um crime doloso contra a vida de competência da Justiça Estadual, ambos deverão ser julgados por um Tribunal do Júri Federal. Desse modo, observar-se-ão a competência da Justiça Federal e a competência do Tribunal do Júri para o julgamento de crimes dolosos contra a vida.[274]

Ressalte-se, todavia, que a própria Constituição Federal, em seu art. 109, inciso IV, afasta da competência da Justiça Federal o processo e julgamento de contravenções penais. Logo, ainda que haja conexão entre um crime "federal" e uma contravenção penal, esta última deverá ser processada e julgada perante a Justiça Estadual, consoante dispõe a súmula 38 do STJ.[275]

Só há falar em aplicação da súmula 122 do STJ, com a consequente reunião dos processos perante a Justiça Federal, na hipótese de haver *crime federal* que justifique sua atuação. Portanto, na eventualidade de a imputação que justificava a competência da Justiça Federal deixar de existir, a competência passará às mãos da Justiça Estadual. Nesse caso, não se pode aplicar a regra do art. 81 do CPP, que versa sobre a perpetuação de competência. Afinal, se não há *crime federal*, e se a competência da Justiça

---

simultaneus processus perante a Justiça Federal: STJ, 3ª Seção, CC 101.306/PR, Rel. Min. Maria Thereza de Assis Moura, Dje 20/02/2009.

274 Reconhecendo a competência da Justiça Federal para o processo e julgamento de crime de roubo armado contra agência dos correios conexo a tentativa de homicídio contra policiais militares, o qual, não fosse a conexão com aquele crime federal, deveria ser julgado pela Justiça Comum Estadual: STJ, 3ª Seção, CC 165.117/RS, Rel. Min. Ribeiro Dantas, j. 23/10/2019, DJe 30/10/2019. Para o STJ, compete à Justiça Estadual processual e julgar crime de porte ilegal de arma de fogo praticado, em uma mesma circunstância, com crime de contrabando – de competência da Justiça Federal –, já que a mera ocorrência dos referidos delitos no mesmo contexto não enseja o reconhecimento da conexão e consequente reunião dos processos na Justiça Federal: STJ, 3ª Seção, CC 120.630/PR, Rel. Min. Alderita Ramos de Oliveira – Desembargadora convocada do TJ/PE –, j. 24/10/2012.

275 STJ, 3ª Seção, AgRg no CC 118.914/SC, Rel. Min. Laurita Vaz, j. 29/02/2012, DJe 07/03/2012.

Federal é definida taxativamente na Constituição Federal, não se pode querer ampliá-la com base em regra infraconstitucional (CPP, art. 81), quando não se tem qualquer crime que justifique a reunião dos processos. A título de exemplo, suponha-se que seja oferecida denúncia perante a Justiça Federal em face de um agente quanto à suposta prática do crime de descaminho (CP, art. 334), crime de competência da Justiça Federal, e contra outros dois corréus pela suposta prática do crime de receptação (CP, art. 180). Caso ocorra a extinção da punibilidade em relação ao primeiro acusado (v.g., pela morte), impõe-se a imediata remessa dos autos à Justiça Estadual, sendo inviável a aplicação da regra da perpetuação de competência. Ora, as normas de conexão, de índole meramente legal, não podem se sobrepor aos regramentos constitucionais de determinação da competência da Justiça Federal. Logo, nesta hipótese de conexão entre os crimes de descaminho e de receptação, em que o primeiro atraiu a competência da Justiça Federal para processar e julgar os delitos, não mais existindo atração para a Justiça Federal processar e julgar o feito devido à extinção da punibilidade pela morte do agente, desaparece o interesse da União, deslocando-se a competência para a Justiça estadual.[276]

Ainda em relação a este exemplo, resultado diverso ocorrerá no caso de absolvição em relação ao crime de descaminho. Nesse caso, mesmo que o juiz federal absolva o agente em relação à imputação de descaminho, terá sua competência prorrogada para julgar o delito conexo, pois, se houve absolvição, isso significa dizer que a Justiça Federal afirmou sua competência, a qual será extensiva aos crimes conexos, nos termos do art. 81 do CPP. Na mesma linha, se o crime de competência da Justiça Federal estiver suspenso em virtude, por exemplo, do parcelamento do débito tributário, subsiste a competência desta Justiça para o processo e julgamento da infração conexa, aplicando-se, por analogia, o disposto no art. 81 do CPP. Ora, se, no mais – absolvição ou desclassificação do crime – subsiste a competência, não há razão para o menos – suspensão do processo – modificar a competência atraída pela conexão.[277]

---

276 Nesse sentido: STJ, 3ª Seção, CC 110.998/MS, Rel. Min. Maria Thereza de Assis Moura, julgado em 26/05/2010.

277 STJ, 3ª Seção, CC 121.022/AC, Rel. Min. Marco Aurélio Bellizze, j. 10/10/2012.

BIBLIOGRAFIA

ABELHA, Marcelo. *Manual de direito processual civil*. 6ª ed. Rio de Janeiro: Forense, 2016.

ALVIM, Arruda. *Manual de direito processual civil* – teoria geral do processo e processo de conhecimento. 17ª ed. São Paulo: RT, 2017.

ANDRADE, Adriano; MASSON, Cleber; ANDRADE, Landolfo. 7ª ed. *Interesses difusos e coletivos*. São Paulo: Método, 2017.

ARAÚJO, Fabio Caldas de. *Curso de processo civil*. Tomo I – Parte Geral. São Paulo: Malheiro, 2016.

ARENHART, Sérgio Cruz; OSNA, Gustavo. *Curso de processo civil coletivo*. São Paulo: RT, 2019.

BALTAZAR Jr., José Paulo. *Crimes Federais: contra a administração pública, a previdência social, a ordem tributária, o sistema financeiro nacional, as telecomunicações e as licitações, estelionato, moeda falsa, abuso de autoridade, tráfico transnacional de drogas, lavagem de dinheiro*. 2ª ed. Porto Alegre: Livraria do Advogado Ed., 2007.

BENEDUZI, Renato. Forum non conveniens. Academia. Disponível em: https://www.academia.edu/24405537/Forum_non_conveniens. Acesso em 30.05.2020.

BOCHENEK, Antonio César; DALAZOANA, Vinicius. *Competência cível da justiça federal e dos juizados especiais cíveis*. 4ª ed. Curitiba: Juruá, 2017.

BUENO, Cassio Scarpinella. *Curso sistematizado de direito processual civil*. Vl. 1. São Paulo: Saraiva, 2018.

CABRAL, Antonio do Passo. Juiz natural e eficiência processual: flexibilização, delegação e coordenação de competências no processo civil. Tese apresentada no concurso de provas e títulos para provimento do cargo de Professor Titular de Direito Processual Civil da Faculdade de Direito da Universidade do Estado do Rio de Janeiro. Rio de Janeiro, 2017.

__________. *Convenções Processuais*. Salvador: Juspodivm, 2018. p. 223.

CARNEIRO, Athos Gusmão. *Jurisdição e competência*. 16ª ed. São Paulo: Saraiva, 2009.

CARVALHO, Vladimir Souza. *Competência da Justiça Federal.* 3ª ed. Curitiba: Editora Juruá, 1998.

CASTRO, Guilherme de Siqueira; FERREIRA, Olavo Augusto Vianna Alves. *Mandado de injunção.* Salvador: Juspodivm, 2016.

CAVALCANTE, Márcio André Lopes. *Competências da Justiça Federal de primeira instância.* Ebook Dizer o Direito, 2014.

CUNHA, Leonardo José Carneiro. *Jurisdição e competência.* São Paulo: Editora Revista dos Tribunais, 2008.

DEMO, Roberto Luis Luchi. *Competência penal originária: uma perspectiva jurisprudencial crítica.* São Paulo: Malheiros Editores, 2005.

DIDIER, Jr., Fredie. *Curso de Direito Processual Civil* (vl. 1). 18ª ed. Salvador, 2016.

FERNANDES, Antônio Scarance. *Processo Penal Constitucional.* 2ª ed. São Paulo: Revista dos Tribunais, 2000.

FRANCO, Alberto Silva. *Código Penal e sua interpretação jurisprudencial.* 2ª ed. São Paulo: RT, 1987.

GAJARDONI, Fernando da Fonseca; CRUZ, Luana Pedrosa de Figueiredo; GOMES JR. Luiz Manoel; FAVRETO, Rogerio. *Comentários à Lei de improbidade administrativa.* 5ª ed. São Paulo: RT, 2022.

GAJARDONI, Fernando da Fonseca; OLIVEIRA JR., Zulmar Duarte de. Perpetuatio iurisdictionis ou perpetuação do juiz natural? *Revista de Processo* n. 231. São Paulo: RT, 2014, p. 57-74.

GAJARDONI, Fernando da Fonseca; SILVA, Márcio Henrique Mendes; FERREIRA, Olavo Augusto Vianna Alves. *Comentários à Lei do Mandado de Segurança.* São Paulo: Método, 2019.

GAJARDONI, Fernando da Fonseca; DELLORE, Luiz; ROQUE, Andre de Vasconcelos; OLIVEIRA JR. Zulmar Duarte. *Comentários ao CPC.* 5ª ed. Rio de Janeiro: Forense, 2022.

GAJARDONI, Fernando da Fonseca; DELLORE, Luiz; ROQUE, Andre de Vasconcelos; OLIVEIRA JR. Zulmar Duarte. *Comentários ao CPC 2015: teoria geral do processo.* 3ª ed. São Paulo: Método, 2019.

______________. *Comentários ao CPC 2015: processo de conhecimento e cumprimento de sentença.* 2ª ed. São Paulo: Método, 2018.

______________. *Comentários ao CPC 2015: execução e recursos.* 2ª ed. São Paulo: Método, 2018.

GAIO JR, Antonio Pereira. *Instituições de direito processual civil.* 3ª ed. Salvador: Juspodivm, 2017.

GOMES, Luiz Flávio. *Direito penal: parte geral.* Vol. 2. São Paulo: Editora Revista dos Tribunais, 2007.

LIMA, Renato Brasileiro de. *Manual de direito processual penal.* 8ª ed. Salvador: Juspodivm, 2020.

______________. *Pacote anticrime.* Salvador: Juspodivm, 2020.

______________. *Nova Lei de abuso de autoridade.* Salvador: Juspodivm, 2020.

LOPES JR., Aury. *Direito processual penal e sua conformidade constitucional.* Vol. I. 3ª ed. Rio de Janeiro: Editora Lumen Juris, 2008.

MARINONI, Luiz Guilherme; ARENHART, Sérgio Crus; MITIDIERO, Daniel. *Código de processo civil comentado.* 5ª ed. São Paulo: RT, 2019.

MEIRELLES, Hely Lopes; WALD, Arnold; MENDES, Gilmar Ferreira. *Mandado de segurança e ações constitucionais.* 34ª ed. São Paulo: Malheiros, 2012.

MENDES, Aluisio. *Competência cível da Justiça Federal.* 4ª ed. São Paulo: Saraiva, 2012.

___________. *Ações coletivas e meios de resolução coletiva dos conflitos no direito comparado e nacional.* 4ª ed. São Paulo: RT, 2014.

MENDONÇA, Andrey Borges de. *Lavagem de dinheiro: prevenção e controle penal.* Organizadora: Carla Veríssimo de Carli. Porto Alegre: Editora Verbo Jurídico, 2011.

NOVELINO, Marcelo. *Curso de Direito Constitucional.* 15 ed. Salvador: Juspodivm, 2020.

NUCCI, Guilherme de Souza. *Leis penais e processuais penais comentadas.* São Paulo: Editora Revista dos Tribunais, 2006.

OLIVEIRA, Roberto da Silva. *Competência criminal da Justiça Federal.* São Paulo: Editora Revista dos Tribunais, 2002.

PACHECO, Denílson Feitoza. *Direito processual penal: teoria, crítica e práxis.* 7ª ed. Niterói/RJ: Editora Impetus, 2010.

PEDROSO, Fernando de Almeida. *Competência penal: doutrina e jurisprudência.* São Paulo: Editora Revista dos Tribunais, 2007.

PEIXTO, Ravi. O forum non conveniens e o processo brasileiro: limites e possibilidade. Academia. Disponível em: https://www.academia.edu/34789893/O_forum_non_conveniens_e_o_processo_brasileiro_limites_e_possibilidade. Acesso em 30.05.2020.

PERRINI, Raquel Fernandez. *Competência da Justiça federal comum.* 3ª ed. Salvador: Juspodivm, 2012.

PONCIANO, Vera Lucia Feil. *Justiça Federal - Organização, Competência, Administração e Funcionamento.* 2ª ed. Curitiba: Juruá, 2019.

PORTELA, Paulo Henrique Gonçalves. *Direito Internacional Público e Privado.* 8a ed., Salvador: Juspodivm, 2016.

PRADO, Luiz Regis. *Curso de direito penal brasileiro.* Vol. 4: parte especial, arts. 289 a 359-H. 3ª ed. São Paulo: Editora Revista dos Tribunais, 2004.

SANCTIS, Fausto Martin. *Combate à lavagem de dinheiro: teoria e prática.* Campinas/SP: Millennium Editora, 2008.

SOUZA, Artur César de. *Jurisdição e competência no Novo CPC: competência da Justiça Federal e da Justiça Estadual.* São Paulo: Almedina, 2019.

THEODORO JR., Humberto. *Curso de direito processual civil.* Vl. 1. 56ª ed. Rio de Janeiro: Forense, 2015.

THUMS, Gilberto; PACHECO, Vilmar. *Nova lei de drogas: crimes, investigação e processo.* Porto Alegre: Verbo Jurídico, 2008.

TIBURCIO, Carmen. *Extensão e limites da jurisdição brasileira.* 2ª ed. Juspodivm: Salvador, 2019.

EDITORA
*Jus*PODIVM
www.editorajuspodivm.com.br

Impresso por:

Docuprint

CNPJ 01.036.332/0001-99

JUS3233